Günter Bartsch
Zwischen drei Stühlen

Günter Bartsch

Zwischen drei Stühlen
Otto Strasser

Eine Biografie

Verlag Siegfried Bublies
Koblenz

1. Auflage 1990

Gesamtherstellung: druck + text GmbH
Printed in Gemany
ISBN 3-926584-06-8

Inhalt

Geleitwort

Geschichte ist nur nacherlebbar, wenn sie wieder lebendig gemacht wird. Sie konzentriert sich jeweils in bestimmten Persönlichkeiten, die sie nicht machen, aber spiegeln können. Am aufschlußreichsten sind jene, in denen die Fäden mehrerer politischer, sozialer oder kultureller Bewegungen zusammenlaufen. Zu ihnen gehörte Otto Strasser.

Er war einer der ersten Kulturrevolutionäre. Das läßt seine Theorie der dreieinigen Bipolarität erkennen, die von Herbert Blank weiter ausgearbeitet und insbesondere zum Erklärungsschema der deutschen Geschichte gemacht wurde. Der Nationalsozialismus ist kaum zu verstehen, wenn man ihn lediglich auf wirtschaftliche Faktoren zurückführt. Sein eigentlicher Nährboden dürfte die europäische Kulturkrise gewesen sein. Das gilt auch für den Kommunismus und den Sozialismus (die leider immer wieder gleichgesetzt werden, womit man sich ihre Erkenntnis verbaut).

Otto Strassers Gespräche mit Hitler lüften den Schleier und vervollständigen das Bild jenes Politikers, der für unser Volk am verhängnisvollsten war. Sie ergänzen auch Hermann Rauschnings Gespräche und die Aufzeichnungen aus dem Führerhauptquartier, weshalb sie möglichst vollständig wiedergegeben werden.

Otto Strasser war einer der ganz wenigen, die Hitlers Suggestivkraft nicht erlagen und ihm offen zu widersprechen wagten. Nur deshalb konnte er zum Begründer der Schwarzen Front werden. Aber bot der Strasserismus eine echte Alternative zum Hitlerismus? Ich habe mich auch gefragt, ob es nicht schon in der Weimarer Republik eine Neue Rechte und eine Neue Linke gab.

Weit davon entfernt, nur eine ‚Übergangszeit' gewesen zu sein, begann m.E. mit der Weimarer Republik eine neue Epoche der deutschen Geschichte, die noch keineswegs abgeschlossen ist. Sie hat sich nur in der Bundesrepublik und DDR aufgegabelt. Ihre Probleme sind in vieler Hinsicht auch die heutigen. Nur ihre Atmosphäre ist vergangen. Die mit der Novemberrevolution 1918 begonnene neue Epoche erreicht erst jetzt ihren Scheitelpunkt, zusammen mit der europäischen Kulturkrisis, die sich durch ökologische Verelendung dramatisch zuspitzt. So sind alle Entscheidungen seit jenem November 1918 nur Vorentscheidungen gewesen, die in einer anderen Situation und Atmosphäre noch einmal gefällt werden müssen. —

Otto Strassers Angaben sind nicht immer zuverlässig, aus Gedächtnisschwäche, Eitelkeit oder anderen Gründen. Beispielsweise hat er behauptet, gemeinsam mit Moeller van den Bruck den Juni-Club zur Wiederaufrichtung Deutschlands gegründet zu haben. Eine Nachprüfung ergab, daß der Club bereits im Juni 1919 entstand, zu einer Zeit, da Otto Strasser Moeller van den Bruck noch nicht persönlich kannte. Sie begegneten sich frühestens im März oder April 1920. Es gibt auch Widersprüche zwischen den verschiedenen Schriften Otto Strassers. Ich habe daher alle Angaben und Zitate, die in dieses Buch aufgenommen wurden, an Hand anderer Quellen — soweit irgend möglich — und durch Textvergleiche überprüft.

Günter Bartsch

I. Jugend und Reifezeit

Die Eltern und Gregor

Der Vater Strasser ist als Kanzleirat im Königlich-Bayrischen Amtsgericht tätig. Er lebt so, als hänge von seinem Verhalten das Schicksal der deutschen Monarchie und des Freistaates Bayern ab.

Eines Tages bitten ihn seine Söhne Paul und Otto um gebrauchte Dienstmarken für ihre Briefmarkensammlung.

„Ganz ausgeschlossen, kommt nicht in Frage!"

„Aber Vater: Für gebrauchte Dienstmarken gibt es im Amtsgericht ohnehin keine Verwendung mehr. Sie kommen ja zum Abfall oder in den Ofen."

„Ganz egal! Solange sie im Amtsgericht sind, sind sie Staatseigentum, und damit punktum!"[1]

Gegen diese kategorische Erklärung gibt es keinen Widerspruch mehr. Der Kanzleirat Peter Strasser ist ein Mann strenger Beamtengesinnung. Er hat ins Königlich-Bayrische Amtsgericht eine preußische Dienstauffassung mitgebracht. Privatbriefe schreibt er dort erst nach Feierabend — mit privater Tinte auf privatem Briefpapier.

Sein Preußentum ist jedoch mit Zivilcourage gewürzt. Als dem Amtsvormund für Waisen und uneheliche Kinder hinterlegt bei ihm ein Bauer für sein Mündel 10000 Mark in Goldstücken, die im Kassenschrank des Amtsgerichts verwahrt werden. Ein Jahr später bricht der Erste Weltkrieg aus. Alle Patrioten sollen „Gold für Eisen" geben und in Banknoten umwechseln. Doch der Kanzleirat Strasser rührt sich nicht. Eines Tages läßt ihn der Präsident des Amtsgerichts kommen. Er setzt ihm erst wohlwollend zu und stellt schließlich bei weiterer Weigerung höchstes Mißfallen in Aussicht. Doch der Kanzleirat bleibt fest: „Herr Präsident, dieses Mündelgeld muß ich, wenn der Bub volljährig ist, aushändigen, so wie ich es bekommen habe. Ich habe Goldstücke bekommen, ich werde Goldstücke zurückgeben.[2]

Obwohl ein Jurist eingeschaltet wird und dieser ein Rechtsgutachten gegen ihn verfaßt, setzt sich der Kanzleirat mit seiner Festigkeit durch. Man kann ihm nichts anhaben.

Im allgemeinen wird das Preußentum als eine starre Haltung betrachtet, die alles heiligt, was vom Staate kommt und dem Staate dient. Doch gab es neben dem obrigkeitlich-untertänigen auch ein rebellisches Preußentum. Friedrich der Große, auf strengstem Gehorsam bestehend, rieb sich an den Trencks, die als Offiziere teils in seinem Heere, teils im österreichischen standen. Der Konflikt hatte tragische Folgen.

Im Zweiten Weltkrieg traten die beiden Seiten des Preußentums recht deutlich hervor und sogar einander gegenüber. Die Trencks lebten noch einmal in Stauffenberg und anderen Offizieren des Widerstands auf.

Der Kanzleirat Peter Strasser folgt im Ernstfall der rebellischen Trenck-Linie. Das Preußentum ist ihm mehr eine Lebensmaxime als eine Staatsidee. So wird es auch bei seinen Söhnen Gregor und Otto sein.

Lange bevor der Kanzleirat seinen Zusammenstoß mit der Staatsraison hat, schreibt er heimlich ein Buch: „Das neue Wesen" (1896 unter einem Pseudonym veröffentlicht). Darin wird die Brüchigkeit des Scheinchristentums und der Monarchie aufgezeigt. Der Beamte leidet unter seinen Einsichten. Doch er wendet seinen Blick nicht nach rückwärts, sondern voran. Die Erbmonarchie sei überholt. An ihre Stelle werde eine neue Sozialordnung treten, die den Arbeiter integriert und von seinen proletarischen Existenzbedingungen befreit. —

Diese Idee wird in seinen Söhnen weiterschwingen, besonders in Otto. „Unter meines Vaters schwarzem Beamtenrock schlug ein rebellisches Herz. Doch niemand hörte seinen stürmischen Schlag."[3)]

Der Kanzleirat hat die Absicht, noch ein weiteres Buch zu schreiben. Doch diesmal verrät er sich seiner Frau gegenüber, die wider in guter Hoffnung ist. Sie trägt Otto unter dem Herzen, und dieses Kindes wegen verzichtet Peter Strasser auf sein zweites Buch.

Allerdings soll er noch einige sozialkritische und sogar „sozialrevolutionäre"[4)] Broschüren verfaßt haben, in denen ein christlicher Sozialismus mit Staatskontrolle der Industrie und Vergesellschaftung des Bodens zugunsten der Gemeinden durchschimmerte. Doch der Einfluß dieser Gedanken des Vaters auf die Söhne wird überschätzt.

Abends ist Ruhe im Hause das oberste Gebot. Der Vater geht mit rücklings gekreuzten Armen im Wohnzimmer auf und ab, Stunde um Stunde. Nur die Mutter wagt es gelegentlich, das lastende Schweigen zu unterbrechen.

Sie hat ein stilles Wesen. Einerseits ist sie nachgiebiger, andererseits bedachtsamer als ihr Mann, dessen starrer Charakter in ihrer Weichheit eine gewisse Erlösung findet.

Die Mutter ist belesen, belesener als der Vater. Außer dieser literarischen Bildung bringt sie praktischen Menschenverstand in das Familienleben ein. Selbst der gefühlskalte Himmler, zeitweilig Sekretär Gregor Strassers, ist von dieser Frau so beeindruckt, daß er für die Witwe eine Ausnahmeregelung festsetzen wird. Hitler kommt wiederholt nach Deggendorf, um sich von den politischen Strapazen im Strasserschen Familienkreis ein wenig zu erholen. Die Mutter wartet ihm auf, doch bei seinem Anblick ist ihr unbehaglich. Ahnt sie schon, welches Unheil er über ihre Söhne bringen wird?

Gregor und Otto sind die Lausbuben der siebenköpfigen Familie. Sie kehren so oft mit zerrissenen Hosen zurück, daß ihnen die Mutter endlich lederne kauft. Doch auch diese kriegen sie entzwei.

Gregor ist der Rädelsführer einer Jugendbande, die im Geiste von Karl May auf den Kriegspfad zieht. Er ist der Indianerhäuptling einer Jugendschar, bewundert von Otto, der ihm, wie ein Knappe seinem Ritter, Schild und Speere trägt. Wird er immer der zweite sein und bleiben wollen?

Otto geht nach der Mutter, Gregor mehr nach dem Vater. Der Jüngste scheint in das stille Wesen des mütterlichen Elternteils hineingeboren zu sein. Während der fünf Jahre ältere Gregor jeden Sonntag tanzen geht und sich Kegelpreise holt, sitzt Otto schon über Büchern, insbesondere über historischen Darstellungen.

Der ‚rote Leutnant' und die sozialdemokratischen Jahre

Seine Jugend bricht ab, als der Erste Weltkrieg beginnt. Otto Strasser zieht als jüngster Kriegsfreiwilliger Bayerns ins Feld. Er ist erst 16 Jahre alt. Zuerst nur einfacher Soldat, dann Unteroffizier, Leutnant und schließlich Oberleutnant, erhält er für seine Tapferkeit im Felde das Eiserne Kreuz I. Klasse. Er wird sogar für den bayrischen Max-Josef-Orden vorgeschlagen, der mit der Erhebung in den Adelsstand verbunden ist. Doch die Novemberrevolution kommt dem zuvor.

Otto Strassers Regimentskommandeur ist ausgerechnet Karl Haushofer, der ebenfalls in eine schicksalhafte Verbindung zu Adolf Hitler treten wird. Vorgesetzte schätzen Otto Strasser wegen seines Idealismus, Untergebene wegen seiner Kameradschaftlichkeit. Die Soldaten nennen ihn den ‚roten Leutnant', da er sein Unbehagen an den Standesschranken in der wilhelminischen Armee nicht verhehlt. Vielleicht auch deshalb, weil er eine sozialdemokratische Zeitung liest.

Auch die Brüder Gregor und Paul sind Offiziere. Alle drei haben sich für die Artillerie entschieden. Otto und Paul dienen zweitweilig in derselben Brigade. Hier führen sie mit den Offiziersanwärtern Bechle und Adler oft lange Dispute über Philosophie und Religion. Bechtle ist Protestant und angehender Pastor, Adler ein Jude, der Rabbiner werden möchte. Paul vertritt den Katholizismus, Otto Voltaire. Während Adler meint, die Christen seien von ihrer Konfession her irrgläubige Juden, preist Otto Strasser die antiken und germanischen Götter.

Im März 1918 bringt es Gregor fertig, durch Anzapfung des Telefons der Obersten Heeresleitung ein Dreiertreffen vor der Kathedrale von León zu arrangieren. Er kommt mit dem Auto, Paul mit dem Zug und Otto zu Pferd.

Noch während des Ersten Weltkrieges tritt Otto Strasser der Sozialdemokratischen Partei bei.[5)] An der Front ist das unmöglich, da die SPD keine militärischen Zellen aufgebaut hat. Ein erster Kontakt zu ihr wird 1917 hergestellt.

General Ludendorff führt in der deutschen Armee den ‚Vaterländischen Unterricht' ein, um das gesunkene Vertrauen in den Kaiser und die Oberste Heeresleitung wieder zu heben. Es gibt dafür keine Kommissare, wie sie um die gleiche Zeit — nach dem Rücktritt des Zaren und der Februarrevolution — in der russischen Armee von Kerenski ernannt werden. Meist wird der jüngste Leutnant mit dem ‚vaterländischen Unterricht' betraut, in diesem Fall Otto Strasser, der im Herbst 1917 zum Leutnant befördert worden ist. Um für seine zusätzliche Aufgabe gerüstet zu sein, abonniert er außer dem ‚Berner Bund' auch die sozialdemokratische ‚Münchner Post'. Statt, wie Ludendorff befiehlt, den Soldaten „die Person unseres Allerhöchsten Kriegsherrn, seiner Majestät des Kaisers" näher zu bringen, versorgt sie Otto Strasser mit politischen Informationen, die er aus zwei recht unterschiedlichen Quellen bezieht. Doch seine Sympathie liegt bereits bei den Sozialdemokraten, und über die ‚Münchner Post' verknüpfen sich gewisse Fäden. Der Eintritt in die SPD dürfte nach der zweiten Verwundung — etwa Sommer 1918 — erfolgt sein , als Otto Strasser in ein Münchner Lazarett gebracht wird. Sobald er wieder gehen konnte, hat er zunächst die Redaktion der ‚Münchner Post' und sodann ein sozialdemokratisches Parteibüro aufgesucht.

Daß Otto Strasser Sozialist wird, hängt mit dem großen Krieg zusammen, der die Standes- und Klassenunterschiede verwischt, sie einebnet oder vergessen läßt. Er findet einen Zugang zur sozialen Frage weder durch Marx noch durch einen anderen Theoretiker, sondern durch das Fronterlebnis der Todesgemeinschaft, die den abstrakten Begriff Nation mit Leben füllt. Otto Strasser ist nicht im üblichen Sinne ‚rot'. Sein Sozialismus hat eigentlich eine feldgraue Farbe. Wird sich dieser ‚Frontsozialismus' im zivilen und politischen Leben einwurzeln lassen?

Während des ‚vaterländischen Unterrichts' fragt einer seiner Kanoniere, ein guter Soldat: „Herr Leutnant, was heißt eigentlich Vaterland? Vaterland ist doch das Land, das meinem Vater gehört und das später mir gehört und das wir deshalb verteidigen gegen den, der es uns nehmen will. Aber mein Vater hat kein Land und ich hab kein Land. Was sollen wir also verteidigen? ..."

Der junge Leutnant ist um eine Antwort verlegen. Er kann nur sagen, man dürfe sein Vaterland nicht materiell verstehen, eher als einen sittlichen Wert. Doch die Frage des Kanoniers läßt ihn nie wieder los. Er spürt, dieser einfache Soldat hat den Nagel auf den Kopf getroffen. Von da an denkt Otto Strasser immer wieder darüber nach, wie eine vollständige Antwort in Theorie und Praxis aussehen müßte. Kann sie durch den internationalistischen Sozialismus befriedigend ausfallen? Will dieser jedem seinen Boden- und Eigentumsanteil am Vaterland geben? Davon hat er nie etwas gehört.

Die SPD ist halbmarxistisch. Otto Strasser kann sich nur mit halbem Herzen als ihr Mitglied einschreiben lassen.

Akute Bedeutung gewinnt der Beitritt erst nach dem deutschen Zusammenbruch von 1918, dem die Novemberrevolution auf dem Fuße folgt. Sie kommt wie eine Lawine nach der Erschütterung eines Bergmassivs herab, ist also weder vorausgesehen noch geplant, was Hitlers Begriff der ‚Novemberverräter' von vornherein fragwürdig macht. Verraten hat der Kaiser sein Volk, indem er es im Stich ließ.

Am 6. November, als Otto Strasser vom Münchner Garnisonslazarett zu einem Kurzurlaub nach Deggendorf fährt, um seine Eltern zu besuchen, ist noch alles ruhig. Drei Tage später brodelt es auf dem Münchner Hauptbahnhof. Revolutionäre Soldaten, unter ihnen auffallend viele Matrosen, schwärmen auf den Bahnsteigen umher, dringen auf Offiziere ein, reißen ihnen die Orden und Achselstücke herunter ... Es herrscht eine fieberhafte, lärmende Unruhe. Nach Kiel und Berlin ist München ein dritter Knotenpunkt der Revolution.

Noch etwas mühsam verläßt Otto Strasser auf Krücken sein Abteil. Sogleich stürzen sich fünf Bewaffnete mit roten Armbinden auf ihn. Sie werden angeführt von einem Gefreiten. „Ihr seid wohl alle verrückt?" schreit Strasser und greift nach seiner Pistole. Begütigend sagt der Gefreite: „ Herr Leutnant, san S ganz still, ich erklär' Ihnen scho alles ... Revolution is halt, Revolution is!"[7] Er faßt sofort Sympathie für Strasser und verwandelt sich in dessen Schutzpatron. Als seine Abteilung murrt, wendet er sich zu ihr um:

„I kenn' den Leutnant. Des war a ganz a braver Offizier. Ihr sehts ja, daß er verwundet is. Der is net in der Etappen gesessen!"[8] Da weichen die anderen zurück. Der Gefreite zupft Otto Strasser am Ärmel und bugsiert ihn aus dem Bahnhof. Er begleitet ihn fürsorglich noch zur Pension Schiller. Auch durch die Straßen wälzt sich die Fieberglut. Aber ist das wirklich eine Revolution? Oder nur eine kalkhaltige Staubwolke wie beim Einsturz eines morschen Gebäudes? Ja, es ist eine Revolution.

Das bayrische Königshaus der Wittelsbacher tritt ab. Kurt Eisner von der Unabhängigen Sozialdemokratie (USPD) wird Ministerpräsident. Im Januar 1919 besucht Otto Strasser eine seiner Massenversammlungen. Eisner erscheint ihm als Prototyp der Schwabinger Intellektuellen und Künstler. Er versteht es, die Massen zu gewinnen, ohne sich bei ihnen einzuschmeicheln. Das imponiert Strasser. Doch nach seinem Gefühl biegt sich Eisner die Wahrheit zurecht. Über dem Rednerpodium hängen eine rote und eine weiß-blaue Fahne.

Als Eisner sagt: „Deutschland trägt die Schuld am Kriege ...", fährt Strasser auf und schreit dazwischen: „Wer hat den Erzherzog Ferdinand ermordet? Wir Deutschen vielleicht?"

„Die Offiziere haben sich gedrückt und die Mannschaften im Stich gelassen."

„Das ist eine Lüge!"

Eisner tadelt milde: „Junger Mann, warum regen Sie sich so auf? Fühlen sie sich am Ende betroffen? Sie können ja nachher zur Diskussion reden, wenn Sie etwas zu sagen haben."[9]

Otto Strasser läßt die ganze Rede vom sozialistischen Zukunftsstaat über sich hinweglaufen. Er spricht tatsächlich zur Diskussion, innerlich eins mit den Feldgrauen, die in zerschlissenen Uniformen in langen Reihen im Saale sitzen. Am Präsidiumstisch befindet sich neben dem schmächtigen Eisner auch der dicke Gandorfer, Bruder des neuen Landwirtschaftsministers.

„Männer", beginnt Otto Strasser, „haben wir den Krieg gewollt? Haben wir ihn angefangen? Wer hat zuerst geschossen? Wer hat Revanche gerufen? Deutschland vielleicht? Wir konnten den Krieg nicht verhindern, das ist wahr, aber wir sind an diesem Krieg nicht reich geworden. Schaut euch an und schaut mich an. Sind wir im Krieg fett geworden? Hat Euer Hauptmann an der Front an Bauch g'habt? War er ein Schieber, ein Kriegsgewinnler? Wer waren die Schieber und Kriegsgewinnler, und wo waren sie, während wir im Graben lagen?"

Otto Strasser dreht sich um und zeigt auf den schwergewichtigen Gandorfer: „Ich möchte diesen Herrn hier fragen, ob er an der Front war. Ich finde, er schaut vielmehr wie ein Schieber aus ..."[10]

Von dieser Beleidigung wie von einem Nadelstich getroffen, schnellt Gandorfer auf, eilt zum Rednerpodium, drängt Otto Strasser beiseite und donnert in den Saal: „Genossen! Ich habe soeben die Nachricht bekommen, daß dieser Herr da ein verkleideter Offizier und Kriegshetzer ist. Solche Leute haben in unserem Staat nichts mehr zu melden. Die sind an unserem ganzen Unglück schuld. Weg mit ihm!"[11]

Die vorderen Reihen der Feldgrauen, von denen Otto Strasser eben noch geglaubt, daß sie ihm innerlich recht geben, erheben sich von ihren Plätzen und dringen schreiend zum Rednerpult vor. Aus ihren Gesichtern springt plötzlich der Haß. Mit Offizieren und Kriegshetzern wollen sie nichts gemein haben. Otto Strasser ist in Gefahr, niedergeschlagen und niedergetrampelt zu werden. Da zieht ihn jemand am Ärmel nach rückwärts in einen Gang, durch den er ins Freie kommt. Es ist Kurt Eisner, der ihn rettet.

Die Novemberrevolution zerstört Otto Strassers Plan, Berufssoldat zu werden. Sie macht 300000 deutsche Offiziere stellungslos. Dieses Heer entlassener und zum beträchtlichen Teil auch entehrter Offiziere, denen man die Schulterklappen und Auszeichnungen heruntergerissen hat, verwandelt sich in brodelnden Gärstoff, aus dem der Nationalsozialismus viele seiner wichtigsten Kader gewinnen wird. Es ist sicher kein Zufall, daß er zunächst in München Fuß fassen kann, wo im März/April 1919 die Bayrische Räterepublik ihren Regierungssitz hat. Diese versucht unter Eisner eine Kombination von Parlamentarismus und Räten, bis sie am 14. April in kommunistische Hände fällt. Doch im allgemeinen gilt die ganze Zeit der Räterepublik, obwohl zu ihren Volksbeauftragten (Ministern) auch Gustav Landauer und Silvio Gesell gehörten, als rote Schreckensherrschaft, insbesondere wegen der Erschießung von 13 Geiseln.

Otto Strasser kann nicht ruhen. Kampf ist sein Lebenselement. 1914 drängte es ihn an die Front. Er befürchtete, der Krieg könne ohne ihn schon gewonnen sein. Nun möchte er tatkräftig die kommunistische Gefahr bannen helfen. Als die nach Bamberg ausgewichene sozialdemokratische Regierung Hoffmann Freiwillige aufruft, meldet er sich in Ulm beim Freikorps Epp. Hier kommt er zum erstenmal mit Ernst Röhm in Berührung, dem Adjutanten Epps und späteren Stabschef der SA.

Beim Freikorps melden sich so viele Offiziere, daß der einstige Oberleutnant Strasser entweder als einfacher Soldat eintreten oder wieder umkehren muß. Kurzentschlossen wird er Kanonier in der Batterie Streck, die am 29./30. April 1919 an den Kämpfen in den nördlichen Stadtteilen Münchens teilnimmt. Später fragt er, was Adolf Hitler zur gleichen Zeit getan haben mag und ob er nicht wie so viele andere eine rote Armbinde trug. „In welcher Ecke von München versteckte sich der Soldat, der mit uns hätte kämpfen müssen?“[12] Da ist in der Tat eine Lücke.

Aber als Otto Strasser diese Zeilen schreibt, weiß er durchaus, daß Hitler bereits mit dem Aufbau der NSDAP beschäftigt war. Im Februar 1919 verkündete er auf einer Massenversammlung in München ihr hauptsächlich von Gottfried Feder verfaßtes Programm, wobei er Punkt für Punkt verlas und wachsenden Beifall fand. Diese plebiszitäre Methode war neu in der Parteiengeschichte. Und das Parteiprogramm der NSDAP wird Otto Strasser sein Leben lang beschäftigen. Aber vorerst weiß er nichts davon. Er hilft im Freikorps Epp, „die bayrischen Bolschewiken niederzuwerfen“[13].

Nach der Münchner Räterepublik holt er zunächst einmal, mit 21 Jahren, sein Abitur nach. Darauf beginnt er im Herbst 1919 ein Studium an der Berliner Universität. Da der väterliche Zuschuß nicht ausreicht, um es zu finanzieren, gehört Otto Srasser zu den vielen Werkstudenten. Er wird Journalist und Stenograph im ‚Büro Bracke‘, das die sozialdemokratische Presse mit Informationen versorgt. So kann er an Sitzungen des Preußischen Landtags, des Reichstags und des Reichswirtschaftsrates teilnehmen, was dem künftigen Politiker zugute kommen wird.

Die Berichte müssen nach den Stenogrammen noch am gleichen Tage fertiggestellt und dem ‚Büro Bracke' abgeliefert werden. Das erfordert journalistische Gewandtheit und ist eine Vorschule für den späteren politischen Schriftsteller.

In den überfüllten Hörsälen der Universität mischen sich ehemalige Freikorpskämpfer in abgetragenen Uniformen mit Daheimgebliebenen und blutjungen Studenten. Die einstigen Soldaten fühlen sich benachteiligt und von den ‚Etappenschweinen' zurückgedrängt. Sie kommen weder an vorteilhafte akademische Posten noch an wichtige Bücher der Universitätsbibliothek heran. Daher gründet Strasser mit anderen Frontkämpfern den ‚Akademischen Kriegsteilnehmerverband Deutschlands', der bald 50000 Mitglieder hat und ihn auf seinem Reichskongreß in Jena zum 1. Vorsitzenden wählt. Damit steht Otto Strasser erstmals an der Spitze eines gesamtdeutschen Verbandes. Auf seine Initiative hin setzt dieser in zähen Verhandlungen mit den Kultusministern und Rektoren dreierlei durch:

1. Die ersten zehn Bankreihen in den Hörsälen werden für die Kriegsteilnehmer reserviert.
2. Diese bekommen auch freigehaltene Plätze an den Arbeitstischen der Universität und in den Sezierräumen.
3. In den nächsten vier Semestern werden Bücher und Instrumente zuerst an ehemalige Soldaten ausgegeben.

Da es diesen auch an Kleidung, Wäsche, Seife und Rasierzeug fehlt, bildet Otto Strasser innerhalb des Kriegsteilnehmerverbandes eine besondere Wirtschaftsabteilung. Sie wird zur studentischen Selbsthilfeorganisation ausgebaut und hat schon bald ihr eigenes Warenlager.

Der junge Journalist redigiert die Studentenbeilage des sozialdemokratischen Zentralorgans ‚Vorwärts', für den er auch Porträts bekannter Politiker schreibt. Daneben übernimmt er, freilich widerstrebend, die Studentenbeilage der Zeitschrift ‚Germania'. Außerdem hält er Geschichtsvorträge im Arbeiterbildungskurs von Berlin-Wedding, wo er zugleich wöchentlichen Stenografie-Unterricht gibt. Sein Arbeitspensum ist erstaunlich und wird es immer sein. Die Vorträge für Arbeiter liegen ihm am meisten.

Otto Strasser wohnt in Berlin-Steglitz. Hier gehört er zum sozialdemokratischen Stadtbezirksverein und nimmt ziemlich regelmäßig an dessen Zusammenkünften teil. Er lernt viele seiner Genossen, darunter führende Sozialdemokraten, als schwärmerische Pazifisten kennen. Das flößt ihm Unbehagen ein. Denn „bei den nationalen Verbänden der Rechten klirrten die Waffen hörbar, [und] links ölten die Spartakisten ihre Gewehre"[14]. Er selbst ist weder Reaktionär noch Spartakist.

Auch andere fragen sich, wohin Deutschland treibt. Um gegen die monarchistisch gesinnten Freikorps der Rechten ein Gegengewicht zu schaffen, gründen sie den Republikanischen Führerbund, eine Organisation für ehemalige Offiziere und Unteroffiziere, die sowohl zum Kampf gegen die monarchistische Reaktion als auch gegen den kommunistischen Spartakusbund bereit sind. Otto Strasser tritt dem Führerbund bei und wird bald zu seinem 2. Vorsitzenden für das ganze Reichsgebiet gewählt. Mit der Autorität dieses Amtes kann er seine Genossen im Stadtbezirk aus ihrer Schlafmützigkeit reißen. Gemeinsam mit ihnen bildet er die Steglitzer Einwohnerwehr. Sie wird, sicher nicht ohne wohlwollende Unterstützung des sozialdemokratischen Reichswehrministers Noske, mit MGs, Gewehren und genügend Munition ausgerüstet. Otto Strasser befehligt nun 800 Mann, die er wie ein Regiment in drei Kompanien einteilt. Das ist weit mehr als eine ‚rote Hundertschaft', wie man die Steglitzer Einwohnerwehr später fälschlich bezeichnen wird. Mehr auch insofern, als sie nicht nur Kommunisten, Unabhängige Sozialdemokraten und Sozialdemokraten umfaßt. Sie hätte der Keim einer republikanischen Armee sein können, einer eigenständigen Armee der Weimarer Republik, die schon beim Berliner Spartakusaufstand vom Januar 1919 auf gesinnungsmäßig zweifelhafte Militärs angewiesen war.

Im März 1920 kommt es in Berlin zum Kapp-Putsch gegen die junge Republik, zu einem Putsch, dessen Wellen bis in viele Kasernen schlagen. Die Gewerkschaften treten in den Generalstreik, aber dieser hätte wahrscheinlich nicht genügt. Denn die Putschisten stützen sich auf die Sympathie beträchtlicher Teile der Reichswehr.

Friedrich Hielscher berichtet, wie sein Regimentskommandeur am 13.3. 1920 das ganze Regiment antreten läßt und folgende Ansprache hält: „Der Generallandschaftsdirektor Kapp, ein Mann von altem Schrot und Korn, hat die republikanischen Minister davongejagt, weil sie keine Ordnung schaffen konnten. Mit der ruhmvollen Brigade Ehrhardt ist er in Berlin eingezogen, und alle tapferen Männer sind aufgerufen, mit ihm und unter ihm die Freiheit Deutschlands und die alte Ordnung wiederherzustellen, unter der wir 50 Jahre glücklich gewesen sind. Kein Mann von Ehre wird sich versagen! Ich möchte aber nicht mit einer Truppe ausrücken, die nicht geschlossen hinter mir steht. Wenn also einer unter uns sein sollte, der mit diesem Mann und seinen Zielen nicht einverstanden ist, der trete vor. Ich sichere ihm Freiheit der Rede und der Entscheidung zu."[15)]

Nur ein Mann des Regiments tritt vor — Friedrich Hielscher selbst. Er wird noch am gleichen Tag aus der Reichswehr entlassen. Alle anderen sind mehr oder weniger bereit, den Putsch aktiv zu unterstützen.

Die Weimarer Republik ist also ernsthaft bedroht, zumal die Putschisten über moderne Waffen verfügen. Sie rücken, nachdem sie das Regierungsviertel besetzt haben, strahlenförmig in alle Stadtbezirke vor. Der Widerstand bleibt zunächst meist passiv. Die Arbeiter und Angestellten treten erst am 15. März in den Generalstreik. Nur in Berlin-Steglitz sind die Zugangsstraßen gesperrt und die öffentlichen Gebäude zur Verteidigung hergerichtet. Otto Strasser verläßt seinen Gefechtsstand und begibt sich zu den vordersten Straßensperren. Er sieht, wie eine Abteilung der Brigade Ehrhardt mit dem Hakenkreuz am Stahlhelm und einer schwarz-weiß-roten Flagge anrückt. Das Hakenkreuz ist ihm unbekannt, aber unter derselben Flagge hat er selber im Felde gestanden und gekämpft. Kann er es verantworten, Deutsche auf Deutsche schießen zu lassen?

Kapitän Ehrhardt, der Kapp am 13. März 1919 in den Sattel gehoben hat, wird von Otto Strasser verehrt und bewundert. Er ist für ihn „ein Mann von eiserner Energie, ein Truppenführer von unantastbarer Autorität, der kämpferische Elemente anzieht wie der Magnet das Eisen“[16] — auch ihn selbst. Dennoch entscheidet er sich in diesem kritischen Augenblick als Sozialdemokrat, nur einige Sekunden zögernd, für die demokratische Republik mit der schwarz-rot-goldenen Fahne. Wenn es nicht anders geht, muß geschossen werden, um die monarchistisch gesinnte Reaktion zu stoppen.

Die Abteilung der aufrührerischen Brigade ist nun bis zu den spanischen Reitern der Straßensperre herangekommen. Ihr Offizier fordert die Einwohnerwehr zur Übergabe auf. Auf der anderen Seite der Sperre steht ihm Otto Strasser gegenüber. Sie messen sich mit Blicken. Beide sind Frontoffiziere und mögen gleichaltrig sein. Nach dem Augengefecht erklärt Otto Strasser scharf und unmißverständlich: „Wir werden schießen!“ Er hat schwere Maschinengewehre in die vorderste Linie bringen lassen und weist mit einer weitausholenden Geste auf sie hin. Diese Handbewegung ist drohend und beschwichtigend zugleich. Strasser hat die Kapitulationsforderung abgelehnt, aber er will nicht unbedingt das Feuer eröffnen.

Seitens der Soldaten und der bewaffneten Zivilisten fällt kein Wort. Sie haben die Entscheidung über Leben und Tod in die Hand ihrer Kommandeure gelegt.

Der Putschisten-Offizier zögert ebenfalls, den Feuerbefehl zu geben. Er läßt seine Abteilung gegenüber der Straßensperre in Stellung gehen. Die Belagerung beginnt. Sie dauert drei Tage. Dann wird sie durch den Generalstreik aufgehoben. Während der Belagerung ist trotz vibrierender Nerven kein einziger Schuß gefallen. Die Einwohnerwehr von Berlin-Steglitz hat den Vormarsch der Putschisten durch ihre bloße Entschlossenheit aufgehalten. Um manche Städte und Kasernen wird jedoch erbittert gekämpft. Die Toten bleiben ungezählt.

Wie verhält sich Adolf Hitler zum Rechtsputsch? Er begrüßt ihn und fliegt nach Berlin, um Verbindung mit Kapp aufzunehmen. Jedoch trifft er nur dessen Pressechef Trebitsch-Lincoln an, den er sogleich für sich einzunehmen weiß. Trebitsch-Lincoln soll ihm die für Kapp bestimmten Gelder oder wenigstens einen Teil davon gegeben haben. Jedenfalls ist Hitler nun auf einmal in der Lage, den ‚Münchner Beobachter‘ aufzukaufen. Er wandelt ihn in den ‚Völkischen Beobachter‘ um, womit die NSDAP ihr Kampfblatt und ihre Tageszeitung hat. Anscheinend ist Trebitsch-Lincoln bei der Unterredung mit Hitler zu der Überzeugung gelangt, dieser Mann könne fortführen und vollenden, was Kapp begonnen habe — er sei sogar viel geeigneter dafür.

In der Tat will Hitler richtig machen, was Kapp falsch gemacht hat. Er gedenkt jedoch nicht, die Monarchie wiedereinzuführen. Allerdings kommt er ebenso wie Kapp von rechts, obwohl er als Student gehungert, auch mit demonstrierenden Arbeitern sympathisiert hat, weil er damals selbst wie ein Proletarier lebte. Hitler weiß, welche Gefühle die Arbeiter bewegen, und im Grunde verachtet er das Bürgertum. Doch ist er seiner selbst durchaus noch nicht sicher. Er steht noch im Schatten von General Ludendorff.

Wider Erwarten wird die Berlin-Steglitzer Einwohnerwehr mit ihren drei ‚roten Hundertschaften‘ nach dem Scheitern des Kapp-Putsches nicht aufgelöst. Sie bleibt vorerst unter Waffen. Im Ruhr-Gebiet hat sich eine deutsche Rote Armee gebildet, die über ganz Deutschland ein kommunistisches System aufrichten will. Auch die militante Rechte schmiedet bereits neue Pläne gegen die von Stuttgart nach Berlin zurückgekehrte republikanische Regierung.

Diese macht das Gewaltmonopol des Staates geltend, um den faktisch ausgebrochenen Bürgerkrieg zu beenden. Sie verlangt, daß die Kämpfe eingestellt und alle Waffen abgeliefert werden. Die Arbeiterbewegung, zu der als Sozialdemokrat auch Otto Strasser gehört, hat während des Kapp-Putsches — wie vorher schon der 1. Kongreß der Arbeiter- und Soldatenräte — die Sozialisierung der Großindustrie und der Bergwerke gefordert. Sie will die Waffen erst abliefern, wenn die Regierung Sozialisierung verspricht. Das geschieht im Bielefelder Abkommen vom 24. März 1920, unterzeichnet von zwei sozialdemokratischen Ministern. Ihnen wird jedoch nach ihrer Rückkehr im Berliner Kabinett vorgeworfen, einem Druck nachgegeben und ihre Vollmachten überschritten zu haben. Großindustrie und Bergwerke werden nicht sozialisiert.

Otto Strasser ist über diese Mißachtung des Bielefelder Abkommens um so mehr empört, als viele Arbeiter im Vertrauen auf seine Erfüllung schon ihre Waffen abgeliefert haben. Er erklärt unverzüglich, aus einem impulsiven Entschluß, seinen Austritt aus der SPD. Die sozialdemokratische Lehrzeit wird gleichsam aufgekündigt. Sie bricht wie ein Fragment ab, denn mit dem Sozialismus ist Otto Strasser noch keineswegs am Ende.

Nun erst tritt seine revolutionäre Gesinnung zu Tage. Sie entspringt derselben Leidenschaft, mit der er vorher Soldat und Offizier war. Das revolutionäre Element vereinigt sich in ihm mit dem soldatischen. Bis dahin konnte es scheinen, als ob er lediglich ein Haudegen oder ein Mauretanier (im Sinne Ernst Jüngers) sei. Doch nach seiner Überzeugung hätte der Kapp-Putsch zum Anlaß genommen werden müssen, die im November 1918 versäumte soziale Revolution nachzuholen. Die de facto-Annullierung des Bielefelder Abkommens dünkt ihm als endgültiger Verrat an einem national gesinnten Sozialismus. Er muß nun versuchen, für diesen eine andere Trägerbewegung zu finden. Die Sozialdemokratie kommt seines Erachtens nicht mehr in Frage. Er schreibt sie ein für allemal ab.

Sinowjew und die kommunistische Faszination

Aber zunächst steht ihm eine andere Begegnung bevor, die Begegnung mit dem Kommunismus. Innerlich war Otto Strasser mit der deutschen Roten Armee über die Sozialisierung einig. Er ist nun auch zum Kommunismus fähig, wenn dieser der Befreiung des deutschen Volkes vom ‚Versailler Diktat' nützt.

Doch das russische System stößt ihn ab. Anders ist es mit der bolschewistischen Energie und Dynamik. Auch für einen „preußischen Bolschewismus" im Stile Ernst Niekischs hat er viel Verständnis.

Diese Sympathien sind freilich weit mehr von den Personen als von der

Sache her bestimmt. Lenin und Trotzki imponieren ihm als Revolutionäre sehr, das von ihnen aufgebaute System ist anrüchig. Allerdings hat Otto Strasser von der Bayrischen Räterepublik, obwohl er sie mit der Waffe in der Hand bekämpfte, etwas aufgegriffen — einen Faden der Räteidee, den er später in sein Muster des Deutschen Sozialismus einweben wird.

So ist er aufgeschlossen für das, was im Sommer 1920 in Halle geschieht. Aufgeschlossen um so mehr, als er, von der Sozialdemokratie tief enttäuscht, den Horizont nach einem neuen Lichtstreifen für das eigene Volk absucht.

Im Frühsommer nimmt er als Journalist an einem Parteitag der USPD teil. Sie ist im April 1917 aus einer Abspaltung von der SPD entstanden. Anfangs gehörte ihr — als kommunistische Fraktion — auch der Spartakusbund an, der sich inzwischen zur KPD gemausert hat.

Otto Strasser fährt im Auftrag von zwei Zeitungen in die mitteldeutsche Industriestadt. Im Tagungslokal beeindruckt ihn, daß wenigstens ein Drittel der Delegierten abgeschabtes Feldgrau trägt. „Die meisten hatten abgezehrte Gesichter. Es fehlte ihnen die Betriebsamkeit der Funktionäre. Sie waren Proletarier, die ernst und ehrlich ihren Weg suchten.“[17)]

Obwohl die Atmosphäre bei der Kongreßeröffnung elektrisch aufgeladen ist — denn alle spüren, daß eine historische Entscheidung bevorsteht —, sind die ersten drei Tage des Parteitags von Ratlosigkeit gekennzeichnet. Doch am Morgen des vierten Tages schreitet Georgij Sinowjew zum Rednerpult, der Vorsitzende des Exekutivkomitees der 1919 gegründeten Kommunistischen Internationale und Vertreter der mächtigen Kommunistischen Partei Rußlands (Bolschewiki). Mit einer Handbewegung bringt er das Stimmengewirr im Saale zum Schweigen. Atemlose Stille tritt ein. Und während Sinowjew vier Stunden lang spricht, fliegen auf einmal die bislang müßigen Bleistifte der Journalisten über das Papier. „Das war keine Rede, das war ein Naturereignis!“

Sinowjew bringt es fertig, die Mehrheit der USPD-Delegierten auf den Kommunismus und die Sowjetunion umzustimmen. Damit wird die KPD schlagartig zur Massenpartei.

Strasser ist von der Persönlichkeit des Komintern-Präsidenten so beeindruckt, daß er ihn um ein Interview bittet. Ganz unerwartet wird er schon am nächsten Tage empfangen. Sinowjew, von einem Schwarm bildhübscher Sekretärinnen umgeben, bewohnt eine ganze Etage im besten Hotel der Stadt. Abends hört man ihn mit seinen Gästen schallend russische Volkslieder singen.

Otto Strasser legt eine Liste von Fragen vor. Als sie beantwortet sind, will er gehen. Doch Sinowjew hebt abwehrend seine behaarten Pranken: „Ein Glas Tee? Jetzt müssen Sie mir erlauben, daß ich Sie interviewe. Sie sind Sozialdemokrat? Sie waren im Krieg?“[18)] Strasser berichtet möglichst knapp. Doch Sinowjew stellt immer wieder Fragen. Schließlich sagt er: „Der Vertrag von Versailles ist ein schlechter Vertrag. Kein Volk von Ehre kann ihn auf sich sitzen lassen. Er liegt wie ein Würgegriff an der Gurgel Deutschlands ... Denken Sie an Tauroggen!“

Sinowjew, der unaufhörlich Papyrossie raucht, malt ein antiwestliches Bündnis der proletarischen Sowjetunion mit dem proletarisierten Deutschland an die Wand. Nicht zufällig erinnert er an die 1812er Konvention von Tauroggen, durch welche die preußischen Truppen aus Napoleons Großer Armee herausgelöst wurden und Waffenruhe mit den russischen vereinbarten. Nun soll sich Deutschland von den Westmächten lösen und mit der jungen Sowjetunion verbünden.

Sinowjew bestärkt Strasser in seiner nationalistischen Einstellung. Welche Ehre, daß der drittmächtigste Mann des Roten Kreml einem fast unbekannten Journalisten so viel Zeit und Aufmerksamkeit widmet! Otto Strasser gefällt auch der Lebensstil dieses Mannes mit der Löwenmähne. Die hübschen Sekretärinnen sind bestimmt nicht nur zum Arbeiten da. Wer hätte gedacht, daß ein Kommunist, dazu ein Steuermann der Weltrevolution, so zu leben verstünde?

Das erste Gespräch mit Hitler

Das Jahr 1920 ist ein Höhepunkt im Leben Otto Strassers. Auf den Kapp-Putsch und Sinowjew folgt Adolf Hitler. Aber als er diesen im Herbst 1920 kennenlernt, steht er noch ganz unter dem Eindruck der Begegnung mit dem Leiter der Kommunistischen Internationale. In Sinowjews Rede auf dem Haller Parteitag der USPD hat er die messianische Kraft des Kommunismus gespürt. Nicht nur eine politische und wirtschaftliche Doktrin, sondern auch eine neue Heilslehre, könnte dieser in Deutschland bald Millionen gläubige Anhänger haben. Was ist ihm entgegenzusetzen?

Otto Strasser fährt auf Urlaub nach Deggendorf. Hier, bei den Eltern, erreicht ihn ein Anruf seines Bruders Gregor aus Landshut: „Komm morgen mittag zum Essen zu uns. Du wirst General Ludendorff und Adolf Hitler kennenlernen ... Es ist sehr wichtig!“

Otto Strasser hat bisher nichts Günstiges über Hitler gehört. Die Propaganda seiner Partei flößt ihm Abneigung ein. Aber er weiß, daß sich bereits ein Teil der Frontkämpfergeneration um Hitler zu scharen beginnt. Und wenn sein Bruder von ihm angetan ist, muß etwas daran sein. Es reizt ihn auch, General Ludendorff kennenzulernen, der mit Hindenburg die Schlacht bei Tannenberg schlug und später Generalstabschef der deutschen Armee war. Entscheidend ist jedoch, daß er seit seinem Austritt aus der SPD einen neuen Weg sucht.

Daher nimmt er die Einladung an und fährt am nächsten Tag nach Landshut, wo sein Bruder sowohl eine Apotheke als auch einen Wehrverband leitet. Sie sprechen zunächst über den USPD-Parteitag in Halle. Otto berichtet über Sinowjews Rede. Der sonst so laute Gregor, bei dessen Lachen die Wände dröhnen, wird still und nachdenklich. Schließlich sagt er: „Niemand ist gefährlicher als die Russen. Mit den heutigen Parteien kommen wir nicht gegen sie auf. Die Russen sind denen hundertmal überlegen. Du wirst es erleben, daß sie sich einen Staat zurechtzimmern, stärker, als es das Zarenreich jemals gewesen ist ...“

Doch schon fahren die erwarteten Gäste vor. Otto Strasser steht oben im Treppenflur, als sie das Haus seines Bruders betreten. Als erster kommt

Ludendorff herauf. Otto nimmt militärische Haltung an. Er stellt sich unter Erwähnung seines früheren Dienstgrades und Truppenteils vor. Ludendorff ist nach wie vor vom Scheitel bis zur Sohle General. Otto Strasser fühlt, wie ein gewaltiger Wille von ihm ausströmt.

Adolf Hitler hingegen, blaß, schmächtig und in einen blauen Straßenanzug gekleidet, macht auf ihn den Eindruck eines Kammerdieners. Devot kam er hinter dem General die Treppe herauf und „hatte ein Gesicht wie tausend andere"[20].

Im Herrenzimmer setzt sich Hitler auf die äußerste Kante eines Sessels. Er ist zunächst völlig stumm, macht nur ab und zu eine geschmeidige Drehung zu Ludendorff hin: „Sehr wohl, Exzellenz!" Oder er verbeugt sich halb: „Wie Exzellenz meinen!" Soll das ein Parteiführer sein? Davon sieht Otto Strasser an Hitler keine Spur.

Das Wort führt Ludendorff, auch für die neue Partei: „Wir müssen die nationalen Verbände zusammenfassen. Die militärische Leitung werde ich übernehmen, die politische Schulung ist Sache von Herrn Hitler." Und zu Gregor Strasser gewendet: „Wir haben die Hoffnung, daß Sie sich mit ihrem Sturmbataillon Niederbayern mir militärisch unterstellen und politisch der Partei von Herrn Hitler anschließen."

Gregor wiegt abwägend den Kopf. Er will erst Näheres über die neue Partei erfahren. Hitler hält einen monologartigen Vortrag über die NSDAP, die sich von München aus nun über ganz Bayern verbreiten wolle.

Otto unterbricht ihn: „Verzeihung, was heißt ‚NSDAP'?"

„Nationalsozialistische Deutsche Arbeiterpartei!"

„Nationalsozialisten? Das ist aber interessant. So nannte sich schon im alten Österreich eine Partei, und in der tschechoslowakischen Republik gibt es jetzt auch eine. Hat Ihre Partei zu diesen Gruppen irgendwelche Beziehungen?"

Hitler gibt keine Antwort.

„Kann ich Ihr Parteiprogramm haben?"

„Programm, Programm", sagt Hitler verächtlich. „Auf Programme kommt es nicht an. Es kommt nur auf die Macht an."[21]

„Aber die Macht ist doch nur die Voraussetzung für die Durchführung eines Programms. Man muß doch den Leuten sagen können, was man tun wird oder tun will, wenn man zur Macht gekommen ist."

„Das sind die Anschauungen eines Intellektuellen. Wir brauchen die Macht!"

Ludendorff greift vermittelnd ein: „Natürlich muß man ein Programm haben, so wie man für einen Krieg einen allgemeinen Feldzugsplan braucht. Was bei der Kriegsführung die Strategie ist, das ist in der Politik das Programm."

Hitler ist damit anscheinend nicht ganz einverstanden, schluckt jedoch seine Widerrede herunter. Abrupt wechselt er das Thema und greift Otto Strasser indirekt an: „Sie haben beim Kapp-Putsch auf seiten der Roten gekämpft?"

Davon ist schon beim Mittagsmahl die Rede gewesen. Otto Strasser drängt sich der Verdacht auf, Hitler wolle ihn bei Ludendorff anschwärzen. Er geht daher zum Gegenangriff über: „Sie nennen sich doch Nationalsozialist! Wie können Sie dann für einen reaktionären Putsch sein? Ich habe in Berlin als Sozialist gegen eine reaktionäre Diktatur gekämpft, genauso wie ich in München als Nationalist gegen die rote Diktatur marschiert bin!"

Hitler gerät in fieberhafte Erregung: „Der Kapp-Putsch war notwendig, obwohl er mit unwirksamen Mitteln unternommen wurde. Denn die Versailler Regierung muß gestürzt werden."

„Die Reaktionäre haben die vaterländischen Offiziere, die nichts von Politik verstehen, mißbraucht ..."

Ludendorff wirft ein: „Er hat recht. Dieser Kapp-Putsch hatte keine Grundlage. Man gewinnt zuallererst einmal das Volk, damit die Anwendung von Gewalt nachher überflüssig ist."

Hitler weicht zurück: „Selbstverständlich, Exzellenz!" Er geht aber sofort wieder vor: „Das ist ja gerade der Zweck meiner Bewegung. Ich will das Volk für den Revanchegedanken entflammen. Nur das Volk und seine restlose Hingabe können uns den nächsten Krieg gewinnen lassen."

Otto Strasser widerspricht heftig: „Es handelt sich nicht um Revanche, es handelt sich nicht um Krieg! Unser Sozialismus muß national sein, um in Deutschland eine neue Ordnung zu errichten, nicht um uns auf eine neue Eroberungspolitik einzulassen!"

„Ja", sagt Gregor Strasser, „mit der Rechten fassen wir den Nationalismus, der sich zu seinem Unglück mit dem Kapitalismus liiert hat, mit der Linken halten wir den Sozialismus, dessen Verbindung mit dem Internationalismus katastrophal ist. So gestalten wir den Nationalsozialismus, die treibende Kraft eines neuen Deutschlands und eines neuen Europas."

Otto Strasser fügt hinzu: „Und das Hauptgewicht bei dieser Allianz muß auf dem Wort Sozialismus liegen. Nennen Sie Ihr Programm nicht Nationalsozialismus, in einem Wort geschrieben, Herr Hitler? Die deutsche Grammatik legt fest, daß bei dieser Art Zusammensetzungen der erste Teil ein Beiwort des zweiten Teils, des Hauptbegriffes, ist."

„Schluß mit den logischen Spitzfindigkeiten!" schreit Hitler und schlägt mit der Faust auf den Tisch. „Sie können die Begriffe nicht in dieser Weise isolieren. Ich spreche von Realitäten, und die Realität ist das Judentum. Sehen Sie sich einen kommunistischen Juden wie Marx und sehen Sie sich einen kapitalistischen Juden wie Rathenau an. Alles Unglück kommt von diesen Leuten! Sie vergiften die Welt! Die sozialdemokratische Presse wird von Juden geleitet. Unter dem Deckmantel sozialer Ideen verbergen sie teuflische Machenschaften. Sie wollen die Nation vernichten, die Rassenunterschiede verwischen. Die Juden führen die Arbeiter, sie behaupten, ihr Los zu verbessern, in Wirklichkeit wollen sie sie versklaven, ihren Patriotismus und ihr Ehrgefühl abtöten, um die internationale Diktatur des Judentums zu errichten ..."

„Sie kennen sie nicht, Herr Hitler, und — gestatten Sie mir den Einwurf: Sie überschätzen sie. Der Jude ist vor allem anpassungsfähig ... Er bedient sich des Sozialismus, er benutzt auch den Kapitalismus, er würde sogar den Nationalsozialismus ausbeuten ..."

Hitler kommt noch einmal auf den Revanchekrieg zurück: „Ich will diesem Volk den Peitschenhieb versetzen, der es wieder aufrichten und fähig machen wird, Frankreich zu zerschmettern."

„Sie legen also den Akzent auf das Wort Nationalismus. Ich wiederhole, das bedeutet, die eigentliche Idee zu verkennen ..."

Hitler macht eine Geste der Ungeduld, überwindet sich aber und klopft Otto Strasser vertraulich auf die Schulter: „Was wollen Sie, ich würde lieber an einem kommunistischen Galgen hängen, als Reichsminister von Frankreichs Gnaden zu werden."

In dieser Zeit herrscht bei ihm der Franzosenhaß vor.

Ludendorff beruhigt die erhitzten Gemüter: „Die Politik der nationalen Opposition kann selbstverständlich nicht kommunistisch sein, aber genausowenig darf sie kapitalistisch sein."[22)]

Die beiden Strasser sehen sich überrascht an. Diese Erkläruing haben sie eigentlich von Hitler erwartet.

Im weiteren Verlauf unterstellt Gregor seinen Wehrverband tatsächlich der militärischen Leitung Ludendorffs. Hitler ist offenbar nur der politische Leiter der NSDAP, nicht unbedingt ihr Führer. Ludendorff scheint diesen Fanatiker völlig zu beherrschen. „Der General wird den schon richtig einsetzen", meint Gregor Strasser abends zu seinem Bruder.

„Ludendorff hat mir gefallen", sagt dieser. „Er ist kein Genie, aber ein Mann. Was Hitler anbetrifft, so finde ich ihn zu unterwürfig gegenüber dem General ... Er hat keine politische Überzeugung, er hat nur die Beredsamkeit eines Lautsprechers."

„Vielleicht steckt ihm der Gefreite noch zu sehr in den Knochen. Aber es geht von ihm etwas aus, eine Suggestion, der man sich schwerlich entziehen kann. Welch wunderbares Werk könnten wir vollbringen, wenn Deine Ideen durch seinen Mund zum Ausdruck gebracht würden und wir uns zu ihrer Verwirklichung der Energie Ludendorffs und meines Organisationstalentes bedienten!"[23)]

Auf diese Weise schlägt Gregor Strasser seinem Bruder Otto einen Viermännerbund zur Umwälzung der deutschen Verhältnisse vor. Er hat die Rollen schon verteilt. Otto soll der Theoretiker, Adolf Hitler der Trommler, General Ludendorff der Dynamiker und er selbst der Organisator sein.

Der Gedanke eines solchen Zusammenspiels ist betörend. Er nistet sich in Otto Strasser ein, obwohl ihn sein Instinkt vor Hitler warnt und das Gefühl ihm sagt, Gregor mache sich Illusionen.

Moeller van den Bruck und der Juni-Club

Otto Strasser schreibt einen Aufsatz für die Zeitschrift „Das Gewissen", deren Herausgeber Moeller van den Bruck und Heinrich von Gleichen sind. Moeller van den Bruck ermutigt ihn zu weiterer Mitarbeit. Sie kommen ins Gespräch. Beide empfinden den Vertrag von Versailles als eine ungeheuerliche Herausforderung des deutschen Volkes. Sie wenden keinen Gedanken daran, daß Deutschland 1918 im Frieden von Brest-Litowsk dem kommunistischen Rußland ein ähnliches Diktat mit vergleichbaren Bedingungen aufgezwungen hat. Obwohl sie sicher davon wissen, fassen sie nur die Demütigung des eigenen Volkes ins Auge.

Otto Strasser tritt dem Juni-Club zur Wiederaufrichtung Deutschlands bei, um den sich eine Ringbewegung verschiedener Vereine, Institute und Organisationen bildet.

Moeller van den Bruck träumt von einer deutschen Revolution, aus der ein Drittes Reich hervorgehen soll. Er sagt zu Otto Strasser: „Wir haben den Krieg verloren, aber wir werden die Revolution gewinnen."

Sein Gesprächspartner erinnert ihn an das vermeintliche Wort Friedrich Eberts: „Ich hasse die Revolution, wie ich die Sünde hasse." Entrüstet fragt er: „Haßt er die Revolution, weil er die Sünde haßt? Hat ein Danton die Sünde gehaßt?"

Unter den treibenden und maßgebenden Männern der Französischen Revolution ist es gerade Danton, der Otto Strasser am meisten anspricht und dem er am ehesten nacheifern möchte; nicht Robbespierre, wie man aus späteren Äußerungen folgern könnte. In Moeller van den Bruck sieht er den Rousseau, den Propheten der deutschen Revolution.

Dieser Mann mit dem Seherblick lädt ihn ein: „Kommen Sie mich wieder besuchen. Ich würde gern mit Ihnen über ein Buch debattieren, das ich gerade schreibe."

Es wird den Titel ‚Das Dritte Reich' tragen und erst nach Jahren erscheinen. Indes steht seine Grundaussage schon 1919 fest. Der Mythos vom ‚Dritten Reich' fällt wie Manna — oder auch wie Mana, eine spirituelle Kraft — ins nationale Lager, in dem sich nationalistische Aktivkerne bilden. Er löst eine neue Strömung in ihr aus, eine Unter- und Tiefenströmung, die verschiedenfarbig schillert.

Otto Strasser berichtet Moeller van den Bruck von seiner Begegnung mit Hitler, die freilich eher ein Treffen und geistiges Duell war. Moeller wird sehr aufmerksam und bittet, ihm kein Wort des Gesprächs vorzuenthalten. Schließlich sagt er nachdenklich: „Nationalsozialismus, das ist gewiß ein Teil der deutschen Zukunft."[24)] Von da an setzt er anscheinend seine Hoffnung mehr auf Hitler als auf jeden anderen Politiker. Bis er ihn 1925 kennenlernt. Kurz darauf stürzt er sich aus dem Fenster auf das Straßenpflaster.

Moeller van den Bruck ist Hitler im Profil seltsam ähnlich. In der Mentalität sind sie jedoch grundverschieden; hat der eine eine aristokratische, so der andere eine plebejische Note.

Moellers nationaler Sozialismus nimmt im Laufe der Zeit eine nationalbolschewistische Färbung an und läuft auf eine geistige Kulturrevolution hinaus. Aus der Niederlage von 1918 zieht er den Schluß, das ganze deutsche Volk müsse politisiert werden, um die Parteien „von der Seite der Weltanschauung her zu zertrümmern"[25)]. Sein Buch ist auf eine radikale Kritik der Parteien, ihrer Ideologien und der Menschen als Parteitypen gegründet. Es besteht aus einer Reihe von Meditationen über solche Begriffe wie sozialistisch, demokratisch, liberal und konservativ.

Von Marx schreibt Moeller van den Bruck, seine materialistische Geschichtsauffassung sei würdelos, enthalte den Geschichtsverzicht und laufe auf eine Gesellschaftsordnung hinaus, nach deren Verwirklichung der

Menschheit „als einzige Aufgabe nur übrig bleibt, ihre Verdauung zu regeln"[26]. Typen, nicht Klassen scheiden die Menschen. Die soziale Frage läßt sich von Grund auf nur lösen, wenn von der nationalen Einheit statt von gesellschaftlichen Interessengegensätzen ausgegangen wird; von einer Volksgemeinschaft, in der außer den Kriegsgewinnlern jeder Stand sein Lebensrecht hat. Marx verdunkelte die Weissagung des kommunistischen Schneidergesellen Wilhelm Weitling. Moeller schreibt: „Einen neuen Messias sehe ich mit dem Schwerte kommen, um die Lehre des ersten zu verwirklichen." Weitlings „helle und reine proletarisch-johanneische Verkündung einer nahenden Weltgerechtigkeit" wurde im November 1918 ad absurdum geführt, als sich in den Amtsstuben der gestürzten Regierung „ein Klüngel von kleinen Menschen" zusammenfand, durch den der „Einbruch des Pöbels in den Staat" erfolgte, eines pseudo-revolutionären Pöbels, der zu keinem anderen Laut als „Nieder!" fähig war. (Moeller hatte erlebt, wie meuternde Rekruten ihre Offiziere festnahmen.)

Proletarier ist nur, wer es sein will. Nicht die Lohnabhängigkeit macht den Menschen zum Proletarier, sondern sein Klassenbewußtsein, das ihn gleichzeitig an eine Partei schmiedet. Im November 1918 hatte die Arbeiterschaft die politische Gewalt in der Hand, aber die wirtschaftliche Gewalt blieb bei den Unternehmern. Diese besaßen außer dem Kapital auch die Macht ihrer Erfahrung, während das Proletariat nur die Wucht seiner Massen auf die Waagschale der Geschichte legen konnte. Doch die Revolution geht weiter. Sie ist in ihrem Wesen eine Konservative Revolution. Moeller van den Bruck sieht in der Tiefe einen unterirdischen Strom fließen, der seine Richtung zu ändern sucht — „den gewaltigen Strom deutscher Geschichte, der unter den Auswirkungen unseres Zusammenbruchs wieder in eine Richtung abdrängt, die wir zu unserem Unheile verlassen hatten." Er orientiert sich an Bismarck, dem Gründer des Zweiten Reiches. Seines Erachtens war der deutsche Imperialismus „immerhin die beste Sozialform für ein Land der Überbevölkerung", da er dem Arbeiter die Arbeit sicherte.

Die Selbstbefreiung des Proletariats ist nach Moeller van den Bruck unmöglich. Es gibt nur eine Selbstbefreiung unterdrückter Nationen. Wird sich das Proletariat anschließen? Das ist eine bange Frage Moellers. Die deutschen Probleme bedürfen seines Erachtens eines deutschen Sozialismus. Der Internationalismus ist ein Irrweg. Er führt zur Zerstörung der Nation. „Jedes Volk hat seinen eigenen Sozialismus. Die Russen haben das wahrgemacht. In Rußland entstand aus dem russischen Sozialismus der Revolution das neue Soldatentum der Sowjetmacht."[27]

Der Sozialismus beginnt nach Moeller da, wo der Marxismus endet. Revolution ist Selbsthilfe. Wann sie in Deutschland wieder ausbrechen wird, wo sie vorerst nur in den Geistern weitergeht, steht dahin. Sicher ist nur eins: Das ‚Dritte Reich' setzt den deutschen Sozialismus als schon verwirklicht voraus. Er kann aus den Ereignissen selbst hervorbrechen, bedarf also nicht unbedingt einer Theorie, eher einer Metaphysik, die das politische Streben transzendiert. Um in den Ereignissen auszubrechen, muß er tief genug greifen und sich mit dem unterirdischen Strom der deutschen Geschichte vereinen.

Moeller van den Bruck hebt den deutschen Sozialismus von allen politischen Parteien ab. Anders als bei diesen ist er eine „körperschaftliche Auffassung von Staat und Wirtschaft, die vielleicht revolutionär durchgesetzt werden muß, aber alsdann konservativ gebunden sein wird"[28]. Der deutsche Sozialismus soll den Berufsständegedanken des Freiherrn vom Stein integrieren, ebenso wie den Rätegedanken, der Moeller zufolge auf das Zunftwesen des Mittelalters zurückweist. Auch die Idee der Gemeinwirtschaft muß einbezogen werden. Und der Führergedanke einer neuen Jugend — Führer ist, wer vorangeht. (Dieser Gedanke findet sich auch bei Spengler.)

„Sozialismus ist für uns: Verwurzelung, Staffelung, Gliederung." Moeller van den Bruck meint nationale Verwurzelung, organisatorische Staffelung und berufsständische Gliederung des deutschen Volkes, jenseits der Parteien und des Parlaments.

Damit wird er zum Wegweiser der Richtung, in die Otto Strasser aufbricht. Auch mit seiner Sicht der Demokratie und des Liberalismus. Nicht die Staatsform macht für Moeller eine Demokratie aus, sondern die Anteilnahme des Volkes am Staate und am nationalen Schicksal. Mit all seiner Entschiedenheit wendet er sich gegen Liberalismus (und die Freimaurerei, denn die Freimaurer wären ausnahmslos Liberale). Um ein System zu ergründen, müsse man seine Psychologie aufdecken. Der Liberalismus beruht auf dem liberalen Menschentyp, und dieser ist der Feind des Konservativen. Für den ersteren gibt es nur Entwicklung (im Sinne von Fortschritt, den man in der ganzen Geschichte vergeblich suchen werde). Der zweite geht von Entstehungen aus (damit sich etwas entwickeln kann, muß es zuvor vorhanden sein). Für den Liberalen ist das Leben Selbstzweck. Der Konservative lebt, um zu hinterlassen. Die Entwicklung verhält sich zur Entstehung ebenso „wie das liberale Schmarotzertum zum konservativen Wachstum"[29].

Schon das antike Griechenland ging für Moeller van den Bruck am Liberalismus zugrunde. Dasselbe Schicksal droht Deutschland. Denn die deutsche Revolution wurde bisher von Liberalen gemacht und verdorben. Nicht Fanatiker, sondern Opportunisten und Pazifisten trieben sie voran — in die falsche Bahn des Internationalismus.

Der konservative Revolutionär muß aber auch Front gegen die Reaktionäre beziehen. Sie sind vom Geist verlassen und sehen in der Revolution — wie die linken Militanten — nur den politischen Vorgang. Die Reaktionäre wollen morsche Gebäude restaurieren, während der Konservative nicht wiederherstellt, sondern wiederanknüpft.

In diesen geistigen Rahmen wächst Otto Strasser hinein. Aber bald stellen sich gewisse Differenzen und Unterschiede heraus, die das freundschaftliche Verhältnis trüben.

Für Moeller van den Bruck ist der nationale Sozialismus lediglich der politische Aspekt einer konservativ-revolutionären Weltanschauung. Bei Otto Strasser wird er zur Weltanschauung selbst. Damit löst er sich in Moellers Augen vom Urgrund los. So wird er ein Bestandteil der entwurzelten und fallenden Welt. Die Entfremdung wäre früher oder später wohl unvermeidlich gewesen, hätte sich der Autor des Buchs ‚Das Dritte Reich' nicht bereits 1925 das Leben genommen.

Moeller van den Bruck zerlegt die deutsche Wirklichkeit in Begriffe und handelt diese einzeln ab, als wäre jeder einzelne davon eine Welt für sich. Sein Katheder-Nationalismus kann Otto Strasser, der ein vollblütiger Mensch ist und zu einer synthetischen Auffassung neigt, trotz intellektueller Brisanz nicht ganz befriedigen.

Moeller van den Bruck will die militärische Niederlage durch den Sieg einer zugleich nationalen und sozialistischen Revolution wettmachen. Die Weimarer Republik ist ihm zuwider. Strasser ringt sich hingegen zu einem halbwegs positiven Verhältnis durch.

Bei einer Veranstaltung des Juni-Clubs trifft er mit Oswald Spengler zusammen, den Autor des berühmten Buches ‚Der Untergang des Abendlandes'. Er glaubt, in ihm den zweiten Propheten der deutschen Revolution zu erkennen. Spengler will den Sozialismus in den Dienst des Preußentums stellen und diesem unterordnen. Moeller van den Bruck ist dem nicht abgeneigt, wendet aber ein: „Germanen waren wir, Deutsche sind wir, Europäer werden wir sein!" Ein preußischer Sozialismus genügt ihm nicht.

Moeller van den Bruck befürchtet, daß Hitler den Nationalsozialismus zu einer Kurzschlußlösung machen wird. Hitler sagt 1929 zu Otto Strasser: „Das Dritte Reich bin ich selbst!" Für Moeller sollte es ein christlicher und europäischer Bundesstaat werden.

In diesem Sinne wird Otto Strasser sein Testamentsverwalter.

II. Der Konflikt mit Hitler und die Aufspaltung der Fronde

Im gleichen Jahr, da Moeller van den Bruck lieber stirbt, als mit Hitler zu paktieren, wird Otto Strasser in die NSDAP eintreten. Aber vorerst hat er anderes zu tun. Der Krieg und die Erlebnisse der beiden letzten Jahre haben seine Jugendkraft weitgehend aufgezehrt. Von der ersten Begegnung mit Hitler ist er so enttäuscht, daß er sich zunächst einmal zurückzieht und seiner beruflichen Karriere widmet. Er will auf eigenen Füßen stehen und sich nebenbei das politische Rüstzeug beschaffen.

Vom Hilfreferenten zum Direktor

Binnen sechs Monaten, alle Journalistik beiseiteschiebend, schreibt Otto Strasser seine Doktorarbeit über „Die Entwicklung und Bedeutung der deutschen Zuckerrübenzucht". Ein unpolitischeres Thema kann man sich kaum noch vorstellen, aber es ist wohl gerade deshalb eine Entlastung. Die Promotion erfolgt in Würzburg.

Als er seinen Doktor hat, bewirbt sich Otto Strasser um eine gutbezahlte Stelle. Er arbeitet einige Zeit als Hilfsreferent im Reichsernährungsministerium — mit einem Jahresgehalt von 20000 Mark. Das ist für einen 24-jährigen recht viel. Aber sein Vater hat ihm, wie den Brüdern, das Versprechen abgenommen, niemals Beamter zu werden. Überdies drängt sich der Eindruck auf, die parlamentarische Demokratie sei nur das Feigenblatt für die Diktatur der Beamten. Die Minister sind abhängig von den Geheimräten. Er ist nicht am richtigen Platz.

Otto Strasser wechselt in die freie Wirtschaft über, zum Spirituosenkonzern Hünlich (Winkelhausen). Nachdem er von der Pike auf eine praktische Ausbildung erhalten hat, wird er Direktor einer sächsischen Zweigfabrik (in Oppach), schließlich zur rechten Hand des Generaldirektors. Sein Gehalt ist wesentlich höher als im Ernährungsministerium. Er bekommt etwa das Dreifache. Otto Strasser hat Karriere gemacht. Und er ist stolz darauf. Später wird er sagen, die Männer um Hitler seien sämtlich beruflich Gescheiterte — wie ihr Chef. Sei von Gescheiterten eine neue Ordnung zu erwarten?

Doch die politische Entwicklung gönnt Otto Strasser nur drei Jahre Ruhe. Am 9. November 1923, während einer Inspektionreise, als er sich gerade in Magdeburg aufhält, wird auf den Straßen ein Extrablatt ausgerufen: „Nationale Revolution in München! Hitler und Ludendorff marschieren gegen Berlin!"

Im politischen Sog

Otto ahnt gleich, daß sein Bruder in die bewaffnete Aktion verwickelt ist. Er meldet ein dringendes Telefongespräch nach Landshut an, doch alle Leitungen sind gesperrt. Am Nachmittag erscheint ein neues Extrablatt: „Hitler-Ludendorff-Putsch blutig zusammengeschlagen! Die Anführer verhaftet!"

Auch Gregor ist festgenommen. Wie Hitler (der zunächst geflohen war) und andere Putschisten, wird er in die Festung Landsberg überführt. Er liegt im unteren Stock. Über ihm kreist Hitler ruhelos durch seine geräumige Zelle, bis in die Nacht laute Monologe sprechend. Um endlich wieder ungestört schlafen zu können, regt Gregor Strasser den Parteiführer an, seine Erinnerungen und politischen Anschauungen schriftlich niederzulegen. So soll Hitlers ‚Mein Kampf' auf eine Diplomatie hin entstanden sein, und nachts kehrte Ruhe in die Festung ein.

Da wird Gregor Strasser, vom Völkischen Block Bayerns auf die Kandidatenliste gesetzt, im April 1924 in den bayrischen Landtag gewählt. Er kann als erster die Festung verlassen. Der Völkische Block hat 23 Abgeordnete durchgebracht; sie wählen Gregor Strasser zu ihrem Fraktionsvorsitzenden. Im Dezember 1924 zieht er als Abgeordneter der norddeutschen Nationalsozialistischen Freiheitspartei auch in den Reichstag ein. Gemeinsam mit Ludendorff und von Graefe, der 1922 die Deutsch-Völkische Freiheitspartei gegründet hat, betreibt er die Einigung aller völkischen Gruppen, an der sich zeitweilig auch Ernst Röhm mit seinem ‚Frontbann' beteiligt.

Adolf Hitler, am 1. April 1924 zu fünf Jahren Festung verurteilt, wird wohl die ganze Zeit absitzen müssen und bis 1929 in Landsberg bleiben. Gregor Strasser hat das Gefühl, dies sei ein Wink des Schicksals. Er bespricht sich mit seinem Bruder: „Wir haben jetzt die Möglichkeit, der NSDAP ein Programm zu geben. Eine Partei ohne Programm ist ein Körper ohne Rückgrat. Mach mit, Ottl, was zögerst du jetzt noch. Komm zu uns Nationalsozialisten! Bis Hitler wiederkommt, haben wir stabile Verhältnisse, die er respektieren muß. Also schlag ein!"[1)]

Otto Strasser schlägt ein. Mit einem Kopfsprung taucht er in die Politik unter. Er kündigt seinen Fünfjahresvertrag mit dem Spirituosenkonzern und steckt die Abfindungssumme in einen Verlag, den er gemeinsam mit dem Bruder aufbaut, der dafür seine Apotheke verpfändet. Beide brechen die Brücken der bürgerlichen Existenz hinter sich ab, um sich voll und ganz der nationalsozialistischen Bewegung zu widmen, die in ihren Augen eine Freiheitsbewegung des deutschen Volkes ist.

Otto Strasser tritt der NSDAP aber erst im Frühjahr 1925 bei und erhält die Mitgliedsnummer 25239. Hitler, der davon informiert wird, beglückwünscht Gregor zu der wertvollen Werbung. Er möchte seiner Partei, die zum erheblichen Teil aus Rabauken besteht, einen geistreichen Anstrich geben. Otto Strasser schreibt unter dem Pseudonym Ulrich von Hutten einige Artikel im ‚Völkischen Beobachter'. So schleust er Moeller van den Brucks Idee des ‚Dritten Reiches' in die NS-Bewegung ein.

Die Brüder Strasser lassen ab 1.10.1925 in ihrem Kampfverlag die ‚Nationalsozialistischen Briefe' erscheinen. Mit diesem Kaderorgan für Unterführer wollen sie der schwammigen und auseinanderbröckelnden NSDAP Korsettstangen einziehen. Gregor ist der Ansicht und Otto pflichtet ihm bei, die NSDAP bedürfe einer von ihr unabhängigen Zeitschrift, welche laufend grundsätzliche Fragen aufgreift und klärt, ohne der Tagespolitik verhaftet zu sein. Der ‚Völkische Beobachter' ist zu primitiv, um anspruchsvollen nationalen Kreisen zuzusagen oder gar marxistisch orientierte Sozialisten anzusprechen. Für Gregor hat er ein ‚grauenhaftes Niveau'.

Die Chefredaktion der NS-Briefe übernimmt Otto Strasser. Er soll jedoch auch ein halbes Dutzend Zeitungen aufbauen. Die Schriftleitung wird daher einem gewissen Dr. Josef Goebbels übertragen, der aus der Deutsch-Völkischen Freiheitspartei Graefes kommt. Er bekennt sich als Schüler Gregor Strassers. Nach Hitlers Rede vor dem Bayrischen Volksgericht hat er diesem jedoch einen glühenden Brief geschrieben: „Ihnen gab ein Gott, zu sagen, was wir leiden. Sie faßten unsere Qual in erlösende Worte. Was Sie da sagen, das ist der Katechismus eines neuen politischen Glaubens in der Verzweiflung einer zusammenbrechenden, entgötterten Welt." Ähnlich hat St. Just an Robespierre geschrieben. Goebbels sitzt zwischen zwei Stühlen, und bei seiner Wendigkeit kann man nicht wissen, welchen Stuhl er schließlich vorziehen wird. Doch 1925 ist er Strasserist, freilich mehr im Sinne Gregors als Ottos. Das sollte nicht übersehen werden.

Die Brüder Strasser möchten in der NSDAP das Schwergewicht vom Antisemitismus auf den Sozialismus verlegen. Doch ist ihr Verhältnis zu Hitler von vornherein verschieden. Während Gregor in ihm den Überlegenen sieht, dessen Faszination man sich schwer entziehen kann, tritt Otto der NSDAP als Hitlers Kritiker bei, um die Partei auf einen anderen Kurs zu bringen. Den berufenen Führer der NSDAP erblickt er in seinem Bruder, dem er sich zur Seite stellt, für den er auch Reden und Artikel verfaßt. Aber will dieser wirklich an die Stelle Hitlers treten und ihm den Rang des Parteiführers streitig machen? Es könnte sein, daß Otto Strasser unter falschen Voraussetzungen in die NSDAP eingetreten ist und daher unweigerlich auch in Konflikte mit seinem Bruder geraten muß. Doch zunächst sind sie sich einig darin, in Norddeutschland eine andere Art von NSDAP zu schaffen, als sie schon in München und Bayern besteht.

Gregor Strasser scheint der geeignetste Mann zu sein, den Nationalsozialismus nach Norddeutschland zu tragen, wo noch kein einziger Gau besteht. Hitler gibt ihm dafür eine schriftliche Vollmacht, die Gregor 1925 in Hamm und in Harburg vorweist. Hier zeigt sich schon, daß er nicht gänzlich unabhängig handeln kann, sondern von der Vollmacht zehrt.

In Abwesenheit Hitlers entbrennt ein Kampf um die bestimmende Macht innerhalb der NS-Bewegung. Die Brüder Strasser, Rosenberg, Röhm, Ludendorff, Feder, Streicher und Esser messen ihre Kräfte. Julius Streicher und Hermann Esser gründen die ‚Antisemitische Bewegung'. Gregor Strasser ist von ihrem vulgären Treiben so angewidert — da sie die Gosse verträten, aber gleichwohl von Hitler in Landsberg empfangen und ermutigt würden —, daß er sich von diesem trennen und eine neue NSDAP ausrufen will. Doch Otto rät ihm, die endgültige Spaltung der Partei zu vermeiden.

Für die Brüder Strasser ist der Antisemitismus eine natürliche Instinktreaktion auf „ostjüdische Schieber"[2)], die aus der inflationären Geldentwertung Profit schlügen. Anders als Hitler, der von einem Ressentiment getrieben wird, gehen sie von einer Abwehrhaltung aus. Der Einfluß der Juden auf die öffentliche Meinung, Wirtschaft und Politik sei unvergleichlich größer als ihre Zahl. Doch mit dem Radau-Antisemitismus Steichers und Essers wollen sie nichts zu tun haben. Gregor schließt beide aus der NSDAP aus.

Der visionäre Viermännerbund bricht schon 1924 auseinander. Denn Ludendorff löst sich von der NSDAP. Angesichts der feigen Flucht Hitlers am 9. November 1923 könne diesem kein Offizier von Ehre mehr folgen. Die beiden Männer trennen sich endgültig im März 1925, nachdem Ludendorff bei den Reichspräsidentenwahlen nur 1% der Wählerstimmen erhalten hat.

Adolf Hitler gewinnt auf der Festung den Glauben, der deutsche Messias zu sein, dem von der Vorsehung die Erlösung des deutschen Volkes aufgetragen ist. Dieser Glaube festigt seinen Charakter, macht ihn von Ludendorff frei und flößt ihm ungewöhnliche Überzeugungskraft ein. Doch beschließt er, seine politische Taktik zu ändern und undurchsichtig zu machen. Nicht noch einmal will er mit der Reichswehr zusammenstoßen.

Hitlers vorzeitige Entlassung

Am 20. Dezember 1924 wird Adolf Hitler ganz überraschend wegen guter Führung aus der Festungshaft entlassen. Von den fünf Jahren hat er nur 13 Monate absitzen müssen. Das bringt den Zeitplan der Brüder Strasser völlig durcheinander.

Hitler genügt die vorzeitige Entlassung nicht. Noch sind die NSDAP und der ‚Völkische Beobachter' verboten. Um ihre Widerzulassung zu erreichen, legt er vor dem bayrischen Ministerpräsidenten Held ein Legalitätsversprechen ab, das protokolliert wird. Diesem Versprechen nach will er künftig auf revolutionäre Gewaltstreiche verzichten. Held meint, die Bestie sei gezähmt. Doch Hitler hat nur seine neue Taktik eingeleitet, die eine Doppeltaktik ist: revolutionär zu wirken und doch gemäßigt zu erscheinen. Er bietet der bayrischen Regierung seine Unterstützung gegen die marxistischen Parteien an und distanziert sich von den antikatholischen Aktivitäten Ludendorffs. Das Verbot der NSDAP und des ‚Völkischen Beobachters' wird aufgehoben.

Wahrscheinlich ist die vorzeitige Entlassung Hitlers auch auf die Radikalität Gregor Strassers zurückzuführen, die bei der bayrischen Regierung Anlaß zu Befürchtungen gibt, hat er sie doch im Landtag öffentlich eine „Schweinebande" genannt. Er gilt als Draufgänger, der womöglich auf eigene Initiative einen neuen Aufstand entfesselt und ihn diesmal besser vorbereitet. Sollte Hitler von Held dazu ausersehen sein, Gregor Strasser zu zügeln? Für Otto ist er auf der Festung, wo er sich angeblich dick fütterte, ein Bourgeois geworden. Er habe vor dem bayrischen Ministerpräsidenten einen Kniefall gemacht. Die Gebrüder Strasser wittern zwar Hitlers veränderte Einstellung zum Staat, durchschauen jedoch nicht seine Doppeltaktik. Seit der durchgesickerten Legalitätserklärung halten sie ihn für einen Opportunisten.

Am 27. Februar 1925 findet in München die Neugründung der NSDAP statt. Hitler wird mit Jubel begrüßt und hält eine lange Rede. Schließlich sagt er: „Nun führe ich die Bewegung, und Bedingungen stellt mir niemand, solange ich persönlich die Verantwortung trage."

Das ist ohne Zweifel auch oder gar hauptsächlich auf Gregor Strasser gemünzt. Er bleibt der Gründungsveranstaltung fern. Selbst dem bayrischen Fraktionsführer Buttmann, der enge Beziehungen zu Gregor Strasser unterhält, „schmolzen alle Bedenken weg, als der Führer sprach" (nach eigenen Worten). Hatte die alte NSDAP noch einen Vorstand, so ist die neue NSDAP, jedenfalls in München und Bayern, gleichsam auf Hitler vereidigt. Sie wird zum geschmeidigen Instrument eines einzigen Mannes, der Befehle erteilt und Kritik nicht mehr duldet.

Die Arbeitsgemeinschaft

Gibt es wirklich — wie Otto Strasser behauptet — zwei nationalsozialistische Parteien, die eine im protestantischen Norden und die andere im katholischen Süden? Oder zwei Teile ein und derselben Partei, die sich im großen und ganzen nur durch regionale Besonderheiten unterscheiden, wenn man von den Eigenarten ihrer führenden Persönlichkeiten absieht?

Nach Udo Kissenkoetter sollen Adolf Hitler und Gregor Strasser im Februar 1925 unter vier Augen eine Arbeitsteilung vereinbart haben. Die Neugründung der NSDAP erfolgt jedoch nicht allein für den Süden, vielmehr für ganz Deutschland. Die Münchner Zentrale will Beiträge auch im Norden kassieren.

Indes findet bereits am 21./22. Februar 1925 in Hamm eine von Gregor Strasser einberufene erste Konferenz nordwestdeutscher NS-Gruppen statt, wobei er aus den örtlichen Führern ihm geeignet erscheinende Gauleiter auszuwählen beginnt. Ist damit die „Reichsgründung" der NSDAP ihrer Münchner Neugründung vorausgegangen? Ich halte das für unzutreffend. Neu- und Reichsgründung sind in München zusammengefallen. In Hamm erfolgt lediglich eine provisorische Koordination der in Nordwestdeutschland verstreut lebenden NS-Mitglieder. Von einer „Doppelgründung" der NSDAP kann kaum die Rede sein. Richtig ist jedoch, daß die Konferenzen in München und Hamm eine „unterschiedliche Organisationsstruktur der Partei in Bayern und im übrigen Reich"[3)] bewirkt haben. Auch der Führungsstil ist ein anderer.

Der Hammer Konferenz im Februar folgt am 10./11. September 1925 eine größere in Hagen, anscheinend von Goebbels vorbereitet. Er notiert: „Harte Auseinandersetzung. National und sozialistisch — was geht vor und was kommt nach? Bei uns im Westen kann die Frage gar nicht zweifelhaft sein. Zuerst die sozialistische Erlösung, dann kommt die nationale Befreiung wie ein Sturmwind. Professor Vahlen ist anderer Ansicht. Zuerst den Arbeiter nationalisieren. Hitler steht zwischen beiden Meinungen. Aber er ist im Begriff, ganz zu uns herüberzukommen."[4)]

Eine recht verwegene Hoffnung — man weiß nicht, worauf sie sich stützt.

Die Hagener Konferenz zeigt keine Geschlossenheit der nordwestdeutschen Nationalsozialisten, nur ihr Sonderbewußtsein und den Versuch, Hitler von ihrer besseren Position zu überzeugen. Von ihm wird so gesprochen, als schwebe er über der Münchner Zentrale. Weder seine Person noch sein Führungsstil liegt im Feuer der Kritik, die sich vielmehr gegen die „verkalkten Bonzen in München" richtet, gegen die „Sau- und Luderwirtschaft in der Zentrale", gegen das gewandte Maulheldentum Essers und Streichers", gegen die „Esserdiktatur“. Adolf Hitler wird zum erstenmal als nichtsahnend und getäuscht bedauert. Die nordwestdeutschen Nationalsozialisten bieten ihm ein Bündnis gegen sein eigenes Hauptquartier an! Sie scheinen nicht zu wissen, was in München vorgeht.

Hat denn keiner von ihnen Hitlers Rede zur Neugründung der NSDAP gelesen, die sogleich als Massenbroschüre veröffentlicht wurde? Aus ihrem Blickwinkel ist er von falschen Ratgebern umringt, die ausgewechselt werden können und müssen.

In Hagen herrscht mehr eine illusionäre als eine oppositionelle Stimmung vor. Obwohl dieser oder jener einen „Gegenangriff“ vorschlägt, bleibt er in der Absicht stecken. Von Bedeutung ist nur der Vorwurf, die Parteiführung sei an programmatischen Fragen zu wenig interessiert, zu sehr dem Tageskampf verhaftet, ohne Kompaß. Dieser Kompaß sollen die NS-Briefe sein.

In Hagen wird eine kollektive NS-Leitung für Nordwestdeutschland eingesetzt. Sie besteht aus Gregor Strasser, Otto Strasser und Joseph Goebbels. Fast könnte man von einem Triumvirat sprechen.

Am 30. September 1925 schreibt Goebbels, nachdem er einem öffentlichen Auftritt Gregor Strassers beigewohnt hat, in sein Tagebuch: „Strasser ist ein lieber Kerl. Schneidige, deftige Rede gehalten. Er soll unser Sturmblock gegen die Münchner Bonzen sein.“ Das ‚unser‘ zeigt, daß er sich auch mit Otto Strasser einig fühlt.

Goebbels ist ohne Zweifel ein linker und revolutionärer Nationalsozialist. Am liebsten würde er zu Studienzwecken für ein paar Wochen in die Sowjetunion reisen. Auch dies vertraut er seinem Tagebuch an. Es gibt Augenblicke, da er zum Nationalbolschewismus neigt, zu einem Nationalbolschewismus, unter dessen kriegerischer Flagge rote und braune Kolonnen gemeinsam marschieren.

Während Otto Strasser in seinem Büro sitzt, hetzt Gregor von Stadt zu Stadt, um die Fäden der NS-Gruppen Nordwestdeutschlands zu verknüpfen. Er nächtigt oft in Zügen oder auf Bahnhöfen, damit keine Zeit verlorengeht. Die Ortsgruppen werden bezirksweise zusammengefaßt. Für die Spitzenfunktionen sucht Gregor Strasser, meist ohne Erfolg, geeignete hohe Offiziere und Generäle zu gewinnen.

Auf einer dritten Konferenz am 9. Oktober 1925 wird dann die ‚Arbeitsgemeinschaft der nord- und wsestdeutschen Gaue der NSDAP‘ gebildet. Die nächste Zusammenkunft soll ein Programm und ein Statut verabschieden, um einen festen Rahmen zu schaffen und die Selbständigkeit der Arbeitsgemeinschaft zu betonen. Das erste Zentrum des Strasserismus ist Elberfeld, wo Dr. Goebbels in der Gaugeschäftsstelle sitzt und die ‚NS-Briefe‘ redigiert.

Hitler, über alle Vorgänge in Nordwestdeutschland durch Parteigänger genau informiert, holt zum Gegenzug aus. Er bietet Goebbels die Redaktion des ‚Völkischen Beobachters‘ an. Und nun geschieht etwas, womit die Brüder Strasser nicht rechnen. Goebbels fährt nach München in die ‚Bonzen-Zentrale‘. Er wird von Hitler „wie ein alter Freund“ empfangen und ist darüber beglückt. Goebbels nimmt an einer öffentlichen Veranstaltung teil — und wird von Hitlers Redegewalt in Bann geschlagen: „Alles hat dieser Mann, um König zu sein, der geborene Volkstribun, der kommende Diktator.“ Abends erwartet er ihn vor seiner Wohnung. Ein stiller Händedruck. Sogleich schwärmt Goebbels von Hitlers blauen Augen, die wie Sterne leuchten. Doch in politischer Hinsicht bleibt er distanziert. Er zieht sogar Hitlers Grundthese in Zweifel, Bolschewismus und Kapitalismus seien eins, weil beide jüdisch. Heißt das nicht, die Sowjetunion dem Westen gleichzusetzen und wesentliche Unterschiede wegzuwischen? Im Oktober hat er in sein Tagebuch geschrieben, daß Rußland „der uns von Natur gegebene Bundesgenosse gegen die teuflische Verseuchung und Korruption des Westens ist."

Das Hannoversche Programm

Am 22. November 1925 findet in Hannover die entscheidende Tagung der Arbeitsgemeinschaft statt. Anwesend sind alle frischgebackenen Gauleiter Nord- und Westdeutschlands. Insgesamt nehmen 24 Personen teil. Auf der Tagesordnung stehen Programm und Statut — wie bei einer Parteigründung.

Doch die Strasseristen, wenn man die meisten Teilnehmer pauschal so nennen darf, sind nicht unter sich. Hitler läßt sich durch Gottfried Feder vertreten, und aus Köln ist Dr. Ley gekommen, der später einmal die Deutsche Arbeitsfront führen wird.

Die Rede über den vorliegenden Programmentwurf, den die Gauleiter vor der Tagung zugeschickt erhielten, hält Otto Strasser. Er nutzt seine Stunde. Fast alle Gauleiter billigen das Programm. Nur Ley lehnt es bedingungslos als eine Persiflage des ursprünglichen NSDAP-Wollens ab. Feder legt Widerspruch ein und begründet ihn ausführlich. Dann wird über einen Punkt nach dem anderen abgestimmt — ein ungewöhnliches Verfahren in der NS-Bewegung, denn hier soll die Mehrheit entscheiden.

Trotz seiner Abstimmungsniederlagen erklärt Feder schließlich: „Weder Hitler noch ich werden dieses Programm jemals akzeptieren!" Da steht Gerhard Rust, Gauleiter von Hannover, auf: „Bei uns gibt es keinen Parteipapst! Außerdem sind Sie hier Gast und nicht stimmberechtigt. Die Mehrheit hat gesprochen, und dabei bleibt es!"[5)]

Doch Hitlers Vertreter ist nicht gewillt, sich einer Mehrheitsentscheidung zu beugen. Nun verliert Goebbels die Geduld und beantragt, „den Idioten Feder aus dem Zimmer zu weisen". Es ist fraglich, ob darüber abgestimmt wird. Jedenfalls bleibt Feder im Raum.

Was hat ihn so in Harnisch gebracht? Otto Strasser meint, das NSDAP-Programm von 1920 nur konkretisiert zu haben. Allerdings sind auch sein Bruder und Goebbels an der Neufassung beteiligt gewesen. Insgesamt enthält der Entwurf eine ganze Reihe neuer Gedanken.

So wird die Nation als eine Schicksals-Not-Brotgemeinschaft definiert. Der Nationalsozialismus soll die nationale Frage, die Brotfrage und die Gedeihfrage des Individuums lösen. Wozu die Aufrichtung einer nationalen Diktatur nötig sei. Diktator soll der erste Reichspräsident sein. Er ernennt die Landschaftspräsidenten und das Reichsministerium (Kanzler wie Minister).

Ferner ist ein Nationalrat vorgesehen, der aus den 12 bis 14 Landschaftspräsidenten und den fünf Vorsitzenden der Berufskammern bestehen soll.

Dritter und hauptsächlicher Träger der Staatsgewalt soll eine Reichsständekammer sein. Sie löst das Parlament ab, welches lediglich als Parteienvertretung, nicht als Volksvertretung angesehen wird. Die Ständekammer besteht aus 100 Vertretern der Berufskammern; sie werden innerhalb derselben nach gleichem, allgemeinem und geheimem Wahlrecht gewählt. (Das Wahlrecht ist jedoch nicht mehr gleich und allgemein, wenn es nur noch die Berufstätigen ausüben können.) Weitere zehn Mitglieder ernennt der Reichspräsident. Der Reichsständekammer müssen sämtliche Gesetzesentwürfe vorgelegt werden. Für politische Parteien ist kein Platz mehr.

In der ‚Judenfrage‘ übernimmt das Hannoversche Programm im wesentlichen die Forderung des offiziellen Parteiprogramms der NSDAP-Ausweisung aller nach dem 1. August 1914 eingewanderten Juden, während die anderen unter Fremdengesetzgebung gestellt werden sollen. Dies heißt: kein passives und aktives Wahlrecht mehr, Ausschluß von öffentlichen Ämtern. Zusätzlich wird ein Numerus clausus für das Studium von Ausländern gefordert (etwa wie im zaristischen Rußland, wo höchstens 10% der Studenten Juden sein durften). Jedoch sollen die ‚Palästiner‘ wie die übrigen Ausländer den Schutz des Gesetzes genießen, statt unter jenem Ausnahmerecht zu stehen, das ihnen Hitler schon androht.

Die wichtigsten Neuerungen sind unter Wirtschaftspolitik zu finden. Zwar wird die populäre Münchner Forderung ‚Brechung der Zinsknechtschaft‘ nicht übernommen. Doch wo das offizielle Parteiprogramm der NSDAP nur vage von Verstaatlichung und Bodenreform spricht, heißt es im Hannoverschen Programm (das manchmal fälschlich als ‚Bamberger Programm‘ bezeichnet wird):

„1. Grund und Boden sind Eigentum der Nation! (Baulichkeiten gehören zum Inventar. Inventar bleibt Privateigentum.)

2. Die über 1000 Morgen großen Güter werden in Bauerngüter von 50 bis 200 Morgen aufgeteilt, nachdem vorher die landwirtschaftlichen Arbeiter des Gutes [...] mit je 2 Morgen belehnt worden sind.“[6]

Lebenswichtige Insutrien werden zu 51% in den Besitz der Allgemeinheit überführt, die anderen zu 49%. ‚Besitz der Allgemeinheit‘ heißt, daß sich der Staat 51 oder 49% des Kapitals aneignet. Um dies zu erleichtern, werden sämtliche Betriebe mit mehr als 20 Arbeitnehmern in Aktiengesellschaften überführt, die kleineren müssen Zwangsinnungen beitreten.

Für die Landwirtschaft ist das Lehnseigentum vorgesehen, eine Art Treuhänderschaft für die Nation. Das Lehen ist aus dem Mittelalter bekannt, wo es zunächst unübertragbar und in Deutschland ab 877 vererbbar war. Doch innerhalb der Industriegesellschaft wäre es als Treuhandseigentum ein neues Phänomen.

Der Grundsatz zur Lösung der wirtschaftlichen Probleme soll die Vermählung des Rechts der Allgemeinheit mit dem in der menschlichen Natur wurzelnden persönlichen Egoismus sein:

a) in der Landwirtschaft mittels Durchführung der Idee des Erblehens,
b) in der Industrie durch weitgehende Überführung der Produktionsmittel in den Besitz der Allgemeinheit;

in beiden Fällen unter Beibehaltung des privatwirtschaftlichen Betriebssystems und „unter Schonung des Besitzergefühls".

Hitler will Kollektivismus und Individualismus verknüpfen, damit keines dieser beiden Prinzipien mehr ungeteilt herrschen kann. Die Brüder Strasser lehnen sowohl den östlichen Kollektivismus als auch den westlichen Individualismus ab. Sie suchen nach einem Dritten Weg und glauben, daß er für ganz Europa von Deutschland gebahnt werden könnte.

Wo das offizielle Parteiprogramm bereits das Verbot aller Zeitungen fordert, „die gegen das Allgemeinwohl verstoßen", wird im Hannoverschen Programm das Erscheinen sonstiger privater und wirtschaftlicher Zeitungen ohne Bedingung freigestellt. Doch müssen die Besitzer und Schriftleiter deutsche Reichsangehörige sein. Annoncen dürfen nur noch von Amtsblättern aufgenommen werden.

Die Justiz soll gemäß germanischem Rechtsempfinden nicht die Sache, sondern den Menschen in den Mittelpunkt stellen. An die Stelle der Gewaltenteilung zwischen Legislative, Exekutive und Rechtsprechung tritt das Spannungsverhältnis von Unitarismus und Föderalismus.

Das Münchner Programm spricht von Großdeutschland; es ist durch den staatlichen Zusammenschluß aller Deutschen zu schaffen. Für das Hannoversche Programm ist das Großdeutsche Reich Schwerpunkt der künftigen Vereinigten Staaten von Europa.

Die vorgelegten Statuten werden mehrheitlich beschlossen. Alle wichtigen Entscheidungen soll ein ‚Gauleiterrat' treffen. Ihm obliegt auch die Bestätigung der Ortsgruppenleiter, die in Mitgliederversammlungen gewählt werden sollen. (In Süddeutschland sind sie von oben ernannt.) Die Mitgliedsbücher werden statt von der Münchner Zentrale von den Gauleitungen selbst ausgestellt. Ziel und Zweck der Arbeitsgemeinschaft ist die „möglichst umfassende Vereinheitlichung der angeschlossenen Gaue „in organisatorischer, propagandistischer und anderer Hinsicht". Also nicht die Gründung einer neuen Partei.

Auf der Hannoverschen Tagesordnung steht auch eine Stellungnahme zum Volksbegehren für die Fürstenenteignung. Hier prallen die Gegensätze Nord/Süd am heftigsten aufeinander. Hitler ist gegen das Volksbegehren, weil es seines Erachtens vom Kampf gegen das jüdische Kapital ablenke. Das Geld der Enteigneten wolle der Jude. Als Feder in Hannover Hitlers Ablehnung bekanntgibt, erhebt sich ein Sturm der Empörung. Hildebrand schreit entrüstet: „Fürstendiener!" Koch: „Kapitalistenknecht!" Otto Strasser brüllt: „Nieder mit den Reaktionären!" Den Vogel schießt jedoch Goebbels ab. Er springt auf einen Stuhl, hält eine flammende Rede und ruft schließlich schneidend: „Unter diesen Umständen beantrage ich, daß der kleine Bourgeois Hitler aus der NSDAP ausgeschlossen wird!"[7)]

Der Antrag wird mit donnerndem Beifall begrüßt. Dann tritt Stille ein, als sei man über die Konsequenzen erschrocken. Otto Strasser, der Goebbels die Hand geschüttelt hat, mustert die Gesichter. Fast alle nicken zustimmend. Ein entscheidender Augenblick ist gekommen. Wenn auch dieser Antrag mit Mehrheit beschlossen wird, erklärt sich der nordwestdeutsche Nationalsozialismus als unabhängig von der Münchner Zentrale. Mehr noch, er erhebt in der gesamten Bewegung die Fahne der Rebellion gegen Hitler.

Doch Gregor Strasser ist der Antrag von Goebbels ebenso peinlich wie die Zustimmung der allermeisten Gauleiter und seines Bruders: „Liebe Freunde, ihr vergeßt, daß Hitler der Führer der Partei ist. Er ist für die NSDAP zwei Jahre in der Festung Landsberg gewesen. Es ist ausgeschlossen, daß wir hier über den Antrag von Dr. Goebbels abstimmen, so berechtigt er auch klingen mag. Wir werden Hitler auf unsere Forderungen aufmerksam machen und ihm sagen, daß alle mit Ausnahme von Herrn Ley dahinterstehen. Ich bin überzeugt, daß er nachgibt, wenn wir in dieser Frage zusammenhalten."

Gregor Strasser meint die Frage des Volksbegehrens. Die Hannoversche Konferenz tritt für eine entschädigungslose Enteignung der Fürsten ein, wobei die von Hitler abgelehnte Einheitsfront mit den Gewerkschaften und marxistischen Parteien in Kauf genommen wird. Doch die Abstimmung über den Antrag von Goebbels unterbleibt. Seine Lippen sollen schmal geworden sein. Otto Strasser spürt, daß sich sein Bruder an diesem Tage durch seine Treue zu Hitler eine gefährliche Feindschaft zugezogen hat.

Die Hannoversche Konferenz beschließt auch die Schaffung einer eigenen Presse. Otto Strasser, der keine offizielle Funktion in der NSDAP ausübt, kann sich bestätigt fühlen. Er steht jedoch offenkundig im Schatten seines großen Bruders.

Gregor hält zwei Tage später eine Reichstagsrede gegen den Locarno-Vertrag. Dabei trägt er die Grundgedanken des in Hannover beschlossenen Programms vor. Die Wirtschaft soll nationalisiert werden. Sie ist Eigentum der ganzen Nation. Die Arbeitnehmer sollen „Mitbesitzer, Mitberater, Mitbeherrscher" sein im deutschen Sozialismus, der auf der „urgermanischen Idee" des gemeinsamen Besitzes an den Produktionsmitteln und am Boden beruhe. Außenpolitisch verlangt Gregor Strasser die Öffnung Deutschlands nach dem Osten hin und einen Bund der unterdrückten Nationen gegen den Völkerbund, der in Wahrheit ein Pakt der Siegerstaaten sei. Vom erstarrten Westen hat Deutschland nichts zu erwarten, aber der noch im Fluß befindliche Osten harrt einer Formung, „an der das germanische Deutschtum seit Jahrhunderten tätigen Anteil hat."

Goebbels stellt sich drei Tage nach der Hannoverschen Konferenz ein Hitlerbild auf den Schreibtisch. Er schreibt in sein Tagebuch: „Ich könnte es nicht ertragen, an diesem Mann verzweifeln zu müssen. Ich möchte Hitler als Freund haben." Goebbels findet es grauenhaft, „daß die Kommunisten und wir uns gegenseitig die Köpfe einschlagen." Seines Erachtens gibt es grundlegende Gemeinsamkeiten zwischen Nationalsozialisten und Kommunisten, die nicht dauernd verdrängt werden sollten.

Noch am 16.1.1926 versichert er sich, mit Gregor Strasser, der ihn besucht hat, „vollständig einig" zu sein, auch in Pressefragen. Er will „Hitler auf unser Terrain locken". Überall bemerkt er mit „heller Freude, daß unser, d.h. der sozialistische Geist marschiert. Kein Mensch glaubt mehr an München!" In Bamberg soll der nordwestdeutsche Nationalsozialismus die „spröde Schöne" spielen, um Hitler zu verführen.

Es ist nicht sicher, ob Goebbels — wie ihn Otto Strasser darstellt — immer nur seinen persönlichen Vorteil sucht. Er hält sich für den radikalsten Revolutionär unter den Nationalsozialisten, für einen Revolutionär neuen Typs, an dessen Radikalismus sich sogar Gauleiter Kaufmann die Füße wärme. Aller „bürgerliche Dreck“ ist ihm zuwider, allerdings auch der proletarische Dreck.

Glaubt wirklich kein Mensch mehr an Hitler? Als Parteiführer war er während der Festungshaft selbst in Süddeutschland umstritten. In Norddeutschland haben die Führer der Deutschvölkischen Freiheitspartei, deren Nationalsozialismus einen von vornherein konservativen Charakter hat, offen erklärt, Hitler dürfe nie mehr in seine frühere Machtposition zurückkehren.

Doch diese Männer befragen nur den Augenschein. Auch sie begreifen nicht, daß Hitlers Legalität einen revolutionären Charakter hat. Sie untergräbt die demokratischen Grundlagen der Weimarer Republik, während der Putsch am 9. November 1923 nur ihre politische Fassade ankratzen konnte. Hitler hat einen langsameren Gang eingeschlagen, der indessen sicherer zum Ziel führt. Entgegen Herbert Blank und anderen Interpreten ist es ihm gelungen, seine revolutionäre Ungeduld zu zähmen.

Dies läßt ihn auf das Treiben in Nordwestdeutschland abwartend blicken. Zunächst ist er nach seiner Entlassung aus der Festung damit beschäftigt, seine Autorität in Süddeutschland wiederaufzurichten. Als dieser Bereich Ende 1925 wieder fest in seiner Hand ist, schickt er sich an, auch Norddeutschland unter Kontrolle zu bringen. Zum 14. Februar 1926 beruft er eine gesamtdeutsche Führertagung nach Bamberg ein.

Der Bamberger Gegenzug

Bis dahin gibt Adolf Hitler keinerlei Nervosität zu erkennen. Er ist jedoch beunruhigt, weil Gregor Strasser in Hannover eine den Staat herausfordernde Rede gehalten hat, die seine eigene Legalitätspolitik unglaubwürdig machen und zu einem erneuten Verbot der NSDAP führen kann. Auch hat er ein subtiles Gespür für die tiefere Bedeutung scheinbar nebensächlicher Organisationsfragen. Obwohl die Hannoverschen Statuten nur in wenigen Punkten von den Münchner Regularien abweichen, begründen diese Punkte — Gauleiterwahl und Wahl von Ortsgruppenleitern — womöglich eine andere Art von Nationalsozialismus, die aus Hitlers Sicht in die Weimarer Republik hineinwachsen könnte, statt sie von innen her zu zertrümmern.

Milovan Djilas bemerkt hinsichtlich der Statutendebatte auf dem II . Parteitag der Sozialdemokratischen Arbeiterpartei Rußlands von 1903 in London, in den verschiedenen Anträgen Martows und Lenins sei der Keim von „zwei verschiedenen politischen Systemen“ enthalten gewesen. Das gilt auch für die Statuten von München und Hannover. Doch den norddeutschen Nationalsozialisten fehlt der Wille zu radikaler Neugestaltung der Partei.

Formell hat Adolf Hitler Gregor Strasser volle Handlungsfreiheit zugesichert, aber einen föderalistischen oder gar demokratischen Nationalsozialismus kann er auf keinen Fall dulden.

Noch steht er unter Redeverbot für Nordwestdeutschland. Er braucht daher Gregor Strasser weiter, um dieses Feld zu bearbeiten, will jedoch dessen Selbständigkeitsstreben die Spitze abbrechen.

Die Bamberger Führertagung findet in einer Hochburg Streichers statt. Auch Esser nimmt an ihr teil. Hitler hat diese beiden Antisemiten wieder in die NSDAP aufgenommen. Aus Nürnberg bringt er mehrere hundert SA-Männer auf Lastkraftwagen mit, um seine Macht zu demonstrieren und jegliche Opposition in Schach zu halten.

Die Vertreter der nordwestdeutschen Arbeitsgemeinschaft wollen das Hannoversche Programm zur Grundlage der Gesamtpartei machen, doch sie kommen nicht einmal dazu, es zu verlesen. Hitler hält eine fünfstündige Rede, in welcher er ihre Forderungen zerpflückt. Dann zerreißt er vor aller Augen das Strassersche Programm. Er erklärt es für erledigt und läßt keine Diskussion darüber zu. An den 25 Punkten von München dürfe nicht gerüttelt werden. Als einzig zuständig für alle Fragen, die sich auf das Programm beziehen, wird Gottfried Feder genannt. Bei ihm, der in Hannover sogleich gegen die dortige Neufassung protestiert hat, soll die letzte Entscheidung über Auslegungen und Kommentare liegen. Darauf wird sich Feder in einer Broschüre über die weltanschaulichen Grundlagen des Nationalsozialismus bald berufen.

In Bamberg bezeichnet er den Strasserschen Kampfverlag als „Verräterkonzern". Zum erstenmal fällt das verhängnisvolle Wort „Verrat". Doch als diese Klinge aufblitzt, geht Adolf Hitler zu Gregor Strasser und legt ihm wie schützend einen Arm um die Schulter. Er ist ein meisterhafter Psychologe. Seine Geste macht großen Eindruck. Es scheint, als ob Hitler nichts nachtragen will. Gregor Strasser muß ihm jedoch versprechen, alle versandten Entwürfe des Hannoverschen Programms wieder einzuziehen (was mit einem dringlichen Schriftsatz geschieht).

Er widerruft es aber nicht, sondern bezeichnet den massiven Antibolschewismus Hitlers als instinktlos. Auch in Bamberg tritt Gregor Strasser, wie vor dem Reichstag, für eine Öffnung Deutschlands nach Rußland hin ein. Jedoch kann er nicht verhindern, daß die Arbeitsgemeinschaft der nord- und westdeutschen NSDAP-Gaue praktisch aufgelöst wird. Sie kommt zu keiner weiteren Tagung mehr zusammen. Gregor Strasser fügt sich, ohne sich zu unterwerfen. Goebbels beschreibt seine Rede: „Strasser spricht. Stockend, zitternd, ungeschickt ... ach Gott, wie wenig sind wir diesen Schweinen da unten gewachsen."

Otto Strasser nimmt an der Bamberger Tagung nicht teil, obwohl er sich über ihre entscheidende Bedeutung klar sein muß. Er glaubt, in Berlin unabkömmlich zu sein. So hört er nur durch seinen Bruder, was sich in Bamberg zugetragen hat. Gregor kocht: „Goebbels ist ein Verräter. Ich habe etwas so Niederträchtiges wie diesen Kerl noch nicht gesehen. Er hat uns verraten. Es war zum Kotzen. Ich bin rausgelaufen ..."[8)]

Goebbles soll gesagt haben: „Herr Hitler, Sie haben mich überzeugt. Wir haben alles falsch gemacht!" Aber wenn er wirklich Verrat geübt hat, warum wird ihm dann die Schriftleitung der ‚NS-Briefe' weiter überlassen? Er ist ja keineswegs sogleich „herausgeflogen". Im September 1926 verteidigt er in den ‚NS-Briefen' sogar Otto Strasser gegen einen Angriff der ‚Standarte', wobei er schreibt: „Der neue Nationalismus wird vom Arbeitertum, vom jüngsten Deutschland gestaltet. Er wird sozialistisch sein, oder nicht sein."[9)]

Der norddeutsche Gauleiter Erich Koch, überzeugt von Goebbels' Verrat, veröffentlicht einen Artikel: „Hütet Euch vor den Gezeichneten!" Jeder weiß, wer damit gemeint ist. Goebbles wird an seiner empfindlichsten Stelle getroffen. Womöglich schwenkt er jetzt erst zu Hitler um. „Er hat alles durchdacht. Ich liebe ihn."

Was Otto Strasser über die Bamberger Tagung berichtet, ist übrigens zum Teil unzutreffend. So die Behauptung, Hitler hätte sie bewußt auf einen Arbeitstag gelegt, um gewisse Leute fernzuhalten. Der 14. Februar 1926 war ein Sonntag (wie schon Joachim Fest festgestellt hat). Es stimmt auch nicht, daß aus Norddeutschland nur sein Bruder und Goebbels anwesend waren. Nur Karl Kaufmann erhielt wohl keine Einladung. Die anderen Gauleiter der Arbeitsgemeinschaft nahmen teil, schwiegen aber zu Hitlers Rede. Sie ließen Gregor Strasser im Stich. Mit der Arbeitsgemeinschaft Nord war es aufgrund dieses Verhaltens ohnehin aus. Hitler übernahm die Führung der Gesamtpartei, ohne auf zähen Widerstand zu stoßen. Die ‚NSDAP-Nord' blieb ein Embryo. Und doch sollte sich der Konflikt noch verschärfen.

Spaltung

Am 22. Mai 1926 findet in München eine Generalmitgliederversammlung der NSDAP statt. Hitler will seinen Bamberger Sieg verankern. Er setzt den Beschluß durch, daß die Gauleiter allein von ihm ernannt werden. Es wird ein Untersuchungs- und Schlichtungsausschuß gebildet, der nicht nur einzelne Mitglieder, vielmehr ganze Ortsgruppen ausschließen kann. (Dieselbe Regelung hat Lenins Bolschewistisch-Kommunistische Partei auf ihrem Gründungsparteitag 1912 in Prag getroffen.) Ein dritter Beschluß bezieht sich auf das Parteiprogramm: „Dieses Programm ist unabänderlich." Es wird ein für allemal festgeschrieben. Wie die katholische Kirche brauche auch die NSDAP ein unerschütterliches Dogma.

Für Hitler sind die Brüder Strasser zu Sektierern geworden, die das breite Gesichtsfeld seiner Partei durch theoretische Spitzfindigkeiten einengen — durch ‚Mätzchen', mit denen man ihm nicht kommen darf. Nichts fürchtet er mehr als die Umwandlung der NSDAP in einen Diskussionsklub; das würde ihre Kampf- und Stoßkraft untergraben. Programmdebatten soll es künftig nicht mehr geben, was für Joachim Raschka („Soziale Bewegungen") ein deutliches Symptom der Totalisierung ist. Ohne Zweifel sollte die Generalmitgliederversammlung einen Damm gegen die Brüder Strasser errichten. Hitler hat ihren Einfluß begrenzt und vorgesorgt, daß sie notfalls samt ihrem Anhang ausgeschlossen werden können. Die Münchner Ortsleitung ist nun mit der Reichsleitung identisch. Hitler verbietet Gauleitertreffen, die nicht von ihm selbst einberufen werden. Den Antrag des Gauleiters Dinter, ihm einen Senat zur Seite zu stellen, lehnt er mit Hohn und Entrüstung ab. Dinter wird kurz darauf aus der NSDAP ausgeschlossen.

Schon am nächsten Tag hat Gregor Strasser eine Unterredung mit Hitler, der ihm überraschend vorschlägt, seine Apotheke aufzugeben und als hauptberuflicher Parteifunktionär nach München zu kommen. Er bietet ihm das

Amt des Reichspropagandaleiters an. Gregor will jedoch seine Unabhängigkeit nicht verlieren und lehnt zunächst einmal ab. Er verharrt in seiner selbstgewählten Rolle als linker Flügelmann der NSDAP und glaubt, durch eine sozialistische NS-Presse in Nordwestdeutschland könne der Münchner Kurs noch korrigiert werden. Der Ablehnung liegt wohl seine Hoffnung zugrunde, in einer materiell unabhängigen Position besser imstande zu sein, auf Hitler auch persönlich einzuwirken, gleichsam von Mann zu Mann.

Aber Gregor Strasser überlegt sich den Vorschlag. Vielleicht kann er von München aus, durch die Parteizentrale gedeckt und gestützt, mehr bewirken als über Berlin oder Hannover. Er sagt schließlich trotz aller Bedenken zu und geht nach München. Seine Fähigkeiten liegen jedoch auf organisatorischem Gebiet. Das sieht auch Hitler. Er macht ihn zum Reichsorganisationsleiter der NSDAP. Gregor Strasser tritt dieses Amt am 2. Januar 1928 an. So wird er Hitlers Funktionär, während er ihm bis dahin als ein freier Mann gegenübertreten konnte. Von einer NSDAP-Nord kann überhaupt keine Rede mehr sein. Gregor Strasser bemüht sich vielmehr um eine einheitliche Organisationsstruktur für ganz Deutschland. Mehr oder weniger autonome Landesverbände der NSDAP werden von ihm nicht geduldet. Er ist Zentralist. Die Münchner Zentrale wird zum geistigen und politischen Generalstab ausgebaut.

Damit hat Hitler, so scheint es, nach Goebbels auch Gregor Strasser auf seine Seite gezogen, so daß von dem rebellischen Triumvirat nur noch Otto Strasser übrig ist. Aber er will nun sichergehen und der Wiederholung solcher Ketzereien wie in Hannover vorbeugen. Zu diesem Zweck fügt er in das Parteiprogramm eine von ihm unterzeichnete Erklärung ein, wonach die NSDAP auf dem Boden des Privateigentums steht. Außerdem macht er von seiner Vollmacht Gebrauch, die ihm auf der Generalmitgliederversammlung erteilt worden ist. Als ersten setzt er den Berliner Gauleiter von Schlange ab, der an der Hannoverschen Konferenz teilgenommen und das ‚Bamberger Programm' unterstützt hat. An seine Stelle tritt Goebbels. Er ist nur Hitler selbst rechenschaftspflichtig.

Kurz darauf fällt Vahlen, der Gauleiter von Pommern. Er wird ebenfalls durch einen Mann Hitlers ersetzt. Auch der schlesische Gauleiter Dr. Rosikat, der ursprünglich ein Anhänger Silvio Gesells war und nun Präsident der schlesischen Genossenschaftsbewegung ist, soll abgesetzt werden.

Otto Strasser erkennt die Gefahr und warnt seinen Bruder: „Hitler wird immer mächtiger. Wir müssen Rosikat unter allen Umständen halten. Wenn es Hitler gelingt, unsere Freunde einzeln aus unserer Front herauszubrechen, dann verlieren alle das Vertrauen zu dir, und unsere Front wird sich schnell lichten. Hitler muß ein für allemal wissen, daß wir eisern zusammenhalten."

Doch Gregor ist sich seiner Sache noch sicher: „Schau, du weißt genau wie ich, daß Hitler kein Führer ist, sondern nur ein populärer Volkstribun. Er ist lenkbar. Warum glaubst du, daß die Einflüsse eines Goebbels oder Streicher auf die Dauer stärker sein sollen als mein Einfluß oder der Einfluß von Heß, Frick und anderen anständigen Ratgebern? Hitler ist wie ein störrisches Pferd. Wir dürfen uns nicht abwerfen lassen, sondern müssen versuchen, es zu zähmen und in die richtige Richtung zu bringen."

„Ein Pferd?" fragt Otto Strasser, wobei ihm vor Aufregung das Blut in den Kopf schießt. „Hitler ist kein störrisches Pferd. Er ist ein Tiger! Der läßt sich nicht lenken. Der rennt mit dir, wohin er will, nicht wohin du willst! Und wenn er dich abwirft, dann frißt er dich auf!"[10)]

Hitler wendet jene Doppeltaktik, die er zur Täuschung und Aushöhlung des Staates eingeschlagen hat, auch gegenüber dem linken Flügel seiner Partei an. Er weiß, dieser Flügel besteht nur zum Teil aus nationalen Sozialisten, zum anderen Teil aus echten Nationalsozialisten, die zurückgewonnen werden können. Vielleicht gehört selbst Gregor dazu, den er unbedingt von seinem Bruder trennen muß. Die besten Leute des linken Flügels will Hitler abwerben und an seine Person binden, die Unverbesserlichen aber ausstoßen oder wenigstens aller Mittel berauben, ihm zu schaden.

Otto Strasser schlägt seinem Bruder eine neue Taktik vor. Er soll seine Spitzenfunktion als Reichsorganisationsleiter dazu nutzen, im gesamten Reich „ein politisches Führungskorps zu schaffen, das materiell von den Münchner Fleischtöpfen unabhängig ist und geistig auf die Idee des Nationalsozialismus verpflichtet wurde". Denn die Idee steht über Hitler, und dieser muß selbst an ihr gemessen werden — daran, inwieweit er sie erfüllt oder umgekehrt in Mißkredit bringt.

Otto Strasser übersieht den Zwiespalt im linken Flügel oder will ihn seines Bruders wegen übersehen. Er glaubt noch, der Nationalsozialismus sei selbst eine Form des nationalen Sozialismus. Dabei hätte ihn das Studium von Hitlers ‚Mein Kampf' etwas anderes lehren können. Als er es gelesen hat, sagt er: „Hitler hat den Nationalsozialismus nie verstanden." Vielleicht ist das eher bei Otto Strasser der Fall. Er überträgt seine Vorstellung des nationalen Sozialismus auf eine Bewegung, die andere Impulse und Ziele hat. Das ist eine echte Projektion mit den entsprechenden Selbsttäuschungen.

Doppelspiel

Nicht nur Gregor, auch Otto glaubt insgeheim noch daran, Hitler könne gebändigt und gelenkt werden. Allzugern läßt er sich von seinem Bruder bereden. Er beginnt nun selbst ein Doppelspiel: einerseits den Deutschen Sozialismus weiter auszuarbeiten und andererseits Hitlers Führerschaft anzuerkennen, wenn auch widerwillig und gespaltenen Sinns. Sein neuer Plan besteht darin, über die ‚NS-Briefe' die Funktionäre so aufzuklären, daß sie künftig gegenüber Hitler Rückgrat zeigen. Er will in die Partei Zivilcourage hineinbringen, damit sich ihre innere Atmosphäre derart verändert, daß Hitler außerstande ist, sein persönliches Regiment aufzurichten. Ein geschultes Führungskorps soll ihn „wie ein eisernes Korsett umgeben" und seine Bewegungsfreiheit beschränken.

Noch steht eine Reihe von Gauleitern auf der Seite seines Bruders. Auch einige Berater Hitlers — wie Heß und Dr. Frick — scheinen beeinflußbar zu sein. Über die mehrheitliche Neigung der einfachen Parteimitglieder zum Deutschen Sozialismus gibt es für Otto Strasser 1928 keinen Zweifel. „Das sahen wir am Erfolg unserer Tageszeitung ‚Der Nationale Sozialist'". Bald sind es sechs Zeitungen, die der Kampfverlag herausgibt. Sie streuen dem deutschen Volk Sand in die Augen. Wollen sie es doch überzeugen und tun es zum Teil mit Erfolg, daß der Nationalsozialismus eine sozialistische Bewegung sei, die gleichzeitig den nationalen Interessen diene.

Hitler bemüht sich nie ernstlich um eine Synthese von Nationalismus und Sozialismus. Er bringt beide auf die Formel eines biologisch-rassischen Antisemitismus. Der Jude ist an allem schuld. Hitlers ‚Mein Kampf' macht daraus eine militante Weltanschauung. Die NSDAP ist vor allem eine antisemitische Partei.

Gregor und Otto Strasser möchten ihr sozialistischen Geist einhauchen. Doch ihre Wege trennen sich schon. Gregor geht in seiner Arbeit als Reichsorganisationsleiter auf, wobei er Hitler hilft, die früher materiell unabhängigen und meist ehrenamtlichen Gauleiter in bezahlte Funktionäre der Münchner Parteizentrale zu verwandeln. Mit der Organisationsabteilung II schafft er einen Parallelapparat zu dem der Regierung. Er gliedert die NSDAP nach Wahlkreisen statt nach Landschaften. Um den zögernden Hitler für die Parteireform zu gewinnen, stellt er sich mehrmals demonstrativ hinter ihn, als hätte es die Hannoversche Fronde niemals gegeben.

Doch für den Kampfverlag und die ‚NS-Briefe' zeichnet er weiter, um sich eine letzte Reserve zu bewahren. Denn zuweilen beschleicht ihn der Verdacht, Hitler sei womöglich ein Verräter am Nationalsozialismus, da er ihn in die Irre führe und seinem persönlichen Ehrgeiz unterwerfe.

Von einem ähnlichen Zwiespalt ist Otto Strasser zerrissen. Seit seinem ersten Gespräch mit Hitler weiß er, was dieser will. Und doch läßt er sich auf nähere Beziehungen ein. Allmählich steigt er in den innersten Kreis um den Parteiführer auf. 1927 findet der NSDAP-Parteitag erstmals in Nürnberg statt. Otto Strasser führt das Protokoll. Anschließend spannt er mit Hitler und Gregor einige Tage in Deggendorf aus, wo es zu vertraulichen Gesprächen kommt. Mutter Strasser tischt zwar Spätzle auf, nennt den Gast, der sich selbst eingeladen hat, aber insgeheim einen „Schmierenkomödianten". Diese Beurteilung findet Otto einseitig. Wie andere glaubt er, erst mit Hitler gehen zu müssen, um den Sieg des Kommunismus und die Bolschewisierung Deutschlands zu verhindern. Wenn zugleich ein klares Programm des Deutschen Sozialismus ausgearbeitet und in der nationalsozialistischen Bewegung verankert wird, werden damit auch die nötigen Bedingungen für den Erfolg der deutschen Revolution geschaffen — mit oder ohne Hitler. Otto Strasser sieht im Hannoverschen Programm nur noch ein Provisorium, eine Übergangsform, die mit allzu vielen Kompromissen behaftet und noch nicht konkret genug ist, um der deutschen Arbeiterschaft eine Alternative zum Marxismus bieten zu können. Aber er gibt die Grundlage ab.

„Dann werde ich schießen, Herr Hitler!"

Da Goebbels als neuer Berliner Gauleiter eine eigene Wochenschrift unter dem Titel ‚Der Angriff' herausgibt, die sogleich in Konkurrenz zur ‚Arbeiterzeitung' des Kampfverlags tritt, da er auch deren Verbreitung systematisch behindern läßt, brechen die Spannungen wieder auf. Otto Strasser muß befürchten, daß die Büros und die Druckerei des Kampfverlags von SA-Leuten verwüstet werden. Er beschafft sich einen Revolver. Zeitungshändler, welche die ‚Berliner Arbeiterzeitung' verbreiten, sind bereits tätlich angegriffen worden. Die beiden NS-Zeitungen führen eine öffentliche Pressefehde.

Im Herbst 1927 kommt Hitler nach Berlin. Unangemeldet überrascht er Otto Strasser am Schreibtisch bei der Abfassung eines neuen Brandartikels.

Ohne Gruß und Einleitung fängt er an: „Die Sache zwischen Ihnen und Goebbels kann nicht so weitergehen!"

„Das müssen Sie Goebbels sagen, der ist der Angreifer!"

„Über die Schuldfrage zu reden hat keinen Sinn, aber stellen Sie sich vor, daß eines Tages ein SA-Trupp hier heraufkommt und Ihr Büro demoliert. Was wollen Sie dann tun?"

„Dann werde ich schießen, Herr Hitler, und Sie haben mindestens sechs SA-Leute weniger!" Otto Strasser reißt seine Schublade auf, in der deutlich sichtbar ein scharf geladener Revolver liegt.

„Ich habe acht Schuß, das macht acht SA-Männer weniger."

Da weicht Hitler zurück. „Aber Otto, das geht doch nicht. Sie können doch nicht auf meine SA schießen!"

„Um so besser. Wenn es Ihre SA ist, brauchen Sie ihr ja nur zu sagen, sie soll besser nicht kommen."

Hitler schlägt einen anderen, beschwörenden Ton an: „Otto, nehmen Sie doch Vernunft an, überlegen Sie sich alles, um Ihres Bruders willen!"

Noch nie hat er Otto Strasser beim Vornamen genannt. Es ist das erste und letzte Mal.

Nun ergreift er sogar seine beiden Hände, während sich sein Blick verschleiert. Es ist, als wolle er bitten.

Sein Gegenspieler bleibt kalt: „Sie werden es sich überlegen, Herr Hitler. Ich werde es mir auch überlegen."[11)]

Als Hitler gegangen ist, faßt Otto Strasser den Beschluß, ihn künftig mit offenem Visier zu bekämpfen.

Auf Drängen Gregors, dem diese Auseinandersetzung in die Quere kommt, wird der Sitz des Kampfverlags von Berlin nach Leipzig verlegt, wo er dem Zugriff von Goebbels entzogen ist. Die ‚Berliner Arbeiterzeitung' geht ein. Das mindert auch den Einfluß des Strasserismus in Berlin. Aber vorerst spielt dieser Begriff kaum eine Rolle. Er hat sich noch nicht genügend profiliert. Ja, er ist im Grunde schon gespalten, da Gregor mehr zu Hitler als zu seinem Bruder hält.

Die Kampfverlagszeitung ‚Der Nationale Sozialist' kann ihre Auflage verdoppeln und verdreifachen. Sie hat einen programmatischen Titel und wird der Münchner Parteizentrale noch gefährlicher als die ‚Berliner Arbeiterzeitung'.

Besonders besorgt ist Alfred Rosenberg, der Chefredakteur des ‚Völkischen Beobachters'. Im Februar 1927 schreibt er einen theoretischen Artikel über Nationalsozialismus und Nationalen Sozialismus, um der zunehmenden Begriffsverwirrung ein Ende zu bereiten, die von fremder Seite in die junge Bewegung hineingetragen wurde. Worte sind seines Erachtens zwar nur Sinnbilder, doch liege in ihrer Anwendung und der Art ihrer Betonung eine magisch bezwingende Macht. Im Nationalsozialismus sei eine Zusammenschau der großen Probleme unserer Zeit enthalten. Er reinige den Nationalismus von formalen und wirtschaftlichen Zufälligkeiten, den Sozialismus aber befreie er vom Wahn des Internationalismus. Sein symbolhafter Name, schon für Tausende dasselbe wie Mekka für die Mohammedaner oder wie Potsdam für die Preußen, soll als „ein Wort, als ein Hauptwort, deshalb möglichst unzerteilt, als Ganzes gebraucht"[12] werden.

Allerdings wird auch in nationalsozialistischen Kreisen oft vom ‚Nationalen Sozialismus' gesprochen, jedoch im uneigentlichen Sinn. Denn diese beiden Worte könnten den falschen Eindruck erwecken, „als sei der Sozialismus Hauptsache, das Nationale nur Beiwort". Es ist, als ob Rosenberg über das erste Gespräch zwischen Adolf Hitler und Otto Strasser genau Bescheid wisse und eine späte Antwort geben wolle. Sein Artikel ist aber auch gegen Gregor Strasser gerichtet. Rosenberg spürt, wie sich neben und innerhalb der NSDAP ein geistig eigenständiger Nationaler Sozialismus herausbildet. Diese Gefahr der „Verschiebung unserer Gesamtidee" muß beseitigt werden.

Rosenberg ist der Gralshüter und ein Mitschöpfer des rassisch orientierten Nationalsozialismus. Zwischen ihm und Otto Strasser entbrennt ein stiller, zäher Kampf um die geistige Hegemonie in der NS-Bewegung.

Gregors Antisemitismus ist radikaler und emotionaler als der seines Bruders. Sagt er doch ebenso wie Hitler und Rosenberg, der Jude beherrsche sowohl die marxistischen Parteien als auch die kapitalistische Hochfinanz und sei der verderbliche Drahtzieher beider. Sozialismus als „der granitne Wille, das kapitalistische System zu zerschlagen" werde nicht durch theoretische Spitzfindigkeiten, sondern dadurch verwirklicht, daß nach Eroberung der Macht „ein nationalsozialistischer Arbeitsminister das notwendige Gesetz veröffentlicht und hinter ihm die Polizeigewalt eines gleichgesinnten oder abhängigen Innenministers steht"[13]. Das Wochenblatt des Deutschen Baugewerksbundes zitiert aus einer 1930 gehaltenen Leipziger Rede Gregor Strassers: „Landesverräter werden gehängt, Streikende werden erschossen!"[14] Freilich sollen im nationalsozialistischen Staat auch Aussperrungen verboten sein. Doch Gregor Strasser plant ferner, das Tarifvertragsrecht und die Arbeitslosenversicherung aufzuheben.

Den Gauleitern setzt er Landesinspekteure vor die Nase. Wo von ihnen Opposition getrieben wird, will er „mit aller Schärfe durchgreifen". Das Maß, nach dem er die Partei ausrichtet und auf Schliff zu bringen gedenkt, ist die Armee mit ihrem preußischen Stil. Sie soll zur Schule der ganzen Nation werden und die Sozialisierung aller Staatsbürger übernehmen. Hitler will diese Aufgabe den Gliederungen der NSDAP übertragen. Eine andere Differenz besteht darin, daß Gregor Strasser zu einer strengen Trennung von Partei und Staat drängt (weshalb er zwei Organisationsabteilungen einrichtet und mit verschiedenen Aufgaben betraut).

Hitler stellt ihm als Kontrolleur ausgerechnet Ley zur Seite, seinen politischen und persönlichen Feind. Gregor Strasser kann jedoch mit Genugtuung buchen, daß ihm Gottfried Feder als Abteilungsleiter unterstellt wird. Er wünscht sich eine doppelköpfige NSDAP — Hitler der Ideenträger, er der

Praktiker, der ihn groß gemacht hat und ihm eine festgefügte Organisation zur Verfügung stellt. Mit diesem Vorbehalt gibt er seine frühere Zurückhaltung auf und stimmt in den Führerkult ein, den sein Bruder undeutsch und widerwärtig findet.

Otto bringt aus diesem Abscheu heraus folgenden Spottvers gegen Hitler in Umlauf:

„Vom Duce hat er die Montur,
die römischen Allüren,
von Marx die Kollektivnatur,
die Lust zu nivellieren.
Beim Staat, der über Leichen geht,
ist Machiavell' beteiligt,
und Sankt Ignatius Pate steht
beim Zweck, der alles heiligt."

Während sich um Gregor verschiedene Gauleiter und weitgehend unabhängige Persönlichkeiten wie Stöhr und Reventlow scharen, bildet sich um Otto ein eigener Kreis. Der ‚Strasserismus' ist schon in zwei Gruppen gespalten, bevor er zum offenen Kampf gegen Hitler antritt. Gregor beschuldigt bereits seinen Bruder einer „Fülle illoyaler Machenschaften", um den Besitz des Kampfverlages und einer Zeitung an sich zu bringen. Diese Manipulationen, so schreibt er in einem Brief, hätten ihr persönliches Verhältnis völlig zerstört. Otto sieht seinen Plan durchkreuzt, Hitler mit Hilfe Gregors in ein Korsett zu zwängen. Dieser erlangt zwar bestimmenden Einfluß auf die Besetzung der Gauleiterposten und die Auswahl der nationalsozialistischen Kandidaten für die Landtage und den Reichstag, scheint aber nicht mehr daran zu denken, was er mit seinem Bruder vereinbart hat.

Weichensteller Mensch

Otto arbeitet jetzt mehr mit Herbert Blank zusammen. Dieser veröffentlicht eine Reihe historischer Porträts. Für ihn machen nicht nur Männer, sondern auch Ideen die Geschichte. Sie stellen die Weichen mit Hilfe einer neuen Idee, durch die womöglich die Blickrichtung eines ganzen Volkes geändert wird. Die Geschichte entzieht sich der Logik und Vernunft. Sie ist der Schicksalsgang der Völker und Staaten auf den Höhepunkten ihres Daseins. Der einzelne hat nur Wert, „indem er in sie eintritt, sie weiterbauen hilft. Gleichwie der Soldat sich als Glied und Kette des Regiments fühlt, das vor 200 Jahren vielleicht ein Fürst gründete"[15].

Welche Lehre der einzelne aus der Geschichte zieht, ist „abhängig von Blut und Rasse, von seiner Weltanschauung". Einen objektiven Historiker kann es nicht geben, dafür gibt es Knechte der Ratio. Von dieser Knechtschaft möchte Blank die Geschichtsschreibung befreien. Riesenreiche werden durch Blut errichtet. Statt einer überschaubaren „Entwicklung" aus Ursachen und Wirkungen gibt es ein rätselhaftes „Stirb und werde". Im Kommen und Gehen von Kulturen und Völkern ist weder Fortschritt noch Logik erkennbar. Die Geschichte befiehlt uns, „in ihr das zu erkennen, was uns frommt. Sie ist das Band zwischen Schicksal und Mensch. Das Schicksal sendet Ideen auf die Erde." Von niemandem erdacht, treten sie auf unseren Weg. Es liegt in unserer Hand, ob sie wirksam werden, wie lange sie leben und wann sie sterben. „So braust der Welt-Zeit-Zug heran. Anfang, Fahrt und Ende liegen in des Schicksals Hand. Der Mensch bestimmt Tempo, Station und Richtung des Zuges. Es gibt jedoch falsche Weichensteller, so jene, welche ‚die Börsenrevolte von 1918' in Gang gesetzt haben [Blank meint die Novemberrevolution; d.Verf.]. Das Schicksal hat den Atlas der Idee immer auf die Schultern eines Einzigen gelegt und nie ein Parlament damit beauftragt."

Ist Hitler der Auserwählte, auf dessen Schultern die Idee des Nationalsozialismus liegt? Blank zögert mit der Antwort und schaut zu den Strasser-Brüdern hinüber. Er sucht die Geschichte der letzten Jahrhunderte nach Weichenstellern ab, wobei sein Auge besonders lange bei Cromwell, Danton und Wilhelm I. verweilt. Den Preußenkönig Wilhelm I., der sein kleines Land mit einer Armee von 85000 Mann belastete und den Potsdamer Marktfrauen durch Edikt befahl, Strümpfe zu stricken, nennt er den „ersten Sozialisten" — jenen preußischen, „in dem das Blut der Hohenzollern auf seiner stärksten Höhe war".

Die Geschichte steht nach Blank jenseits von Gut und Böse. Sie unterscheidet nur zwischen Schwachen und Starken und begünstigt die letzteren. „Erfolg ist fast immer Stärke, Mißerfolg fast immer Schwäche." Die Geschichte gibt nur dem Erfolg, der Blut, Rasse und Arbeitskraft für sein Land einsetzt. Dieser Mann wird den Tempel Wallstreet zum Einsturz bringen. Lenins Erbarmungslosigkeit führt Blank auf seinen tatarischen Blutsanteil zurück. Er vergißt nicht zu erwähnen, daß Kerenski ein „jüdischer Advokat" war. Rasse ist für ihn die Dreieinheit von Blut, Landschaft und historischem Schicksal.

Er erarbeitet die Grundlagen einer biologischen Geschichtsauffassung, die er in einer ganzen Reihe von Schriften zu belegen versucht. Seine Sprache ist martialisch und aufreizend neobarbarisch: Vernunft und Humanität verspottend. Dabei kommen die abstrusesten Dinge heraus. So wird von einer 700jährigen Mongolenherrschaft über Rußland gesprochen und der 2. Parteitag der Sozialdemokratischen Arbeiterpartei Rußlands von 1903 als „Kongreß der marxistischen Internationale" bezeichnet. Ähnliche Schnitzer finden sich in anderen Porträts. Blank fühlt sich jedoch so tief in historische Gestalten ein, daß er aus ihnen zu sprechen scheint.

Sein Buch über die Weichensteller erscheint im Kampfverlag. Es ist Otto Strasser und Karl Kern als Freunden und Kampfgenossen gewidmet. Wallenstein wird darin als „erster moderner Nationalist" gewürdigt, der durch sein Zögern gescheitert sei, entschlossen nach der Kaiserkrone zu greifen.

Wo immer von Strasserismus die Rede ist, kann Herbert Blank nicht übergangen werden. Er hat diese geistige und politische Strömung innerhalb wie außerhalb des Nationalsozialismus mitbegründet. Im Unterschied zu Gregor und Otto genießt er auch einen gewissen literarischen Ruf, da er sich eines geschliffenen Stils bedient.

Im Münchner Hauptquartier

Otto Strasser ist vom Aufschwung der nationalsozialistischen Bewegung fasziniert. Ihr Elan überflügelt selbst den der Kommunisten, die sie allmählich einholt. Auf dem Nürnberger Parteitag von 1929 marschieren bereits 60000 SA-Männer auf. Hitler versteht es, jeden organisatorischen Zuwachs in Militanz und Kampfkraft umzusetzen. Otto Strasser zufolge hat er für einen Revolutionär nur die Gefühle, nicht das Temperament. Doch gesteht er ein, daß Hitler ein ungewöhnlich empfindlicher Seismograph der menschlichen Seelen ist und Glauben erweckt. Die Behauptung, er wäre von Anbeginn ein Demagoge ohne innere Aufrichtigkeit gewesen, sei falsch. Allerdings halte Hitler sich für ein auserwähltes Werkzeug der Geschichte (für einen „Weichensteller" im Sinne Blanks). Ein Werkzeug der Geschichte sei er zweifellos, doch mit welchem Auftrag? Er solle trommeln, doch nicht führen.

Im Januar 1930 werden alle drei Anteilseigner des Kampfverlags — Gregor Strasser, Otto Strasser und Hans Hinkel — nach München beordert. Hitler residiert bereits im Braunen Haus, vor dem eine gewaltige Hakenkreuzfahne aufgezogen ist. In der untersten Etage befinden sich die Geschäftsräume des Hauptquartiers der NSDAP mit mehr als zwei Dutzend Angestellten. An den Wänden stehen metallene Kartothekschränke, in denen alle Mitglieder der Partei registriert sind. Stenotypistinnen tippen Briefe, die ihnen die Abteilungsleiter diktiert haben. Ordonnanzen flitzen hin und her. Alle Eintretenden werden überprüft. Auch Otto Strasser soll sein Mitgliedsbuch vorweisen.

„Ich habe nur einen provisorischen Ausweis."

„Das werden wir gleich haben, einen Augenblick."

Der straffe junge Mann geht zur Kartothek, zieht eine Schublade auf und vergewissert sich. Er kommt mit einer Karte zurück:

„Hier — Dr. Otto Strasser. Das ist doch der Richtige, nicht wahr? Mitgliedsnummer 25239."

„Der Laden war in Schuß."

Gregor hat die Mitgliedsnummer 9, was sich auf die 1925 neugegründete NSDAP bezieht.

Aus der hallenartigen unteren Etage kommt man über einen kleinen Hof ins Hinterhaus, wo sich der SA-Stab befindet. Darüber liegen Hitlers Räume und die seines Sekretärs Rudolf Heß.

Hitler hat ein großes Arbeitszimmer mit dicken Teppichen und einem riesigen Schreibtisch, trägt das Braunhemd und Schaftstiefel, dazu eine Reitpeitsche. Die nach München Befohlenen sind in Zivil. Sie haben in Berlin die Straßenbahn benutzt, um zum Bahnhof zu fahren, statt eine Taxe zu nehmen. Etwas geblendet von der protzigen Pracht, die sich Hitler zugelegt hat, nehmen sie in den ledernen Klubsesseln um einen runden Tisch aus massivem Holz Platz. Hitler kommt sogleich auf den Kampfverlag zu sprechen, den er aufkaufen will.

Otto Strasser ist entschlossen, sich nicht an die Wand drücken zu lassen.

„Herr Hitler, wir machen uns doch nichts vor. Es geht nicht um den Verlag, es geht um Politik. Sie wissen, wie wir von jeher für einen Deutschen Sozialismus eintreten und daß wir die Feinde nicht nur links sehen, sondern auch rechts. Die Politik des ‚Völkischen Beobachters' ist einatmig, solange sie nur den Antimarxismus predigt und nicht mit der gleichen Energie gegen Kapitalismus und Reaktion auftritt."

Hitler: „Ich habe diese nationalbolschewistischen Ideen ein für allemal verboten!" Er klatscht mit der Reitpeitsche auf den Schreibtisch. „Solche Spitzfindigkeiten zerstören nur die Partei. Jeder SA-Mann wird Ihnen das bestätigen."

„Gerade die SA-Männer treten für den Sozialismus ein. Sie haben mit Ihrer nationalen Revolution am 9. November Pleite gemacht, Herr Hitler, und Sie haben auch heute hier überwiegend politisches Treibholz, während wir mit unserer Politik in Norddeutschland überzeugte Anhänger gewonnen haben. Wir haben sie aus dem roten Lager geholt. Wir müssen den deutschen Arbeiter vom Marxismus loseisen. Wir müssen die idealistischen Kommunisten zu uns bringen."

Die beiden Männer stehen sich wie Streithähne gegenüber, während Gregor Strasser und Heß nach versöhnlichen Worten suchen.

Hitler geht aufgeregt hin und her. Er hält einen halbstündigen Monolog über den Nationalsozialismus. Otto Strasser wird es zu bunt:

„Aber Sie täuschen sich, Herr Hitler!"

„Ich irre mich nie, jedes meiner Worte ist historisch!"

Otto Strasser bricht in Gelächter aus.

Hitler erstarrt. Er fragt abrupt: „Also, verkaufen Sie den Kampfverlag oder nicht?"

„Nein!" sagt Otto Strasser. Aber kann er ohne weiteres auch für Gregor und Hinkel sprechen?

Hitler verabschiedet sich eisig. Rudolf Heß geleitet Otto Strasser zur Tür.

Hinter seinem Rücken hört er, wie Hitler in herzlichem Tone zu seinem Bruder sagt: „Gregor, bitte bleiben Sie, ich möchte mit Ihnen noch reden."[16)]

Und Gregor bleibt.

Hitler spielt sein altes Spiel: Teile und herrsche!

Otto ist niedergeschlagen. Doch bald faßt er sich wieder und sucht den Bruder auf.

„Hitler ist größenwahnsinnig, Gregor!"

„Du provozierst ihn. Die Objektivität des Intellektuellen, wie du sie zur Schau trägst, erbittert ihn."

Falsche Askese?

Otto Strasser mißtraut der Enthaltsamkeit Hitlers, der weder raucht noch trinkt und vegetarisch ißt.

„Denn ein richtiger Asket opfert das gute Essen oder die Freuden der Liebe einem höheren Ideal, aus dem er seine Kraft schöpft."

Hitler hingegen sei ein ausgesprochener Materialist.

Wieder kommt es zu einem Gespräch.

„Ein guter deutscher Diktator", sagt Otto Strasser, „sollte dem Volk beibringen, die Raffinessen der Küche und der Liebe zu begreifen."

Hitler stiert ihn mit aufgerissenen Augen an. Ungerührt fährt Otto Strasser fort.

„Man müßte zu diesem Zweck eine Universität einrichten, denn um in einer Kunst als Meister anerkannt zu werden, brauchen die Deutschen ja ein Diplom."

Hitler antwortet mit einer Miene tiefster Verachtung: „Zyniker, wollüstiger! Meine Auffassung des Lebens ist heroisch, die Ihrige bacchantisch."[17)]

Darin liegt etwas Wahres. Adolf Hitler und Otto Strasser sind wie Robespierre und Danton. Nur mit der Volkstümlichkeit verhält es sich umgekehrt. Im Konflikt der beiden Männer spielt auch Eifersucht eine Rolle. Otto Strasser hat sich einmal mit Geli Raubal getroffen, Hitlers großer Liebe. Bei einem Stadtrundgang ist er plötzlich mit ihr verschwunden. Hitler fühlt sich betrogen. Geli Raubal hat Otto Strasser ihr Herz ausgeschüttet. Nun will er wissen, daß Hitler impotent sei. Er bezeichnet ihn jedoch als „Verführer" eines anderen Mädchens.

Mittelstands- oder Arbeiterpartei?

Otto Strasser hält den Nationalsozialismus für die Weltanschauung des 20. Jahrhunderts. Nur hat seine Erlösungsbotschaft bislang keine Resonanz in den proletarischen Massen gefunden. Dabei ist ein für den Nationalsozialismus gewonnener Arbeiter mehr wert als zehn Bürgerliche oder Mittelständler. Wie Trotzki vom Zustrom diffuser Elemente durch die Öffnung der Parteischleusen nach Lenins Tod eine Schwächung der KPR befürchtete, so warnt Otto Strasser vor einer Verbürgerlichung der NSDAP. Er möchte aus ihr eine wirkliche Arbeiterpartei machen. Das proletarische Element erscheint ihm am beständigsten.

Für Hitler ist die Partei ein Sammelbecken. Mit der SA hat er sich einen eigenen Wehrverband, mit der SS eine eigene Polizei — auch zur Niederschlagung von innerparteilichen Revolten — geschaffen. Das sind die Instrumente zur Eroberung der politischen Macht sowie zur Ausschaltung von Rivalen. Bei den Proletariern nimmt er eine instinktive Neigung zum Kommunismus an. Für ihn ist der Begriff „Arbeiterpartei" deklamatorisch.

Heinrich Himmler bietet Otto Strasser einen hohen Posten in der SS an. Er war einmal Gregors Sekretär und kennt Ottos Tatkraft. Himmler erklärt ihm, er würde sogar seine eigene Mutter erschießen, falls ihm der Führer das befehle. Otto Strasser graut es. Wieder kommt ihm der Gedanke: Was sind das für „Germanen" ohne eigenes Rückgrat? Ein paar einfache Arbeiter wären ihm lieber.

Hitler sieht er von spießbürgerlichen Komplizen umgeben, Männern wie Amann, Hofmann, Maurice und Weber — mehr oder weniger verrufenen Subjekten, die ihn „Adi" nennen und auf die Schenkel schlagen dürfen. Und doch ist dieser Mann, der sich unter verbrecherischen Elementen und dunklen Existenzen am wohlsten zu fühlen scheint, von einem hohen Sendungsbewußtsein erfüllt, ja ein Magnet, der Hunderttausende anzieht. Von „einer mystischen Kraft besessen"[18], spielt er abwechselnd Johannes den Täufer und den Messias selbst.

In ihm ballt sich eine furchtbare und zermalmende Kraft zusammen. „Hitler ist der Sprecher eines gewalttätigen Deutschlands, in dem das negative Element, der Geist der Zerstörung, überwiegt."[19]

Als sie erneut in Dinkelsbühl zusammen sind, streift Otto Strasser das Thema, ob der Mensch gut oder schlecht sei. Er weiß, daß Hitler sowohl Machiavellis ‚Fürst' als auch die Gegenschrift Friedrichs des Großen kennt. Wohlbedacht sagt er: „Machiavelli lebte zu einer Zeit, in der Religion und Politik gleichgesetzt wurden. Das Prinzip des Guten und das Prinzip des Bösen bekämpften sich damals erbarmungslos. Die Religion gehört aber in den Bereich des Göttlichen, die Politik in den des Menschlichen. Also ist der Mensch gleichzeitig gut und schlecht."

„Der Mensch ist von Geburt aus schlecht", antwortet Hitler entschieden. „Man bändigt ihn nur mit Gewalt. Um ihn zu leiten, sind alle Mittel zulässig. Man muß auch lügen, verraten, ja sogar morden können, wenn es die Politik erfordert."

„Mord und Verrat sind Mittel, die manchmal in der Politik angewandt werden, das will ich Ihnen zugeben. Aber was wird aus Ihnen, wenn der Mensch — wie Sie behaupten — wirklich von Hause aus schlecht ist? Würden Sie nicht selbst längst verraten oder gar ermordet worden sein?"

„Diese Moral gilt natürlich nur für Menschen, die zum Herrschen geboren sind, und auf ihr beruht das Recht, als Herrscher zu handeln."

Otto Strasser hat von Ideen eine platonische Vorstellung. Sie sind göttlichen Ursprungs und dürfen von Menschen nicht mißbraucht werden. In diesem Sinne schreibt Herbert Blank einen Artikel für die Kampfverlag-Presse. Die nationalsozialistische Idee stehe über Hitler. Sie sei ihm übergeordnet und er ihr verpflichtet. Niemals dürfe diese Idee durch den Schmutz gezogen oder durch Eitelkeit befleckt werden. Die Münchner Parteizentrale horcht auf. Ist das nicht ein heimtückischer Angriff auf den Führer?

Otto Strasser sieht den Bruch nahen. Er bereitet sich auf ihn vor und will den Bruder mitreißen. Wenn Gregor in Berlin weilt, wohnt er bei ihm. Dann diskutieren sie nächtelang, während die Augen vom Zigarettenqualm tränen. In den Aschenbechern häufen sich die Kippen. Doch die Gespräche sind ebenso endlos wie unfruchtbar. Gregor ist ebenfalls für eine Arbeiterpartei. Doch spricht er von Arbeitern der Stirn und der Faust.

Otto sagt beschwörend: „Wir sprechen nicht mehr die gleiche Sprache wie Hitler. Wir sind Sozialisten, Hitler hat aber schon mit den Kapitalisten paktiert. Wir sind Republikaner, Hitler aber verbündet sich mit den Wittelsbachern und sogar mit den Hohenzollern. Wir sind Christen, Hitler aber ist Atheist!"

„Nein, ich lasse mich von diesem wilden Pferd, das nur ausschlägt, um seinen Reiter loszuwerden, nicht aus dem Sattel heben."

„Du wirst Hitler nicht zähmen, Gregor. Das Pferd versucht gar nicht, den Reiter abzuwerfen, es zerrt ihn vielmehr auf der Bahn des Unheils immer weiter. Du hast längst die Zügel verloren. Du mußt alles riskieren und abspringen — noch ist es Zeit dazu. Wir müssen uns von ihm trennen."

„Nein!" Gregor will Hitler die Nibelungentreue halten. Für ihn naht der Bruch mit seinem Bruder.

Aber noch arbeitet er an den 14-tägig erscheinenden ‚NS-Briefen' mit. Im November 1929 schreibt er, das deutsche Bürgertum habe als entscheidender Faktor der deutschen Politik ausgespielt. Es sei „zu klein und zu feig, um sich unter Hugenbergs Führung dem nationalsozialistischen Freiheitskampf anzuschließen"[20]. Will er nun auf das Proletariat setzen? Nein, Gregor Strasser setzt noch immer auf Hitler! Auf einen idealen Hitler, an dessen Wirklichkeit er mehr und mehr verzweifelt. Doch er sieht keinen Ausweg.

Im gleichen Heft erscheint aus seiner Feder ein Artikel zum Jahrestag der deutschen Novemberrevolution. Da ist von einer „Börsenrevolte" zwar keine Rede, auch nicht von „Novemberverbrechern" (Hitler), dafür von einem ungeheuerlichen Volksbetrug. „Weil sie alles verriet, was als Sinn des Krieges und seiner Opfer der Revolution erst Inhalt und Aufgabe und Ziel gegeben hätte: „Freiheit und Sozialismus!" Die Weimarer Regierung habe sowohl den spartakistischen als auch den nationalsozialistischen Versuch, die Herrschaft des Geldes über die Arbeit zu stürzen, mit Waffengewalt niedergeschlagen.

Daneben steht von Herbert Blank ein Abgesang auf den „verstaubten Heros" Hindenburg, mit dem sich das deutsche Volk ein Mittelmaß habe aufschwatzen lassen. „Wir leben im Chaos, das Neue soll erst werden. Es ist eine Zeit, in der es Pflicht ist, Pflichten zu zerbrechen, in der wir die Jugend nur zum Endkampf schulen, wenn wir ihr sagen, nur das Unerhörte, das Übermaß, Fanatismus könne uns noch retten."

Im Kampfverlag sind Otto Strasser, Herbert Blank, Richard Schapke und Paul Brinkmann tätig. Eine Gruppenaufnahme vor dem Haus des Verlags aus dem Jahre 1930 zeigt sie mit gesenkten Köpfen und trotzigen Mienen.

Hitler ist bereit, für den Kampfverlag eine hohe Summe zu zahlen. Von den drei Teilhabern erklärt sich Hinkel einverstanden, Gregor Strasser schwankt, Otto lehnt ab. Das schiebt die Entscheidung abermals hinaus. Hitler weicht zurück, um einen günstigeren Zeitpunkt abzuwarten.

Dieser Zeitpunkt kommt mit den Massenstreiks vom April 1930 in Sachsen. Otto Strasser und sein Kreis unterstützen die Streikenden. Ihr ‚Sächsischer Beobachter' (Auflage 50000) feuert sie an, ja nicht nachzugeben. Der sächsische Industriellenverband stellt der NSDAP ein Ultimatum, ihren „Streikbefehl" zurückzunehmen und die aufrührerische Agitation des ‚Sächsischen Beobachters' zu mißbilligen, widrigenfalls sie künftig kein Geld mehr aus den Kassen des Reichsverbands erhalten werde.

Im Namen der Münchner Parteileitung verbietet Hitler allen sächsischen Parteimitgliedern, an dem Streik teilzunehmen. Doch die meisten Sozialisten unter ihnen weigern sich. Der ‚Sächsische Beobachter' und die gesamte Kampfverlag-Presse schüren weiter. Gleichzeitig decken sie Hitlers Machenschaften und das Ultimatum auf. Wieder entzündet sich der Konflikt an der sozialen Frage.

Nun kann die Entscheidung nicht länger hinausgeschoben werden.

Das letzte Gespräch mit Hitler

Am Morgen des 21. Mai 1930 läutet das Telefon: „Hallo, hier ist Rudolf Heß. Herr Hitler bittet Sie, sofort zu einer dringenden Unterredung ins Hotel Sanssouci kommen zu wollen."

Otto Strasser spürt, was ihm bevorsteht. Er bricht sogleich auf. Hitler empfängt ihn in seinem Hotelzimmer. Sie sind allein. Anscheinend soll noch ein letzter Versuch unter vier Augen gemacht werden, ins reine zu kommen. Aber auf Biegen und Brechen.

Hitler beginnt diplomatisch, doch sichtlich nervös: „Haben Sie über meinen Vorschlag vom letzten Jahr nachgedacht? Amann hat mir einen sehr schmeichelhaften Bericht über Ihr Verlagshaus vorgelegt. Ich bin bereit, es Ihnen abzukaufen. Gregor, Sie und Hinkel bekommen je 60000 Mark. Hinkel und Sie werden außerdem Abgeordnete."

„Davon kann keine Rede sein. Meine Münchner Ablehnung bleibt in vollem Umfang bestehen."

Hitler ändert den Tonfall und überhäuft Otto Strasser mit Vorwürfen: „Die Haltung Ihrer Zeitung ist eine öffentliche Schande! Ihre Artikel verstoßen gegen die elementaren Gesetze der Disziplin; sie sind eine Beleidigung für das Parteiprogramm! Meine Geduld ist nun zu Ende. Der Kampfverlag wird mit Ihrem eigenen Einverständnis aufgelöst. Wenn Sie mir diese Zustimmung versagen, werde ich mit allen Mitteln gegen Sie vorgehen."

Otto Strasser steht auf: „Ich dachte, Sie hätten mich zu einer Unterredung gebeten, die die Lage aufklären soll. Ich bin durchaus bereit dazu. Dagegen lehne ich ein Ultimatum ab."

Hitler lenkt vorübergehend ein: „Natürlich wünsche ich eine Aussprache. Ich habe das größte Interesse daran, der Partei einen Mann von Ihrer Bedeutung zu erhalten. Aus diesem Grunde habe ich Sie hierhergebeten. Sie sind jung. Sie waren Frontsoldat. Sie sind einer unserer alten Nationalsozialisten. Ich bin der Meinung, Sie können noch lernen und begreifen ..."

„Ihre Vorwürfe entbehren der Genauigkeit ..."

„Wie wollen Sie die Theorien Blanks rechtfertigen? Mit seinen Ansichten über Treue und über den Unterschied zwischen dem Führer und der Idee treibt er die Parteimitglieder ja geradezu zur Rebellion."

„Nein, es ist keine Rede davon, das Ansehen Ihrer Person zu schmälern ... Aber es ist für mich geradezu ein Wesenszug des deutschen protestantischen Menschen, daß für ihn die Idee das Höchste ist, die höchste Instanz für sein Tun. Schon rein praktisch bedingt die Tatsache, daß der Führer krank werden, sterben, daß er abweichen kann von der Idee, daß der Ausgangspunkt und das Ziel immer die Idee sein muß, davon Führer und Unterführer nur Diener sind. Ideen sind von Ewigkeit, und wir Menschen sind nur die Gefäße, nur der Leib, ‚in dem das Wort Fleisch ward'."

„Sie wollen also jedem Parteimitglied das Recht geben, darüber zu entscheiden, ob der Führer dieser sogenannten Idee noch treu ist oder nicht. Das ist ja übelste Demokratie! Mit der wollen wir nichts mehr zu tun haben. Für uns ist der Führer die Idee, und jedes Parteimitglied hat nur dem Führer zu gehorchen."

„Nein, was Sie da sagen, gilt für die Römische Kirche, an der sich übrigens der italienische Faschismus inspiriert hat. Ich halte fest, daß für Deutschland die Idee einzig und allein das Bestimmende ist und daß an das individuelle Gewissen appelliert werden muß, sobald sich herausstellt, daß Idee und Führer nicht mehr übereinstimmen."

„Was Sie hier sagen, führt zur Auflösung unserer Organisation, die auf der Disziplin beruht. Ich habe nicht die geringste Lust, einem wahnsinnigen Literaten zu gestatten, dieses Gebäude umzustoßen. Sie sind Offizier gewesen. Sie sehen auch, daß Ihr Bruder sich meiner Disziplin unterstellt, auch wenn er nicht immer meiner Meinung ist. Ich frage Sie nun, ob Sie sich dieser Disziplin ebenfalls unterwerfen wollen oder nicht."

Adolf Hitler faßt Otto Strasser bei den Händen. Tränen rinnen über sein Gesicht. Aber der so Beschworene bleibt hart.

„Disziplin ist doch nur ein Hilfsmittel, um eine Gemeinschaft einheitlich einzusetzen, nicht aber um die Gemeinschaft selbst zu schaffen. Lassen Sie sich niemals durch den Beifall und die Schmeichelei der niedrigen Kreaturen verwirren, die Sie umgeben!"

„Ich verbiete Ihnen, meine Mitarbeiter zu beleidigen!"

„Wieviel Männer befinden sich unter Ihren engeren Mitarbeitern, die imstande wären, selbständig zu urteilen? Schon der Grad ihrer Intelligenz macht es ihnen unmöglich, von ihrer Charakterveranlagung gar nicht zu reden. Mein eigener Bruder wäre weniger diszipliniert, wenn sein Mandat ihn nicht wirtschaftlich von Ihnen abhängig machte."

„Um Ihres Bruders willen will ich Ihnen noch einmal die Hand entgegenstrecken. Sie können sofort Reichspressechef werden. Kommen Sie nach München, arbeiten Sie unter meiner Leitung! Stellen Sie Ihr Talent und Ihre Intelligenz, die ich außerordentlich schätze, erneut in den Dienst der nationalsozialistischen Bewegung!"

„Ich kann nur annehmen, wenn sich für unsere politischen Auffassungen, die noch auseinandergehen, eine Verständigungsbasis finden ließe. Wir wollen also vor allem über unsere politischen Ziele sprechen."

„Nein, ich brauche eine sofortige Entscheidung. Wenn Sie nicht annehmen, werde ich am Montag handeln."

Otto Strasser erwidert: „Die wahre Ursache Ihres Zorns ist Ihre Absicht, den von Ihnen abgelehnten, von uns gepredigten revolutionären Sozialismus im Interesse der Legalität der Partei und Ihrer neuen Zusammenarbeit mit den bürgerlichen Rechtsparteien zu erdrosseln."

Hitler fährt auf: „Ich bin Sozialist, aber ein Sozialist von anderem Schlage als euer steinreicher Graf Reventlow. Ich könnte niemals dulden, daß mein Chauffeur anders ißt als ich. Aber was Sie unter Sozialismus verstehen, ist einfach krasser Marxismus. Die Masse der Arbeiter verlangt nichts anderes als Brot und Spiele. Sie hat kein Verständnis für irgendwelche Ideale. Wir können niemals damit rechnen, diese Masse zu gewinnen. Was wir brauchen, ist eine Auslese: Männer, aus einer neuen Schicht von Herrenmenschen ausgewählt, die sich nicht — wie Sie — von einer Mitleidsmoral treiben lassen. Diese Herrenschicht muß wissen, daß sie das Recht hat zu befehlen, eben auf Grund der Tatsache, daß sie einer höheren Rasse angehört. Sie muß dieses

Recht verteidigen und rücksichtslos aufrechterhalten."

Otto Strasser ist entsetzt. „Ihre Rassebegriffe, die wohl von Herrn Rosenberg stammen, machen nicht nur die große Mission des Nationalsozialismus — nämlich die Nationwerdung des deutschen Volkes — unmöglich. Sie sind auch geeignet, dieses deutsche Volk selbst aufzulösen."

„Liberalismus, das ist alles, was Sie predigen. Es kann nur eine Revolution geben, und das ist die Revolution der Rasse. Es gibt keine politische, keine wirtschaftliche und keine gesellschaftliche Revolution. Es handelt sich immer nur um die gleiche Auseinandersetzung, um den Kampf der niederrassigen Unterschicht gegen die herrschende höhere Rasse ... Alle Revolutionen — und ich habe sie gut studiert — sind Rassenkämpfe ... Die nordische Rasse hat das Recht, die Welt zu beherrschen ... Wir müssen eine nordisch-germanische Herrschaft über Europa errichten, und dann unter Mitwirkung von Amerika eine nordisch-germanische Herrschaft über die ganze Welt. Für uns das Festland, für England die Meere ..."[21)]

Das Gespräch wird am 22. Mai fortgesetzt. Diesmal nehmen auch Heß, Amann, Hinkel und Gregor teil. Otto Strasser stellt einleitend an Hitler einige Fragen, um seine wahren Absichten herauszufinden."

„Sind Sie wie ich davon überzeugt, daß unsere Revolution auf politischem, wirtschaftlichem und geistigem Gebiet eine totale sein muß? Planen Sie eine Revolution, die sich mit der gleichen Energie gegen den internationalen Marxismus wie gegen den bürgerlichen Kapitalismus richtet? Wollen Sie infolgedessen gestattten, daß unsere Propaganda den einen wie den anderen angreifen muß, um zu einem deutschen Sozialismus zu gelangen? Können Sie zusichern, daß wir uns an keiner Koalitionsregierung beteiligen und, im Besitze der Macht, keinen Interventionskrieg gegen Rußland vorbereiten? Sind Sie damit einverstanden, daß die Arbeiter am Besitz und an der Leitung der Industriebetriebe beteiligt werden?"

Hitler reagiert gereizt: „Das ist reiner Marxismus, das ist geradezu Bolschewismus! Diese Demokratie, die für den Trümmerhaufen verantwortlich ist, auf dem wir leben, wollen sie auch noch auf den Bereich der Wirtschaft ausdehnen. Das wäre das Ende der deutschen Wirtschaft! Sie wollen dem Fortschritt der Menschheit Einhalt gebieten!"

Strasser antwortet: „Ich glaube überhaupt nicht an den sogenannten Fortschritt der Menschheit, Herr Hitler. Der Mensch hat sich seit tausend Jahren nicht mehr verändert. Sein Äußeres, seine Lebensverhältnisse mögen sich gewandelt haben — das ist aber auch alles. Glauben Sie, daß Goethe glücklicher gewesen wäre, wenn er in einem Auto hätte herumfahren oder Napoleon mehr Freude am Leben gehabt hätte, wenn er Rundfunk hätte hören können?"

„Theorie, reine Theorie! Die Menschheit ist in ständigem Fortschritt. Und dieser Fortschritt wird durch das Wirken hervorragender Einzelpersonen erzielt."

„Diese Persönlichkeiten, Herr Hitler, haben nicht die Funktionen, die Sie ihnen zusprechen. Der Mensch schafft nicht und erfindet nicht die großen historischen Epochen. Im Gegenteil: er ist ihr Sendbote — ein Werkzeug des Schicksals."

Adolf Hitler wirft sich in den Sessel zurück: „Wollen Sie vielleicht leugnen, daß ich der Schöpfer des Nationalsozialismus bin?"

Otto Strasser antwortet: „Ich kann nicht anders. Der Nationalsozialismus ist eine Idee, die aus der Zeit geboren ist, in der wir leben. Sie lebt im Herzen von Millionen von Menschen, und sie hat sich in Ihnen verkörpert. Die Tatsache, daß sie gleichzeitig in so vielen Köpfen aufgetaucht ist, beweist ihre historische Notwendigkeit. Sie beweist ferner, daß das Zeitalter des Kapitalismus zu Ende geht. Lassen Sie mich ganz konkret werden. Nehmen wir einmal an, daß wir morgen an die Macht kommen. Was machen wir mit Krupp? Lassen Sie diesen Betrieb unangetastet: ja oder nein?"

„Selbstverständlich ja. Halten Sie mich für so verrückt, daß ich die deutsche Großindustrie ruinieren will?"

„Wenn Sie das kapitalistische Regime beibehalten wollen, Herr Hitler, dann haben Sie kein Recht mehr, von Sozialismus zu sprechen! Unsere Parteianhänger sind in erster Linie Sozialisten, und Ihr Programm fordert die Sozialisierung der Betriebe."

„Das Wort Sozialismus ist hier nicht angebracht. Ich habe niemals gesagt, daß alle Unternehmungen sozialisiert werden müssen. Ich habe vielmehr unterstrichen, daß man diejenigen Unternehmungen sozialisieren könnte, deren Tätigkeit den Interessen der Nation zuwiderlaufen. Solange sie sich nicht eines solchen Vergehens schuldig machen, würde ich die Vernichtung der Wirtschaft für ein Verbrechen halten. Nehmen Sie den Faschismus. Unser nationalsozialistischer Staat wird es genauso wie der faschistische verstehen, das vernünftige Nebeneinander der Interessen des Arbeitgebers und des Arbeitnehmers zu sichern und gleichzeitig dem Staat das Recht des Schiedsrichters im Falle eines Konfliktes vorzubehalten."

„Aber der Faschismus hat doch das Problem Kapital-Arbeit in keiner Weise gelöst. Er hat nicht einmal den Versuch dazu gemacht. Er hat die Streitigkeiten einfach für den Augenblick zum Schweigen gezwungen. Der Kapitalismus ist intakt geblieben, genau so, wie auch Sie selbst ihn intakt lassen wollen."

„Herr Strasser, auf wirtschaftlichem Gebiet gibt es nur ein System: Verantwortung nach oben, Autorität nach unten ... So war es seit Tausenden von Jahren und so wird es immer sein."

„Ja, Herr Hitler, die Gliederung des Aufbaus bleibt immer dieselbe, ob es sich um einen kapitalistischen Staat handelt oder um einen sozialistischen. Aber der Geist der Arbeit kann von dem Regime bestimmt werden, unter dem der Mensch lebt. Und der Kapitalismus ist am Sterben, während der Sozialismus das Gesicht der nächsten 150 Jahre bestimmen wird. Wenn es vor einigen Jahren möglich gewesen ist, daß zwei oder drei Dutzend Männer 250000 Arbeiter des Ruhrgebiets auf die Straße setzen konnten, nur weil das System dem Besitztitel auch das unumschränkte Leitungsrecht gibt — dann ist dieses System verbrecherisch und muß unter allen Umständen geändert werden."

„Aber das ist noch kein Grund, die Besitzbeteiligung der Arbeiter an den Unternehmen, die sie beschäftigen, und das Recht der Mitbestimmung zu fordern. Ein starker Staat muß darüber wachen, daß die Produktion sich im Interesse der Nation entwickelt. Er kann — wenn das nicht der Fall ist — zur Enteignung schreiten und selbst die Leitung der Betriebe übernehmen."

Otto Strasser: „Dadurch würde sich die Stellung der Arbeiter nach meiner Ansicht in keiner Weise ändern. Wenn Sie schon entschlossen sind, im gegebenen Fall das Privateigentum anzutasten, warum wollen Sie sich lokaler Instanzen bedienen und ihrem Urteil das verantwortliche Handeln überlassen? Warum wollen Sie willkürliche Entscheidungen riskieren, von Leuten, die vielleicht schlecht unterrichtet sind? ... Warum das Interventionsrecht nicht gleich organisch in die Wirtschaft einbauen? Dieses Recht könnte ein integrierender Bestandteil unserer Wirtschaft werden."

„Das ist", sagt Hitler seufzend, „gerade der Punkt, in dem unsere Ansichten grundsätzlich auseinandergehen. Die Beteiligung der Arbeiter am Kapital der Unternehmen und das Mitbestimmungsrecht — das sind die Grundlagen des Marxismus. Ich vertrete die Ansicht, daß das Recht der Einflußnahme nur dem von einer höheren Schicht geleiteten Staat zugestanden werden kann. Der Maßstab muß immer die Rentabilität der Wirtschaft sein."

„Hier hat der Nationalsozialismus doch eine hundertprozentig andere Ansicht! Für uns hat doch die Wirtschaft eines Volkes überhaupt keinen anderen Sinn und keine andere Aufgabe, als die Ernährung, die Kleidung, die Wohnung für diese Nation zu sichern und außerdem eine gewisse Reserve für Kriegs- und Notzeiten zu schaffen. Diese Auffassung macht es völlig gleichgültig, wie hoch die Produktionskosten bei uns im Vergleich zu den Produktionskosten der anderen Länder sind. Es ist in einem nationalsozialistischen Deutschland unerheblich, ob die amerikanischen Farmer den Weizen zum halben Preis herstellen können im Vergleich zu den deutschen Bauern, da uns der sogenannte ‚Weltmarkt' überhaupt nicht interessiert. Das hat zur Voraussetzung freilich die Wirtschaftsautarkie und zur Durchführung ein Außenhandelsmonopol, aber ohne diese Voraussetzung kann man überhaupt keine national-völkische Politik treiben."

Hitler: „Das ist ja schlimmste Theorie und übelster Dilettantismus. Glauben Sie denn, wir können uns jemals von der Weltwirtschaft lösen? Wir sind angewiesen auf die Einfuhr aller wichtigen Rohstoffe. Wir sind nicht minder angewiesen auf die Ausfuhr unserer Industrieartikel. Ich habe gerade in den letzten Monaten überall diesen Zwang der weltwirtschaftlichen Verflechtung geschildert erhalten. Wir können und wollen diese Entwicklung nicht aufhalten. Im Gegenteil, unsere Aufgabe ist es, eine großartige Organisation der ganzen Welt vorzunehmen, so daß jedes Land das produziert, was ihm am meisten liegt, während die weiße Rasse, die nordische Rasse dann die Organisierung dieses gigantischen Planes übernimmt. Glauben Sie mir, der ganze Nationalsozialismus wäre nichts wert, wenn er sich nur auf Deutschland beschränkt und nicht mindestens 1- bis 2000 Jahre lang die Herrschaft der hochwertigen Rasse über die ganze Welt besiegelt. Das muß ja nicht mit einer Ausbeutung der anderen Rassen verbunden sein, denn eine niedere Rasse ist eben zu anderen Leistungen bestimmt als die höhere, die die Leitung hat. Diese Leitung müssen wir in Gemeinschaft mit den Angelsachsen haben."[22)]

Gregor Strasser hat bisher schweigend zugehört. Nun wirft er ein: „Auch ich bin der Meinung, daß wir die Wirtschaftsautarkie zum Ziel haben und jede Verflechtung in die Weltwirtschaft auf den unabwendbaren Rest beschränken müssen, der in unserer nicht vollständigen Rohstoffbasis liegt."

Das ist alles, was Gregor während der langen Unterredung sagt. In dem für seinen Bruder entscheidenden Punkt, einer sozialistischen Wirtschaftsordnung, enthält er sich der Stimme.

Hitler geht recht milde auf ihn ein: „Auch ich strebe eine solche Autarkie als Fernziel an, aber sie ist frühestens in hundert Jahren möglich, da wir eben ohne den Güteraustausch mit der Weltwirtschaft nicht auskommen können."

Hitler hat zwischendurch schon ungeduldig auf seine Armbanduhr geblickt. Als Stöhr und Buch eintreten, benutzt er die Gelegenheit und entfernt sich mit diesen Besuchern in sein Zimmer, ohne Otto Strasser noch ein Wort zu geben. Damit ist das Tischtuch zerschnitten.

Hitler muß es als Anmaßung Otto Strassers empfunden haben, als dieser sagte, der Nationalsozialismus habe in der Rentabilitätsfrage eine ganz andere Ansicht als er, der Parteiführer. Doch in bezug auf Autarkie und Weltwirtschaft denkt er ohne Zweifel realistischer, auch als Gregor, der sich mit seinem Bruder in den Vorstellungen von Fichtes geschlossenem Handelsstaat bewegt.

III. Kampfgemeinschaft und Revolutionstheorie

Während der letzten Unterredung hat Hitler gedroht, den Kampfverlag zu einem parteischädigenden Unternehmen zu erklären, allen Parteimitgliedern seine Unterstützung zu verbieten und Otto Strasser samt seinen Anhängern aus der NSDAP auszuschließen.

Das sollte schon am folgenden oder übernächsten Tage geschehen. Doch Otto Strasser wartet vergebens darauf. Was er als Unschlüssigkeit auslegt, als ein Zögern und Schwanken, ist in Wahrheit Hitlers Absicht, zunächst einmal die Landtagswahlen in Sachsen abzuwarten und bis dahin öffentliches Aufsehen zu vermeiden. Sie finden am 22.6.1930 statt. Die NSDAP soll bei den Wahlen möglichst geschlossen auftreten und den Anschein völliger Einigkeit wahren. Gerade in Sachsen, das die Kampfverlagpresse überhaupt erst für den Nationalsozialismus gewonnen haben will, sind die Anhänger Otto Strassers in Partei und SA recht zahlreich. Ein vor den Landtagswahlen offen ausgetragener Streit würde auch viele Wähler verwirren. Sie werden als Vorentscheidung für die Reichstagswahlen betrachtet. Die NSDAP kann ihren Stimmenanteil verdreifachen.

Parteisäuberung

Erst nach diesem Erfolg weist Hitler seinen Gauleiter Goebbels offiziell an, eine rücksichtslose Säuberung der Partei durchzuführen. Hinter sich habe er die gesamte Organisation der NS-Bewegung, gegen sich nur „ein halbes Dutzend berufsmäßiger Querulanten und Literaten“[1].

Insgeheim hat man freilich schon vor der letzten Unterredung mit Otto Strasser dessen Ausschluß vorbereitet, und zwar durch einige Grundsatzartikel von Goebbels gegen dessen „Nationalbolschewismus“ (den der jetzige Berliner Gauleiter selbst einmal viel besser profilierte). War nicht auch Trotzki als müßiger „Literat“ angegriffen worden, bevor er ausgeschlossen und verbannt wurde? Gegen ihn stand freilich der Nationalbolschewismus Stalins ...

Otto Strasser hat, abgesehen von einigen Parteitagen, nur zwei oder dreimal an Parteiversammlungen teilgenommen, auch niemals ein Braunhemd getragen. Doch nun, da die Ausschlußverfahren laufen, will er persönlich dabei sein und seine Ansicht geltend machen. Am 30. Juni erscheint er mit einigen Freunden im Berliner Sportpalast, wohin Goebbels eine Generalmitgliederversammlung einberufen hat. Doch bevor sie Platz nehmen können, werden sie von SA-Männern gewaltsam aus dem Saal gedrängt.

Werner Schapke und vier weitere Anhänger Otto Strassers sind die ersten Opfer der Ausschlußverfahren. Er selbst soll offenbar zunächst isoliert werden. Denn zweifellos ist er der Gefährlichste.

Otto Strasser fordert Goebbels auf, eine Berliner Funktionärskonferenz einzuberufen und ihm dort das Wort zu erteilen. Wider Erwarten kommt der Berliner Gauleiter diesem Ersuchen sogleich nach. Die Funktionärskonferenz findet bereits am 2. Juli statt. Doch als Otto Strasser erscheint, wird er von einem sechsköpfigen SS-Trupp abgefangen. Der Truppführer erklärt ihm, er könne an der Versammlung nicht teilnehmen, da er im Gau Brandenburg wohne.

Otto Strasser besteht auf der Teilnahme: „Die Konferenz ist ja auf meine Bitte hin einberufen worden."

Der SS-Führer bleibt hart: „Das tut nichts zur Sache!"

So rächt sich die Verlegung des Kampfverlags. Geschickt nutzt Goebbels eine Formalie aus.

Während Otto Strasser zornbebend draußen wartet, sieht er, daß die SS das ganze Gebäude umstellt hat. Drinnen begründet Goebbels vor 1 000 Funktionären den Ausschluß Schapkes. Als sich Major Buchrucker und Herbert Blank zu Wort melden, wird es ihnen verweigert mit der Begründung, in ihren Wohnungen würden sie schriftliche Mitteilungen über die Einleitung von Parteiverfahren vorfinden. Beide fallen auf die Komödie herein, auch Otto Strasser, der sie zu ihren Wohnungen begleitet.

Aber noch in derselben Nacht sucht er seinen Bruder auf: „Gregor, da Hitler nicht von sich aus wagt, offen zu brechen, werde ich es von mir aus tun. Morgen trete ich aus der Partei aus!"

„Es ist gut", sagt Gregor, „ich muß bleiben."

„Lebe wohl!"[2)]

Am 3. Juli 1930 erklärt Otto Strasser seinen Austritt aus der NSDAP. Ob das schriftlich geschieht, ist unbekannt. Auf jeden Fall gibt er sein Mitgliedsbuch zurück.

Er hat sechs Wochen verloren und Goebbels die Initiative überlassen, statt den Austritt sogleich nach der letzten Unterredung mit Hitler zu vollziehen. Als am 4. Juli alle Zeitungen des Kampfverlags eine Erklärung bringen — „Die Sozialisten verlassen die NSDAP" —, ist der Überraschungseffekt längst versäumt. Inzwischen haben die sächsischen Landtagswahlen Hitlers legalen Weg zur Macht honoriert.

Otto Strassers Anhänger werden in Berlin mit großer Mehrheit ausgeschlossen, meist in ihren Ortsgruppen, wo sich nur vereinzelt Widerspruch regt. Sie erweisen sich überwiegend als nicht in der Basis verankerte Intellektuelle, ebenso wie Trotzkis Anhänger in Rußland. Das Parteivolk fehlt. Es bleibt dem einen wie dem anderen fern.

Ottos Zögern erklärt sich zum großen Teil aus der Bindung an den Bruder. „Ich war mit Gregor so eng verbunden, daß die Gefahr, auch mit ihm brechen zu müssen, mich mehr als einmal vor dem entscheidenden Schritt zurückhielt."[3)] Gregor mitzuziehen, ist noch immer sein größtes Bedürfnis. Doch umsonst.

Will der Strasserismus über den Hitlerismus obsiegen, müssen die beiden Brüder zusammenstehen. Gregor hat Otto jedoch schon vor dem letzten Gespräch mit Hitler zu verstehen gegeben, daß er ihm nicht folgen könne, falls es zum Bruch käme. Ende Juni zieht er sich aus dem Kampfverlag zurück und legt auch die Herausgeberschaft der ‚NS-Briefe' nieder. Diese bringen seine Erklärung in eigener Sache, wonach ihm „die außerordentliche Zunahme der Partei nicht mehr genügend Zeit" für verantwortlich zeichnende Arbeit[4)] lasse.

Es ist aber klar, daß diesem Rücktritt der Bruch zwischen Adolf Hiter und seinem Bruder zugrundeliegt. Dies kann in den ‚NS-Briefen' auf die Dauer nicht vertuscht werden. Nach außen liegt nur organisatorische Überlastung vor. Doch die beiden Brüder sind wie siamesische Zwillinge auseinandergeschnitten.

Gregor unterzeichnet eine Erklärung der nationalsozialistischen Reichstagsfraktion, die den Kampfverlag als gegnerisch und parteifeindlich brandmarkt. Im ‚Völkischen Beobachter' sagt er sich auch persönlich von seinem Bruder los, der ein lebensfremder Schreibtischmensch sei. Schließlich bezichtigt er ihn als Reichsorganisationsleiter „einer letzten Endes unfruchtbaren, ja bei offener Meuterei verbrecherischen Ideologie". Obwohl ein intellektuell außerordentlich hochstehender Mann, stünde es ihm nicht zu, vom Verrat am Sozialismus zu sprechen. Denn er und seine Anhänger wüßten noch gar nicht, ob Hitler und seine Mitarbeiter im Besitz der Macht ihr ursprüngliches Wollen verraten würden. Außerdem habe keiner der heutigen „Revolutionäre" am 9. November 1923 sein Leben für den Nationalsozialismus gewagt. Sie seien allesamt erst später in die NSDAP eingetreten. Für Otto sei der Nationalsozialismus ein reines Verstandesprodukt, zusammengebastelt aus abstrakten Folgerungen am grünen Tisch, jenseits des rauschenden Lebens. Ihm fehle die Einsicht, daß zur Zeit der Weg einer Revolution von unten weniger aussichtsreich sei als eine weitgehende Erfassung der Machtpositionen im Staate selbst. Doch habe er schon in früherer Zeit seine Unfähigkeit bewiesen, „aus Disziplin eigene Erkenntnis der Autorität des Führers hintenanstellen zu können"[5]. Hitler wird von ihm und seinen Anhängern „auf teilweise unerhörte Form bekämpft". Sie fallen der echten deutschen Revolution in den Rücken. Er selbst diene Adolf Hitler bedingungslos.

Ist das noch der alte Gregor Strasser oder hat er seine Identität verloren? Es klingt, als ob ein Fremder spräche. Die teils persönliche, teils politische Verurteilung des Bruders geht bis an den Rand der Ehrabschneidung und Verunglimpfung. Gewaltsam löst er das Band der Freundschaft, welches fester geknüpft war als das Blutsband. Otto und dessen Mitsteiter werden des mangelnden Vertrauens zu Hitler beschuldigt! Das alles läßt sich nicht allein aus dem Besteben erklären, die hohe Position als Reichsorganisationsleiter zu retten. Gregor hält Otto tatsächlich für einen Prinzipienreiter und Nurtheoretiker. Innerhalb der NSDAP hat er inzwischen selbst den Weg der Legalität eingeschlagen. Die von ihm eingerichtete Doppelgleisigkeit der Partei soll diese in den Staat hineinwachsen lassen, um ihn sodann von innen her zu sprengen oder radikal umzuformen. Durch den weiteren Ausbau der eigenen Machtposition in der Parteizentrale will er genügend Autorität sammeln, um das Hannoversche (Bamberger) Programm in das Aktions- und Wirtschaftsprogramm der NSDAP einfließen zu lassen (was ihm erst 1932 mit großen Abstrichen gelingt).

Auf diese Weise teilt sich der Strasserismus 1930 endgültig in zwei Strömungen: in eine revolutionäre um Otto und eine reformerisch-parteilegale um Gregor. Aber wenn das so ist und bis zu einem gewissen Grade schon vorher so war, dann gibt es nun auch Kampf zwischen ihnen. Gregor hat sich demonstrativ an die Seite Hitlers gestellt und den politischen Kurs seines Bruders für grundsätzlich falsch erklärt. Gleichwohl wächst in der NSDAP der Verdacht heran, daß er ein Doppelspiel treibt und Hitler täuscht. Dieser Verdacht geht von Bormann aus und zieht seine Kreise, bis er schließlich zur Schlinge wird. Auch Rosenberg, Streicher, Ley und andere betrachten Gregor Strassers Aufstieg zum faktischen Generalsekretär der NSDAP mit großem Unbehagen. Insofern ist er gefährdeter als sein Bruder, bei dem sich Denken und Tun nunmehr decken. Seltsamerweise hat Hitler schon 1929 in einem Brief geschrieben, er habe Gregor fallenlassen. Sein Mißtrauen schläft nicht. Es ist wie dürres Unterholz, das auf ein Streichholz wartet. Als Organisator scheint ihm Gregor noch einmal unentbehrlich geworden zu sein. Doch wie lange?

Im gleichen Heft der ‚NS-Briefe', worin Gregor auf beschönigende Weise seinen Rücktritt von der Herausgeberschaft erklärt — sollte diese Erklärung von seinem Bruder verfaßt sein? — schreibt Otto, die Klärung der Begriffe, die Verdeutlichung der Ziele und Wege sei nötiger denn je. „Der ungeheure Zustrom, der sich in der letzten Zeit in die NSDAP ergossen hat, macht die Gefahr groß, daß die strengen Linien des Gesichts des Nationalsozialismus verwischt werden und die großen Forderungen der deutschen Revolution übertönt werden von dem Lärm erfolgshungriger Massen."[6)] Noch immer befinde sich die nationalsozialistische Idee im ungewissen Zustand der Klärung.

Die ‚NS-Briefe' werden also weiterhin herausgegeben, und sie erscheinen in der Tat bis in das Jahr 1931 hinein. Nur sollen sie anscheinend künftig mehr als ein Kaderorgan sein, nämlich die erfolgshungrigen und konjunktursüchtigen Massen ideologisch durchdringen. Vor ihnen müsse die Unerbittlichkeit, der revolutionäre Charakter des Nationalsozialismus immer wieder herausgestellt werden.

Die Herausgeberschaft übernimmt nun Otto Strasser. Er will die ‚NS-Briefe' zur „Fackel der deutschen Revolution" machen. Die programmatischen Grundlagen des Nationalsozialismus sollen gefestigt werden. Meint Otto Strasser das offizielle Parteiprogramm der NSDAP oder das Bamberger Programm? Anscheinend weder das eine noch das andere, sondern „sozialistisches Ziel, protestantischen Geist und preußische Haltung". Von diesen drei Quellen, aus denen sich die ‚NS-Briefe' von Anbeginn genährt, soll auch ihr künftiges Wirken bestimmt sein. Doch nun wird ihnen die Aufgabe gestellt, alle schöpferischen Kräfte des Nationalsozialismus „jenseits enger Parteischranken" um sich zu scharen.

Otto Strasser sieht jedoch bald ein, daß die ‚NS-Briefe' diese Aufgabe nicht lösen können. Ihre Auflage war immer auf 1000 Stück beschränkt und kann nicht wesentlich erhöht werden. Deshalb beginnt er, daneben eine Wochenzeitung — ‚Die deutsche Revolution' — herauszugeben. Eine Zeitlang laufen die beiden Publikationen parallel, bis die ‚NS-Briefe' im 2. Halbjahr 1931 eingestellt werden müssen. Wenn 1936 vom „11. Jahrgang" der ‚Deutschen Revolution' die Rede ist, obwohl sie erst seit 1930 erscheint, so deshalb, weil 5 Jahrgänge der ‚NS-Briefe' mitberechnet sind.

Angesichts der Absicht, in Thüringen eine Koalitionsregierung aller antimarxistischen Parteien zu bilden, in der Gregor das Innenministerium übernehmen soll, hat Otto kürzlich an mindestens 100 Kreis- und Gauleiter einen warnenden Rundbrief geschickt, der nun veröffentlicht wird. Darin unterscheidet er streng zwischen Wahlbeteiligung, die mehr Vorteile als Nachteile habe, und einer Regierungsbeteiligung der NSDAP, die unbedingt abzulehnen sei. Die nationalsozialistischen Minister müßten einen Eid auf die Weimarer Verfassung ablegen und kämen in enge Berührung mit dem bürgerlichen Lager. Otto Strasser hält es für unmöglich, daß die antisemitische NSDAP mit der Demokratischen Partei Walter Rathenaus zusammengeht. Für ihn heißt die Alternative: Ministersessel oder Revolution? Darauf spitzt er auch in anderen Artikeln den Konflikt zwischen revolutionärem und legalistischem Nationalsozialismus zu. Die NSDAP soll das Weimarer System stürzen, nicht verbessern und sanieren. Je größer der Staatsdefizit, „desto klarer sieht das deutsche Volk, wie verbrecherisch die Erfüllungspolitik ist"[7]. Das erinnert an die zeitweilige kommunistische Parole: Je schlimmer die Verhältnisse, desto besser für uns! Otto Strasser ist ohne Zweifel ein Radikaler; ist er aber auch ein klar- und weitsichtiger Revolutionär oder nur ein wütiger Revoluzzer?

Menschenbild und Philosophie — Ich und Wir

Arbeitslosigkeit, Bauernsterben, Konkurs des Mittelstandes — überall fehlt den Menschen das Gefühl für die Notwendigkeit ihres Daseins. Aber eine Sinngebung ist für Otto Strasser unmöglich, höchstens eine Sinndeutung. Vielleicht hat das Einzelleben keinen Sinn. Es ist im Grunde nur ein Tropfen im Meer des Volkes. Wer sich herauslöst, vereinsamt. Doch das Ich will wieder aufgehen im Wir.

Es gibt eine Sinnhaftigkeit des Lebens an sich, insbesondere des völkischen. Wer sie fühlt und bejaht, spürt die Harmonie mit sich selbst, mit seinen Mitmenschen, mit seinem Schicksal und mit Gott. Im Vergleich dazu ist es für Otto Strasser unwichtig, ob der einzelne sich über den Sinn seines eigenen Lebens klar werden kann. Außerhalb der völkischen Gemeinschaft kann er auf die Dauer nicht existieren, und es fragt sich, ob der Staat eine Brücke zu ihr ist oder ein Damm, der dazwischenliegt.

Hier entflammt der Haß Otto Strassers. Von der Harmoniesehnsucht her, in Einklang mit der Sinnhaftigkeit des Lebens zu stehen, verabscheut er das Heute und will es mit aller Kraft ändern. Die Weimarer Republik stelle sich schützend vor den Versailler Vertrag, mit dem sich kein aufrechter Deutscher abfinden könne. „Seitdem sind wir ein Sklavenvolk, das vom Ausland bis aufs Blut geschunden wird. Entweder wird es zu einer Umwälzung kommen, oder unser Volk geht vor die Hunde."[8]

Dieser nationale Notstand, wie er ihn sieht, ist der Ausgangspunkt von Otto Strassers Revolutionstheorie. Er liegt auch seiner Auffassung des Nationalsozialismus zugrunde. Dessen Stärke ist nach seiner Erfahrung die Aktion und Agitation. Doch fehlt ihm noch ein festes weltanschauliches Fundament. Dieses Fundament hat Otto Strasser schon 1925 vermißt, und seitdem ist er bemüht gewesen, es gemeinsam mit seinem Bruder in den NS-Briefen zu legen, was indes nur sehr fragmentarisch gelang. Nun versucht er es allein ohne jene Rücksichtnahme auf Gregors hohe Funktion in der NSDAP, die ihm bisher die Hände band. Von der Partei abspringen wollte er schon mehrmals. Es ist ihm auf die Dauer unmöglich, unter irgendeiner Vormundschaft zu leben.

Am 1. Mai 1930 veröffentlicht Otto Strasser einen Grundsatzartikel, der zu seinen wichtigsten Publikationen gehört und ohne den man ihn nicht verstehen kann. Dieser Artikel begründet seinen Ruf als Theoretiker, ja als Geschichtsphilosoph. Die Grundgedanken sind bereits in seine letzte Unterredung mit Hitler eingeflossen. Nun wird er zur geistigen Basis einer neuen Organisation. Mit ihm tritt Otto Strasser erstmals als Historiker in Erscheinung. Er gibt darin nicht weniger als eine Sinndeutung der abendländischen Geschichte.

Gemäß diesem Artikel — „Das Gesetz, nach dem wir angetreten" — bewegt sich die Geschichte Europas in der Spannung zwischen Ich- und Wir-Idee. „Es gibt nur zwei große Systeme des Lebens, die einander von Anbeginn ablösen: das System der Freiheit und das System der Gebundenheit"[9]. Diese beiden Systeme heißen in zeitgemäßer Sprache Liberalismus und Konservatismus. Sie lösen sich periodisch ab, mit derselben strengen Gesetzmäßigkeit, wie auf den Tag die Nacht und auf die Nacht der Tag folgt. Alle 140—150 Jahre schlägt das Pendel nach der anderen Seite aus. Dem Ich-System folgt jeweils ein Wir-System. An einem solchen Wendepunkt steht Europa wiederum. Seine Geschichte folgt der Bipolarität von Liberalismus und Konservatismus.

Dieses Gesetz zeigt die Bewegungsrichtrung des historischen Pendels auf. Doch das ist nur die eine Seite. Die andere besteht in der Totalität des jeweiligen Umbruchs. Er ist an den Wendepunkten niemals nur ein politischer. Vielmehr vollzieht er sich auf allen drei Ebenen des menschlichen Lebens — der des Körpers, des Geistes und der Seele. Die Zweispurigkeit des historischen Geschehens wird ergänzt durch diese Dreiheit. Folglich steht die abendländische Geschichte unter dem Stern der dreieinigen Bipolarität. Das ist ein Gesetz der ewigen Wiederkehr, aber auch ein dynamisches Gesetz. Man findet Nietzsche ebenso wie Spengler darin wieder.

Statt einer Hypothese, die erst noch überprüft und bestätigt werden müßte, legt Otto Strasser sogleich eine These vor, die er so formuliert, als sei ein Widerspruch angesichts vieler Tatsachen gänzlich unmöglich. Zur Beweisführung fehlt es ihm jedoch an Material. In seinem Artikel beschränkt sie sich auf folgende Angaben und Vermutungen:

„Es war um 1640/45, als Cromwell die große konservative Revolution zum Siege führte —

es war um 1789/94, als die französische Revolution die Herrschaft des Liberalismus besiegelte —

es wird um 1935/40 sein, daß die deutsche Revolution dem Antlitz der Welt den Stempel des Nationalsozialismus aufdrückt."[10]

Genau besehen ist nur ein einziger Beleg angeführt: daß die Große französische Revolution 149 Jahre nach der englischen ausbrach. Kann man daraus wirklich schließen, im gleichen Abstand würden weitere Umbrüche folgen?

Die europäische und deutsche Revolution von 1848 ließ sich in dem Schema der dreieinigen Bipolarität nicht unterbringen, ebensowenig wie die Novemberrevolution von 1918. Otto Strasser hat freilich nur epochemachende Ereignisse im Sinn. Er berücksichtigt nur die großen und gelungenen Revolutionen. Daher fällt auch der deutsche Bauernkrieg (1523—25), welcher rund 120 Jahre vor der englischen Revolution lag, unter den Tisch, obwohl er für die Beweisführung am meisten hergegeben hätte.

Wie dem auch sei, jeder der beiden Geschichtsrhythmen durchdringt, wenn seine Zeit gekommen ist, gleichmäßig und gleichzeitig alle Ebenen des Lebens. Otto Strasser setzt hierbei den Körper mit der Wirtschaft, den Geist mit der Gesellschaft und die Seele mit der Kultur gleich. Genauer: die Wirtschaft befriedigt vor allem körperliche Bedürfnisse, die Gesellschaft geistige und die Kultur seelische. Wo der Körper umrhythmisiert wird, muß auch eine andere Wirtschaftsordnung entstehen. Beide Systeme haben ein durchgehendes Stilprinzip. Im System der Freiheit „kann es nur eine liberale Wirtschaftsverfassung, nur eine liberale Gesellschaftlehre, nur eine liberale Kulturauffassung geben." Der heutige Liberalismus hängt mit Kapitalismus, Individualismus und Rationalismus zusammen, die seine Wesenselemente und Gliedmaßen sind. Umgekehrt ist im System der Gebundenheit alles konservativ. „Der Konservativismus umschließt naturnotwendig den Sozialismus, den Nationalismus, den Mystizismus."

Es widerspricht der Denkgewohnheit, den Sozialismus als konservative Wirtschaftsordnung zu begreifen. Aber Otto Strasser leitet ihn anscheinend aus der germanischen Markgenossenschaft ab. Nur ist diese ein für allemal untergegangen, während in seinem Schema der Sozialismus als Gemeinwirtschaft wiederkehrt. Er kehrt wieder mit dem Pendelschlag als zwingende Alternative zum Kapitalismus, der entgegen Marx ebenfalls nicht an die industrielle Revolution gebunden ist, vielmehr an die Herrschaft des Geldes über die Menschen. Für Konservative ist das Bekenntnis zum Sozialismus ungewöhnlich. Man muß jedoch wissen, daß Otto Strasser zwischen einer reaktionären und einer progressiven Strömung im Konservatismus unterscheidet — wobei „progressiv" bei ihm nicht „fortschrittlich" heißt, sondern die Übereinstimmung mit dem konservativen Grundbestreben bedeutet, das Substantielle durch Formwandel zu erhalten. Die Abkehr von der Fortschrittstheorie ist geradezu bezeichnend, ebenso wie die Verwerfung des Rationalismus. In diesen beiden Punkten geht Otto Strasser anscheinend von Oswald Spengler aus, welcher ja auch die Vernachlässigung der Seele rügt. Als er mit Hitler in immer ernsteren Konflikt geriet, hat er sich noch einmal gründlich mit Spenglers Schriften befaßt. Dessen Morphologie der Kulturen, von denen jede ihr Jugend-, ihr Reife- und ihr Altersstadium habe, war ihm schon beim ersten Lesen aufgegangen. Spengler hat als durchschnittliche Lebensdauer der Kulturen 1000 Jahre angegeben. Vom Empirischen her kommt Otto Strasser nun darauf, diesen gewaltigen Zeitraum für das Abendland in Intervalle aufzugliedern. Und zwar für jede der drei Lebensstadien, in denen es jeweils eine Ich- und eine Wirkultur gibt. Wonach das Jahrtausend sechs Intervalle aufzuweisen hat. Danach entfielen rein theoretisch auf jedes 166 Jahre. Das praktische Studium der europäischen Geschichte jedoch ergab etwas kürzere

Zeiträume. Auch ist Otto Strasser keine durchgängige Gliederung möglich. Spielerisch beginnt er erst um 1500 mit der Renaissance, die das Ende der gebundenen Feudalwirtschaft, der Hanse, der Gilden, der Kaisermacht und der Ritterschaft brachte, um das Ideal der freien Persönlichkeit durchzusetzen. Humanismus und Reformation erscheinen ihm bereits als typische Kennzeichen einer liberalen Umwälzung. Als er dann nach dem Charakter der Englischen Revolution fragt, stößt er auf den inneren Zusammenhang ihrer verschiedenen Formen: Navigationsakte in der Wirtschaft, Nationwerdung im Gesellschafts- und Staatsbereich, Puritanismus im Geistesleben. Waren das nicht alles Formen der Gebundenheit? Handelte es sich nicht um eine konservative Revolution, um einen im Vergleich zur Renaissance gegensätzlichen Pendelausschlag? Um den anderen Pol der europäischen Geschichte?

In der Französischen Revolution schlägt das Pendel wieder nach der liberalen Seite aus. Sie ist das Pendant zur Englischen: Gewerbefreiheit in der Wirtschaft, internationalistische Gleichheit aller Menschen, humanitäre Brüderlichkeit als Ersatz für die alten Bindungen an das Schicksal, an Gott.

Konservatismus und Liberalismus sind für Otto Strasser philosophische Kernideen, die bestimmte, ihnen gemäße Lebensformen hervorbringen. Sie bilden die beiden Pole, zwischen denen das Abendland hin und herschwingt, ohne daß man von Kausalität sprechen könnte. Das Kausalitätsprinzip der logischen Folge von Ursache und Wirkung weicht in Strassers Geist — wie bei Spengler — dem Schicksal, das er zuweilen mit Gott identifiziert, gleichsam mit dem unerforschlichen göttlichen Ratschluß, gegen den aufzubegehren sinnlos wäre. In seiner Schicksalsgläubigkeit pocht aber auch der sogenannte „heroische Realismus“: die Probe des Muts, der auf die Waagschale der Geschichte gelegt wird. Sie ist nicht allein germanisch, sondern auch faustisch bestimmt. Demnach hat nur der ein Schicksal, der die Tat wagt — wer es wagt, nach den Sternen zu greifen, aber auch standfest genug ist, für sein Volk auf verlorenem Posten auszuharren. Die Entscheidung des Krieges wird als Wille des Schicksals angenommen, ebenso die Bereitschaft zum Krieg, um der Nation genügend Lebensraum zu erkämpfen. Otto Strassers Schicksalsidee ist also auch nationalistisch aufgeladen. Und konservativ insofern, als sie Eingebundenheit bedeutet. Die Geschichte ist für ihn nicht eine logische, vielmehr eine „biologische“ Entwicklungsreihe. Statt durch lineare Kausalität zu immer höherer Vollkommenheit aufzusteigen, läuft ihr Energiestrom durch Kreise, beschwingt von einem gleichmäßigen Pendelrhythmus, der Stillstand verhindert.

Entsprechend diesem Rhythmus ist Otto Strasser davon überzeugt, daß auf den Triumpf der Ich-Idee in der Französischen Revolution ein Triumpf der Wir-Idee in der Deutschen Revolution folgen wird. Diese sei schon angebrochen. Ihre Zeichen ließen sich im Wirtschaftlichen ebenso erkennen wie im Gesellschaftlich-Staatlichen und im Kulturell-Religiösen. Wiederum bereite sich ein System der Gebundenheit vor. Der Konservativismus ist für Otto Strasser der natürliche Rahmen aller Wir-Systeme, da ihm eine gemeinschaftsorientierte Staats- und Gesellschaftsauffassung zugrundeliege, im Gegensatz zum Liberalismus, der immer auflösend wirke, weshalb sein Schlagwort die Emanzipation sei. Die Namen, mit denen sich die beiden Ideen-

Systeme darstellen, sind verschieden, doch ihr Wesen bleibt stets dasselbe — die dreieinige Bipolarität, gemäß der Dreigliederung des Lebens in Körper, Geist und Seele.

Das Menschen- und Gesellschaftsbild Otto Strassers erinnert lebhaft an Rudolf Steiners Lehre von den drei Wesensgliedern des Menschen und von der Dreigliederung des sozialen Organismus. Indes hat er mit der Anthroposophie weder zu tun noch etwas im Sinn. Die Übereinstimmung dürfte zufällig sein. Otto Strasser macht freilich denselben Grundfehler wie Rudolf Steiner, vom Individuum auf die Gesellschaft zu schließen und auch diese für einen Organismus zu halten. Er behauptet sogar, das Individuum sei außerhalb der Volksgemeinschaft ebensowenig lebensfähig wie eine aus seinem Körper herausgelöste Zelle.

Jedoch geht es ihm um eine organische Weltschau, und er wird sie bis zum Ende seine Lebens erläutern. Aus ihrer Sicht sind Kriege und Unruhen Symptome innerer Erkrankungen des gesellschaftlichen oder kulturellen Organismus. Sie zeigen eine Gleichgewichtsstörung in seinem „chemischen Haushalt" an. Entweder stirbt der Organismus an dieser Störung, oder es wird ein neues Gleichgewicht hergestellt. Bis diese Harmonie erreicht ist, werden die Symptome immer wieder aufbrechen, weil die Krankheit ungeheilt blieb. Das Wesen der Revolution ist nicht Aufstand und Blutvergießen, sondern „die Wiederherstellung der Gesundheit des Organismus, die Schöpfung neuer Lebensformen und die Wiedergewinnung eines neuen Lebensgeistes"[11]). Zerstörungen und Tötungen können zwar unvermeidliche Begleiterscheinungen sein — „so wie Blutvergießen nicht nur zu jeder Revolution, sondern auch zu jeder Geburt gehört" —, aber der Sinn einer Operation ist die Gesundheit, und jede Geburt soll neues Leben freisetzen.

Der Deutschen Revolution obliegt es, die innere Harmonie des ganzen Abendlandes wiederherzustellen. Denn Deutschland ist das Herzland Europas, und was in ihm geschieht, strahlt unweigerlich auf die anderen Länder des Abendlands aus. Störungen der Harmonie ergeben sich durch die natürliche Abnutzung des Alterns jeder Formenwelt, ferner durch anti-organisches Denken und Handeln vieler Menschen. Auch die Französische Revolution hat sie auf ihre Art wiederhergestellt, weshalb man kein Werturteil über sie fällen sollte. Die Schicksalsgöttin bedient sich einmal des Konservatismus und einmal des Liberalismus, um die abgenutzte Formenwelt zu erneuern. Doch immer bedarf sie zur Tat bereiter Menschen, um ihr Werk zu vollbringen. Es gibt keine revolutionäre Mechanik der Geschichte. Ohne Revolutionäre im erweiterten Sinn dieses Wortes versinken ganze Völker im Sumpf.

1930 fragt sich Otto Strasser, welche Bewegung die Trägerin der neuen Formumschmelzung des Abendlandes sein kann. In der Englischen Revolution war es der Puritanismus, in der Französischen der Jakobinismus. In der Deutschen Revolution, so meint er, ist es der Nationalsozialismus. Dieser wird also in einen großen Rahmen gespannt, in den kulturellen Rahmen der Umwertung aller Werte des Abendlands von der Ich- zur Wir-Idee. Im „hilflos greisenhaften laissez-faire" (auch der Weimarer Republik) sieht Otto Strasser „die Weltanschauung jedes sterbenden Systems". Wie in der Englischen Revolution steht abermals eine gebundene, die Menschen einbindende

Wirtschaftsordnung an, eine neue Nationwerdung und eine neue Gläubigkeit, die auch Aufopferung verlangen kann. Mit dem Egoismus und Materialismus muß Schluß gemacht werden. „Gemeinnutz geht vor Eigennutz" — dieser Leitsatz im Programm der NSDAP sei unbedingt richtig. Er könne sogar als Grundlage aller Wir-Ordnungen gelten. Auf der seelischen Ebene, im religiösen und kulturellen, stellt Otto Strasser bereits den völligen Zusammenbruch der materialistischen Weltanschauunung fest. Auf der anderen Seite bemerkt er in der nationalsozialistischen Bewegung das Hervorbrechen eines neuen Idealismus. Doch die Führung der NSDAP, vor allem Hitler selbst, habe es nicht fertiggebracht, den Aufbruch erkenntnismäßig zu sichern und weiterzuentwickeln. Die Folge sei eine Überfremdung durch den alten liberalen Geist. Sie habe die NSDAP bereits in einen Widerstreit zwischen revolutionärem Wollen und reaktionärem Handeln verstrickt. Gleichwohl könne man im Nationalsozialismus den Verfechter der neuen Wir-Idee erkennen.

Jede Revolution, so meint Otto Strasser auch an Hand der Russischen erkannt zu haben, verläuft in drei Wellen. Die erste Welle dient der geistigen Vorbereitung. So in Frankreich durch die Enzyklopädisten, deren Platz in Deutschland die graue Armee der Frontsoldaten besetzte, weshalb die Deutsche Revolution schon im August 1914 begann. Der Nationalsozialismus, die braune Armee, ist bei uns die zweite Welle, und Hitler ihr Trommler, nicht mehr. Er und seine ergebenen Anhänger spielen noch einmal die Rolle der französischen Gironde. Doch auf die Girondisten folgten die Jakobiner, und sie vollendeten die Revolution. Ebenso wird es in Deutschland kommen. Die revolutionären Nationalsozialisten sind die Jakobiner der Deutschen Revolution. Otto Strasser vergleicht Hitler auch mit Kerenski, der Lenin weichen mußte, weil er nur eine Übergangsfigur war. Ein Girondist.

Otto Strassers Revolutionstheorie stützt sich zwar allzusehr auf historische Analogien, ist aber dennoch ein großer Wurf. Ich halte sie für seine bedeutendste geistige Leistung. Ganz originell sind die Lehre des periodischen Wechsels von Ich- und Wir-Systemen sowie die Theorie der dreieinigen Bipolarität. Damit gibt Otto Strasser Moeller van den Brucks Idee der Konservativen Revolution eine konkrete Fassung. Ob die Verbindung dieser Idee mit dem Nationalsozialismus der NSDAP Moellers Vermächtnis entsprach, ist freilich zu bezweifeln. Er hatte einen Nationalen Sozialismus anderer Art im Sinn. Das gilt freilich auch für Otto Strasser selbst, dem die NSDAP nur ein Mittel zum Zweck ist, ein Mittel der Deutschen Revolution, die sie verbrauchen oder verwerfen kann.

Er betrachtet seine Theorie, die in der Schicksalsidee von Nietzsches amor fati ausgeht, als eine Ergänzung der Spenglerschen Lehre. Wenn Spengler zeigte, daß alle Kulturen einem Apfelbaum gleichen, „der vom Apfelkern zur jungen Pflanze, zum fruchttragenden Baum, zum toten Holz sich ‚entwickelt', (so) schildert das Gesetz der dreieinigen Bipolarität den Rhythmus von Sommer und Winter, dem besagter Apfelbaum in jedem Altersstadium [...] unterworfen ist"[12]. Aber während Spengler vom Untergang des Abendlandes sprach, setzt der Schüler auf dessen Erhaltung durch periodische Erneuerung der Lebensformen. Und er will seinen persönlichen Beitrag dazu leisten. Otto Strasser versteht sich nicht nur als deutschen, vielmehr auch als abendländischen Revolutionär. Der Umsturz will ihm nur als Einschmelzung der alten Formen erscheinen, und er sähe es lieber, wenn bei der rechtzeitigen Schaffung neuer Formen organisch vorgegangen würde. Er ist kein Revolutionär um jeden Preis, geschweige aus Prinzip. Insofern stammt seine Theorie von einem Außenseiter. Ihm paßt der Begriff „Konservative Revolution" wie ein Leibrock. Er füllt ihn mit Leben.

Gefragt, ob er als völkischer Mensch nicht seine philosophischen Grundwerte aus der Geschichte des eigenen Volkes ableiten müsse, statt sich einer europäischen Betrachtungsweise hinzugeben, die doch seinem deutschen Rassendogma widerspreche, antwortet Otto Strasser wie folgt. Die Rassen stehen nicht über den Völkern, sie sind ihr Rohmaterial. In allen europäischen Völkern, mit Ausnahme des russischen, „haben wir die gleichen rassischen Bestandteile, allerdings in verschiedenem Mischungsverhältnis"[13]. Ebendeshalb spreche er vom abendländischen Kulturkreis, innerhalb dessen das Gesetz der dreieinigen Bipolarität unabhängig von den volklichen Verschiedenheiten mit einer bestimmten Schwingungsdauer wirke. Auch Familienmitglieder bilden doch trotz ihrer individuellen Verschiedenheiten eine Gemeinschaft, deren Blutsverbundenheit einen einheitlichen Grundrhythmus erkennen läßt. In anderen Kulturkreisen ist auch deren Rhythmus ein anderer, weshalb die dreieinige Bipolarität nur für Europa gilt.

Blanks Begründung und Erweiterung

Herbert Blank verfaßt zur Illustration dieser vermeintlichen oder wirklichen Gesetzmäßigkeit zwei umfangreiche Schriften: das Soldaten- und das Cromwellbuch.

In dem einen erläutert er die Geburt des Ich am Beispiel eines Soldaten der republikanischen Revolutionsarmee Frankreichs. Jean Patelet hängt der Himmel voller Menschenrechte, doch um seine Nase pfeifen massierte englische Kugeln. Massiert deshalb, weil die Engländer reihenweise und abwechselnd in Pelotons schießen, in einer geschlossenen Wir-Ordnung. Anders die französischen Republikaner. Jean Patelet duckt sich in eine Mulde, von wo er aus der lebendigen Mauer einzelne Steine herausschießt. Seine Kameraden tun es ihm nach. Die feindliche Linie bricht angesichts dieser ungewohnten Taktik zusammen. So entsteht der Tirailleur, gegen den Grenadier! „Das 19. gegen das 18. Jahrhundert. Schützenschwarm gegen Linie. Aber was hier scheinbar einer Kampferfahrung entsprungen [...], das war im letzten Grunde Symbol einer Idee. Einer Idee, die das Ich aus allen Bindungen befreit, das gesamte Dasein von nun an nur um das Individuum kreisen ließ, ihm das auf den Tafeln der Menschenrechte verkündete"[14].

Auch auf dem Schlachtfeld siegte also der Liberalismus über den Konservativismus, dessen Zeit wieder einmal abgelaufen ist, gemäß dem Pendelschlag der europäischen Geschichte von der Wir- zur Ich-Idee. Diese hat freilich eine vermassende Kehrseite: die allgemeine Wehrpflicht. Den allgemeinen Menschenrechten sollen allgemeine Pflichten entsprechen. (Ist das nicht ein Einschlag der Wir-Idee in die Ich-Etablierung?) Für Blank macht gerade die Demokratie das Ich zur Masse, indem sie die Gleichheit aller verkündet. Die gestaffelte und ständische Gliederung der Feudalzeit erscheint ihm als eine wohlgeordnete Hierarchie, in der jeder auf seinem Platze stand. Hierarchie heißt ja Heilige Ordnung, die im Sinne des rechtsorientierten Denken auf natürlichen Rangunterschieden beruht.

Napoleon Bonaparte ist für Blank das vollkommenste und kostbarste Gefäß der Ich-Idee seiner Zeit gewesen. Er triumphierte, weil er sich auf einen neuen Typ des Europäers stützen konnte, der dem alten überlegen war durch Einfallsreichtum und moderne Lebensformen. Napoleon wurde vom Schicksal mit der Aufgabe betraut, das aus der stürzenden Bastille und der Tirailleur-Taktik entstandene Ich auf den Bajonetten seiner Armeen über ganz Europa zu tragen und wie ein Samenkorn auszustreuen. So inauguriert Blank eine vierte Welle der Französischen Revolution.

Es fragt sich, warum Napoleons Große Armee bei einer solchen Mission in Rußland gescheitert ist. Für Blank stand er an der Spitze der ersten Rousseau-Generation (die zweite sieht er in der Sozialdemokratie). Den Todesstoß versetzten ihm die Jakobiner der preußischen Militär-Reorganisations-Commission: Scharnhorst, Gneisenau, von Boyen, Grolman und andere. Den deutschen Befreiungskriegen ging auf ihre Initiative eine dreifache Reform voraus: Übergang des Heeres zur Tirailleur-Taktik, Allgemeine Wehrpflicht und Bildungsprinzip. Das sind nach Blank die drei Antithesen zur Wir-Epoche mit ihrer Linear-Taktik, stehendem Heer und Zucht-Ideal. Die preußische Commission zur Reorganisation des 1806 geschlagenen Heeres hat die französische Armee und Napoleon gleichsam mit ihren eigenen Waffen geschlagen. Mit den Befreiungskriegen hob eine Ich-Epoche in Deutschland an. Blank spricht von drei Wellen der „preußischen Revolution", die schon 1786 begann. Ihr Ergebnis soll Deutschland ermöglicht haben, Versailles zu überleben. Das Hauptverdienst daran schreibt Blank dem preußischen Offizierskorps zu. Es ist in jenen Tagen der einzige „bereits in Einklang mit der Arteigenheit geformte Stand" gewesen und hat die durch den Liberalismus wachsende Abneigung gegen das Soldatische erfolgreich gedämpft.

Als frühere gebundene Wirtschaft rühmt er das Merkantilsystem. „Jeder hatte, ruhend in der Tradition seines Kreises, nur das zu tun, was ihm demgemäß zukam. Der Soldat führte Krieg, der Bürger trieb Handel oder Handwerk, der Bauer ackerte. Bindung bis in ihre letzten Formen." Die Menschen fühlen sich in Wir-Epochen geborgen. Sie werden von ihrem Lebenskreis getragen und gehalten. Anders wird es, wenn auf der Schicksalsuhr die Ich-Epoche schlägt. Sobald sich jeder Mensch als Mittelpunkt der Welt fühlen muß, befällt ihn die Angst. Der Geist bringt Ich und Umwelt in Gegensatz zueinander. Das Individuum spürt seine Grenzen. Er fürchtet sich vor der Nacht, dunklen Wäldern und verhängten Himmeln. Daher die Sehnsucht des Nordländers nach dem Süden. „In allen Ich-Zeiten klettert der Deutsche mit dem Baedeker über die Alpen, in allen Wir-Zeiten mit der Kanone." Das Auf- und Abfluten der Lebensangst ist für Blank mit den Pendelschlägen des historischen Schicksals verbunden. Er sagt nur den Ich-Zeiten ein Naturgefühl nach, dem die Herauslösung des Individuums aus der Totalität zugrundeliege. In Wir-Zeiten sei das Individuum ohne Grenzen. Es steht in der Totalität. Die Umwelt ist ihm kein Problem.

Mit deutscher Gründlichkeit führt Blank diese Unterscheidung bis in die Anfänge der Geschichte zurück. Die Ich-Zeiten sind vom Geist, die Wir-Zeiten vom Instinkt bestimmt. Der Geist flattert, wohingegen der Instinkt tief eingewurzelt ist. Der Geist will immer wissen: Woher? wohin? warum? Das bedeutet die Vertreibung des Menschen aus dem Paradies! Doch in aller Natur liegt das Wir beschlossen: „Das Leben höchstselbst hat keine Fragen, keine Probleme. Es fließt dahin nach ewigen Gesetzen, bewegt durch göttliche Rhythmen."[15)] Die Pflanze ist fraglos, noch das Tier. Selbst der Mensch ist an sich ein Teil der Natur. „Erst muß Blut durch sein Gehirn fließen, bevor der Geist denken kann."

Dessen Fluch besteht darin, daß er auch Körper und Seele überschwemmt, statt in seinen eigenen Grenzen zu bleiben. Gott hat den Baum der Erkenntnis gepflanzt. Sein Verbot, von den Früchten zu essen, war eine erbarmende Warnung vor den Verheerungen des Geistes. Diese Warnung bestätigt sich nun an den allzuschmächtigen Leuten mit den klugen Glatzen und kränklichen Kindern, auch an den Philosophie-Professoren für Professoren-Philosophie. Doch vergeblich ist ihre Anstrengung, alles Pflanzenhafte, alles Natürliche abzustreifen und ganz Geist zu sein. Zuerst war der Mensch und ist auch jeder Neugeborene ein Teil des Wir! Daher wohnt allen Ich-Zeiten die Tragik der inneren Zerrissenheit inne. Dem geistigen Wachsein geht das instinktive Dasein voraus. „Erst dann setzt der Rhythmus zwischen Ich und Wir ein — historisch betrachtet mit der Geburt einer Kultur." In diesem Rhythmus äußert sich die Spannung zwischen Arterhaltung und Daseinserhaltung. Sie ist die Grundlage der menschlichen Lebensformen überhaupt, die ohne eine solche Spannung nicht erneuert werden könnten.

Auch der Wechsel von Ich- und Wir-Epochen ist natürlich. Erst der Geist steigert Ich und Wir zu feindlichen Gegensätzen. Dabei wird die Entscheidung, ob jemand liberal oder konservativ eingestellt ist, vom Schicksalsgesetz bestimmt. Wir sind nur frei, unser Schicksal zu verneinen oder anzunehmen.

Daraus ergibt sich eine „Wertfreiheit", die das Fragen läßt und sich ins Gegebene fügt. Sein Schicksal soll man lieben. Es wäre lächerlich, wenn der Konservative den Liberalen wegen seiner liberalen Anschauung anklagen wollte. Sie ist ihm ja auferlegt. Konservatismus und Liberalismus sind keine Weltanschauungen, die man wie Gewänder ablegen könnte, vielmehr eingeboren. Nicht „Ich denke, also bin ich" (Descartes), sondern ich denke, was ich bin. Das ist ein neues Paradigma. Man will sich an die tatsächlichen und natürlichen Gegebenheiten halten, das intellektuelle Spintisieren vermeidend. Alle Werturteile sollen fallen, damit die Wahrheit aus der Subjektivität herausgehoben wird. Über Rousseau, den vermeintlichen Urheber des Liberalismus, kann sich Herbert Blank freilich eines Werturteils nicht enthalten — geringschätzig nennt er ihn den „epileptischen Uhrmacher aus Genf". So bricht der Haß durch die Schale kühler Distanz. Doch im allgemeinen hält er die Wertfreiheit durch. Liberalismus und Konservativismus sind da keine politischen Strömungen, sondern Pendelschläge der Geschichte.

In Systemen der Freiheit wuchert die Individualität, in Systemen der Gebundenheit wächst der gute Durchschnitt in die Höhe und Breite. Das Genie kann zum Hemmnis werden (wie Blank am Beispiel Friedrich des Großen ausführt). Nur der Durchschnittsmensch sehnt sich nach der Regel, dem Reglement. Und er braucht populäre Führer, die ihm vorangehen. Als einen solchen Volksmann stellt Blank den legendären Marschall Blücher heraus. An ihm will er zeigen, daß der populäre Führer ein frageloser und eherner Mensch ist. In ihm sammelt sich alle Daseinskraft „und strahlt aus in mächtigen Wellen". Er denkt dabei auch an Hitler, von dem er sagt, Vorbildung hätte ihm nur geschadet. Aber mehr denkt er sicherlich an Otto Strasser, bei dem er Popularität noch vermißt. Sie ist für ihn das Geniale schlechthin in der Wir-Zeit.

Der Inhalt aller Begriffe sei epochebestimmt. Auch der Inhalt jeder Reform liegt immer in der vom Schicksal gewünschten Richtung, wenngleich sie den Ausblick auf die Totalität trübt. Was aus dem Organischen geboren wird, geht in die Wir-Richtung. Was aus dem Intellekt gekünstelt wird, geht in die Ich-Richtung.

Was geschieht beim Niedergang einer Wir- oder Ich-Epoche? Da gleichen sie sich an. „Die Formel ersetzt die Form, die leere Geste die sinnvolle Bewegung." Die einst blut- und kraftvollen Formen des politischen, wirtschaftlichen und kulturellen Lebens werden zu greisenhaften Schemen. Selbst der Krieg kann dann zu einer Künstelei werden. Die einmal eingeübte Taktik wird zum festgefahrenen Selbstzweck. Die Zucht wird zum Drill. (Beachtenswert ist, daß Blank zwischen soldatischer und katholischer Zucht unterscheidet.) Kurzum: die tote Form erstickt das Leben. Selbst das Blut in den menschlichen Adern scheint auszutrocknen. Dann hilft nur noch die Synthese des liberalen oder konservativen Zeitgeistes mit der nationalen Arteigenheit, wie sie schon Scharnhorst und Gneisenau gelang. Unter Arteigenheit versteht Herbert Blank den Volkscharakter. Er steht über den Ich- und Wir-Epochen, die wie Jahreszeiten sind.

Alle Liberalen, die über ihrer Epoche die Arteigenheit des eigenen Volkes vergessen, nennt Blank Kosmopoliten. Der Kosmopolitismus grenzt für ihn an Landesverrat.

Jedoch spricht er außer von liberalen auch von konservativen Reaktionären. Beide sind sich in dem Willen einig, den Fluß des Lebens zu stauen und zurückzuwerfen. „Beide halten die Form aufrecht, obwohl der Rhythmus längst versiegt" ist. Letzten Endes entspringen sie dem Verdorren des Blutes. Wenn das Pulsieren der Tradition erstirbt, verbleibt dem konservativen Reaktionär nur noch die Konvention. Wenn sein Ideal erloschen ist, leiert der liberale Reaktionär nur noch die Doktrin herunter. In jedem Fall stellt die Reaktion einen innerlich abgestorbenen Baum dar, der noch lange im Walde stehen kann, „wenn die barmherzige Axt ihn nicht umhaut". Da wider das Schicksal, ist ihr nur noch eine geistige Beweisführung möglich, keine tätige mehr.

So wird die Unterscheidung zwischen Ich- und Wir-Epochen von den Volkscharakteren überspielt und von den Reaktionären im eigenen Lager relativiert. Können die ersteren zu schweren zivilen und militärischen Konflikten zwischen an sich gleichgestimmten Ländern führen, so sind die zweiten ein Klotz am Bein der Revolutionäre.

Verwirrung entsteht auch dadurch, daß die Ich- und Wir-Parteien jeder Zeit die verschiedensten Namen tragen können. Die Epochen öffnen sich wie Fächer, und es ist möglich, daß sich eine liberale Partei sozialdemokratisch oder gar kommunistisch nennt, eine konservative hingegen nationalsozialistisch. Man muß nur wissen, welchem Gesetz, welchem Pendelschwung diese politischen Formationen unterworfen sind, was ihr Epocheninhalt hinter dem jeweiligen Programm ist, das wie ein Schleier sein kann. Immer wird sich schließlich die Ichbezogenheit der liberalen und die Wirbezogenheit der konservativen Strömungen erweisen, welche Deckfarbe sie auch angenommen haben. Ich und Wir sind geheime Marschbefehle, die nicht korrigiert werden können. Sie haben den unausweichlichen Charakter des Fatums. Aber wenn der Ich-Idee die Mission übertragen wurde, aller Welt das Naturrecht zu verkünden, welche Mission hat dann die Wir-Idee? Soll ausgerechnet sie das Recht auf Ungleichheit begründen?

In seinem Cromwell-Buch weist Blank darauf hin, daß ihm die Geschichte nicht Gegenstand einer Theorie sei. Seine Betrachtung der Geschichte sei eine absolut männliche, die fern jeder Weltflucht sich den Tatsachen stelle. „Wir deuten nicht an ihr herum, machen aus ihr keine moralische Anstalt. Beim Erfolg für die Gemeinschaft bejahen wir die Mittel, die der Zweck heiligt."[16)] Die Welt zu nehmen, wie sie ist — das soll der Richtpunkt sein.

Marx hat nach Blank den Liberalismus vollendet, indem er den Geist zum Diener der Materie erklärte. Das Besitzmonopol, bislang durch ein einzelnes Ich ausgeübt, soll im kommunistischen Staat durch ein Kollektiv ausgeübt werden.

Demgegenüber betonen die Konservativen Revolutionäre den Wert der Persönlichkeit. Ihr Weltbild ist von Blut und Leidenschaft erfüllt, gegen die Herrschaft der Vernunft und des Geistes, die immer am erbarmungslosesten gewesen sei, auch stets zu chaotischen Verhältnissen geführt habe. Denn das Ziel war die Ungebundenheit, die Freiheit von der Gemeinschaft. Doch der Mensch wird als Artwesen geboren. Wenn auch Wir- und Ich-Perioden in seinem Leben sich ablösen — im Rhythmus von 7 Jahren —, bleibt er doch immer gemeinschaftsbezogen und auf die Gemeinschaft angewiesen. Ich-Formen können von einem Wir getragen werden, und Wir-Formen von einem Ich. Derselbe Pendelrhythmus offenbart sich im Leben der Kulturen. So ist Spenglers Kreislauf „noch einmal unterteilt durch eine Pendellinie, die vom Ich zum Wir wandert, und deren Dauer in der abendländischen Kultur etwa 140—150 Jahre beträgt." Andernfalls würde der Kreislauf zur Mechanik. Jede Kultur bewegt sich von der Geburt bis zum Tode zwischen diesen beiden Polen.

Aber das Leben fließt in drei Daseinsströmen dahin: Körper, Geist und Seele. Der Körper will leben, der Geist Ordnung, die Seele Sinn. Der Körper verbindet mit der Erde, der Geist mit den anderen Menschen, die Seele mit Gott. In dieser dreifachen Verbindung drückt sich ein organisches System der

Gebundenheit aus, das nicht nur im Einzelmenschen waltet, auch im Gesellschaftsleben. Was im Einzelmenschen der Körper, ist im gesellschaftlichen Organismus die Wirtschaft, was sein Geist, der Staat (die Gesellschaft), was seine Seele, die Kultur. So findet sich die Dreidimensionalität des menschlichen Einzellebens auf höherer Ebene wieder. Die drei Ebenen bilden hier wie dort eine Ganzheit, indem sie ineinander überfließen. Da sie eins sind, geht der Pendelschlag durch alle hindurch. Deshalb haben die Ich- und Wir-Epochen in Wirtschaft, Staat (Gesellschaft) und Kultur einen einheitlichen Stil. Es ist unmöglich, daß im Staat das Wir die Herrschaft antreten kann, wenn in der Wirtschaft noch das Ich herrscht. „Die Pendelbewegung durchdringt in allen drei Ebenen alle Daseinsformen bis in die letzte Verästelung." Der revolutionäre Umschwung ist immer total.

Hier scheint es allerdings, als ob auch Strasser/Blank die Welt nach ihren Wünschen sehen und eine Mechanik des Geschichtsverlaufs konstruieren, wobei sie sich in Widersprüche verwickeln. Die Lehre von der Heiligkeit des Privateigentums resultiert also aus der Vergottung des Ich. Jedoch rechnen sie auch den Kommunismus zu den liberalen und ich-haften Erscheinungen, obwohl er das Privateigentum negiert. Sie rechnen ihn dazu, weil er ebenfalls von „Menschheit", „Gleichheit" und „Fortschritt" redet. Dabei ist der Kommunismus eine krasse Ausprägung der Wir-Idee; seine Wirtschaft, sein Staat und seine Kultur tragen alle Zeichen der Gebundenheit. Die russische Revolution könnte daher eher als die deutsche beanspruchen, die Herrschaft des Ich gebrochen und ein neues Zeitalter des Wir eingeleitet zu haben. Doch dieser Pendelschwung soll nur für das Abendland gelten, und Rußland stehe ihm innerlich fern. (Spengler zählt die Russen sogar zu den „farbigen Völkern".)

Nun hat Rußland in der Tat, wie auch Trotzki anmerkte, weder eine Renaissance noch eine Reformation erlebt. Gerade ihr Fehlen schirmte dieses Land von einer Ich-Entfaltung ab. Aber Europa wurde ihm gleichsam aufgepfropft. Blank beklagt die Überfremdung Rußlands durch den Westen, „angefangen durch Peter den Großen auf einem dafür durchaus unorganischen Boden", und fortgesetzt durch den Marxismus. Die russische Revolution von 1917 sei eine liberale gewesen, wenigstens in ihren überfremdeten äußeren Formen. „Es vollzieht sich hier quasi auf einem fremden Planeten die französische Revolution noch einmal."[18)]

Liberal war jedoch nur die erste Phase der russischen Revolution unter dem Ministerpräsidenten Miljukow; die zweite Phase unter Kerenski trug sozialistische Züge, die dritte unter Lenin kommunistische, und der Kronstädter Aufstand von 1921 bezeichnete eine vierte für freie Sowjets, für ein Nebeneinander mehrerer Arbeiterparteien und gegen die kommunistische Kommissarsherrschaft mit ihren Privilegien. Das kontinuierliche Element der russischen Revolution waren die Räte. Für Otto Strasser und Herbert Blank war es der Liberalismus. Einerseits grenzen sie Rußland aus dem Abendland aus, andererseits beziehen sie es in ihr Schema der abendländischen Revolutionen ein.

Blank teilt die Epochen in drei Phasen ein. Im ersten Drittel werden alle Formen des Ich oder des Wir hingegeben. Auf dem Scheitelpunkt sind sämtliche Daseinsformen umgepolt. Im letzten Drittel macht sich bereits die Wirkung des Gegenprinzips bemerkbar. Es kann ohnehin niemals ganz sterben. Auch Tag und Nacht sind nicht völlig geschieden. „Das Wir schlummert nur während einer Ich-Epoche, um dann wieder hervorzutreten, und genau so verhält es sich umgekehrt mit dem Ich." Im Pendel sind beide enthalten. Das eine ist nicht mehr „wert" als das andere. Wer so als Schauender statt als Wertender an die Geschichte herangeht, „vermag all diese mannigfaltigen Formen zu durchdringen und dahinter die großen organischen Gesetze zu erfassen"[17].

Jede Revolution beginnt mit Reformen. Sie leiten das Neue ein, aber noch unter dem Zeichen und nach den Gesetzen des Alten. Diese Reformen sind zwar praktisch nutzlos, sie stoßen aber immer weiter auf der Bahn des Neuen vor. Der alten Welt ist mit ihnen nicht mehr geholfen, aber erst in der dritten Etappe erfolgt der revolutionäre Durchbruch ins Neuland. Er darf weder zu früh noch zu spät kommen. In beiden Fällen treten Exzesse auf. Der wahre Revolutionär muß erfühlen können, wann eine normale Geburt möglich ist und sich ankündet. Die Fruchtbarkeit des Handelns ist an die rechte Stunde gebunden. „Wer gegen das Gesetz seiner Zeit lebt, endet meist mit jähem Untergang."

Für den Liberalismus wird die Welt mechanisch durch Naturgesetze bewegt, und da ihm die Persönlichkeit entgeht, ist der geschichtsbildende Faktor die anonyme Masse. Der Geist hat das Ich aus allen organischen Bindungen gerissen. Die Konservative Revolution wird den Menschen wieder einwurzeln. Doch man muß sich klar sein: „nach vollzogener Revolution tritt der Spießer an, der friedlich seinen Kohl kaut." Der Revolutionär tritt dann zurück. „Aber für beides wird man geboren." Spießer oder Revolutionär sein — das sind keine Möglichkeiten, sondern vorbestimmte Existenzformen.

Zur Situation von 1930—32 sagt Blank in seinem Cromwell-Buch, Weltwirtschaft und Weltrevolution wüchsen, materialistisch gesehen, durchaus zusammen. Beide sähen in den einzelnen Ländern nicht Pflanzstätten von Kulturen und Völkern, vielmehr Produktionsabschnitte. „Ägypten ist nicht das Land der Pharaonen, sondern der Sektor für Baumwolle." Aber wenn das Ich zwischen 1860 und 1870 noch reichlich von Kraft und Willen durchflutet war, so erhebt sich nun neben dem Einzelunternehmer das Kollektiv: die Aktiengesellschaft. „Über beide hinaus meldet sich schon die nächste Kollektivform an: das Syndikat." Unternehmer und Proletarier, beide international orientiert, flüchten gleicherweise in die Kollektive. Frankreich ist das Hauptland dieser Ich-Epoche. Aber ihre gefährlichste Blüte, der artfremde Kosmopolitismus, entstand in Deutschland. Hier spitzen sich alle Probleme zu. Wenn es nun heißt, Heldenmut sei nichts weiter als eine „Hypertrophie der Nebenniere", so ist damit die letzte Konsequenz der materialistisch-mechanistischen Daseinsbetrachtung erreicht. Auch die Kunst fällt dem Naturalismus und Amerikanismus anheim. Die Feminisierung des öffentlichen Lebens will sogar die organische Polarität von Mann und Frau aufheben. Die innere Kraft des Ich hat sich in äußere Masse umgesetzt.

Rhythmus der abendländisch-deutschen Geschichte nach H. Blank

Das Karolingerreich manifestiert die vorkulturelle Gebundenheit des Europäers im Schoß der Familie.

liberale Epochen	konservative Epochen
843 mit dem Vertrag von Lyon. Differenzierung der Familie. Otto III. kosmopolitisch.	Um 1000 mit der gotischen Kultur junges Wir Europas. Heinrich II. Auch kirchliche Wandlung nach Reform von Cluny. Erste Staatlichkeit und Kreuzzüge. Getragenheit im Lehnswesen.
ab 1200 mit revolutionärer Wucht. Mystik von Scholastik abgelöst. Tod des streng gebundenen Minnelieds. Friedrich II . erster großer liberaler Mensch des Abendlandes. Sein sizilianischer Hof international. Das Lehnsystem wandelt sich zur Erblichkeit. Hanse und rheinischer Städtebund. Zerfall staatlicher Macht.	1350 revolutionärer Wir-Anbruch. Das Nationalgefühl erwacht. Geißlerscharen durchziehen Deutschland: seelisch-mystischer Aufbruch. Hussitenkriege eine völkische Bewegung. Die Wirtschaft restlos gebunden.
ab 1500. Trennung von Religion und Wissenschaft. Erasmus als Rousseau dieses Jahrhunderts. Englischer Frühkapitalismus. Erster Imperialismus. Die nationalen Differenzierungen verblassen. Renaissance.	1640 Englische Revolution. Die Wirtschaft wird im Merkantilsystem erneut gebunden. Puritanische und pietistische Mystik. In Deutschland Großer Kurfürst als Symbolfigur. Cromwell fegt alle universalistischen Bindungen vom englischen Boden.
1789. Französische Revolution. Freiheit, Gleichheit, Brüderlichkeit als liberale Grundlosungen. Kosmopolitismus. Demokratie. Parlamentarismus.	

Offenkundig werden ganz verschiedenartige Ereignisse derselben Schnur aufgereiht. Doch ist auch die Blank/Strasser'sche Methode geeignet, eine gewisse Ordnung in die deutsche und europäische Geschichte zu bringen, deren Stoff sich gegen Sinndeutungen recht widerspenstig gebärdet.

Desto mehr reiften die Kräfte des neuen Wir heran. Als erste traten Nietzsche, Lagarde und Langbehn gegen den Rationalismus, das Kausalitätsprinzip, den Fortschritt und den Atheismus in die Schranken. Ihnen folgte um 1900 die Jugendbewegung. Aber noch war die kritische Haltung vielfach vom Ich überschattet. Die Wir-Revolution beginnt mit einem ungeheuren Auftakt am 1. August 1914. Ihr erster Träger ist der Kriegsfreiwillige. „Gleichsam wie die Jugendbewegten, so flüchtet an diesem 1. August 1914 eine ganze Nation aus der unerträglich gewordenen materialistischen Vergreisung heraus." Das ist der Gegenpol zum 14. Juli 1789, die Liquidation des liberalen Bastillesturms. Aber die Führung steht den liberalen Gegnern näher als dem eigenen Volk. So wiederholt sich 1806: „Das noch in Form befindliche Ich des Westens obsiegt über das im Chaos zwischen Ich und Wir stehende Deutschland." Nur die Frontsoldaten verhüten den restlosen Niederbruch. Der November 1918 bringt nur eine Revolte. Die Firma wechselt lediglich den Prokuristen. Der Vertrag von Versailles ist ausschließlich gegen die neuen Kräfte des Wir gerichtet. Freikorps und Wehrverbände stellen die Feuillants der Revolution. Dahinter taucht die Hitler-Bewegung als ihre Gironde auf. Hitler „gebraucht Wir-Worte, aber sie sind noch ganz vom Liberalismus durchtränkt". Es gibt für ihn nur gut und böse. Wie ein Aufklärer hält er den Kommunismus für eine Erfindung des Juden Karl Marx. Zwar will auch er — wie die Konservativen Revolutionäre — die Persönlichkeit in das Wir einer gebundenen Wirtschaft einbauen, doch kennt er dazu keinen anderen als den liberalen Weg und gelangt wieder zum „Herr im Hause"-Standpunkt. „Gefühlsmäßig ist er der stärkste Exponent dieser deutschen Revolution. Aber gerade das befähigt ihn nicht zum Staatsmann." Deutschland braucht nun weder einen Hitler noch einen Schleicher, sondern einen neuen Cromwell, den Blank in Otto Strasser zu erkennen meint.

Aber er weiß, wieviel Überraschungen die Geschichte bereithält. Auf eine große Sturmwelle können kleine Gegenwellen folgen. Innerhalb der Wir-Zeiten kann es Ich-Episoden geben, innerhalb der Ich-Zeiten Wir-Episoden (wie die Romantik). Blanks Bild der Geschichte ist durchaus lebendig. Es geht bis zum Karolingerreich zurück. Obwohl insgesamt problematisch, ermöglicht die Theorie der dreieinigen Bipolarität doch neue Einblicke und Erkenntnisse. Man sollte sie nicht einfach, wie Reinhard Kühnl, als „total absurd"[19] abtun. Statt dessen wäre eine sachliche Prüfung zu empfehlen. Zweifellos wird die Geschichte von Rhythmen durchpulst, die sie auf eine gewisse Art auch gliedern. Wenn wir uns auf Otto Strassers und Herbert Blanks Theorie einlassen, ergibt sich seit der Renaissance folgendes Schema:

4 revolutionäre Formenbrüche

1. Welle: Reformer (Feuilletants)
   englische Revolution
   französische Revolution
   russische Revolution — Kadettenpartei unter Miljukow
   deutsche Revolution — Freikorps und Wehrverbände
      (oder die graue Armee der Frontsoldaten)

2. Welle: Girondisten (Gefühlsrevolutonäre)
   englische Revolution — Presbyterianer um Hampden
   französische Revolution — klassische Girondisten um Brissot
   russische Revolution — Menschewiken um Kerenski
   deutsche Revolution — legalistischer Nationalsozialismus Hitlers
3. Welle: Jakobiner (Tatrevolutionäre)
   englische Revolution — die Eisenseiten (Elitetruppe) Cromwells
   französische Revolution — Jakobiner um Danton und Robespierre
   russische Revolution — Bolschewisten um Lenin und Trotzki
   deutsche Revolution — revolutionäre Nationalsozialisten um Otto Strasser

Die russische Revolution paßt nicht in das Schema. Auf jede liberale Revolution soll ja eine konservative und auf jede konservative Revolution eine liberale folgen.

In einem Vorwort zu Blanks Cromwell-Buch polemisiert Otto Strasser gegen die Alleinherrschaft des Geistes in der zu Ende gehenden liberalen Ära. Gleich Ludwig Klages ist ihm der Geist ein Widersacher der Seele. Insofern steht er in einer Tradition der Auflehnung gegen den Intellektualismus, die bis zur Romantik zurückgeführt werden könnte.

Für Otto Strasser sind die Revolutionen Pendelschwünge und in einen großen Zusammenhang eingegliedert, in dem abwechselnd zwei Grundmuster dominieren: das liberale und das konservative. Meines Erachtens spiegeln diese Grundmuster die individuale und die soziale Seite des Menschen. So wäre ihre Stetigkeit verständlich. Wenn ich Strasser und Blank richtig verstehe, schwingt das Pendel der Geschichte immer innerhalb desselben Seinsgefüges hin und her, von dem angenommen wird, es bleibe für alle Zeit dasselbe. Das ist eine echt konservative Theorie. Der Gedanke einer anthropologischen Revolution, die das menschliche Seinsgefüge verändert und erweitert, liegt ihr fern.

Die Kampfgemeinschaft Revolutionärer Nationalsozialisten

Jene Erklärung vom 4. Juli 1930 — „Die Sozialisten verlassen die NSDAP!" — ist ein Aufruf an Hunderttausende. Denn Otto Strasser glaubt, die große Mehrheit der NSDAP-Mitglieder bestünde aus Sozialisten. Nach Patrick Moreau, der sich recht gründlich darüber informiert hat, sind etwa 800 Parteimitglieder von Adolf Hitler zu Otto Strasser „übergelaufen"[20]. Das gilt allerdings nur für den Anfang. Im Laufe der Zeit waren es etwa 6000. Der Appell brauchte eine lange Anlaufzeit, um in die NSDAP einzudringen, deren Führung sie sogleich davor abzuschirmen versucht, indem sie Otto Strasser und seine Mitarbeiter als Salonbolschewisten abstempelte.

Kein einziger Reichstagsabgeordneter der NSDAP kann gewonnen werden. Von den höheren Funktionären sind nur wenige bereit, sich offen gegen Hitler zu stellen. Immerhin gelingt ein gewisser Einbruch in die Hitler-Jugend. Von den Ortsgruppen der NSDAP tritt vorerst nur eine einzige — die von Michendorf — geschlossen an die Seite Otto Strassers. Die SA-Stürme rühren sich vorerst nicht.

Im großen und ganzen ist das Echo des Aufrufs enttäuschend. Otto Strasser hat ja auf einen Erdrutsch in der NSDAP gehofft. Dennoch läßt er sich nicht entmutigen. Um so weniger, als parteilose Nationalsozialisten zu ihm stoßen, die von Hitler noch nie viel gehalten haben. Andere kann er vor dem Eintritt in die NSDAP bewahren. Sie werden ihm zeitlebens dafür dankbar sein.

Den Aufruf zum Verlassen der NSDAP haben nur 18 Personen unterzeichnet. Das macht auf die Presse und öffentliche Meinung wenig Eindruck. Es scheint sich nur um ein Wellengekräusel auf der Hakenkreuz-Bewegung zu handeln, welche zu einem mächtigen Strom anschwillt. Die NSDAP kann bei den Reichstagswahlen vom September 1930 die Zahl ihrer Abgeordneten von 12 auf 107 und ihre Wählerzahl von 810000 auf 6,4 Millionen erhöhen. Dies bedeutet einen Erdrutsch in der politischen Landschaft. Die Weimarer Republik beginnt zu wanken. Hitlers Legalitätspolitik erweist sich als so erfolgreich, daß die meisten der Skeptiker dem Schweigen verfallen.

Nicht so Otto Strasser. Er wird zu einer Klippe im nationalsozialistischen Strom, an der sich viele Geister zu scheiden beginnen. Seine geschichtsphilosophische Theorie der dreieinigen Bipolarität stärkt ihm das Rückgrat. Unerwartet verwandelt sich der Literat in einen Kämpfer. Ihn befeuert wie Trotzki ein missionarisches Bewußtsein, als hänge das Schicksal der NS-Bewegung von ihm ab. Er gründet die Kampfgemeinschaft Revolutionärer Nationalsozialisten (KGRNS). Zunächst bedeutet das nur die Erweiterung des Kampfverlagkreises um einige Personen wie Wilhelm Korn, Arthur Grosse, Rudolf Rehm und Bodo Uhse, die einen gewissen Einfluß haben. Aber allein Rehm folgen weitere 14 NS-Funktionäre, und Arthur Grosse zieht die gesamte HJ-Gauleitung von Mecklenburg-Lübeck mit. In der Kampfgemeinschaft sammeln sich vor allem nationalsozialistische Kader. Teils unterschreiben sie auch noch den Aufruf vom 4. Juli, teils geben sie gesonderte Erklärungen ab, einzeln oder in Gruppen. Die freudig begrüßten Landtagsabgeordneten Hildebrandt und Steingatt veröffentlichen zwar auch eine Beitrittserklärung, widerrufen aber unter dem Druck der Münchner Parteileitung schon nach wenigen Tagen. Daraufhin wird der Übertritt von fünf Prenzlauer Stadträten als Sieg gefeiert. In Berlin trennt sich der Gaugeschäftsführer Bobe von Goebbels. Die gesamte „Nationalsozialistische Arbeitsgemeinschaft Dithmarschen“ unter Führung des von Hitler ausgeschlossenen Dr. Grantz, der ihm Opposition gemacht hat, tritt der Kampfgemeinschaft bei. Ihre Sympathie erklären der Gauleiter von Brandenburg, Holltz, und der SA-Führer von Danzig, Fricke.

Hitler macht nun seine Drohung wahr und ruiniert den Kampfverlag, wodurch Otto Strasser und seinen engsten Mitarbeitern die materielle Existenzbasis unter den Füßen weggezogen wird. Im Oktober 1930 gründen sie ein neues Verlagshaus unter dem Namen „Der nationale Sozialist“, das zwar eine Reihe von Broschüren und drei Wochenzeitungen herausbringt, jedoch nicht recht gedeihen will.

Dennoch kann sich die Kampfgemeinschaft über ganz Deutschland ausdehnen und eine beachtliche Basis schaffen. Ihre wichtigsten Mittel sind die

Verbreitung des Aufrufs „Die Sozialisten verlassen die NSDAP!" und der Wochenzeitung „Die Deutsche Revolution", welche in einer Auflage von 10000 Exemplaren erscheint.

Der Aufruf wird zusammen mit dem letzten Strasser-Hitler-Gespräch in einer Broschüre veröffentlicht, die viele Käufer und Interessenten findet. In der Broschüre wird ein bestimmter Satz Hitlers herausgehoben und in Fettdruck gesetzt: „Dieses System ist durchaus richtig, und es kann gar kein anderes geben", als habe Hitler das politische System gemeint. Jedoch meinte er in diesem Zusammenhang Verantwortung nach oben und Autorität nach unten in der Wirtschaft.

Otto Strasser suggeriert die Ansicht, Hitler gehe es nur um Kabinettsposten, mit denen er sich abspeisen lasse. Die NSDAP sei verbonzt und verbürgerlicht. Von einer revolutionären Partei, geschweige von einer antikapitalistischen, könne keine Rede mehr sein. Alle Mitglieder würden über die wahren Absichten Hitlers getäuscht. Im Grunde habe er die NSDAP schon an das Kapital verkauft, was einen Neubeginn des Nationalsozialismus erforderlich mache. Er dürfe nicht an eine ministeriell gewordene Partei gefesselt werden. Ihre Beteiligung an der bürgerlichen Koalitionsregierung in Thüringen — wo das Innenministerium an den Nationalsozialisten Dr. Frick fiel — sei bezeichnend für ihren systemerhaltenden Reformismus:

> „Damit war die NSDAP in der gleichen Lage wie die SPD 1918, als sie sich entschloß, mit den Feinden ihres wirtschaftspolitischen Wollens zusammenzugehen und damit zwangsläufig ihre politischen Ziele verriet. Mit unerbittlicher Konsequenz vollzog sich bei der NSDAP die gleiche Linie des Verrats ihrer Grundsätze [...]"[21]

Hier fallen besonders die Wörter „zwangsläufig" und „unerbittlich" auf. Otto Strasser hat eine ähnliche Auffassung von der eisernen Logik des Geschichtsprozesses wie Karl Marx.

Der NSDAP-Führung wird aber auch Revisionismus zum Vorwurf gemacht. Sie hat aus taktischen Erwägungen immer häufiger die Grundsätze des Nationalsozialismus korrigiert, verbogen und preisgegeben. In zahlreichen Fragen der Außen-, Innen- und Wirtschaftspolitik vollzog sie einen Kurswechsel, „der immer schwerer in Einklang mit den 25 Punkten gebracht werden konnte, in denen wir das alleinige Programm sahen". Dieser Satz ist sehr erstaunlich. Gab es nicht auch ein Hannoversches (oder Bamberger) Programm? Man hätte doch erwarten können, Otto Strasser und seine Genossen würden nun darauf zurückgreifen. Wollen sich die Revolutionären Nationalsozialisten nunmehr auf den Boden des Münchner Parteiprogramms stellen? Wenn das der Fall sein sollte, setzen sie sich dem Verdacht aus, ebenfalls ihre Grundsätze taktischen Erwägungen anzupassen und unterzuordnen.

Für Herbert Blank war Hannover „Kundgebung und Proklamation der wahren nationalsozialistischen Weltanschauung"[22]. Dort habe der Adler zum erstenmal seine Schwingen geprüft. Hitler ist für ihn ein Parvenü, der im Vergleich zu Mussolini lächerlich wirke. Ein österreichischer Provinzler, dem es an Manieren fehle, der dafür aber um so häufiger in Tränen ausbreche. Zur Gefühlsschwelgerei neigend, sei er außerstande, „eine eigene Anschauung aufzubauen, geschweige denn zu formulieren". Dazu mußte ein Strasser kommen. Blank schreibt das Hannoversche (Bamberger) Programm freilich hauptsächlich Gregor zu. Es enthält „nicht weniger als die Konstitution des kommenden nationalsozialistischen Zukunftsstaates, einen bis ins Kleinste gehenden Grundriß des neuen Reiches".

Otto Strasser wird ein Mann des gesunden Menschenverstands genannt. An Wissen und Logik sei er Hitler überlegen, welcher nun die Rolle eines Wilhelm III. spiele und niemals zu warten vermochte. Otto Strasser hingegen kann warten, denn hinter ihm steht die Idee, die sich erfüllen m u ß ", weil sie dem Leben und der Geschichte abgelauscht sei. Blank verweist auf Lenin, der viele Jahre siegessicher auf seine Stunde gewartet habe. Hitler hocke hingegen hinter dem Maßkrug. Die junge Generation hält sich mehr an Spengler. Statt der entgotteten Welt, von einer langweiligen Stoppuhr angetrieben und hinter dem „Entwicklungsbandwurm" kriechend, seziert und „erklärt", soll die Welt wieder vom organischen Kreislauf der Dinge erfüllt sein, von Katastrophen und Revolutionen. „Blut, Leistung, Gemeinschaft — zum Teufel mit Freiheit, Gleichheit, Brüderlichkeit!"[23)]

Auf den Fahnen der deutschen Revolution stünden die Namen Thomas Münzer, Friedrich Wilhelm I. und Freiherr vom Stein. Ihre Väter seien Lagarde, Nietzsche und Spengler. Aber alles ist Schicksal. „Frage nicht, lebe es!" Die Ideen stammen nicht aus dem Gehirn eines Rousseau oder Nietzsche. Diese sind nur Sendboten der Klios. „Männer machen die Geschichte, aber die Idee schafft Männer." Sie gießt in ihre Sendboten und Träger den heiligen Geist aus.

Otto Strasser spürt, daß sich die Schwerkraft der NSDAP gegen ihn auswirkt: Die Sozialisten in der Hitler-Partei „waren zum größten Teil der Meinung, sie könnten sich meinem Bruder anschließen, ohne die Sache zu verraten."[24)] Die SA jedoch sei so diszipliniert wie eine gute Armee; sie habe keine politische Überzeugung.

Aber im August 1930 rebelliert ein großer Teil der Berliner SA gegen München: „Nieder mit der Bonzokratie!" Die Rebellen schicken eine Abordnung zur Parteizentrale, um ihre Forderungen vorzutragen. Sie wird von Hitler nicht einmal empfangen. Darauf stürmt die SA die Berliner Gaugeschäftsstelle und verwüstet alle 32 Räume, ihre Möbel kurz und klein schlagend. Hitler erklärt sie für aufgelöst. Dennoch kann die Kampfgemeinschaft nur einen kleinen Teil der Meuterer auf ihre Seite ziehen. Anscheinend wird sie von der Rebellion selbst überrascht. Ihre Auffassung, daß die Verbonzung der Partei an ihrer Basis Erbitterung nährt, hat sich bestätigt. Doch der gewaltige Wahlerfolg vom 14. September 1930 schläfert die Erbitterung wieder ein und reißt auch viele Unzufriedene mit. Wird es die Kampfgemeinschaft dennoch fertigbringen, Partei und Bewegung voneinander zu trennen, um sich sodann an die Spitze der nationalsozialistischen Bewegung zu stellen? Denn d a s ist ihre Strategie. Und wegen dieser Strategie muß sie sich selbst als nationalsozialistisch bezeichnen, obwohl sie eigentlich zu den national- und sozialrevolutionären Gruppen gehört, die mit den Namen Jünger, Niekisch und Paetel verknüpft sind.

Otto-Ernst Schüddekopf zählt Otto Strasser und seine Anhänger in einem späteren Rückblick zu den Nationalbolschewisten der zweiten Phase, die von einer „leidenschaftlichen Suche nach einer alles erklärenden ‚deutschen Ideologie', letztlich nach einer Religion, bestimmt war"[25]. Auf dieser Suche sei die Ersatzreligion des mystisch verklärten Reiches entstanden, womit sich der revolutionäre Nationalismus als eine religiös-metaphysische Bewegung erwiesen habe. Das traf vor allem auf die Hielscher-Richtung mit ihrem Reichsorden zu. Allgemeingültiger dürfte Schüddekopfs Vermutung sein, die deutschen Nationalrevolutionäre hätten wohl durchweg im europäischen Nihilismus die Grenzen des absolut einsamen Ichs erlebt, worauf sie zum Objektiven und zur Gemeinschaft aufgebrochen seien — von einem „irrationalen Aktivismus" getrieben, in einer Zwischenzone von Bünden und Sekten, wo sich eine erhebliche Menge menschlichen Sprengstoffs ansammelte. Sie seien Exponenten der europäischen Kulturkrise gewesen, deren Haß sich gegen die Überfremdung Deutschlands durch den Westen richtete, den man noch im russischen Bolschewismus wirken sah. Durch ihre Ablehnung der Französischen Revolution zur Gegenrevolution gehörend, stießen sie andererseits durch ihre Bejahung des Sozialismus zur Revolution. Doch ihr geistiges Rüstzeug sei die konservative Ideologie der politischen Romantik mit derem antibürgerlichen Affekt.

Nun gut, aber Otto Strasser und Herbert Blank haben den Konservativen neue Lichter aufgesetzt. Die Kampfgemeinschaft wurzelte ebenso wie andere Strömungen des „Nationalbolschewismus" in der kulturellen Opposition und war politisch heimatlos. Doch mag sie einen Vers Nietzsches abgewandelt haben: „Wohl dem, der keine Heimat hat." Die alte schien eine Wüste zu sein, die neue sollte durch den Deutschen Sozialismus erst geschaffen werden. Das Schlachtfeld lag zunächst in der eigenen Seele. „Denn der Krieg, das waren wir selbst." (F.W. Heinz)

Seiner politischen Konzeption nach konnte man vermuten, der neue Strasserismus laufe womöglich auf die Gründung einer altnationalsozialistischen Partei hinaus. Er beschuldigt ja die Parteiführung der NSDAP des Verrats an den ursprünglichen Ideen. Aber Ernst Niekisch ist mit seiner altsozialistischen Partei gescheitert. Daraus zieht Otto Strasser eine Lehre. Er schreibt einen Artikel „Wir grüßen den Krieg!", der das Programm der Kampfgemeinschaft in mancherlei Hinsicht vorausnimmt.

Freiheit nicht ohne Krieg

Man meint, Fanfarentöne zu hören, untermalt von dumpfen Trommelschlägen. „Nie wieder Krieg!" brülle der große Haufe und echoe der brave Spießer angsterfüllt, der eine von der Irrlehre des internationalen Marxismus verseucht, der andere vom Gift des Pazifismus. Selbst die Patrioten verneinen den Krieg und nennen ihre Feigheit „Realpolitik". Der jubelnde Aufbruch des 1. August 1914 ist in Haß oder Wehmut untergegangen.

„Wir aber grüßen den Krieg! Wir grüßen jenen 1. August 1914 als den Beginn der gewaltigen Umwälzung im seelischen, geistigen, körperlichen, die wir Deutsche Revolution nennen! — Wir grüßen ihn in voller Genugtuung, daß er die Kruste sprengte, unter der die deutsche Seele begraben lag; wir grüßen ihn in voller Dankbarkeit gegenüber den Vorkämpfern, deren Tod das Opfer war für unser Leben; wir grüßen ihn voll schwurhafter Verpflichtung, seinen Sinn zu erfüllen in der Vollendung jener Umwälzung, die am 1. August 1914 begann. Denn er war der Aufbruch der Deutschen Revolution."[26]

Obwohl Deutschland den Krieg verloren hat, war dieser sinnvoll „und jedes Opfer Triumph". Das Schicksal wertet Krieg und Frieden als „gleich nötig". Seine Gläubigen sind sehend geworden. Sie durchschauen das „liberale Märchen vom ständigen Fortschritt" und die mit so viel Pomp verkündete Herrschaft des Geistes als Götzendienst.

Nationale Freiheit setzt Abwerfung des Versailler Jochs voraus. Dieses Ziel kann nicht ohne hohen Preis gewonnen werden. Nur durch Gewalt ist der Vertrag von Versailles zu zerreißen. Nur durch Krieg kehrt die verlorene Freiheit zurück. „Das ist der Wille des Schicksals, das man nicht leugnen oder ändern kann." Seine Erfüllung bedeutet: Freiheit **und** Krieg! Nicht eins von beiden. Der Krieg muß zunächst einmal bejaht werden und den Nährboden leidenschaftlichen Wollens finden. „Der Nährboden des Deutschen Freiheitskrieges aber ist die sozialistische Revolution!" Dafür sei der Preis einer Generation nicht zu hoch.

Wie Freiherr vom Stein Anfang des 19. Jahrhunderts die deutschen Bauern für den Befreiungskrieg gegen Napoleon bereitmachte, indem er ihnen Eigentum und Mitbestimmung gab, so will Otto Strasser nun die Befreiung und Erweckung der Arbeiterschaft. Auch ihr soll Eigentum und Mitbestimmung gegeben werden, damit sie den deutschen Freiheitskrieg unterstützt, ja als ihren eigenen betrachtet.

Die Deutsche Revolution teilt sich in zwei Ströme — in eine sozialistische und eine nationalistische. Wie Freiheit und Krieg, so sind für Otto Strasser auch Krieg und Revolution untrennbar: „Eins gibt es nicht ohne das andere, eines ist nutzlos ohne das andere." So stellt er die Weichen. Die sozialistische Revolution wird zur Voraussetzung für die nationalistische — und für die Nationwerdung des deutschen Volkes.

Die sozialistische Revolution ist allerdings nicht als Massenerhebung der Arbeiter mit Barrikadenkämpfen gedacht, geschweige als Errichtung einer Diktatur des Proletariats, welche die letzte Waffe, der letzte Ausweg des Kapitalismus sei, der sich mit einer solchen Diktatur staatlich organisiere. Es wird vielmehr ein Generalstreik erwogen, der das politische System zum Abdanken zwingen soll. Der Klassenkampf ist für Dr. Strasser die Wirklichkeit und das Ziel des Kapitalismus, die Wirklichkeit und das Ziel des Sozialismus hingegen die Volksgemeinschaft. Die Klassen haben sich so gut wie aufgelöst und sollten nicht künstlich wiederhergestellt werden. Statt Bourgeoisie und Proletariat stehen sich in Deutschland 3 % Ausbeuter und 97 % Ausgebeutete gegenüber. Die Volksgemeinschaft ist nah, wenn diese 97 % aller Deutschen ihre gemeinsamen sozialen und nationalen Interessen erkennen. Sie sollen eine Kampfbewegung für soziale Gerechtigkeit und gegen die Erfüllung des Versailler Vertrags bilden. Durch Klassenkampfparolen werden die Ausgebeuteten aufgespalten, durch Wahlkampfparolen irregeführt. Die Zeit des Stimmzettels ist vorbei und die der direkten Aktionen gekommen. Sie werden um so durchschlagender und umwälzender sein, je mehr sich die Ausgebeuteten dessen erinnern, daß sie allesamt demselben Volk angehören, während die Ausbeuter vor nationalem Verrat noch nie zurückgeschreckt sind, wenn sie daraus Profit schlagen konnten. Die in ihren Händen befindliche Großindustrie muß wenigstens teilweise nationalisiert werden, zu 51 % des Kapitals.

So sieht Otto Strassers Vorstellung der sozialistischen Revolution aus, die in eine nationalistische mündet. Sie steht im Gegensatz zu den von der Komintern übernommenen Richtlinien der KPD, die ganz und gar auf Klassenkampf gegründet sind, obwohl in ihrer Programmerklärung von 1930 plötzlich ebenfalls von nationaler und sozialer Befreiung des deutschen Volkes die Rede ist. Strassers Vorstellung kollidiert auch mit den vagen sozialen Reformplänen der NSDAP, für die Volksgemeinschaft darin besteht, daß sie selbst zur allumfassenden Volkspartei wird. Für Otto Strasser hingegen ist die Volksgemeinschaft keine Organisations- und Gleichschaltungsfrage. Sie entsteht vielmehr schrittweise aus sozialen und nationalen Kämpfen, im gleichen Maße, wie die Deutsche und Konservative Revolution vollzogen wird.

Der I. Reichskongreß

Am ersten Reichskongreß der Kampfgemeinschaft im Oktober 1930 nehmen zunächst etwa 70 revolutionäre Nationalsozialisten teil, von denen rund 40 bereits bestehende Kampfgruppen vertreten. Mossakowsky spricht in seinem Referat die Hoffnung aus, daß bald der Tag kommen möge, „wo wir die Kirchenglocken herunterholen und Kanonen daraus gießen" für den deutschen Freiheitskrieg. Otto Strasser kennzeichnet die besondere Situation der Kampfgemeinschaft, die sich zwischen zwei Massenparteien behaupten und als die Avantgarde der Deutschen Revolution bewähren müsse — auf der einen Seite die kleinbürgerliche NSDAP, auf der anderen Seite die proletarische, aber an Moskaus Gängelband hängende KPD. Weder die eine noch die andere könne und wolle die Deutsche Revolution verwirklichen. Sie ist daher allein der Kampfgemeinschaft übertragen, die ihrer historischen Verantwortung nur gerecht werden kann, wenn sie alle bewußten deutschen Revolutionäre aus den verschiedenen politischen Lagern um sich zu sammeln versteht. Otto Strasser spricht von 20000 bis 25000 entschlossenen Männern, die — zum Rhythmus des gleichen Fühlens bewegt — den Weg zum Ziel „mit aller Unerbittlichkeit preußischer Haltung zu gehen"[27] bereit sind. Mit anderen Worten: selbst wenn es unser Leben kostet, müssen wir den Auftrag des Schicksals erfüllen. Alle Arbeiter- und Bauernkämpfe gegen das liberalistische System sollen unterstützt werden, um dessen innere Widersprüche auf die Spitze zu treiben. Entscheidend sei jedoch die Schaffung einer geistigen

Sammlungsbewegung und einer totalen Ideologie. Otto Strasser bezeichnet die Kampfgemeinschaft als „Unteroffiziersschule der Deutschen Revolution". Es fragt sich, wo die Offiziere und ihr Heer sind.

Organisatorisch wird die Kampfgemeinschaft, wie es sich in der Praxis schon angebahnt hat, in Kampfgruppen gegliedert. Die Mitglieder heißen Kampfgenossen (Kg). Sie werden in aktive und passive eingeteilt. Aktives Mitglied kann jeder Mann deutscher Abkunft werden, der „keiner internationalen Gemeinschaft angehört und gewillt ist, in freiwilliger Unterordnung dem großen Ziel der Kampfgemeinschaft mit seiner ganzen Person zu dienen."[28] Es wird also ein totaler Anspruch gestellt, der für ein Privatleben kaum noch Zeit und Raum läßt. Wer sich ihm nicht gewachsen fühlt, gilt als inaktives Mitglied, dem bei Organisationswahlen nur eine Stimme zusteht, während die Aktivisten zwei Stimmen haben. Aber in beiden Fällen muß zunächst eine mit besonderen Aufgaben bedachte Probezeit durchlaufen werden. Die passiven Mitglieder haben ihre mangelnde Aufopferung durch einen dreimal so hohen Beitrag wie die Aktivisten auszugleichen. Allgemein gilt, daß jeder Kampfgenosse über seinen Beitrag hinaus von dem 250 Mark übersteigenden Teil seines Einkommens 5 % an die Reichsleitung abzuführen hat. Wer über seine Vermögensverhältnisse falsche Angaben macht, kann sofort ausgeschlossen werden.

Die Kampfgruppenleiter werden „in Urwahl" mit einfacher Mehrheit durch Handheben gewählt. Sie wählen ihrerseits die Kampfkreisführer. Darüber steht ein Führerrat, der den Vollzugsausschuß wählt. Die Wahlen in den ersten beiden Instanzen bedürfen der Bestätigung durch die nächsthöhere. Dem Vollzugsausschuß sind „Fachvertreter" beigeordnet. Er setzt sich aus 3—5 Personen zusammen. Auf dem ersten Reichskongreß werden nur 3 gewählt: Otto Strasser, Herbert Blank, Major Buchrucker.

Die gewählten politischen Führer sollen durch Ernennung geeigneter Kampfgenossen für die reibungslose Abwicklung der organisatorischen Notwendigkeiten sorgen. Auch diese Ernennungen bedürfen der Bestätigung durch die nächsthöhere Gliederung. Alle Funktionäre müssen sich einer besonderen Nachprüfung ihrer politischen, charakterlichen und wirtschaftlichen Verhältnisse unterziehen.

Ohne Zweifel ist die Kampfgemeinschaft als revolutionäre Elite aufgebaut. (Selbst die inneren Regelungen der kommunistischen Kaderparteien sind weniger streng.) Sie legt sich sowohl eigene Betriebszellen als auch eine „Revolutionäre Arbeiter- und Bauernjugend" zu.

Am zweiten Tag des ersten Reichskongresses nehmen 230—240 Personen teil. Es wird der Antrag eingebracht, statt „Heil Hitler!" den Gruß „Heil Strasser!" einzuführen. Er würde einen neuen Führer auf den Schild heben. Otto Strasser lehnt sofort ab. Der Antrag ist ihm offenbar peinlich. Man einigt sich schließlich auf den Gruß „Heil Deutschland!"

Die 14 Thesen der Deutschen Revolution

Das Ziel der Kampfgemeinschaft ist die innere und äußere Freiheit des deutschen Volkes. Sie soll durch sozialistische Revolution und nationalen Freiheitskampf erreicht werden. Das vom ersten Reichskongreß angenommene Programm fügt noch eine völkische Revolution hinzu: die seelische mit dem Ziel einer Neugeburt der deutschen Kultur. Das Programm besteht aus 14 Thesen, die Otto Strasser vorformuliert und als Provisorium bereits im August veröffentlicht hat, um eine Beratungsgrundlage zu schaffen.

Es handelt sich um 14 Thesen zur Deutschen Revolution, die einen fanatischen Kampf zur Vernichtung der erpreßten Friedensverträge von Versailles und St. Germain führe, die Freiheit der deutschen Nation in einem alle deutschen Stämme umfassenden Staat von Memel bis Wien proklamiere und genügend Lebensraum verlange. „Soweit die Erfüllung dieses tiefsten Urrechtes des Lebens mit dem gleichen Recht anderer Völker und Nationen in Gegensatz gerät, erkennt sie die Entscheidung des Krieges als den Willen des Schicksals an". Die Deutsche Revolution lehne es jedoch ab, über fremde Völker zu herrschen und sie auszubeuten — sie sei nationalistisch, aber nicht imperialistisch.

Innerhalb des Deutschen Reiches will sie den „durch ein lebenswidriges liberales System gehemmten und unterdrückten Kräften" durch ständische Selbstverwaltung freien Raum zur Entfaltung verschaffen. Sie bekennt sich zum korporativen Wirtschaftssystem des Sozialismus sowie zum Obereigentum der Nation an Grund und Boden. Alle Schaffenden sollen an Besitz, Gewinn und Leitung der Wirtschaft beteiligt werden.

Die Deutsche Revolution kämpft schließlich um Bewahrung und Entfaltung des Deutschtums „gegen rassische Entartung, kulturelle Überfremdung, für völkische Erneuerung und Reinhaltung". Judentum, Freimaurerei und Katholizismus, die drei überstaatlichen Mächte, zerstören die seelische Gesundheit. Die Deutsche Revolution sei eine dreifache:

„nationalistisch — gegen die Versklavung des deutschen Volkes,
sozialistisch — gegen die Tyrannei des Geldes,
völkisch — gegen die Zerstörung der deutschen Seele".

Im Negativen, in der Ablehnung, ist das Programm stärker als im Positiven. Das ursprüngliche Nachwort Otto Strassers vom August fällt fort: „So fühlen wir Jungen den Herzschlag der Deutschen Revolution, so sehen wir Frontsoldaten das Gesicht der nahen Zukunft vor uns und empfinden demütig-stolz, mitkämpfen, mitsiegen zu können den Kampf des 20. Jahrhunderts, handelnd erfüllt zu sehen den Sinn des Krieges — das dritte Reich."

Die Theorie der dreieinigen Bipolarität klingt nur ganz leise an. Von Konservativer Revolution und dem Geschichtspendel ist in den 14 Thesen keine Rede. Wenn alle 150 Jahre eine andere Epoche beginnt, kann es kein Tausendjähriges Reich geben.

Die 14 Thesen formulieren das Selbstverständnis und den politischen Auftrag der Kampfgemeinschaft. Sie scheinen jedoch in erster Linie an die Mitglieder der NSDAP und der SA gerichtet zu sein. Ihnen werden Brücken gebaut. Die einmalige Aufnahmegebühr für sie ist geringer als für andere, oder sie wird beim Übertritt ganz erlassen. Die 25 Punkte des Münchner Parteiprogramms, so erklärt Otto Strasser, bleiben bestehen; sie sind noch unerfüllt. Für den aktuellen Kampf gelten freilich die 14 Thesen. Auch das Braunhemd wird vorerst beibehalten — selbst das Hakenkreuz, wenngleich im Vordergrund des Emblems der Kampfgemeinschaft Hammer und Schwert (gekreuzt) zu sehen sind, ein Symbol, das von Ernst Niekisch zu stammen scheint. Im Emblem der NSDAP steht das Hakenkreuz nach Otto Strasser verkehrt herum, was ein böses Omen sei. Bei ihm folgt es dem Uhrzeiger. Das Hitlersche Hakenkreuz ist linksläufig, das Strassersche rechtsläufig. Durch das erste wird das Blut aufgereizt, durch das zweite soll der Geist angesprochen werden. Der Öffentlichkeit fällt dieser Unterschied natürlich nicht auf. Er gehört auch zu den esoterischen Feinheiten. Aber Otto Strasser sagt im Kreise seiner Kampfgenossen: „Mit dem nach links gedrehten Hakenkreuz wird es ein schlechtes Ende nehmen!"

Allerdings kann man kurz darauf in den NS-Briefen lesen, der Nationalsozialismus — auch der revolutionäre — predige das Zeitalter des Blutes. Aus dem bewußten Blutsgefühl heraus „soll sich ein neuer Wille zum Nationalismus und Sozialismus gebähren"[29]. Die Indoktrinierung der Kampfgemeinschaft, ihre geistige Ausrichtung nach der Theorie Otto Strassers, hat erst begonnen und ist nicht frei von Rückschlägen. Auch in den NS-Briefen kommen Leute zu Wort, die nicht unbedingt seine Anhänger sind. Er selbst macht Konzessionen an die Lebensraum- und Rassentheorie, um größere Teile der NSDAP als bisher zu sich herüberzuziehen.

Otto Strasser fühlt sich als neuer Sendbote und Träger der nationalsozialistischen Idee, dem allerdings Hitler vorausgehen mußte, weil er selbst zum Trommler nicht geeignet war.

Wie nach Herbert Blank die preußische Revolution schon 1789 begann, so nach Otto Strasser die deutsche im August 1914. Um dieses Datum verständlich zu machen, möchte ich aus den Erinnerungen von Stefan Zweig zitieren, der die ersten Tage des Krieges in Deutschland und Österreich miterlebte:

> „Fahnen wehten, Musik dröhnte, in Wien fand ich die ganze Stadt in einem Taumel. Der erste Schrecken über den Krieg, den niemand gewollt [...], war umgeschlagen in einen plötzlichen Enthusiasmus. Aufzüge formierten sich in den Straßen, die jungen Rekruten marschierten im Triumph dahin, und ihre Gesichter waren hell, weil man ihnen zujubelte [...]. Eine Stadt von zwei Millionen, ein Land von fast fünfzig Millionen empfanden in dieser Stunde, daß sie Weltgeschichte, daß sie einen nie wiederkehrenden Augenblick miterlebten und daß jeder gerufen war, sein winziges Ich in diese glühende Masse zu schleudern, um sich dort von aller Eigensucht zu läutern."[30]

Obwohl Stefan Zweig den Krieg haßte, konnte auch er sich diesem Aufbruch der Massen, „in dem etwas Großartiges, Hinreißendes und sogar Verführerisches lag", nur schwer entziehen. Sein Ich in die glühende Masse schleudern und sich von aller Eigensucht läutern — dies war es, was Otto Strasser selber empfand und was ihn nun veranlaßt, die ersten Tage des August 1914 als Revolutionstage zu verklären. So versteht er Volksgemeinschaft. Sie soll spontan, nicht organisiert sein. Aber kann sich je wiederholen, was damals geschah?

Otto Strassers Theorie der dreieinigen Bipolarität wird im gleichen Maße zur Ideologie, wie sie politischen Zwecken dient. Man sollte daher zwischen ihrer geschichtsphilosophischen und ihrer ideologischen Seite unterscheiden.

Der nationale Staat soll alle Gemeinschaften umfassen und nach außen repräsentieren. Die europäischen Staaten werden als „Glieder eines Rings" angesehen. Ihre Politik soll wie eine Symphonie von Mozart sein. Deutschland sei das Rückgrat und Herz Europas.

Die Kampfgemeinschaft tritt gegen Hitlers Kriegspolitik auf, will aber selbst einen „nationalen Freiheitskrieg" entfesseln. Sie ist gegen Hitlers persönliche Diktatur, aber für eine „nationale Diktatur".

Für eine Nationalreligion?

Otto Strasser schwebt eine Nationalreligion wie der Shintoismus für die Japaner und eine Nationalkirche wie die anglikanische in Großbritannien für Deutschland vor. Deshalb tritt der trotz heftigen Widerspruchs aus den eigenen Reihen für ein Deutsches Christentum ein. Als Weltanschauung sei der deutsche Nationalismus mit dem Katholizismus unvereinbar. Das habe auch Alfred Rosenberg im „Mythus des 20. Jahrhunderts" ausgesprochen. Doch die Führung der NSDAP erklärt nunmehr, dieses Buch (und damit die Religion) sei Privatsache. „Die Führerschaft hat somit das völkische Wollen ihrer Anhänger verleumdet und sich dem Spruch Roms unterworfen."[31] Ja, Hitler sei bereit, den Pantoffel des Papstes zu küssen.

Im Vorwort zu Blanks Cromwell-Buch stellt Otto Strasser dem „lebensverneinenden" Christentum den „lebensbejahenden" Nationalsozialismus gegenüber. Will er diesen zur neuen Religion erheben? Aufgrund seiner geschichtlichen Studien ist er zu der Überzeugung gelangt, jede Ideologie verwandle sich früher oder später in einen Glauben, woraus dann eine politische Religion entstehe. Darum geht es: um eine Religion, die mit dem Staat verschwistert ist und die konservative Gebundenheit metaphysisch überhöht, ihr gleichsam die Weihe gibt.

So wie Otto Strasser den Nationalsozialismus versteht, faßt dieser das menschliche Leben „als ein Lehen Gottes" auf. Die Lehnsidee als geistiger Überrest der Feudalzeit durchdringt sein gesamtes Denken. Er überträgt sie auf alle Sphären der Gegenwartsgesellschaft. Schließlich unterwirft er ihr auch den Nationalsozialismus, der ein frohes und starkes Leben verkünde. Es könne nicht in der Abtragung einer Erbsünde bestehen. Der Nationalsozialismus bejahe freilich die Zwangsläufigkeit der organischen Gesetze und die Gebundenheit des Schicksals — „die Bestimmungen des Lehensvertrages, innerhalb dessen unsere eigene Verantwortlichkeit ungemindert besteht"[32]. Otto Strasser bemerkt, wie persönlichkeitsgebunden die europäische Kultur ist. In der Vermassung sieht er folgerichtig ein Symptom ihrer Zersetzung. Gleichwohl hat die politische Religion, die zu verkünden er anhebt, den Charakter eines kollektiven Fatums. Sie ist von grundauf schicksalsgläubig. Wenn er von Gott spricht, meint er eigentlich die Nation. Unmittelbar zu Gott führe das Gesetz der Arteigenheit, einer Manifestation Seines Willens. Die Arteigenheit des deutschen Volkes zu erhalten und zu entfalten sei das völkische Grundgebot. Dem soll die politische Religion dienen.

Während Herbert Blank bereits von einer „deutschen Umdeutung des Christentums“ spricht, steht Otto Strasser in den 30er Jahren einem solchen Versuch noch sehr skeptisch gegenüber. Das katholische Christentum erscheint ihm als Entmündigung und fortgesetzte Demütigung des Europäers, nicht zuletzt als eine überstaatliche und internationalistische Macht, die den völkischen Eigenarten nicht gerecht wird. In einem ungezeichneten Artikel der NS-Briefe wird es „jüdischer rabbinischer Herkunft“ bezichtigt, als eine „artfremde Religion“[33]. Nur das Neue Testament biete gewisse Ansatzpunkte. Spengler hat es auf Marcion zurückgeführt. So auch die NS-Briefe, da Marcion „alles Jüdische bis auf den letzten Rest ausschalten“ wollte. Der anonyme Autor, wohl Otto Strasser selbst, ruft dazu auf, „die Geldwechsler aus dem nordischen Tempel des Volkstums“ zu vertreiben, wie sie Jesus einst aus dem jüdischen Tempel vertrieb. Allerdings erkennt er das Christentum als untrennbaren geistigen Wesensbestandteil des Abendlands an.

Es kann keine Beziehung zur Deutschgläubigen Gemeinschaft nachgewiesen werden, die in Deutschland und Österreich schon seit 1911 bestand. Für Otto Strasser ist der Nationalsozialismus selber „zutiefst religiös“. Er bedarf weder der Kirchen noch eines Positiven Christentums, da er aus sich zur Religion und Weltanschauung des 20. Jahrhunderts werden könne.

Auch Hitler sieht im Nationalsozialismus eine neue Religion angelegt. Er ist jedoch vorsichtiger in seinen Äußerungen gegenüber dem Christentum. Niemals will er gleichzeitig zwei Feinde bekämpfen.

Wir suchen Deutschland

Um die Theorie der dreieinigen Bipolarität in eine möglichst breite Öffentlichkeit zu tragen, zugleich mit dem Aktionsprogramm der 14 Thesen, veranstaltet der Vollzugsausschuß einen freien Disput über die Zeitkrisis mit dem unabhängigen Schriftsteller Gerhard Schultze-Pfaelzer. Dieses Vierergespräch wird noch im gleichen Jahr veröffentlicht. Ein gesprochenes Buch ist für die damalige Zeit ein ganz neues Experiment!

Das Grundgefühl des deutschen Menschen von 1931 faßt Otto Strasser in den Satz: „So geht es nicht mehr weiter!“ Nicht in materiellen Sorgen, in der Sinnlosigkeit des Lebens liegt die tiefste Ursache der heutigen Not. An ihr ist keine Einzelperson oder Gruppe schuld, vielmehr der Liberalismus, der „aus einem unerforschlichen Schicksalswalten heraus“ ebenso zum Sterben verurteilt sei, wie die nationalsozialistische Weltanschauung zum Neubau. Otto Strasser bezeichnet hier den Nationalsozialismus als Ziel, die Deutsche Revolution als Weg.

Dr. Schultze-Pfaelzer bekennt sein Mißtrauen gegen Weltanschauungen und bittet um Erläuterungen.

Buchrucker erklärt: „Das preußische Königtum des 18. Jahrhunderts war sozialistisch. Das des 19. Jahrhunderts war es nicht mehr, und daran ist es zugrundegegangen. Der neue deutsche Nationalismus will das Volk in eine zeitgemäße sozialistische Form bringen und der Nation nach außen Macht ..." Er verweist auf Rußland, Italien, Rumänien, Polen und Spanien — in all diesen Ländern hat der Parlamentarismus schon abgewirtschaftet. Das steht auch bei uns bevor.

Für Otto Strasser ist es ein folgenschwerer Irrtum, daß Deutschland vom Weltmarkt abhängig sei. „Die Weltwirtschaftskrise läßt sich — gerade weil sie international ist — nur durch die nationale Autarkie wirksam und durchgreifend beheben." Darauf verbreitet er sich lange über den gesetzmäßigen Pendelschwung der Geschichte, worauf Schultze-Pfaelzer meint, seine Theorie scheine ihm wenig Ähnlichkeit mit dem Nationalsozialismus zu haben, wie ihn Hitler vertrete. Otto Strasser antwortet: „Ja und nein. Dem Gefühl der Bewegung, besonders der alten Garde der Hitler-Partei, entspricht meine Auffassung durchaus. In ihnen allen lebt die gleiche Sehnsucht und das gleiche Wollen — nur fehlt ihnen Erkenntnis und Klarheit. Und weil die Führung der Hitler-Partei, vor allem Hitler selbst, es nicht fertigbrachte, dieses richtige Gefühl des eigenen Beginnens erkenntnismäßig zu sichern und weiterzuentwickeln, darum fielen sie einer Überfremdung durch den alten, liberalen Geist anheim."[34] In dieser Überfremdung wurzelt der Widerstreit zwischen revolutionärem Wollen und reaktionärem Handeln. Trotzdem sind Hitler und seine Gefolgschaft Aufbruchserscheinungen der Deutschen Revolution, deren zweite (girondistische) Welle. Die erste Welle war die graue Armee der Frontsoldaten, die dritte (jakobinische) wird die Revolution gemäß ihrem inneren Gesetz vollenden: „sozialistisch, nationalistisch und völkisch ohne alle Einschränkung!"

Nach Herbert Blank gibt es jeweils dann eine Revolution — eine „organische Katastrophe" im Volkskörper —, wenn sich Ich- und Wir-Idee ablösen. Der wahre Revolutionär weiß, daß sie nicht machbar ist. Er hält sich bereit. Für Reformen ist es in Deutschland zu spät. Notwendig sei ein Umbruch wie am 1. August 1914. „Da stürzte der Bildungs- und Zivilisationszauber zusammen wie Plunder, da starb der Intellekt auf dem Schindanger der Sterilität, und das Blut sprang wieder auf."[35] Blank bezeichnet den Revolutionär als Schmelzmeister der Revolution. Er hat den Schmelzkessel mit den Metallen Volk, Zeit und Ziel zu lange anzuheizen, bis er das Fließen erreicht. Ab und zu „senkt der den Prüfstab in die Masse." Schwimmen keine festen Brocken im Kessel mehr herum, muß er im richtigen Moment umgestoßen werden — zum Guß des geschmolzenen Metalls in neue Formen. Eine Sekunde zu früh oder zu spät würde die Form verderben. Im übrigen ist Blank der Meinung, die innere Überwindung des Judentums werde durch die Überwindung des Liberalismus erfolgen und sei in diesem Sinne schon im Gang. Indem der Jude unter Fremdenrecht gestellt wird, soll er nicht deklassiert werden. „Im Gegenteil, er soll seine Würde wiederfinden." Auch die seelische Überwindung der Technik sei eine Vorbedingung neuer Politik.

Otto Strasser, Major Buchrucker und Herbert Blank sind in der Tat auf der Suche nach Deutschland. Wenn die Masse noch dumpf sei, so deshalb, weil sie das erlösende Wort noch nicht vernommen habe. Daß diese Vorstellung der liberalen Aufklärung entspricht, ist ihnen nicht bewußt.

Der Aufbau des Deutschen Sozialismus

Um das erlösende Wort ins Volk zu tragen und gleichzeitig den noch gefühlsmäßigen Nationalsozialismus erkenntnismäßig zu klären, schreibt Otto Strasser ein kleines Buch über den Aufbau des Deutschen Sozialismus. Er knüpft hierbei bis zu einem gewissen Grade an das Hannoversche (Bamberger) Programm an, aber die Nation ist ihm keine bloße Brot- und Notgemeinschaft mehr wie für Gregor, sondern „ein durch die Geschichte seiner Arteigenheit bewußt gewordenes Volk". Der Reichspräsident soll nicht mehr für 7 Jahre, sondern auf Lebenszeit gekürt werden. Das einstige Kapitel zur Judenfrage ist völlig gestrichen. Nationalismus steht nun gegen Rassenwahn. Er mache es ebenso unmöglich, fremde Volksteile einzugliedern, wie andere Völker zu unterjochen und auszubeuten. Für Otto Strasser ist der rassische Imperialismus Hitlers um keinen Deut besser als der wirtschaftliche, zivilisatorische und religiöse. Jedes Volk soll nach seiner eigenen Façon selig werden. Auch das deutsche setzt sich aus verschiedenen Rassen zusammen, wozu die Prägungselemente der Geschichte und Landschaft kommen.

Neben diese volkliche Dreidimensionalität wird die des Menschen gestellt. Er ist zwischen Selbsterhaltungsdrang und Arterhaltungstrieb gespannt. Der erste macht das Ich, der zweite das Wir zum Mittelpunkt des Weltbildes. Doch in der Geschichte wechseln Epochen der Gebundenheit und Ungebundenheit ab. (Der Liberalismus wird nicht mehr positiv als System der Freiheit bezeichnet, sondern nur negativ als Streben nach Ungebundenheit.) Ein neuer Umschwungszeitpunkt ist ganz nahe. Mit dem Nationalsozialismus bricht eine neue Wir-Epoche an. Die Seele gehört Gott, der Körper dem Vaterland, nur die Ehre ist mein.

Soll das künftige Deutsche Reich eine Republik oder eine Monarchie sein? Otto Strasser empfiehlt als Kompromiß eine Wahlmonarchie, da sie dem deutschen Wesen am besten entspreche. Neben den auf Lebenszeit gewählten Reichspräsidenten treten als weitere Machtträger ein Großer Rat und eine Reichsständekammer. Die parlamentarische Parteiendemokratie soll durch eine aus Urwahlen in den Lebenskreisen hervorgehende Ständedemokratie abgelöst werden. Müßiggänger und Schönredner hätten da keine politische Chance mehr. Der Staat des Deutschen Sozialismus soll ein Volks- und Arbeiterstaat sein, landschaftlich gegliedert, um die Fürstentümer und kleinen Königreiche endlich wegzufegen. Er wird auf ständischer Selbstverwaltung und aristokratischer Verantwortlichkeit von Einzelpersonen beruhen (nicht auf anonymen Massen und unverantwortlichen Führern oder Parlamentariern).

Um den Arbeitern und Bauern entgegenzukommen, schlägt Otto Strasser den Einbau von Räten in die Berufskammern der Kreise vor. Zu wählen sind jeweils

— der Arbeiterrat des Kreises,
— ein Bauernrat des Kreises,

— der Rat der freien Berufe,
— ein Rat für Industrie und Gewerbe,
— der Rat für Angestellte und Beamte.

Das sollen die einzigen Volksvertretungen sein, die aus allgemeinen (soweit berufstätig), gleichen, geheimen und direkten Wahlen hervorgehen. Neuwahlen in der parlamentarischen Demokratie hält Otto Strasser für sinnlos. Sie brächten nur Gewichtsverlagerungen innerhalb des herrschenden Systems, einen „Schichtwechsel der Betriebsmannschaft". Das parlamentarische Parteiensystem hat jeweils mehrere Schichten zur Hand und kann daher nur durch einen revolutionären Akt außer Kraft gesetzt werden.

In der Wirtschaftsordnung des Deutschen Sozialismus soll es kein Privateigentum an Monopolgütern (Fabriken und Boden) geben. Belegschaft und Staat sind gleichberechtigte Partner des Werkführers. Sie bilden eine Fabrik-Genossenschaft. Auf die Belegschaft, den Staat und den Werkführer entfallen je ein Drittel an Leitung, Besitz und Gewinn. Durch die „Zweidrittelmehrheit" von Belegschaft und Staat soll eine volks- und planwirtschaftliche Produktionsführung gewährleistet werden. Der bisherige Privateigentümer wird zum Lehensträger. Für die Landwirtschaft wird das Erblehen eingeführt. Die Klein- und Mittelbetriebe sowie die freien Berufe müssen sich zu Zünften zusammenschließen.

Insgesamt soll nicht enteignet, sondern zugeeignet und zugleich auch eingebunden werden. Das Wirtschaftskonzept beruht auf folgenden Grundsätzen:

„1. Kein Deutscher soll mehr **Privateigentum** an Grund und Boden, Bodenschätzen und Produktionsmitteln haben.
2. Jeder Deutsche soll zu **Besitz** an Grund und Boden, Bodenschätzen und Produktionsmitteln kommen."[36)]

Die Unterscheidung von Eigentum und Besitz folgt dem römischen Recht. Der Nation wird das Obereigentum an den Monopolgütern übertragen. Mehr Besitz soll jeder Deutsche durch Mitbesitz, durch Mitverwaltung „seines" Betriebes und durch Gewinnbeteiligung erhalten.

So wird versucht, auf allen Gebieten fundamentale Unterschiede zwischen Hitlerismus und Strasserismus deutlich zu machen. Statt Führerstaat ein modernisierter, mit Räten durchsetzter Ständestaat; statt Entrechtung der Arbeiterschaft Mitbestimmung und Mitbesitz; statt Rassismus Nationalismus; statt Kumpanei mit dem Finanzkapital tatsächliche Brechung der Zinsknechtschaft. Allerdings handelt es sich um Versprechungen.

Neu ist die Idee der Fabrikgenossenschaft und die Hinwendung zu einer Europäischen Föderation. Alle Gedanken an eine Führerrolle dieses oder jenes Staates sollen weichen. Otto Strasser verweist auf das Beispiel der Schweiz als praktisches Modell für das gute Zusammenleben verschiedener Völker. Die Schweiz sei eine großartige Synthese und „der Laboratoriumsbeweis für die Möglichkeit einer Europäischen Föderation".

Revolutionäre Männerkleidung

Da Otto Strasser der Ansicht huldigt, daß die Revolution des 20. Jahrhunderts infolge ihrer Dreigliedrigkeit im Körperlichen ebenso wie im Geistigen und Seelischen vor sich geht, sucht er auch in dieser Hinsicht nach neuen Ausdrucksformen.

Nun ist seit den 20er Jahren tatsächlich der Ansatz zu einem neuen Kleidungsstil zu beobachten: nämlich die Windjacke als Alternative zum bürgerlichen Jackett. Sie löst den Anzug auf, ist auch unverträglich mit dem Binder, gescheige mit einem Stehkragen. Ein zeitgenössischer Beobachter meint, es sei davon schon ein „Heer" unterwegs. Auch im Jungdeutschen Orden erklingt eine Stimme, die hinter der Windjacke eine Zeitenwende sieht, deren sichtbarstes Symptom sie sei.

Aber Otto Strasser will mehr. Er ist überzeugt: was die Sansculotten in der französischen Revolution gewesen sind, werden die Kragenlosen für die deutsche sein. Die Sansculotten hatten die enganliegenden Kniehosen, wie sie insbesondere der Adel kombiniert mit seidenen Strümpfen trug, um schöne Beine zur Schau zu stellen, durch lange Hosen ersetzt. Otto Strasser entwirft eine kragenlose Hemdbluse mit roter, auch grüner und gelber Kordel statt mit Knöpfen, anscheinend nach dem Vorbild der bäuerlichen Tracht des Mittelalters. Gemeinsam mit Herbert Blank, Richard Schapke und Günther Vogler skizziert er in einer Broschüre die Grundlinien einer Revolution der Männerkleidung. „Der revolutionäre Inhalt der kommenden Epoche findet seinen Ausdruck in allen Formen des Lebens. Mit historischer Zwangsläufigkeit (!) vollzieht sich auch eine Umgestaltung der Kleidung, vor allem der Männerkleidung. Jeder deutsche Junge trägt als Revolutionär ab heute keinen Bourgeois-Stehkragen mehr!"[37)]

Es wird eine Textilfabrik gefunden, die Otto Strassers Entwurf ausführt. Bessergestellte Kampfgenossen tragen die Hemdbluse auf politischen Veranstaltungen und internen Konferenzen. Es sind jedoch nur wenige. Die kragenlose Hemdbluse setzt sich nicht einmal innerhalb der Kampfgemeinschaft durch. Ihr Entwurf geht unter.

Nicht einmal die russische Umwälzung hat zu einer Revolution der Männerkleidung geführt, nur zur ledernen Kommissarsjacke., die inzwischen auch ausgestorben ist. Wieder einmal erweist sich Otto Strasser als zu voreilig in seinen Voraussagen. Sobald er den Mißerfolg bemerkt, kehrt er als Politiker zur Uniform zurück. Privat bevorzugt er freilich Zivilanzüge.

Die Idee einer volkstümlichen Hemdbluse scheint sich an Hitlers Kleidung entzündet zu haben. Darüber spricht nur Herbert Blank. Er bewundert am romanischen Faschismus, der den Deutschen wesensfremd sei, die geschliffene Übereinstimmung von Form und Idee. Hitler stolpert über jeden Teppich, Mussolini zeigt in Haltung und Tracht immer ein schönes antikes Bild. So auf dem Marsch nach Rom im Schwarzhemd mit breiter, trikolorer Schärpe, „schwer vorausstapfend, die Augen gesenkt, die Unterlippe vorgeschoben, um ihn herum die hohen, sehnigen Gestalten der Unterführer." Mussolini, in jeder Situation ein Cäsar, beweise immer wieder, daß der wahre Führer auch seine Kleider zu Untertanen macht.

Anders sein deutscher Nachbeter: „Hitlers Person und Kleidung sind eine Diskrepanz ohnegleichen [...]. Dazu kommt seine erschreckende Geschmacklosigkeit. Einzig im neutralen blauen Anzug wirkt er erträglich [...]. Es stimmt nachdenklich, daß allein dieser bürgerliche Habitus ihn einheitlich aussehen läßt."[38] Selbst das Braunhemd, mokiert Blank, wird durch Hitler in seiner sonst unfehlbaren Wirkung zerfleddert, weil er plumpe, halbhohe Schaftstiefel dazu trägt oder bayrische Sepplhosen. Blank sah ihn in einer süddeutschen Stadt mit einer blauen Schirmmütze, braunen Manchesterhosen, grauem Stutzen und Haferschuhen. „Nicht die alten Häuser, an denen er vorbeischritt, schienen hier Anachronismus, sondern e r war ein solcher. Aber gerade deshalb ist er der Massenführer, der Kleon der deutschen Bürgerlichkeit."

Die weibliche Schwäche der Kampfgemeinschaft

Die Kampfgemeinschaft wird als Männerbund organisiert. Für weibliche Mitglieder ist kein Platz vorgesehen. Manche Frauen wollen beitreten, werden aber zurückgewiesen oder zurückgehalten — so einige Freundinnen Otto Strassers von diesem selbst. Im Statut heißt es ausdrücklich, die Mitgliedschaft stehe nur deutschen Männern offen.

Wie in der Kampfgemeinschaft über die Rolle der Weiblichkeit gedacht wird, kann aus einem Artikel von Weidling in den NS-Briefen geschlossen werden. Frauenarbeit ist billiger als Männerarbeit, Mädchen sind noch billiger als Frauen. Nach ein paar Jahren in der Fabrik haben sie einen Knacks weg. „Möchten Sie so ein Mädchen heiraten? Täglich die gleichen Handgriffe. Tabakdunst, Metallstaub, Wollfasern in der Lunge — das ist nicht gut für die jungen Mädchen, die eigentlich junge Mütter werden sollen."[39] Es liegt noch keine Statistik vor, aber wie sich vor dem Kriege bei Aushebungen zum Militär in Industriebezirken ein hoher Prozentsatz von untauglichen herausstellte, so würde eine Nachprüfung bei den Mädchen „auf die Eignung, gesunde Kinder zu bekommen", nun wohl dasselbe erweisen.

Die Kampfgemeinschaft ist aus ihrer Zivilisationskritik heraus gegen Frauen- und Mädchenarbeit eingestellt. Sie befürchtet eine gesundheitliche Schwächung der deutschen Volkssubstanz in den Fabriken, besonders an den Fließbändern. Die Aufgabe der Frau scheint in den Augen vieler Kampfgenossen hauptsächlich darin zu bestehen, gesunde Kinder zu gebären; wobei das Wort „gesund" noch dick unterstrichen wird. In einem anderen Artikel gegen den § 218 des Bürgerlichen Gesetzbuches heißt es, dies sei zwar ein konservativer Paragraph, aber völlig zeitwidrig. „Denn der Zwang zur Abtreibung liegt in den schlechten Lohn- und Wohnverhältnissen begründet: [...] Wahre soziale Fürsorge bedeutet aber nicht, das Kranke zu erhalten, sondern das Gesunde zu schützen."[40] Im kommenden Reich werde eine Geburtenregelung einsetzen müssen, „da wir nicht die Absicht haben, Syphilitische und Lungenschwindsüchtige fortzupflanzen". Die schon damals auftretende feministische Formel „Der Körper gehört dir" wird aber ebenso abgelehnt wie der § 218 als der größte Massenmörder. „Der Einzelne ist der Gemeinschaft mit seinem Leibe verantwortlich." Das Kind einer syphilitischen oder tuberkulösen Frau sei nicht gleichwertig mit einem gesunden.

Wie auch immer, die Deutsche Revolution scheint für die Kampfgemeinschaft eine ausgesprochene Männersache zu sein. Hitler läßt nur für die SA und SS keine weiblichen Mitglieder zu. Die Tore der NSDAP öffnet er weit für Frauen und Mädchen. Eine der Stärken dieser Partei — meines Erachtens die entscheidende — besteht darin, daß sie im Vergleich zu allen anderen den höchsten weiblichen Mitgliederanteil hat: etwa 15—20 %. Das ist in Süddeutschland ausgeprägter als in Norddeutschland. Hitler wird von jüngeren Frauen umschwärmt und von älteren bemuttert, vielleicht gerade deshalb, weil er in der Regel auf Distanz hält und wie ein Asket wirkt.

Otto Strasser hält weder auf Distanz noch macht er den Eindruck eines Asketen. Im Gegenteil. Außerdem ist er seit 1929 verheiratet, was ihn freilich nicht hindert, polygame Beziehungen aufrechtzuerhalten oder anzuknüpfen. Gleichwohl verkennt er, daß die weibliche Seinskraft tragend und bindend auch für politische Organisationen ist. Dauernd wird in der Kampfgemeinschaft von dreifacher Gebundenheit gesprochen — in der Gemeinwirtschaft, im Volkstum und im Göttlichen —, die als Sozialismus, Nationalismus und Idealismus ihren Ausdruck fände. Doch Otto Strasser setzt allein auf die Formkraft des Mannes. Die vierte Gebundenheit liegt im Weiblichen.

Brauner Terror, Stennes-Revolte und Schwarze Garde

Schon eine Woche nach Gründung der Kampfgemeinschaft beginnt eine Terrorwelle der SA, deren Stürme gezielt auf Veranstaltungen der Revolutionären Nationalsozialisten angesetzt werden. Sie soll überhaupt keine Möglichkeit haben, in der Öffentlichkeit aufzutreten. Otto Strasser nennt die mit Schlagringen, Gummiknüppeln und Dolchen bewaffneten SA-Männer nun „Knechte Hitlers". Gleichwohl gibt er den Versuch nicht auf, sie zu „Soldaten der deutschen Revolution" umzuerziehen.

Der erste Überfall geschieht am 11. Juli 1930 in Albersdorf, wo Dr. Grantz, Blank und Buchrucker verletzt werden. Buchrucker wird das Nasenbein zertrümmert, anscheinend mittels eines Schlagrings. Die eingesetzten SA-Trupps, aus ganz Schleswig-Holstein zusammengezogen, haben es vor allem auf Dr. Grantz abgesehen, auf den einst in der NSDAP gefeierten und von Hitler umarmten „Held von Wöhrden" (wegen eines 1929 ausgetragenen siegreichen Gefechts mit Kommunisten, bei dem mehrere seiner Leute fielen). Im Juni 1930 hat Grantz die von ihm geführte Ortsgruppe Albersdorf der NSDAP aus dieser Partei herausgebrochen und unter Hinzuziehung anderer Nationalsozialisten eine 130-köpfige Arbeitsgemeinschaft gebildet, welche die NS-Bewegung von innen her aus ihrer Verkrustung und Verbonzung befreien will. Diese Kampfgemeinschaft wirft Funken der Unruhe und Auflehnung in die gesamte Basis der NSDAP Schleswig-Holsteins. Als sie sich mit der mehr intellektuellen Opposition um Otto Strasser verbindet, sieht Hitler die Gefahr einer zweiten NSDAP auf sich zukommen und befiehlt daher ihre rücksichtslose Vernichtung. Doch die Tötung von Grantz mißlingt; er entkommt trotz seiner Verletzung. Die Angreifer werden sogar zurückgeschlagen.

Am 16. August 1930 folgt in Brandenburg ein Attentat auf Otto Strasser. Auch er wird verwundet, anscheinend an einem Auge. Nach seinen Informationen will man ihn lebend in die Hand bekommen. Es gibt sogar einen Befehl, ihn unverletzt einzuliefern. Doch viele SA-Leute sind mit so blindwütigem Haß gegen den „Verräter" Strasser geimpft, daß sie besinnungslos auf ihn einschlagen. Er wird dreimal verletzt, einmal lebensgefährlich. Neben dem Bürgerkrieg zwischen Nationalsozialismus und Kommunismus, der 1930 um die Macht im postweimarer Deutschland entbrennt, züngelt ein kleinerer zwischen NSDAP und Kampfgemeinschaft auf. Es gibt Saalschlachten zwischen SA und Schwarzer Garde. Manchmal wirft sich Otto Strasser vom Rednerpult selbst in den Kampf, nachdem er einen Stuhl zertrümmert und sich ein Stuhlbein als Waffe verschafft hat. So in Berlin, woran sich einer seiner Kampfgenossen, Dr. Doerner, noch an seinem Sarge erinnern wird. Vergebens fordert er Hitler und Goebbels in Maueranschlägen auf, sich gemeinsam mit ihm der Öffentlichkeit zu stellen und Fragen zu beantworten. In ausführlichen Schriftplakaten werden revolutionärer und reformistischer Nationalsozialismus gegenübergestellt. Beispielsweise für eine zum 9. März 1931 vorgesehene Massenkundgebung über das Thema „Der Nationalsozialismus — die Rettung des deutschen Volkes vor dem Zusammenbruch". Obenauf steht der Name Otto Strasser, halbrechts darunter Adolf Hitler:

> „Immer größer und erschütternder wird die Enttäuschung über die völlige Direktionslosigkeit der NSDAP. Dem Rausch fanatischer Begeisterung folgt die grauenvolle Ernüchterung. Millionen gestehen sich heute im Stillen ein, daß
>
> Adolf Hitler
>
> versagt. Längst ist das Programm verleugnet: Enteignung des Großkapitals, Brechung der Zinsknechtschaft, Kampf gegen den Parlamentarismus figurieren nur noch als leere Schlagworte auf den Rednerrepertoiren der NSDAP. In Wahrheit erstickt die Hitlerbeweegung im Sumpf der Korruption ... Angewidert von der Verlogenheit und Gesinnungslumperei der Hitlerschen Bonzokratie, klammert sich die letzte Hoffnung der Arbeiter, Bürger und Bauern an Otto Strasser, den aufrechten, leuchtenden und stahlharten Kämpfer und Führer in dem kommenden Chaos. Stündlich wachsen die Strasserschen revolutionären Bataillone gegen die korrupte Hitlerpartei. In Otto Strasser ist heute für das arbeitende Volk
>
> der Sozialismus der Tat
>
> verkörpert. Hitler hat endlich seinen Meister gefunden.
>
> Erscheint in Massen. Hört endlich die Wahrheit!
>
> Sämtliche örtlichen Führer der politischen Parteien sind zu gemeinsamer Aussprache eingeladen.
>
> Kampfgemeinschaft
> ‚Revolutionäre Nationalsozialisten'
> Kampfgruppe Unterweser"

Solche Schriftplakate sind denen der NSDAP nachgeahmt, unterscheiden sich von ihnen aber durch solche schwerverständlichen Wörter wie „Direktionslosigkeit", „figurieren" und „Rednerrepertoiren". Die Angriffe gegen die NSDAP und die Vorwürfe, die Hitler gemacht werden, sind so massiv, daß mit Schonung nicht zu rechnen ist. Otto Strasser wird schon im Titel über Hitler gestellt. Besonders bemerkenswert ist seine heroisierende Herausstellung als des leuchtenden und stahlharten Kämpfers für den Sozialismus der Tat. Sie legt die Folgerung nahe, daß Adolf Hitler nur einen Sozialismus der Phrase vertritt. Doch auch er scheint auf der Massenkundgebung zu sprechen.

Mindestens 100 Veranstaltungen der Kampfgemeinschaft werden gesprengt oder gestört, andere umfunktioniert. Aber manchmal müssen die Angreifer das Feld wieder räumen. Die Mitglieder der Kampfgemeinschaft bewaffnen sich und schlagen zurück. Sie sind immer darauf vorbereitet, überfallen zu werden — nicht von den Roten, sondern von den Braunen. Jedoch tragen sie selbst noch das Braunhemd und verkünden ebenfalls den Nationalsozialismus als Rettungs- und Heilsweg. Auf die Dauer kann das nicht so bleiben. Otto Strasser spürt es.

Gegen die Überfälle und Störungen wird ein Saalschutz aufgestellt. Schon auf dem ersten Reichskongreß tritt er (unter dem Namen „Revolutionäre Kämpfer") in Erscheinung. Sein Organisationsleiter gehört zum Führerrat. Doch die Zahl der Revolutionären Kämpfer ist gering entsprechend der kleinen Mitgliederzahl. Selbst in Berlin kommen kaum mehr als 80 zusammen. Es wird erwogen, den Saalschutz zu einer besonderen Kampftruppe auszubauen, zur Schwarzen Garde. Ihr Kern besteht aus den Leibwächtern Otto Strassers, die er sich zugelegt hat, nachdem er mehrmals überfallen und verletzt worden ist. Es geht um Leben und Tod. Zwar soll er lebend und unverletzt eingeliefert werden, doch sein Tod ist beschlossene Sache. Der Schlange des Verrats soll das Haupt zertreten werden.

Otto Strasser weiß das und bereitet sich darauf vor. Dennoch ist er nicht gefeit gegen Überraschungen. Am 3. April 1931 spricht er im Frankfurter Zoo. Die Veranstaltung wird von SA gestört, schließlich sogar gesprengt. Nach Schluß wartet die SA auf der Straße, bis Otto Strasser herauskommt. Dann umzingelt sie ihn und „schlägt mit allen Kräften auf ihn los" (so ein Augenzeuge: Kurt Hoog). An diesem Tag wäre er verlorengewesen, hätte nicht eine 12—15-köpfige Gruppe von Mitgliedern des Jungdeutschen Ordens zu seinen Gunsten eingegriffen. Sie schlägt ihn aus der SA Horde buchstäblich heraus und bringt ihn per Auto in eine Privatwohnung, wo er verbunden und bepflastert wird. Otto Strasser führt diese Nothilfe fälschlich auf Mitglieder des „Stahlhelm" zurück. Mit dem Jungdeutschen Orden liegt er im Streit wegen des Arbeitsdienstes, den dieser einführen will und den er selbst noch ablehnt.

Vom Zeitpunkt des Frankfurter Überfalls an wird Otto Strasser auf seinen Fahrten durch Deutschland ständig von mehreren Leibwächtern begleitet, die mit Revolvern bewaffnet sind, tollwütige Gegner aber auch durch Jiu-Jitsu-Griffe kampfunfähig machen können.

1931 kann die Kampfgemeinschaft zahlreiche neue Mitglieder gewinnen.

Ganze Ortsgruppen der NSDAP treten zu ihr über. Auch einzelne Rotfrontkämpfer schließen sich an. Am bedeutsamsten wirkt sich jedoch aus, daß der Berliner SA-Revolte vom August/September 1930 eine zweite und weit größere im April 1931 folgt. Schon in die erste war der frühere Hauptmann Stennes verwickelt, doch hielt er sich damals im Hintergrund. Diesmal stellt er sich an die Spitze. Er wirft der Münchner Parteizentrale vor, „die revolutionäre Schwungkraft der SA mit bürgerlich-liberalistischen Tendenzen durchsetzt und Maßnahmen getroffen (zu haben), die den Lebensnerv der SA empfindlich berühren“[41)].

Eine solche Terminologie läßt vermuten, daß Stennes geistige Anleihe bei Otto Strasser macht. Dieser meint, die Berliner SA sei durch Aufklärungsschriften der Kampfgemeinschaft revolutioniert, in denen Hitlers Käuflichkeit angeprangert wurde. Er eilt auf der Stelle nach Berlin, wo die SA in Uniform das Parteigebäude und die Druckerei des „Angriff“ besetzt hat.

Doch Stennes ist ziemlich ratlos. „Was sollen wir machen?“ Er konnte mit der Unterstützung des Gauleiters rechnen. Aber Goebbels hat sich in Richtung München aus dem Staub gemacht, nicht ohne zu vergessen, zuvor das Eingreifen der Polizei zu erbitten.

Otto Strasser will dem Ratlosen Mut einflößen. „Eine Revolte, die nicht zur Revolution wird, ist von vornherein zum Scheitern verurteilt. Wir müssen aushalten!“[42)]

Tatsächlich rafft sich Stennes zusammen und überwindet sein Schwanken. Er ist Oberster SA-Führer Ost, was ihm die Möglichkeit und Autorität verschafft, auch andere Gaue in die Revolte einzubeziehen. Angeblich gewinnt er alle Gauleiter Norddeutschlands mit Ausnahme Leys, so daß nochmals eine ähnliche Situation wie 1925 entsteht. Gleich Stennes werfen sie der NSDAP Verweichlichung und Verbürgerlichung vor. In Berlin bringt die SA den „Angriff“ drei Tage lang unter ihrer eigenen Regie heraus, mit Enthüllungen über Goebbels. Ebensolange verteidigt sie den Zugang zu den Räumen der Druckerei gegen die angerückte Polizei. Aus den Knechten Hitlers scheinen nun tatsächlich Soldaten der Deutschen Revolution zu werden. Sollte Otto Strasser doch auf das richtige Pferd gesetzt haben?

Doch aus der Revolte wird keine Revolution, weder gegen die Parteizentrale noch gegen die Weimarer Republik. Die „Bonzenwirtschaft“ und „Verwässerung“ der NSDAP läßt sich durch eine regionale Meuterei nicht beheben. Aber sie hat so viel Unzufriedenheit und Erbitterung in der SA aufgespeichert, daß sich nunmehr ein Teil von Hitler löst und zu Otto Strassers Kampfgemeinschaft stößt. Es sind mehrere tausend. Durch diesen Zuwachs ist die Kampfgemeinschaft imstande, ihren Saalschutz zur Schwarzen Garde auszubauen (die nicht mit einer eigenen SS verwechselt werden sollte). Ihren Aufbau und ihre Führung übernimmt Major Buchrucker, der durch seinen Küstriner Putsch vom 1. Oktober 1923 bekannt geworden ist. Er versuchte damals vergeblich, mit der Schwarzen Reichswehr die Reichsregierung zu stürzen, eine starke Armee aufzubauen und sodann aufs neue mit den Westmächten über einen Friedensvertrag zu verhandeln.

Die ersten Gruppen der Schwarzen Garde werden im August 1932 gebildet. Ihre Leitsätze, die Major Buchrucker entwirft, sind „freiwillige Disziplin,

Hingabe an die Idee und unbändiger Kampfgeist"[43] Sie hat die Veranstaltungen der Kampfgemeinschaft und ihre Führer vor Überfällen zu schützen, darüber hinaus auch propagandistisch und agitatorisch tätig zu sein. Die Mitglieder der Garde sollen sich „gegen ihren Untergang wehren". Sie müssen den Vortrupp der Deutschen Revolution verteidigen und diese voranbringen, um das deutsche Volk aus größter Not zu erlösen. Buchrucker, Strasser und Blank versuchen, die Schwarze Garde in die revolutionäre Tradition einzuordnen. Sie trete in Störtebeckers, Florian Geyers und Lützows altem Geist an. Die Schwarze Schar Florian Geyers im deutschen Bauernkrieg wird als Urkeim bezeichnet; mit Störtebecker, dem berühmt-berüchtigten Seeräuber und Lidedeeler (Gleichteiler) ist eine anarcho-kommunistische Gestalt vertreten; und Lützow verkörpert den preußischen Elan. Was sie begannen, soll die Schwarze Garde vollenden — nämlich die Deutsche Revolution. Sie ist damit als das eigentliche Instrument der Machteroberung angesprochen. Ihre Mitgliederzahl dürfte freilich nicht über 400—500 hinausgegangen sein.

Immerhin hat die Schwarze Garde das Gesicht des III. Reichskongresses der Kampfgemeinschaft mitbestimmt, womöglich auch die Farbe der Schwarzen Front. Sie ist als Kader einer politischen Armee vorgesehen, wie sie auch Röhm mit der SA schaffen will. Das geht über die Funktion eines Ordnungsdienstes und einer Saalschutztruppe weit hinaus. Jeder Keim, einmal angelegt, entwickelt sich mehr oder weniger selbständig aus den Veranlagungen, die in ihn eingepflanzt sind. Früher oder später wäre es auch zu Spannungen zwischen der Schwarzen Garde und den politischen Führern der Kampfgemeinschaft gekommen. Major Buchrucker hält sie jedoch vorerst im Zaum. Er flößt ihr das Bewußtsein einer Elite und Speerspitze der Kampfgemeinschaft ein.

Der III. Reichskongreß

Der III. Reichskongreß findet in Verbindung mit dem recht einflußreichen Leuchtenburgkreis vom 7. bis 9. Oktober 1932 auf der Leuchtenburg statt. Er beginnt mit einer Tagung des Führerrates, dem der Vollzugsausschuß Bericht erstattet. Der Kongreß ist von rund 200 Delegierten aus den Kampfgruppen besucht, zu denen etwa 250 Gäste kommen, abgesehen vom Ordnungs- und Abschirmdienst. Damit könnte eine neue Partei gegründet werden, doch Otto Strasser sieht davon ab. Die Kampfgemeinschaft soll ein Kampfbund gleichgesinnter Seelen sein, die zur Hingabe für Deutschland bereit sind.

Wieder ist die Schicksalsgläubigkeit im Spiel. „Denn für unsere organische Weltanschauung gibt es das nicht, daß wir willkürlich einen Kampfapparat ‚aufziehen', sonder ‚es' wirkt in uns, und zur Tatwerdung dieser inneren Pflicht bedienen wir uns gewisser organisatorischer Mittel."[44] Für Otto Strasser ist die Kampfgemeinschaft keine Organisation um des Organisierens willen, sondern ein Mittel zur Neuordnung des deutschen Lebens, darüber hinaus ein Teil und ein Beweis der im Gang befindlichen Revolutionierung. Er nennt sie eine „revolutionäre Führerschule". Sie soll nicht mehr nur Unteroffiziere, sondern auch die Offiziere des politischen Armeekorps der Deutschen Revolution ausbilden.

So nahe hat sich Otto Strasser einem neuen Ausbruch dieser Revolution noch nie gefühlt. Schon der II. Reichskongreß vom Herbst 1931 auf Burg Lauenstein befaßte sich insgeheim mit der Aufstellung von Kampfgruppen. Der III. Reichskongreß bereitet sich auf den Bürgerkrieg mit der Reaktion vor. Er ist auch auf eine noch schärfere Auseinandersetzung mit der NSDAP gefaßt. Das braune Hemd wird abgelegt und durch ein schwarzes ersetzt. Dazu tragen viele Kongreßteilnehmer eine schwarze Hose, Stiefel und eine flache schwarze Kappe. Zur Uniform der Schwarzen Garde, die als Hundertschaft in Erscheinung tritt, gehört hingegen die Schirmmütze.

Otto Strasser spricht lange über die unheilbaren Schwächen des parlamentarischen Systems, die seinen baldigen Zusammenbruch erwarten lassen, dem jedoch nachgeholfen werden müsse. Denn kein System tritt freiwillig ab. Die Kampfgemeinschaft soll als neuer Ritterorden eine Bresche schlagen. Strasser vergleicht die Leuchtenburg mit der Marienburg, dem Sitz und Ausgangspunkt des Deutschen Ritterordens. Der Ritter soll zum deutschen Erziehungsideal werden, ähnlich wie der Gentleman für die Briten.

Auf dem III. Reichskongreß irrt auch ein faschistischer Ton von Ohr zu Ohr, nämlich der von einer neuen Herrenschicht und Aristokratie, die aus der Kampfgemeinschaft hervorgehen soll. Er kommt von Hildebrand (das ist der Deckname von Franke-Griecksch). Er vertritt nur eine Minderheit. Otto Strasser propagiert ihm gegenüber die „sozialistische Einheitsfront" gegen Hitler und Thälmann.

Der III. Reichskongreß verfaßt ein Manifest, das vom kurz bevorstehenden Durchbruch der Deutschen Revolution spricht. Auch Stennes bekennt sich nun zur Deutschen Revolution. Er war kühn genug, Hitler als Parteichef für abgesetzt zu erklären, wozu Gregor und Otto Strasser sowohl 1925 als auch 1930 der Mut gefehlt hat.

Stennes wollte die NSDAP der „verantwortungsvollen Kontrolle durch die SA" unterwerfen, um die weitere Abwendung aktivistischer Kämpfer zu den Kommunisten (und zu Otto Strassers „Salondiskutierklub") aufzufangen. Von Hitler auf einer eilig einberufenen Konferenz in Weimar aus der NSDAP gefeuert, entschließt er sich zur Zusammenarbeit mit den Strasseristen. Dennoch will er nicht aufgesogen werden. Er gründet daher die Nationalsozialistische Kampfbewegung Deutschlands.

Im Juli 1931 verschmilzt diese mit der Strasser-Organisation zur Nationalsozialistischen Kampfgemeinschaft Deutschlands (NSKD). Diese neue Vereinigung wird in zwei Sektoren aufgeteilt — in einen politischen und in einen militärischen Sektor. Ihr politischer Leiter ist Strasser, ihr militärischer Chef Stennes. So kehrt jene Konstellation wieder, die 1920 in der NSDAP und ihr nahestehenden Wehrverbänden bestand, wo Hitler als politischer und Ludendorff als militärischer Führer von sich reden machten. Die Geschichte ist voller Wiederholungen mit den gleichen Rollen, wobei sie nur ihr Personal und ihre Kostüme wechselt.

Die doppelköpfige NSKD wäre wohl nicht zustandegekommen ohne Kapitän Ehrhardt, der zum dritten Mann im Hintergrund wird. Auch die allseits gefürchtete Brigade Ehrhardt ist also mit im Spiel, was der neuen Organisation eine zusätzliche und scheinbar eherne Grundlage gibt, auf der sie es vielleicht auch mit Hitlers SS aufnehmen kann. Durch Ehrhardt, der von bestimmten Schwerindustriellen unterstützt wird, fließt auch Geld in die leeren Kassen. Die NSKD bildet sogar eine eigene Gefangenen- und Verwundetenhilfe. Unter dem Duumvirat Strasser-Stennes, das de facto durch Kapitän Ehrhardt zum Triumvirat wird, residiert ein siebenköpfiges Politisches Büro, das über dem nationalen Führerrat thront. Ihm gehören — außer den beiden Chefs — Blank, Buchrucker, Jahn und Kübler an, als Berater auch Dr. Grabowski. Doch die Blütenträume wollen nicht reifen.

Stennes schreibt zunächst Artikel für die extra eingerichtete SA-Beilage der Zeitung „Deutsche Revolution", bis er sein eigenes Blatt, die „NS-Montagszeitung", herausgeben kann. Auf seine Initiative entsteht auch die „Nationalsozialistische Kampfjugend", die mit der „Revolutionären Arbeiter- und Bauernjugend" zusammengelegt wird. Aber der Kitt erweist sich bald als brüchig. Zwar verbleiben etwa 2000 SA-Männer in der Kampfgemeinschaft, doch die vereinigten Organisationen trennen sich wieder, was sich besonders verheerend auf ihren gemeinsamen Studentenbund auswirkt; nicht zuletzt auf den Jugendverband, für den Otto Strasser eigens ein Kampflied verfaßt hat. Auch Betriebszellen fallen wieder in Stücke.

Stennes ist ein Vertreter des Führerprinzips, Otto Strasser ein Vertreter des Wahlprinzips mit aristokratischem Einschlag. Stennes ist ein Militär, der Befehle geben will, während Otto Strasser als Zivilbürger Beratungen vorzieht und sogar in den Geruch gerät, ein Demokrat zu sein. Stennes ist Antikommunist, wohingegen Otto Strasser wie Nikolaj Berdjajew zwischen Lüge und Wahrheit des Kommunismus unterscheidet. Stennes glaubt, es genüge, in einem Handstreich die höheren Behörden zu besetzen, um die Regierung auf die Knie zu zwingen. Otto Strasser hat eine subtilere und differenziertere Vorstellung der Deutschen Revolution, die sich seines Erachtens über einen langen Zeitraum erstreckt. Echte Revolutionäre seien stets Idealisten, deren Zahl notwendigerweise beschränkt sei; im Verhältnis zur materialistischen Masse einschließlich der SA würden sie immer eine Minderheit bilden. Stennes hingegen versteht sich als Massenführer und Volkstribun, was er indes nur in seiner Einbildung ist. Er kann befehlen, aber nicht führen.

Nach Hitlers Machtübernahme wird Stennes verhaftet. Ein Rollkommando der SS, das ihn umbringen soll, verlangt seine Auslieferung. Göring, der zusammen mit Stennes im Preußischen Kadettenkorps war, verhindert sie und verfügt seine Freilassung unter der Bedingung, daß er Deutschland schleunigst verlasse. Stennes geht nach China, wo er Tschiang Kai-scheks Leibwache aufbaut.

IV. Schwarze Front, Flucht und Exil

Otto Strasser hält es für nötig, die Basis der Deutschen Revolution nach oben hin zu verbreitern, da sie keine Sache der Massen, sondern eine Frage bewußter Minderheiten sei. Ihre Basis soll eine Elite sein, die sich aus allen politischen Strömungen herausbildet, welche das Gemeininteresse des deutschen Volkes über ihr Eigeninteresse stellen.

Strasser hat von Anbeginn über den Rahmen der Kampfgemeinschaft hinausgeblickt und hinausgestrebt. Aber ohne eine solche Organisation konnte er überhaupt nichts beginnen. Sie soll indes kein Selbstzweck sein.

Die neue Front

Sobald Otto Strasser seine Absicht erklärt, in Deutschland eine neue Front zu schaffen, die nicht nur aus revolutionären Nationalsozialisten bestehen könne, springen einige seiner Kampfgenossen ab, denen bald mehr folgen. Ihnen scheint, die Grundlagen der Kampfgemeinschaft würden nun ebenso verwässert wie zuvor durch Hitler die der NSDAP. Auch Mitgieder, die vorerst bei der Kampfgemeinschaft bleiben, rebellieren. Ihre Opposition geht bis zur „Sabotage" gefaßter Beschlüsse. Besonders heftig widerspricht Ulrich Oldenburg dem neuen Strasserplan, was um so schwerer wiegt, als er der Kampfkreisleiter von Berlin und Redakteur der „Deutschen Revolution" ist. Darüber hinaus hat ihm Otto Strasser die juristische Verantwortung für diese Zeitung übertragen, wodurch er sie vorübergehend in seine Hand bringen kann. Schließlich ist er sogar Mitinhaber des Verlags „Der Nationale Sozialist". Er schlägt ihn Otto Strasser aus der Hand, so daß dieser einen neuen Verlag gründen muß.

Doch damit ist das Maß noch nicht voll. Oldenburg eröffnet eine Kampagne gegen Dr. Strasser, die seinen Untergang voraussagt. Zusammen mit anderen rebellierenden Kampfkreisleitern gründet er im September 1931 eine neue Organisation, die „Kampfgemeinschaft Deutscher Revolutionäre". Otto Strasser wird beschuldigt, der Idee untreu geworden zu sein. Eine neue SA wie die „Schwarze Garde" sei nicht nötig. Mit dem Personenkult müsse Schluß gemacht werden. „Für uns ist die Person nichts, die Sache der deutschen Revolution alles."[1] Strasser wird für abgesetzt erklärt! An seine Stelle soll Oberleutnant Wendt treten. Dieser erklärt sich zunächst bereit, schwenkt jedoch bald wieder um, nachdem ihn Otto Strasser aufgesucht und unter vier Augen mit ihm gesprochen hat.

Der schärfste Angriff kommt freilich von Robert Vasterling, dem Kampfkreisleiter Hannovers. „Strasser fühlt sich als Halbgott, der berufen ist, Staats- und Wirtschaftssysteme auszubrüten. Er mag ein tüchtiger Journalist sein, als politischen Führer lehnen wir ihn ab. Als Leiter wollen wir nicht einen Offizier oder einen einseitigen wissenschaftlichen Intellektuellen, sondern einen deutschen Arbeiter."[2] Strassers Kurs sei dogmatisch und romantisch. Er werfe alle aus der Kampfgemeinschaft hinaus, die ihm die Wahrheit sagten. Doch „Personen mögen gehen, Ideen bleiben." Für Vasterling gibt es keinen einzelnen Ideenträger, der auserwählt ist. Eine Idee wird von allen getragen, die dafür kämpfen. Deshalb bedarf es auch keiner Garde; jeder muß ein Gardist sein.

Otto Strasser wird mit dieser Opposition durch die Gewinnung Wendts und die Ernennung von zehn Säuberungskommissaren überraschend schnell fertig. Gleichwohl fällt auf die Idee der Schwarzen Front ein Schatten. Ihre Gründung ist mit einer gewissen Zersetzung der Kampfgemeinschaft verbunden, obwohl sie sich auf diese stützt und mangels einer anderen Organisation auch stützen muß.

Stimmt es, daß sich Otto Strasser zum „unumschränkten Führer" aufwerfen will, wie ihm nachträglich auch von Patrick Moreau vorgeworfen wird? Mir scheint, daß er das weder wünscht noch kann. Warum hat er die Bildung eines Vollzugsausschusses und eines Führerrates vorgeschlagen, statt wie Hitler den ultimativen Antrag zu stellen, ihm diktatorische Vollmachten zu übertragen? Offenbar will er sich beraten und beraten lassen. Der faschistische Obrigkeitsstaat ist ihm nicht minder suspekt als die parlamentarische Demokratie. Und das Führerprinzip erscheint ihm ungeeignet für abgewogene Entscheidungen.

Aber Otto Strasser kann auch kein Diktator sein. Er erweckt weder Ergebenheit noch Todesbereitschaft, wie das bei Hitler der Fall ist, für den viele sterben wollen. Seine Autorität ist begrenzt. Otto Strasser fehlen jene Gaben, die zur charismatischen Herrschaft befähigen — mit Ausnahme von Überzeugungskraft und intellektueller Geschmeidigkeit, die ihm durchaus zu Gebote stehen. Aber er ist keineswegs das, was man damals einen geborenen Führer nennt, der durch seinen bloßen Willen Widerstände überwindet und verschiedenartige Elemente „zusammenschweißt". Es mag sein, daß er ab und zu mit einer diktatorischen Rolle liebäugelt oder sich gar wie ein Diktator gebärdet. Doch das widerspricht seiner organischen Weltschau, derzufolge auch die Führer sich einbinden müssen. Die Organisationsform der Kampfgemeinschaft ist auf seine Statur zugeschnitten.

Rot oder schwarz?

Im August 1931 legt Otto Strasser erstmals recht ausführlich dar, warum eine Schwarze Front notwendig sei. Deutschland befindet sich in einem Schmelzprozeß, der die alten Fronten zusammenbrechen läßt. Die bürgerliche Mitte von Hugenberg bis Breitscheid löst sich auf. Aber auch links und rechts davon wütet eine Krise, sowohl in den Reihen der KPD wie in denen der NSDAP. Der Zusammenbruch ist total. Er reißt ebenso die Systemverteidiger wie die Systemgegner mit. „Aus allen Lagern werden heute die Kräfte frei, die sich gelöst haben von alten Bindungen und Ideologien, die herausdrängen aus der Enge und Verbrauchtheit ihrer bisherigen Gruppierungen, die bereit sind, sich auf einer neuen Grundlage außerhalb des Systems zusammenzufinden."[3)] Es gehe um rot oder schwarz.

Die rote Front sei eine liberal-marxistische, „international in ihrem Geist, städtisch-industriell in ihrer Form, materialistisch in ihrem Wesen".

Die schwarze Front ist eine konservativ-sozialistische, „national in ihrem Geist, soldatisch-bäuerlich in ihrer Form, völkisch in ihrem Wesen". Sie wird eine Front der Arbeiter, Bauern und Soldaten sein.

So zieht Dr. Strasser eine neue Grenze. Wobei fraglich ist, wie er die Sozialdemokratie einordnet. Herbert Blank meint, sie sei zwar nicht mehr nach ihrem Programm, aber nach ihrem Charakter weiter marxistisch, weil dem Prinzip des Historischen Materialismus verhaftet.

Auf jeden Fall stimmt es nicht, daß sich alle Gruppierungen der NS-Opposition, statt sich verstärkt gegen den Kommunismus zu wenden, in der Todeskrise des Weimarer Parlamentarismus weiterhin allein auf die Annullierung des Versailler Vertrags geworfen hätten (so Professor Nolte). Otto Strasser sieht die Gefahr, die KPD könne den größten Nutzen aus dem Zerfall der Weimarer Republik ziehen, da sie noch besser als die NSDAP organisiert ist und tiefere Wurzeln in der Arbeiterschaft schlagen konnte. Übrigens hat sich ihre Programmerklärung „zur nationalen und sozialen Befreiung des deutschen Volkes" vom 24. August 1930 als erfolgreiche Lockspeise selbst für führende Mitglieder der Kampfgemeinschaft erwiesen. Rehm (Organisationsleiter), Korn (Schulungsleiter) und Lorf (Berliner Geschäftsführer) sind zur KPD übergetreten.

Otto Strasser selbst hätte kein Daseinsrecht in der KPD, obwohl er sich als „ersten bolschewistischen Deutschen" bezeichnet. Wobei er freilich, wie sein Mitarbeiter Christian Klee, zwischen Bolschewismus und Kommunismus unterscheidet. Ist der erste russisch und soldatisch, so der zweite marxistisch und internationalistisch. Ist der erste Energie, so der zweite eine Doktrin. Ist der erste eine Bewegung, so der zweite eine Partei.

Auf diese Feinheiten geht natürlich niemand ein (obwohl auch die russische Bauernschaft zwischen Kommunismus und Bolschewismus unterscheidet). Die Kommunistische Internationale nennt Otto Strasser und die Kampfgemeinschaft in ihrer Zeitschrift, welche auch in deutscher Sprache erscheint, gefährlicher als Hitler und die NSDAP. „Ihre objektive Rolle ist es, den Aufbruch der Massen aufzuhalten."[4)] Ebenso haben maßgebliche westliche Politiker Trotzki für gefährlicher als Stalin gehalten. Nun dienen die Geldzuwendungen einiger Industrieller an die NSDAP hauptsächlich dem Zweck, „Hitler als den Gemäßigten gegen die sozialistischen Tendenzen Strassers zu stützen"[5)].

Beide werden von der Komintern als „Nationalfaschisten" gebrandmarkt und von den „Sozialfaschisten" der SPD unterschieden. Für die KPD kommt der Faschismus in Deutschland schon 1930 mit Brüning an die Macht. Ihre geistige und analytische Hilflosigkeit ist unbeschreiblich. Otto Strasser stellt ihrem Historischen Materialismus einen Historischen Realismus gegenüber. Der Marxismus enthält abstrakte Wahrheiten, ist aber tatsachenblind, weil schematisch und internationalistisch. Wie der Kapitalismus praktisch bankrott sei, so der Marxismus theoretisch. In Ländern wie England, wo die Arbeiterschaft mit dem Bürgertum auf einem gemeinsamen Boden steht, ist eine soziale Revolution unmöglich. Jeweils müßten die nationalen Eigenarten berücksichtigt werden. Darin hat der Dialektische Materialismus versagt, aber ungeachtet dessen den geschichtlichen Blick geschärft. In den „NS-Briefen heißt es sogar, er habe in Deutschland „wie ein reinigendes Gewitter gewirkt“[6] und über den Wolken schwebende Philosophen auf die Erde heruntergeholt. Bei solchen Lobsprüchen ist es kein Wunder, daß öffentliche Vermutungen darüber angestellt werden, wann Otto Strasser nach Moskau reisen wird. „Eine schamlose Frage“ für seine Kampfgenossen. Doch der Angesprochene antwortet lässig, vielleicht fahre oder fliege er tatsächlich einmal nach Moskau, was man ihm freilich selbst überlassen müsse.

Strasser zufolge kehrt der Klassengegensatz zu seinem nationalen Ursprung zurück. Das Poletariat ist nicht mehr eine randalierende Gesellschaftsschicht, sondern geknechtetes und ausgebeutetes Volk, das seinen Büttel in der eigenen Oberschicht sieht. Für Kurt Kuhn wird die Herrschaft des Proletariats unter diesem Gesichtspunkt sogar zur „Herrschaft und Freiheit der Nation“[7]. Die Kampfgemeinschaft stellt den Volksrätestaat als ihr Fernziel auf. Solche Ideen sickern auch in die Schwarze Front ein, ohne in ihr Wurzeln zu fassen.

Räte werden keineswegs als solche abgelehnt, nur das Sowjetsystem in kommunistischer Fassung. Der Klassengegensatz soll durch die Deutsche Revolution nationalisiert werden. Otto Strasser ist der Ansicht, in Deutschland gebe es zu viele Bourgeois. Aber er löst diesen Begriff von einer bestimmten Gesellschaftsschicht. Bourgeois in seinem Sinn sind alle, die keinen Stil haben, weil sie den eignen verleugnen; solche Menschen seien weder richtige Proletarier noch richtige Bürger.

Um einen neuen Stil in das politische Leben der Weimarer Republik einzuführen, stellt sich Otto Strasser öffentlichen Diskussionen mit Anarchisten und Kommunisten. So diskutiert er beispielsweise mit dem Anarchosyndikalisten Rudolf Rocker, seitens der KPD mit Willi Münzenberg und Karl August Wittfogel. Man würde heute von Podiumsgesprächen reden. Sie sollen das Ohr des Proletariats erreichen und in ihm widerklingen. Otto Strasser wirft Adolf Hitler vor, das Ringen um die Seele des deutschen Arbeiters zugunsten einer bürgerlichen Sammlung und der Solidarität des Geldbeutels aufgegeben zu haben.

Er führt auch einen Zeitungsdisput mit Bruno Frei, dem Chef der KPD-Zeitung „Berlin am Morgen“. Hierbei schlägt er das Thema „Internationaler Marxismus oder nationaler Sozialismus?“ an. Nur die Zerrissenheit des neuen Geistes bewahrt ihm zufolge die alte Formenwelt trotz revolutionärer Atmosphäre noch vor dem Zusammenbruch. Nahezu das gesamte Volk drängt zu einer Gemeinwirtschaft hin, zu einer sozialistischen Wirtschaftsordnung. Aber nicht alle Völker haben die gleiche Wirtschaft. Neben der kapitalistischen gibt es noch andere Formen, und nur ihr ist der Klassenkampf wie ein Gebrechen eigen. Er hat also mit echtem Sozialismus gar nichts zu tun. Dieser gründet sich vielmehr auf nationale Solidarität. Aber selbst in der verkalkten marxistischen Form stellt die sozialistische Idee für Otto Strasser eine ungeheure Kraft dar. Wenn trotzdem ein schon 80jähriger Kampf der deutschen Arbeiterschaft völlig ergebnislos blieb, müsse sich diese endlich eingestehen: „Der Weg des Marxismus ist ein Irrweg: auf ihm kommt man nie zum Ziel des Sozialismus“, der eine „auf die Bedürfnisse der Gemeinschaft zugeschnittene und zu ihren Gunsten wirkende Gemeinwirtschaft“[8] sei.

Diese Beschränkung des Sozialismus auf die Wirtschaft kann dem kommunistischen Chefredakteur nicht gefallen. Noch weniger Strassers Behauptung, der Klassenkampf bestätige und festige den Kapitalismus. Der Sozialismus sei jeweils immer an ein Volk gebunden — nämlich an jenes, das nach dem Reifestadium seiner Wirtschaft, Kultur und Gesellschaft gerade „dran" sei. Diese neuen Gedanken fordern den heftigen Widerspruch Freis heraus. Er versucht, sie lächerlich zu machen: „Ogottogott! Wer hätte das nur gedacht! Dr. Otto Strasser ist also ein Feind des Kapitalismus. Und er ist für den Sozialismus! [...]"[9] Aber mit dieser Ironie kommt er nicht weit. Otto Strasser ist für einen Sozialismus der Tat, der solange nicht entstehen könne, wie man auf eine gemeinsame internationale Aktion warte. „Denn die Völker sind verschieden alt." In dieser mysteriösen Alterstheorie steckt für Bruno Frei „bereits der ganze Plunder drin". Der Sozialismus sei nur das Wirtschaftsideal des Proletariats.

Strasser antwortet, unter dem Alter eines Volkes verstehe er den Reifegrad seiner Entwicklung, „die nicht logisch-linear nach oben geht, sondern biologisch-kreisförmig vom Leben zum Tod ... So gesehen sind die Russen jung, jünger als die Völker des abendländischen Kulturkreises, unter denen wiederum das französische Volk älter ist als das deutsche."

Die schlimmste Form des Marxismus ist für Otto Strasser der Antimarxismus, jene Haltung und Handlungsweise, die in der NSDAP stilisiert wird. Er spricht sich für einen antifaschistischen Block aus. Für ihn ist der Antifaschismus eine natürliche Konsequenz des sozialistischen und völkischen Wollens. Die sozialistische Einheitsfront, der Otto Strasser mit der Kampfgemeinschaft und Schwarzen Front sogleich beitreten will, soll alle linken und rechten Sozialisten an der Basis gegen Hitler und Thälmann vereinen, von denen der eine Rom, der andere Moskau vertrete. „Weder Rom noch Moskau" — das ist sein Kernsatz in dieser Zeit. „Sozialismus, um zur Nation zu werden", nicht gegen die Nation. „Nationalismus, um die Arteigenheit des deutschen Volkes, eben auch seinen Sozialismus, zu sichern und zu entwickeln." So gesehen wäre die sozialistische Einheitsfront eine Aktionsgemeinschaft der Deutschen Sozialisten aller Spielarten.

Dafür möchte Otto Strasser auch einen Teil der Kommunisten gewinnen. Der revolutionäre Marxismus, den sie vertreten, ist ihm lieber als der reformistische. Im „Kommunistischen Manifest" von Marx und Engels sieht er ein historisches Dokument, das neben den „Gottesstaat" von Augustinus gestellt werden kann. Doch Spengler hat ihn gelehrt, daß es weder zwischen den Kulturen noch zwischen den Völkern zu einer Übereinstimmung von Ideen und Formen kommt. Fremde Ideen werden entweder umgebogen oder abgestoßen. Jede Idee entspricht der Arteigenheit, dem Charakter des sie zuerst gebärenden Volkes. Der Faschismus ist für Deutschland unmöglich, weil er dem italienischen Volkscharakter entspricht. Dasselbe gilt für den Bolschewismus, insofern er die russische Volksseele und ihre besondere Sendung „irgendwie deckt". Ein wirklich deutscher Sozialismus muß, wenn er Bestand haben soll, aus dem eigenen Volkscharakter, aus der Natur des deutschen Menschen abgeleitet werden — schöpferisch und nicht doktrinär. Das ist die völkische Komponente des Deutschen Sozialismus. Er soll auf dem Historischen Realismus beruhen.

Der Antisemitismus tritt bei Otto Strasser im gleichen Maße zurück, wie sich die Auseinandersetzung der Schwarzen Front mit Hitlers Partei verschärft. Die Kampfgemeinschaft hat ihren Arierparagraphen, da ihr nur Männer deutscher Herkunft beitreten können. Für die Mitgliedschaft in der Schwarzen Front kann eine solche Bedingung nicht gestellt werden. Auch ein Tucholsky wäre da möglich, obwohl seine „Weltbühne“ keineswegs nach Dr. Strassers Geschmack ist. Er hat niemals den persönlichen Umgang mit Juden gescheut noch ihnen Vorurteile entgegengebracht. Die Juden sind für ihn ein Volk wie jedes andere, wenngleich das anpassungsfähigste. Sie sollen sich nur nicht in die deutsche Politik einmischen.

Als Hitler 1926 den römischen Gruß und die faschistischen Standarten übernahm, erkannte Otto Strasser, daß sich die NSDAP an einem Wendepunkt befand. Ihre Mitgliedschaft mußte sich zwischen Deutscher Revolution und Faschismus entscheiden. Diesen Klärungsprozeß wollte er einleiten und vorantreiben. Zunächst geschah das innerhalb der Partei, nun geschieht es in der Schwarzen Front. Otto Strasser zieht nach wie vor einen Trennungsstrich zwischen Nationalsozialismus und Faschismus. Der erstere löst sich ihm zufolge bereits von Hitler, im gleichen Tempo, wie die NSDAP faschisiert wird. Und in der Kampfgemeinschaft hat er eine neue Organisationsform gefunden. Aber nun müssen alle vereint werden, die durch Hitler und Thälmann Rom und Moskau auf Deutschland einbranden sehen. Ein Sektierer ist Otto Strasser nicht.

In den „NS-Briefen“ vom April 1931 konnte man lesen, im Grunde sei der Marxismus hundertprozentig bürgerlich und ein proletarischer Liberalismus. Das wichtigste Problem ist, „ob die bodenständige, wirklichkeitsnahe, antibürgerliche Richtung in der Arbeiterbewegung [...] sich durchsetzen wird“, was den Bruch mit der Weltbürgerlichkeit voraussetzt. Nach dem „Abrutschen der NSDAP ins bürgerliche Lager“[10] ist ein politischer Sieg des proletarischen Nationalismus zu verzeichnen. Im KPD-Programm der „nationalen und sozialen Befreiung“ hat selbst der Kommunismus die Macht der blutsmäßigen Heimatliebe anerkannt. Wird auch ein großer Teil der Sozialdemokratie diesen Weg beschreiten, „auf dem die Kolonnen der revolutionären Nationalsozialisten voranmarschieren“? Das Gefühlsmäßige, die Stimme des Blutes, sei anfangs auch in Hitler stark gewesen. Doch es drang bei ihm nicht durch, weil es noch nicht stark genug in ihm die Nation forderte „und der Rationalität bourgeoiser Wirklichkeit unterlag“.

Diese Meinung entspricht nur teilweise der Ansicht Otto Strasser. Er gibt sich nicht der Illusion hin, durch die Programmerklärung der KPD könne der Puls der Heimatliebe schlagen. Vielmehr hält er sie für ein taktisches Manöver, dazu bestimmt, die NS-Bewegung zu unterwandern und ihr den Rang abzulaufen. Doch auch er will mit dem bürgerlichen Nationalismus, ja mit der nationalistischen Bewegung nichts mehr zu tun haben. In gewisser Hinsicht wendet er sich durch sein „Aufbauprogramm des Deutschen Sozialismus“ dem Proletariat zu, das entproletarisiert und nationalisiert werden soll. Otto Strasser ist sogar bereit, ein Stück des Wegs gemeinsam mit der Roten Front gegen Brüning, Hugenberg und Hitler zu gehen (eine Politik, die sein Bruder

Gregor als „wahnsinnig“ und „verantwortungslos“ bezeichnet). Schwarz gegen rot schließt seines Erachtens ein vorübergehendes Bündnis nicht aus. Aber früher oder später werden sich die Klingen kreuzen. Schließlich wird schwarz über rot triumphieren, weil es im eigenen Volkstum verwurzelt ist.

Deshalb schärft Otto Strasser die geistigen Waffen. Gegenüber dem Marxismus stellt er die Frage so: Materialismus oder Idealismus? In mancher Hinsicht hat Marx recht gehabt. Aber „von Grund auf falsch“ ist seine Anschauung, „daß die ökonomische Funktion das geistige und seelische Leben der Menschen bestimme. Jeder Frontsoldat, der sich freiwillig zu einer Patrouille meldete, war ein Gegenbeweis.“[11)] Seine liberale Wesenheit binde den Marxismus freilich an eine materialistische Sicht.

Es ist recht fraglich, ob alle Mitglieder der Kampfgemeinschaft und Schwarzen Front bereit sind, zeitweise gemeinsam mit den „Roten“ zu marschieren. Richard Schapke, politisch etwas scharfsichtiger als Otto Strasser, zweifelt am antifaschistischen Charakter der KPD, nachdem er an einem von ihr arrangierten „Volkskongreß“ teilgenommen hat. Dieser antifaschistische Kongreß sei ein Protest „gegen den Faschismus der Kommunistischen Partei“[12)] gewesen.

Das Landvolk steht auf

Die Bauernschaft wird von Otto Strasser und seinen Kampfgefährten als die „bodenständigste“ Schicht der Gesellschaft geschätzt, höher als das „wurzellose“ Großstadtproletariat. Von Anbeginn hat die bäuerliche Protestbewegung des Landvolks in Schleswig-Holstein, von wo sie auf Schlesien, Sachsen und sogar auf Bayern übergreift, ihre Aufmerksamkeit und Teilnahme erregt. Aber nun erst machen sie ernsthafte Anstrengungen, sich mit der Landvolkbewegung zu verbinden. Sie soll in die Schwarze Front eingespannt, ja zu ihrer Massenbasis werden. Die Offiziere der Deutschen Revolution suchen noch nach einem Heer.

Otto Strasser überprüft die 14 Thesen zur Deutschen Revolution und paßt sie der bäuerlichen Rebellion an. Diese radikalisiert sich sowohl zur KPD als auch zur NSDAP hin. Zwischen den beiden politischen Flügeln des Landvolks faßt die Schwarze Front Fuß. Sie heißt die Bombenanschläge gegen Finanz- und Landratsämter gut. Doch Otto Strasser weiß, daß ein paar Bomben „das System nicht aus den Angeln heben“. Er unterstützt daher die aktiv-gewaltfreie Richtung der Landvolkbewegung um Wilhelm Hamkens, der die Bauern aufruft, eine ähnliche „Schicksalsgemeinschaft wie 1914“ zu bilden. Im Netz der dörflichen Vertrauensmänner, das sich auf Initiative von Hamkens zusammenknüpft, sieht er wohl den Keim von Bauernräten gemäß seinem ständischen Aufbauplan. Doch auch Claus Heim, der die revolutionäre und gewaltsame Richtung anführt, wird in den letzten „NS-Briefen“ als ein Held der Deutschen Revolution verherrlicht, zumal er das Angebot der NSDAP, eine Spitzenkandidatur bei den Reichstagswahlen zu übernehmen, abgelehnt hat. In der Zeitung „Deutsche Revolution“ erscheint eine „Bundschuh“-Beilage. Otto Strasser bedauert darin, daß der deutsche Bauer keine

Standesvertretung mehr habe. Das Land ist die Urzelle des völkischen Lebens. Die bäuerliche Revolution kann nur siegen, wenn sie in den Strom der Deutschen Revolution mündet.

Durch Dr. Grantz und seine Arbeitsgemeinschaft ist es möglich, im Raum Dithmarschen erheblichen Einfluß auf die Landvolkbewegung zu gewinnen. In fünf bis sechs Dörfern dieses Gebiets soll der Gruß „Heil Strasser!" eingeführt und populär geworden sein. Aus ihm stießen auch Hunderte von NSDAP-Mitgliedern zur Kampfgemeinschaft und zur Schwarzen Front. Otto Strasser trägt mit verschiedenen Reden die Idee eines Volks-Rätestaates in die Dörfer. Die trotzige Losung der Landvolkbewegung — „Lieber tot als Sklav!" — sagt ihm zu. Sie könnte von ihm selbst stammen. Das ist der Geist, den er als Nationalist in den Begriff „Unerbittlichkeit" faßt.

In Schlesien steht sein Gefährte Richard Schapke an der Spitze des Landvolks. Auch anderswo gelingt es, die bäuerliche Rebellion zu kanalisieren, wenngleich nur in beschränktem Umfang. Ein Teil läuft in die KPD ein, ein anderer in die NSDAP. Doch das Bauernprogramm der Kampfgemeinschaft und Schwarzen Front scheint für Tausende von Bauern am überzeugendsten zu sein. Sie stehen dem Gedanken eines ständischen Aufbaus am nächsten. „Blut und Boden" sind für das Landvolk keine ideologischen Begriffe. Mit „Blut" ist die Sippe und Tradition gemeint, mit „Boden" einfach jene Erde, die der Bauer unter den Pflug nimmt. Hitler hat dem eine andere und aggressive Bedeutung gegeben.

Otto Strasser möchte religiöse Glaubensfreiheit vom „Sittlichkeits- und Moralgefühl der nordischen Rasse" abhängig machen. Unter Rasse versteht er allerdings etwas ganz anderes als Hitler, nämlich eine Kombination von Volk, Landschaft und Geschichte. Bis zu einem gewissen Grade nationalisiert er auch den Rassebegriff, während Hitler gerade umgekehrt zum Pangermanismus neigt.

Otto Strasser will übrigens sowohl das Industrieproletariat als auch die Industriesyndikate abbauen. Beide sollen von den Großstädten weg auf die Dörfer verteilt werden. Anstelle der Landflucht möchte er eine Stadtflucht in Gang setzen, welche insbesondere die Bauernsöhne auf die Höfe ihrer Väter zurückbringt oder ihnen anderwärts Boden und Siedlungsmöglichkeiten verschafft.

Die Fahne der Landvolkbewegung ist schwarz; in der Mitte kreuzen sich Pflug und Schwert. Als sie auf einem nach altgermanischer Sitte eingerufenen Thing gehißt wird, soll sie mit brausendem Jubel begrüßt worden sein.

Von derselben Farbe ist die Fahne der Schwarzen Front. Denn Schwarz-Rot-Gold und Schwarz-Weiß-Rot, um die seit Jahren der Flaggenstreit tobt, bilden angeblich die Front des Systems, das „von Hitler bis Hilferding" reicht. Gegen diese Front marschieren die beiden Heeressäulen der Revolution auf — einerseits die rote und liberale, andererseits die schwarze und konservative. So sieht Dr. Strasser die Lage, und darauf stellt er sich ein. Diese Lagebeurteilung vom August 1930 scheint ihre Bestätigung zu finden in der Bildung der Harzburger Front am 11. Oktober 1931 in Bad Harzburg, wo sich die NSDAP mit den Deutschnationalen (Hugenberg) und dem Stahlhelm (Seldte) verbündet; aber sie verbinden sich zum Sturz der Regierung Brüning.

Sollen die beiden Heersäulen der Revolution getrennt marschieren und vereint schlagen? Sind sie nicht allzu ungleich und gegensätzlich?

Darüber macht sich Otto Strasser wenig Sorgen. Er ist davon überzeugt, daß hinter der Schwarzen Front potentiell bereits die Majorität der schaffenden Bevölkerung steht, selbst die Mehrheit der Arbeiterschaft, wenn sie sich dessen auch noch nicht bewußt sei. Es müsse ihr eben bewußt gemacht werden! In der Schwarzen Front sieht er die künftige Volksgemeinschaft, welche die Schranke zwischen links und rechts niederbrechen werde, bildhaft vorausgenommen. Ihr Symbol soll die schwarze Fahne der Konservativen und bäuerlichen Revolution sein — die Fahne der Not, der Demütigung und letzten Erbitterung, das Banner der Unrast von Gedanken, die Tag und Nacht um das Schicksal Deutschlands kreisen, um es endlich zu wenden.

Die rote Fahne reizt und bedeutet Blut ohne Geist. Die schwarz-rot-goldene Fahne der Republik war der schöne Irrtum von Romantikern. Die schwarzweiß-rote Fahne des Bismarcks-Reichs flatterte über haltlosen Machtgelüsten. Nun weht über Deutschland nur noch das schwarze Banner des Aufbruchs.

Auch die Delegierten der Kampfgemeinschaft erscheinen auf ihrem zweiten Reichskongreß vom Oktober 1931 in schwarzen (statt in braunen) Hemden. Ihre Fahne trug von Anbeginn eine schwarze Grundfarbe. Der gedankliche Keim einer Schwarzen Front ist bei Otto Strasser bereits im Frühsommer 1930 festzustellen. Die „NS-Briefe" kündigen sie schon im August dieses Jahres an. Aber er läßt sich zwölf Monate Zeit, damit die Idee einer geistigen Sammelbewegung reifen kann.

Es ist schon angedeutet worden, in welchem Verhältnis Schwarze Front und Kampfgemeinschaft stehen. Diese wird keineswegs zu deren Gunsten aufgelöst. Otto Strasser bringt sie vielmehr — wenn man so will — als seine Hausmacht ein. Die Kampfgemeinschaft bildet sogar das Skelett und Nervensystem der Schwarzen Front, um die sich nun Muskeln und Fleisch ansetzen. Sie ist ihr Kern und bleibt es, bis sie unter den Schlägen des NS-Systems und SS-Staats zusammenbricht.

Nachträglich wird das Manifest ihres ersten Reichskongresses als Gründungsmanifest der Schwarzen Front ausgegeben, obwohl diese erst im August 1931 geboren worden ist. Sie wäre niemals im Zeichen des Hakenkreuzes zustandegekommen. Die Gründung der Schwarzen Front nimmt in gewisser Hinsicht auch Otto Strassers eigene Entwicklung voraus. Er setzt ihr ein Ziel, das er selbst erst noch erreichen muß, nämlich die geistige und politische Bewältigung des Nationalsozialismus. Auch die „NS-Briefe" müssen nun eingestellt werden, was zum 1. August 1931 geschieht.

Die Schwarze Front sollte eigentlich der „ideologische und politische Mittelpunkt jener Front der Deutschen Revolution werden, deren Fehlen bisher so schmerzlich empfunden wurde"[13]. Diesen Platz hat jedoch die Kampfgemeinschaft ausgefüllt. Erst als sich ihre Grenzen zeigten und als sie in verschiedene Krisen geriet, die ihre Organisationsform als zu eng erwiesen, hat sich Otto Strasser anders besonnen. In die Schwarze Front kann er beispielsweise wieder Stennes und seine Leute einbeziehen, mit denen er sich innerhalb der kurzlebigen Nationalsozialistischen Kampfgemeinschaft Deutschlands zerstritten hat.

Auch der „Wehrwolf", ein „Bund deutscher Männer und Frontkrieger" um Fritz Kloppe, tritt ihr bei. Er hat eine schwarze Fahne mit silbernem Totenkopf. Seine Mitglieder tragen feldgraue Uniform. Sie bereiten sich durch militärische Übungen auf einen nationalen Befreiungskrieg vor. Der Wehrwolf unterstützt aber auch Arbeitslose und ausgesperrte Arbeiter. Er hat eine soziale Note, die Kloppe in seiner Ideologie des Possedismus betont. Wie es in einem Flug- und Faltblatt des Wehrwolfes heißt, verlangt er von den Mitgliedern aller Berufsstände, daß sie im wirtschaftlichen Kampfe „gegen die Ausbeuter und Sklavenhalter des deutschen Volkes Schulter an Schulter mit ihren Berufs- und Arbeitskollegen stehen". Die Pflicht der deutschen Frau sei die Pflege deutscher Art und Sitte. Das künftige Großdeutschland soll ein Einheitsstaat sein, der sich auf die „kulturelle und wirtschaftliche Selbständigkeit heimatbedingter Stammesgebiete (Gaue) stützt"[14]. Nur das Volk sei eine lebendige Einheit, die Menschheit ein leerer Sammelbegriff. „Anstelle des Staatsbürgertums liberaler Prägung setzen wir den Begriff der Volks- und Stammesgenossen." Der Wehrwolf tritt gegen die rote Revolution für eine nationale ein. Er bezeichnet sich als „Glied der neuen Front", deren aktivster und kampfesfrohester Vorkämpfer er sei. Er mag 3 000 bis 5 000 Mitglieder in die Schwarze Front mitgebracht haben. Anscheinend hat er zum Aufbau der Schwarzen Garde beigetragen. Doch trennt er sich durch seinen Entschluß, eine neue Partei zu gründen, schon Ende 1932 von der Kampfgemeinschaft und scheidet aus der Schwarzen Front stillschweigend wieder aus. Diese versteht sich ja als eine außerparlamentarische Sammlungsbewegung. Im März 1933 geht Kloppe zu Hitler über und legt ein Treuebekenntnis zum nationalsozialistischen Staat ab. Er wird dafür zum SA-Standartenführer ernannt, verschwindet aber 1935 spurlos in einem Konzentrationslager.

Ein weiterer Bestandteil der Schwarzen Front sind die Widerstandskreise um den Nationalbolschewisten Ernst Niekisch (dem auch Ernst Jünger nahesteht). Der Bürger ist seines Erachtens ein Gewächs der Städte, ebenso wie der Liberalismus. Aber je weiter man vom Rhein aus nach Osten vordringt, „desto unstädtischer, unliberaler, feudalistischer sind die Völker"[15]. Der Osten ist aus geschichtlichen und seelischen Gründen der Raum des ländlichen Geistes. Deutschland als Land der Mitte hat an beiden Geisteshaltungen teil, aber es muß sich nun entscheiden. Wer den Bann des Liberalismus und der städtischen westlichen Zivilisation brechen will, dem bleibt nichts anderes übrig als eine Hinwendung zur Barbarei des Ostens und zum Bolschewismus, der im Grunde russisches Preußentum sei. Niekisch spricht sich für die Vernichtung des deutschen Bürgertums aus! Er ist einer der entschlossensten Gegner des NS-Systems und wird von Freislers Volksgerichtshof zum Tode verurteilt, jedoch vor der Vollstreckung durch die Rote Armee befreit.

Unter Niekischs Einfluß kommt auch die Kameradschaft Oberland zur Schwarzen Front. Sie will das Ich-Prinzip durch ein autoritäres System, durch tägliches Dasein in Zucht und Pflichten überwinden. Privateigentum soll es nur insoweit geben, wie es der Betreffende als Mittel und Werkzeug gebraucht, „zu seinem persönlichen Teil an der Befreiung, Selbstbehauptung und Größe seines Volkes mitzuwirken." Diese Aussage macht deutlich, was das Obereigentum der Nation bedeutet.

Die Kameradschaft Oberland wird in der Schwarzen Front vertreten durch Sondermann, Drexel und Tröger. Sie stellt sich unter die schwarze Fahne als Symbol des zum Äußersten entschlossenen deutschen Widerstands und Freiheitswillens, gegen alle Stützen und Träger der Versailler Ordnung, „gegen die heuchlerischen Ideen der Humanität und Zivilisation, gegen Liberalismus, Parlamentarismus und besitzbürgerlichen Faschismus"[16]. Sie will einen „revolutionären Sozialismus". Leben und Eigentum aller Deutschen sollen im bedingungslosen Dienst des Kampfes um die Freiheit Deutschlands stehen.

Niekisch selbst ist so antiabendländisch eingestellt, daß er auf die Dauer mit Dr. Strasser nicht zusammenarbeiten kann. Er vertritt den deutschen und preußischen Bolschewismus außerhalb der KPD in geradezu extremer Form. Bei Otto Strasser und Herbert Blank — bei dem letzteren mehr als bei dem ersteren — kommt zwar auch ein neobarbarischer Zug zum Vorschein, Niekischs Leitsatz der „Blickwendung nach Osten und seinen primitiven Werten" erscheint ihnen jedoch überzogen. Die Männer trennen sich noch vor der Machtergreifung Hitlers.

Zur Schwarzen Front gehört vorübergehend auch der „Tatkreis", so genannt nach der Zeitschrift „Tat", deren Chefredakteur Hans Zehrer ist. Ihre Redaktion wird zum Mittelpunkt städtischer Diskussions- und Leserkreise. Die „Tat" erreicht eine Auflage von 30000 Exemplaren. Zehrer wird vermutlich durch Spenglers „Preußentum und Sozialismus" mit Strasser zusammengeführt. Er war ebenfalls Kriegsfreiwilliger und brachte von der Front ähnliche Erfahrungen mit. Zusammen mit seinem engsten Mitarbeiter Fried spricht er vom baldigen Ende des Kapitalismus und von der Notwendigkeit wirtschaftlicher Autarkie. Aus der Zusammenführung des nationalen und des sozialen Pols soll eine neue Wirtschafts-, Gesellschafts- und Staatsordnung hervorgehen — durch eine schöpferische Synthese aus dem fruchtbaren Chaos der Zersetzungsprozesse, die bejaht werden müßten. Zwischen dem Kapital und den Arbeitermassen bilde sich eine „Reserve der Unzufriedenen" und „Spaltpilze", die den Umsturz in sich trage. Das sind keine Menschen, die sich vor dem Zusammenbruch ihrer bürgerlichen Existenz fürchten. Sie haben ihn vielmehr „bereits erlebt in sich und abgetan"[17], was sie wahrhaft frei gemacht hat. Auf diese „neuen Menschen", auf diese Elite aus dem Reservoir der Mittelschichten wird sich eine neue Welt gründen. Wie Sorel den Mythos der Gewalt, so propagiert Zehrer den Mythos der Nation, um einen seelischen Kristallisationspunkt für Leute von rechts und von links zu schaffen. Aus ihm soll eine organische Ordnung entspringen, die der Liberalismus nur als dumpfe Knechtschaft zu schildern wisse. Nach dem Chaos werde sie als Freiheit erscheinen. Die totale Umwälzung hat für Zehrer schon mit der Wandervogelbewegung um die Jahrhundertwende begonnen.

Doch auch er gerät bald in Konflikt mit Otto Strassers Auffassungen. Die persönlichen Beziehungen mögen ungetrübt bleiben, aber politisch gehen sie im Sommer 1932 auseinander, nachdem sich der Vollzugsausschuß der

Kampfgemeinschaft gegen die Regierung Schleicher ausgesprochen hat. Zehrer spricht bald anzüglich von „revolutionären Sektierern", während ihm selbst eine „Hofpoeten"-Rolle bei Schleicher unterstellt wird.

Zur Schwarzen Front zählen schließlich bündische Gruppen, insbesondere die „Bündische Reichsschaft". Nach ihrer Überzeugung ist die deutsche Geschichte von drei Strebungen erfüllt: vom Drang zur Gemeinschaft, vom Drang zur Gerechtigkeit und vom Drang zu Gott. Sie stünden gegen die falschen Formeln der Französischen Revolution. Der bündische Gedanke ist nicht eine neben anderen, sondern „die deutsche Idee. Wider den ichgierigen, recht- und gottlosen Ungeist des Westens steht die bündische Dreiheit der Deutschen: Gemeinschaft, Gerechtigkeit, Gottesfurcht."[18] Auf diese Dreieinigkeit soll sich das künftige Deutsche Reich gründen. Indem es die landschaftlichen Eigenbereiche wahrt und so das bündische Baugesetz verkörpert, kann es Nord und Süd, preußische und österreichische Deutschheit, Protestantentum und Katholizismus bünden. Der deutsche Staat soll nur Form und Führung der in sich selbst gebündeten Gesellschaft sein, die nicht von ihm durchsetzt sein darf. Am besten ist die Gesellschaft berufsständisch zu gliedern. Die drei großen Gruppen der Arbeiter, Bauern und Bürger sollen „nicht übereinander geschichtet, sondern aufeinander zugeordnet sein, wie die Sektoren einer Kugel". Sie müssen gleichermaßen an der Volks- und Staatsführung teilnehmen können. Jeder Arbeiter soll Eigentum haben, aber alles Eigentum wird im Obereigentum des Staates stehen; „der Inhaber muß es zum gemeinen Besten nützen". An die Stelle der liberalkapitalistischen Wirtschaftsmißordnung soll eine bündische Wirtschaftsordnung treten, in der die Wirtschaft „gebunden an Volk und Reich" ihre bedarfdeckende Aufgabe erfüllt.

Die „Deutsche Freischar" erklärt, sie sei sozialistisch und nationalistisch. Nationalist sein heißt ja nicht nur, die Nation als Richtpunkt für Geist und Tat anerkennen. Aus der Lebenseinheit Nation müssen auch weitgehende Folgerungen für ihre Ordnung, für die Sicherung ihrer wirtschaftlichen Grundlagen und für die Erhaltung ihrer Menschen abgeleitet werden. „So sind Nationalismus und Sozialismus, die in verschiedenen sozialen Gruppen zu verschiedenen Zeiten entstanden und oft in Gegensatz traten, für uns identisch, nur verschiedene Ausdrücke für das eine, worauf es ankommt: die Lebensnotwendigkeiten und die Zukunft der Nation."

Diese Vorstellungen innerhalb der Schwarzen Front hat Otto Strasser schon in seinem „Aufbau des Deutschen Sozialismus" zusammengefaßt. Es handelt sich im Grunde um verschiedene Varianten des Deutschen Sozialismus und einer Deutschen Revolution, die das Erbe der Französischen abwerfen möchte. Der Liberalismus wird für verfault erklärt und die westliche Zivilisation abgelehnt. In den meisten Fällen erfolgt auch ein Rückgriff auf die Berufsstände, die in den neuen Staat eingebaut werden und ihn volkhaft machen sollen. Die Staatsidee wird der Reichsidee untergeordnet wie das Eigentum der Nation.

Otto Strasser ist geschickt genug, um solche Strömungen zusammenzuführen. Er spricht das ihnen Gemeinsame und sie Verbindende aus. Die Anschauungen von Niekisch und Zehrer lassen sich freilich nur teilweise integrieren. Sie bleiben am Rande der Schwarzen Front und lösen sich wieder von ihr ab. Vorübergehend sind sie gleichsam deren Fühler, die von Ost nach West ausgestreckt werden.

Was die erwähnte Zivilisationskritik betrifft, so steht ihr die Kampfgemeinschaft in keiner Hinsicht nach. Im Gegenteil, sie wird von ihr noch zugespitzt, was bis zur radikalen Kritk der Wissenschaften und zu einer Kriegserklärung an das Bürgertum geht. Der Kapitalismus und Parlamentarismus werden als Produkte westlicher Zivilisation abgelehnt. Die letzten Jahrgänge der „NS-Briefe" erklären sie unermüdlich als dekadent und pervers. Als beispielsweise in der Weimarer Republik eine „Partei der Technik" gegründet wird, heißt es darin voller Hohn, sie wolle die herrschenden Mißstände durch zivilisatorischen Fortschritt und materialistischen Kurzschluß beseitigen: „Stahlmöbel als Schicksal, die Normaluhr als Gottheit, das Spülklosett als Andachtshalle!"[19] Demgegenüber täte es gut, auf den Befehl des Herzens zu lauschen, um die verborgene Kraft heutiger deutscher Innerlichkeit sichtbar und lebendig zu gestalten. Denn nur in dieser Wesentlichkeit sei Deutschland als Deutschland möglich. Der Kulturpessimismus treibt auch Haßblüten. In den Großstädten sieht er Augiasställe, die mit eisernem Besen ausgefegt werden sollen. Niekisch will Zwangslager schaffen, um das Leben in diesen Betondschungeln zur Hölle zu machen. Durch bewußte Verödung der Städte soll die „Herde pazifistischer Feigheit und nationaler Verlumpung" aufs Land getrieben werden. Für die Landvolkbewegung handelt es sich gerade um Pfuhle, in denen ein großer Teil des deutschen Volkes verrotte und verfaule. Ihr anorganisches Wachstum hat nach Georg Kenstler „den Untergang der Kultur bedingt". Diese Großstadtfeindlichkeit, welche sich bei Niekisch bis zum Siedepunkt steigert, ist ein recht bezeichnender Zug.

Laut Strasser sind auch viele Mitglieder des „Jungdeutschen Ordens" und des „Stahlhelms" der Schwarzen Front beigetreten. Einstige Jungdeutsche bestreiten das. Was den Stahlhelm betrifft, so stellen sich allerdings ganze Ortsverbände hinter der Schwarzen Front auf. Sicher umfaßt diese außer den erwähnten Gruppierungen — Kampfgemeinschaft, Stennes' NSKD, Landvolkbewegung, Wehrwolf, Niekischs Widerstandskreise, Kameradschaft Oberland, Tat-Kreis, Bündische Reichsschaft und Deutsche Freischar — auch zahlreiche Einzelpersönlichkeiten; so Hans Schwarz und Albrecht Erich Günther. Manche wollen nicht genannt werden, da die Schwarze Front unsichtbar wie die Nacht sein soll.

Richard Schapke zählt auch Ludendorffs „Tannenbergbund" zur Schwarzen Front, für die er auf religiösem Gebiet „wichtige Vorarbeit" leiste. Ferner „Die junge Mannschaft", von der ich nichts in Erfahrung bringen konnte. Für Schapke ist die Schwarze Front eine Front des deutschen Volkes gegen seine äußeren und inneren Feinde. Volk heißt ihm eine große nationale Gemeinschaft, „in die wir hineingeboren sind, die vor uns da war und nach uns sein wird". Es werde immer nur eine Minderheit lebendig sein, „während die große Mehrheit zwar im gleichen Rhythmus schwingt, aber nicht zur Bewußtwerdung vordringt"[20].

Im gleichen Sinn sagt Otto Strasser, wer nicht auf die Zahl baue, könne sich in der Zahl nicht irren. Auch die Schwarze Front soll eine Unteroffiziers-

und Offiziersschule der Deutschen Revolution sein. Ihre „Mitgliedsverbände“ dienen nicht als „Transmissionsriemen“ (Lenin) zu den Massen. Sie drücken nach Schapke die innere Vielfalt der Schwarzen Front aus. Ihre organisatorische Vielgestaltigkeit sei keine Schwäche, sondern eine Stärke, da sie es möglich mache, das große Aufgabengebiet der Deutschen Revolution umfassend und gemeinsam zu beackern. Die Schwarze Front speist sich nach Schapke aus zwei Kampfströmen — aus der deutschen Jugendbewegung und dem Frontsoldatentum. Das Landvolk erwähnt er nicht.

Wie arbeitet die Schwarze Front?

Die Schwarze Front ist keine neue Organisation, in die man eintreten und aus der man austreten kann, vielmehr eine Art Dachverband von Organisationen, Bewegungen und Einzelpersonen, ein sozialer und politischer Komplex verschiedener Strömungen, die Sozialismus und Nationalismus in Einklang bringen wollen. Es handelt sich um Varianten des nationalen Sozialismus, jenseits von rechts und links, wie sie meinen. Schapke nennt die Schwarze Front auch völkisch, antiimperialistisch und religiös (weil „einem neuen lebendigen Gottestum verhaftet“). Sie sei gegen alles Zivilisatorisch-Intellektuelle und gegen den Aufkläricht des 19. Jahrhunderts. Jene, die ihr zugehören, könne man an der gemeinsamen Haltung, Gesinnung und Tatbereitschaft erkennen. Dies gelte auch für Mitglieder des „Roten Frontkämpferbundes“, die sich ihr angeschlossen hätten. Allen gemeinsam sei die Losung: „Weder Rom noch Moskau, sondern Deutschland!“

Otto Strasser stellt die Schwarze Front als „eine Art Freimaurertum“ dar. Sie sei wie die Freimaurer in drei Grade eingeteilt (wovon Naske, Doerner und andere SF-Kämpfer nichts wissen). Er beschreibt die Schwarze Front als einen Eisberg, von dem nur ein kleiner Teil aus dem Wasser ragt. Sie hat eine kollektive Leitung wie einen Vollzugsausschuß, aber einen lockeren Beraterstab. Große Beratungen finden am Ende des II. und III. Reichskongresses der Kampfgemeinschaft statt, die später als Kongresse der Schwarzen Front bezeichnet werden. Es fragt sich, wie Otto Strasser zu ihrem „Reichsleiter“ gewählt worden ist. Jedenfalls gibt er der Schwarzen Front mit fast religiösem Pathos eine Art Erlösungsbotschaft mit auf den Weg:

> „Eine große, eine gewaltige Neugeburt vollzieht sich im schmerzerfüllten Chaos der deutschen Gegenwart. Die Idee der großen französischen Revolution — der Liberalismus — stirbt. Mit ihr sterben Kapitalismus, Individualismus, Rationalismus. Herauf steigt die Idee der deutschen Revolution — der Konservatismus — und erfüllt alle Ebenen mit ihren Formen: Sozialismus, Nationalismus, völkischer Glaube [...] Das Ich hat in Übersteigerung seiner Freiheit alles verloren: Leben, Ordnung, Sinn. Verzweifelt sucht es wieder Richtung und findet sie in Heimat, Gemeinschaft, Gott! Es ist eine herrliche Zeit für den deutschen Menschen der Gegenwart, weil seiner die Erfüllung harrt, die Zukunft, das Reich!“[21)]

Auffallend sind der Dreitakt aller Aussagesätze und der Glaube an das fruchtbare Chaos. Der Verzweiflung gegenüber wird eine große Hoffnung aufgebaut, die alle Gegensätze im deutschen Volk zu überwinden verspricht. Aber zunächst muß es vom Pflug des Schicksals bis in seine letzten Tiefen aufgewühlt werden. Der deutsche Mensch wütet nun gegen sich selbst und schmäht Gott. Aber dieser „schreitet mit ehernem Gesicht hinter dem Pflug des Schicksals und wirft mit weitausholender Hand Samenkörner in die Furchen." Er liebt, die er züchtigt. In seinem pathetischen Stil formt Otto Strasser sogar Stürme der Leidenschaft zu Quadern des Altars der Zukunft um.

Richard Schapke charakterisiert die Schwarze Front weit nüchterner als antiparlamentarisch, antikapitalistisch und antiklerikal. Sie ist kämpferisch und revolutionär — im Sinne einer deutschen Revolution, deren Ideen die Antithese zur französischen sind und eine gewaltige Neuordnung des Staates, der Wirtschaft und der Kultur erstreben.

In der Praxis erweist sie sich als eine Art Föderation. Bei Zusammenkünften in der Aktionszentrale sind meist Vertreter aller föderierten Gruppen anwesend. Jede davon kann zu einer solchen Zusammenkunft einladen. Das Wort ergreift zuerst ein Sprecher jener Organisation oder Gruppierung, die eingeladen hat. Dann tragen die anderen ihre Ansicht vor. Die Wortmeldungen werden von einem Präsidium entgegengenommen und der Reihe nach aufgerufen. Das Präsidium, die Diskussionsleitung, kann von Fall zu Fall anders zusammengesetzt sein.

Naske erinnert sich an eine Beratung, wo nacheinander Strasserleute, Stennesleute, Paetelleute, ein Stahlhelmer, ein Wehrwolfer sowie einige Linke sprachen. Die Schwarze Front sei „kein Sammelbecken revolutionärer Nationalsozialisten gewesen"[22], die nur Anreger, freilich auch ihr Kern waren.

Nationalrevolutionäre Gruppen wie der Jüngerkreis werden nicht gewonnen und eingegliedert, dafür die Artamanen, welche vor allem in Grenzlandgebieten Siedlungen anlegen wollen. Die Zusammensetzung kann von Ort zu Ort verschieden sein. Beispielsweise arbeitet die Kölner Schwarze Front schon 1932 mit der „Sozialistischen Arbeiterpartei" (SAP) zusammen, was sich in der Illegalität fortsetzen wird. Individuell gibt es auch einen Kontakt zur „Kommunistischen Arbeiteropposition" (KPO) Brandlers und Thalheimers.

Im Jahre 1932 kann sich die Kampfgemeinschaft, obwohl sie an ihren Rändern zerfasert, weiter ausbreiten. Nachdem es möglich war, sogar in München — vor Hitlers Nase — eine Kampfgruppe zu bilden, schließt sich ihr die „Revolutionäre Freiheitsbewegung" des Reichsredners der NSDAP Wilhelm Kayser an, eine weitere Formation unabhängiger Nationalsozialisten, die Hitlers Legalitätspolitik von grundauf falsch findet. Sie existiert zwar nur im Raum Köln, besteht jedoch aus entschlossenen Leuten, welche die Schwarze Garde verstärken. Ihre Zeitung „Der Deutsche Weg" wird der Schwarzen Front zur Verfügung gestellt.

Ende 1932 scheint die Kampfgemeinschaft 73 Kampfgruppen und 327 Stützpunkte[23)] zu haben. Man kann sie auch auf den Straßen hören. So berichtet Friedrich Hielscher, er habe wiederholt den Gesang des Strasser-Liedes vernommen:

Drohend stehen die Faschisten
drüben am Horizont!
Nationale Sozialisten
in unsere Front!

Die Melodie ist vom Weddinger Lied der roten Kommune übernommen, teilweise auch der Text:

Links, links, und nochmals links, der rote Wedding marschiert
hier wird nicht gebettelt, hier gibts nur noch Dampf
denn was wir spielen ist Klassenkampf nach blutiger Melodie ...
Drohend stehen die Faschisten drüben am Horizont
Proletarier aller Länder, ROT Front, ROT Front!

Auch ein Lied der NSDAP wird von der Schwarzen Front und Kampfgemeinschaft abgewandelt. Im Lied der NSDAP heißt es:

Hitler ist unser Führer, ihn lohnt nicht goldener Sold
der von den jüdischen Thronen vor seine Füße rollt.
Einst kommt der Tag der Rache, dann werden wir frei.
Schaffendes Deutschland erwache, brich deine Ketten entzwei!

Davon sind die beiden ersten Zeilen wie folgt umgeschrieben:

Deutschland hat uns gerufen, haltet die Fahne hoch
die Adolf Hitler verlassen, verlassen in Knechtschafts Joch!

So ist auch eine Art Liederkrieg entbrannt.

Otto Strasser bezeichnet die NSDAP nun als Speerspitze der faschistischen Reaktion, flankiert von halbfaschistischen Verbänden wie „Stahlhelm“ und „Landbund“. Doch die KPD sei auf ihre Art ebenfalls reaktionär, da sie das Proletariat mittels der marxistischen Ideologie wieder zu einer Klasse formiere.

Äußerlich sind beide Parteien revolutionär, innerlich aber rückwärtsgewandt. Von der einen wird die nationalsozialistische, von der anderen die kommunistische Idee verraten. Die Idealisten beider Parteien können gewonnen werden. Vertrauensleute der Schwarzen Front werden in alle Klassen, Berufsgruppen und politische Parteien geschickt. Sie reicht auch in die NSDAP hinein, wo sie jene Teile der Mitgliedschaft umfaßt, die im Gegensatz zur liberalistisch-legalistischen Führung ihrer Partei stehen und sich um Gregor Strasser sammeln. Durch die Schwarze Front will sich Otto Strasser mit seinem Bruder wieder verbinden. Hitlers Trennungsstrich soll zunichte werden. Diese Hoffnung erscheint nicht ganz unberechtigt, denn Gregor hat durch den Zahnarzt Helmut Elbrechter Kontakt zum Tat-Kreis aufgenommen, angeblich sogar unter Pseudonym einen Artikel für seine Zeitschrift geschrieben.

Schleichers Querfrontpolitik und Gregor Strassers Rücktritt

Am 31. Juli 1932 gelingt der NSDAP ein weiterer Durchbruch. Bei den Reichstagswahlen kann sie ihren Wähleranteil auf 37,3 % erhöhen. Die Zahl ihrer Abgeordneten steigt auf 230 (von insgesamt 608). Sie stellt nun die größte Fraktion, doch zur absoluten Mehrheit wären 305 Abgeordnete nötig gewesen. Die Masse der Nationalsozialisten verfällt der euphorischen Erwartung, in wenigen Tagen an der Macht zu sein. „Die SA verläßt ihre Arbeitsplätze, um sich bereit zu machen." (Goebbels) Wird Hitler Reichskanzler? Gregor Strasser nimmt durch seinen Stellvertreter Oberleutnant Schulz Kontakt zur Regierung auf und läßt ihr mitteilen, daß er Hitler von diesem Vorhaben abbringen wolle. Papen bedeutet diesem, er werde sich mit dem Amt des Vizekanzlers begnügen müssen. Doch Hitler will alles oder nichts, keineswegs nur ein paar Ministersessel. Als ihm Reichspräsident Hindenburg das Postministerium anbietet, erstickt er fast vor Wut. Das große Spiel um die Macht mit dem höchsten Einsatz beginnt.

Papen wird durch Schleicher abgelöst. Schien der erstere Hitlers Steigbügelhalter zu sein, so verfolgt der zweite eine Politik der Querfront. Dieser soziale General möchte Hitler dadurch ausschalten, daß er an seiner Stelle Gregor Strasser und andere „vernünftige" Nationalsozialisten in eine Regierung der nationalen Konzentration einbezieht, der auch Gewerkschaftsführer angehören sollen. Schleicher will sich vor allem auf außerparlamentarische Kräfte stützen, da es sich als unmöglich erweist, „die demokratischen Parteien von der DNVP bis zur SPD in eine geschlossene Abwehrfront gegen den Totalitarismus von rechts und links zusammenzubringen"[22) Er bietet Gregor Strasser die Vizekanzlerschaft an, scheint dieser doch nun ebenso populär wie Hitler zu sein. Auch zu seinen öffentlichen Reden strömen Zehntausende herbei. Am 20. Juli 1932 brachten Hitler und Kube in Hamburg 60000 Menschen auf die Beine; eine Woche später mobilisiert Gregor Strasser in der gleichen Stadt 50000. Er gefällt auch Hindenburg.

Elbrechter vermittelt ihm im August 1932 ein Gespräch mit Schleicher. Dieser will die Nationalsozialisten Frick und Stöhr in sein Kabinett einbeziehen.

Die Wählerschaft der NSDAP geht auf einmal zurück. Bei den Landtagswahlen in Thüringen verliert sie 40 % ihrer Stimmen. Bei den Reichstagswahlen vom November sind es 2 Millionen. Die Zahl ihrer Reichstagsabgeordeten sinkt auf 196. Hunderttausende der von Hitler enttäuschten Wähler wenden sich der KPD und Thälmann zu. Bei den Gemeinderatswahlen in Sachsen verliert die NSDAP 20 %. Sie scheint in einem unaufhaltsamen Niedergang begriffen zu sein. Gregor Strasser wird sich endgültig darüber klar, daß sie im Alleingang nicht zur Macht kommen kann. Er fürchtet „Adolfs Sturheit"[23), informiert ihn aber über sein Gespräch mit Hindenburg und seine Verhandlungen mit Schleicher. Hitler soll der Regierungsbeteiligung zögernd unter der Bedingung zugestimmt haben, daß die drei nationalsozialistischen Minister als Privatpersonen aufträten. Schleicher aber glaubt nach den Wahlniederlagen der NSDAP, diese Partei spalten und einen Teil auf seine Seite ziehen zu können. Anscheinend hofft er, Gregor Strasser werde zu diesem

Zweck eine „Sozial-Nationale Partei" gründen.

Auf Gregors Schreibtisch häufen sich Austrittserklärungen. Zweifellos ist die NSDAP in einer tiefen Krise. Doch er will sie aus ihr herausführen, statt eine neue Partei zu gründen. In einer öffentlichen Veranstaltung am 3. September 1932 in Dresden tritt er für eine breite Koalitionsregierung ein, „die so stark wie möglich ist", für eine Koalition „der schaffenden Stände"; denn wirtschaftliche Sicherheit werde das notleidende Volk erst in einem ständischen System finden, das allgemeine Nähr- und Arbeitspflicht proklamiere, die Reparationszahlungen einstelle und die deutsche Wirtschaft durch Autarkie abschirme. Die Gewerkschaften sollen in den Staat eingebaut werden. Doch Hitler argwöhnt, Gregor Strasser wolle ihn zur Galionsfigur der NSDAP machen.

Otto vermutet ein Geheimabkommen Schleicher-Hitler. Die Kampfgemeinschaft spricht sich für den Sturz Schleichers zugunsten einer „jakobinischen" Regierung Adolf Hitlers und Gregor Strassers aus. Nur eine grundsätzliche Kursänderung der NSADP, ihre Rückkehr zum ursprünglichen Nationalsozialismus, könne ihr Absinken zu einer „antisemitischen Wirtschaftspartei" und das weitere Abwandern der Arbeitermassen zur KPD verhindern. Andernfalls müsse sie gespalten werden.

Gregor lehnt die Spaltung ab, obwohl sie ihm auch von Schleicher nahegelegt wird. Doch Hitler läßt sich von Goebbels — dem „klumpfüßigen Fouché der Deutschen Revolution" — davon überzeugen, daß er durch Gregor Strasser hinters Licht geführt werde. Dieser spricht am 15. Oktober 1932 vor 15 000 Mitgliedern nationalsozialistischer Betriebszellen über die antikapitalistische Sehnsucht des deutschen Volkes im Berliner Sportpalast. Das ist der Höhepunkt seines Lebens. An jenem Abend ahnt er nicht, wie nahe er schon am Abgrund steht. Für Goebbels ist er bereits ein toter Mann.

Am 7. Oktober sagt Gregor Strasser in seiner Münchner Rede, Adolf Hitler werde die ihm zukommende Führung der Regierung verweigert. Das wirkt unaufrichtig. Er selbst soll nicht nur Vizekanzler, sondern auch preußischer Ministerpräsident werden. Für seinen Bruder gleitet er in die Netze des Systems.

Doch Gregor Strasser will von der Prinzipienpolitik zur Realpolitik übergehen. Er befürchtet weitere Wahlniederlagen der NSDAP, wenn sie nicht endgültig zum Zuge kommt. Die Mitgliedschaft ist kaum noch zu bändigen. Röhm drängt Hitler zum Putsch und will die SA losschlagen lassen. Dem möchte Gregor vorbeugen. Er will aber bei Schleicher nur dann „in die Bresche springen", wenn Hitler das Amt des Vizekanzlers ablehnt.

Hitler lehnt ab. Er spricht selbst bei Schleicher vor und droht mit Streiks, mit schärfster Opposition. Es sei ihm gleich, ob er dabei die bürgerlichen Mitglieder seiner Partei verliere. Schleicher sagt, daß er ihn im August als Reichskanzler empfohlen habe. Das genügt Hitler. Nun weiß er über Gregor Bescheid. Daß dieser Leipart, den Vorsitzenden der Freien Deutschen Gewerkschaften, für das Präsidialkabinett vorgeschlagen hat, erfüllt ihn mit zusätzlichem Groll.

Am 7. Dezember sollen in Berlin die Einzelheiten der Regierungsbeteiligung abgesprochen werden. Statt dessen kommt es zu einer Auseinandersetzung zwischen den beiden Führern der NSDAP. Hitler beruft telegrafisch die Reichstagsfraktion zu einer Sondersitzung ein. Vor der Fraktion beschuldigt er Gregor: „Sie wollen nicht, daß ich Kanzler werde! Sie haben mich falsch informiert!"

Gregor Strasser erhebt sich: „Herr Hitler, glauben Sie das eigentlich, was Sie eben gesagt haben?"

„Jawohl!"

Da nimmt der Reichsorganisationsleiter seine Aktentasche und verläßt den Tagungssaal. Er macht nicht einmal den Versuch, sich zu verteidigen und die Dinge zurechtzurücken. Hat ihm nicht Hindenburg selbst gesagt, daß er Hitler niemals zum Reichskanzler berufen werde? Dieser Mann enttäuscht ihn maßlos. Er stellt seinen persönlichen Ehrgeiz über das Wohl der Partei und des Volkes.

Streicher schreit ihm nach: „Da geht der Verräter! Aufgehängt muß er werden!" Ley schluchzt: „Wie kann man das unserem Führer antun?"

Gregor Strasser hat Hitler immer die schon übliche Anrede „Mein Führer" verweigert. Obwohl ein treuer Paladin, fehlt ihm dazu die subalterne Natur. Aber es fehlt ihm auch der Mut, in diesem entscheidenden Augenblick um seine Stellung und seine Ansicht zu kämpfen. Wie in Bamberg überläßt er Hitler das Feld der Entscheidung.

Doch zahlreiche Reichstagsabgeordnete der NSDAP bauen auf ihn. Ein Drittel der Fraktion findet sich in einem besonderen Raume zusammen. Diese 63 Mann sind entgegen dem Anschein überzeugt, Gregor Strasser werde nicht kampflos weichen, sondern das Steuer der NSDAP im letzten Augenblick herumreißen. Eine Reihe von Gauleitern ist mit ihnen einig. Doch sie warten vergebens auf Gregor Strasser. Er ist verschwunden.

Bote um Bote wird losgeschickt, um ihn zu suchen. Schließlich kann er von einer Delegation unter Führung von Gauleiter Rust im Hotel Excelsior aufgespürt werden. Rust versucht, ihn aufzurütteln. Doch Gregor Strasser winkt ab. Er ist total erschöpft und dem körperlichen Zusammenbruch nahe. Hitlers Vertrauensentzug läßt ihn auch seelisch wanken. Dieser Riese hat ein zartes Gemüt.

Am 8. Dezember 1932 tritt Gregor Strasser von seinem Amt als Reichsorganisationsleiter zurück und legt sein Reichstagsmandat nieder. In der schriftlichen Begründung flüchtet er sich in weit zurückliegende Mißhelligkeiten. Freilich erwähnt er noch, daß die brachiale Auseinandersetzung mit dem Marxismus nicht im Mittelpunkt stehen könne, da eine „große breite Front der schaffenden Menschen zu bilden und an den neugeformten Staat heranzubringen" sei. „Die alleinige Hoffnung auf das Chaos als der Schicksalsstunde der Partei halte ich für falsch [...]" Er lehne es „aber unter allen Umständen ab, irgendwie der Mittelpunkt von Oppositionsbestrebungen oder auch nur Erörterungen solcher Art zu werden"[24].

Ist das Gregor Strassers Abschied von der Politik? Jetzt will er nur noch Privatmann sein. Wochenlag verbirgt er sich. Nicht einmal seine Familie weiß, wo er sich aufhält. Otto berichtet: „Als ein gebrochener Mann kam er zurück. Er war nicht wiederzuerkennen. Wenn Freunde zu ihm kamen, schwieg er oder bat sie, kein Wort von Politik zu sprechen."[25]

Nun ist der Weg für Hitler frei. Er will ein Chaos herbeiführen, das Hindenburg keinen anderen Ausweg läßt, als ihn zum Reichskanzler zu ernennen. Vor die Alternative Hitler oder Bürgerkrieg gestellt, gibt der greise Reichspräsident nach. Auch General Schleicher rät ihm dazu. Gregors Rücktritt hat ihn entmutigt. Am 30. Januar 1933 bezieht Hitler das Reichskanzleramt und erklärt, daß man ihn nur noch als Leiche hinaustragen werde. Die Würfel sind gefallen.

Die letzte große Saalschlacht

Um so entschlossener versuchen Kampfgemeinschaft und Schwarze Front, das deutsche Volk über die innenpolitischen und außenpolitischen Gefahren aufzuklären. Sie tun das in einer Zeit des Massenrausches, wo es gefährlich ist, auch nur ein Wort gegen Hitler zu sagen. Millionen Deutsche glauben tatsächlich, mit ihm sei der Erlöser gekommen. Wo immer er spricht, jubeln ihm Abertausende, auf öffentlichen Plätzen sogar Hunderttausende zu. Viele brechen bei seinem Anblick in Tränen der Verzückung aus.

Gleichwohl bildet sich nach Hitlers Machtantritt eine Nationale Opposition. Ihre wichtigsten Bestandteile sind die Schwarze Front und der Jungdeutsche Orden, zwischen denen es nun über frühere Differenzen hinweg zur „Tuchfühlung" kommt, der hier und da tatkräftiges Zusammenwirken folgt.

Diese Opposition ist für das neue Regime eine ganz besondere Herausforderung, gibt es doch vor, eine nationale Revolution durchgeführt zu haben. Schärfer als gegen den Jungdeutschen Orden, der am Tag von Potsdam noch mitmarschieren darf, gehen die NS-Behörden gegen die Schwarze Front vor. SA-Hilfspolizei demoliert ihr Büro und beschlagnahmt den gesamten Bestand an Büchern und Broschüren, der in ihrer Großbuchhandlung zu finden ist. Die Schwarze Front wird schon im Februar 1933 verboten, noch vor der KPD. Scheint sie doch überwiegend aus Abtrünnigen zu bestehen, die mehr gehaßt werden als alle anderen Feinde des Systems. Die Schwarze Front trifft „die ganze Wucht terroristischer Verfolgung, noch wütender als die Kommunisten" (so der Jungdeutsche Wolfgang Lohmüller aus eigener Anschauung).

Kampfgemeinschaft und Schwarze Front lassen sich jedoch nicht einschüchtern, obwohl aus ihren Reihen alle Wankelmütigen zu Hilter überlaufen. So auch Hans Hinkel, einst Teilhaber des Kampfverlags. Doch ist die Zahl der Überläufer gering. Wer bleibt, macht sich auf harte Schläge und noch Schlimmeres gefaßt. Aber Otto Strasser teilt die Illusion der Kommunisten, Hitler könne sich nicht lange halten; er werde schon nach vier Wochen oder wenigen Monaten wieder abtreten müssen, sobald seine Politik bankrott gemacht habe. Unter diesem Gesichtspunkt scheint nur noch eine letzte große Anstrengung erforderlich zu sein, um dem NS-Regime die Maske der nationalen Revolution herunterzureißen und die „antikapitalistische Sehnsucht des deutschen Volkes" zu mobilisieren.

Die Schwarze Front führt eine öffentliche Veranstaltung nach der anderen durch. Die letztmögliche findet am 27. Februar 1933 im Berliner Nordischen Hof statt. Otto Strasser tritt ans Rednerpult, doch zahlreiche SA-Leute schreien ihn nieder, so daß er lange Zeit nicht zu Wort kommt. Als er dennoch zu sprechen versucht, geht seine Stimme in haßerfülltem Toben unter. Da verlieren seine Anhänger die Geduld und fallen über die SA her. Eine Kette von Polizisten teilt den brodelnden Saal in zwei Hälften und will zunächst die eine Hälfte der Streitenden hinausdrängen. Über die Köpfe der Polizisten hinweg fliegen Stühle, ja sogar einzelne Tische herüber und hinüber. Doch die Strasserleute, wie sie schon vielfach genannt werden, schaffen selber Raum. Bis schließlich die SA-Störtrupps an die Luft gesetzt sind und Otto endlich sprechen kann. Er wird sich dieses Tages später als dem der „letzten schönen Saalschlacht" erinnern.

Im Untergrund

In der nächsten Nacht brennt der Reichstag. Von diesem Augenblick an weiß Otto Strasser, daß er täglich um sein Leben fürchten muß. Er ist vorsichtig genug gewesen, schon seit dem 31. Januar jede Nacht woanders zu schlafen. Nun rast eine Verhaftungswelle über das Land. Die Schwarze Front wird zur Geheimgesellschaft. Alle, die in ihr und seitens der Kampfgemeinschaft öffentlich aufgetreten sind, werden festgenommen oder gesucht. Fast die gesamte erste Garnitur fällt der Verhaftungswelle anheim, an der Spitze Herbert Blank und Major Buchrucker. Otto Strasser bleibt nur verschont, weil er ständig unterwegs ist. Er tauscht unter falschem Namen in einem Thüringer Erholungsheim unter. Seine Frau trifft er kurz zuvor in einem Restaurant, wo er ihr seinen Decknamen nennt und die neue Adresse als falschen Absender auf die Rückseite eines Briefumschlags schreibt. Obwohl sie dieses Kuvert unter Hunderten von abgelegten Briefen versteckt, wird es von der Gestapo gefunden. Otto kann aber noch rechtzeitig gewarnt werden. Er verbringt die Nacht in einem Dorf. Am nächsten Tage holt ihn in der Uniform eines SA-Führers der Bruder von Klaus Mehnert, begleitet von einem Mitglied der Schwarzen Front, mit dem Auto ab. Kaum sind sie unterwegs, werden sie auch schon verfolgt. Jeder der drei hat einen Revolver, aber im Schnell-LKW der Berliner Schutzpolizei sitzen 12 bis 15 Mann mit Karabinern. Sie entkommen nur durch eine List.

Auch die drei Zeitungen der Schwarzen Front und Kampfgemeinschaft sind verboten. Doch Otto Strasser hat für den Verbotsfall vorgesorgt. Franke-Grieksch ist rechtzeitig, schon im Februar, nach Wien entsandt worden, um dort die Herausgabe einer neuen Zeitung vorzubereiten. Nr. 1 erscheint bereits am 5. März 1933 unter dem Titel „Der Schwarze Sender". Ihr Leitartikel heißt: „Wie lange noch Hitler?"

Otto Strasser setzt auf die revolutionäre Dynamik der nationalsozialistischen Bewegung. „Schon holt die Hitler-Partei zum Schlag aus, um die Trennung von der Reaktion zu vollziehen, die jedem SA-Mann von vornherein eine Selbstverständlichkeit war. Es ist dabei unerheblich, ob Hitler und seine engeren Führer das wollen." Sie werden bald beiseite geschoben sein. „Die Revolution marschiert!" Der Nationalsozialismus hat Hitler zur Macht getragen und wird ihn auch wieder ablösen.

Obwohl dieser Leitartikel von Francke-Griecksch geschrieben sein kann, trägt er eher die Handschrift Otto Strassers. In einem Aufruf des Vollzugsausschusses der Kampfgemeinschaft zur Weiterführung des Kampfes steht geschrieben, das Verbot ihres Zentralorgans sei für ihn eine Ehre: „Wir Kämpfer der Schwarzen Front wollen von der Regierung der vereinigten Gironde und Reaktion nicht besser behandelt werden als unsere sozialistischen Brüder von der Eisernen und roten Front, mit denen wir einig sind in dem unbändigen Willen zum Sturz des kapitalistischen Systems und der Versklavung durch Versailles!" Sozialistische Revolution und nationaler Freiheitskrieg sollen die Erlösung des deutschen Volkes von allen Übeln bringen.

Das Festhalten am Nationalsozialismus ist auch durch die Parteikrise der NSDAP zu erklären. Gregor Strassers Rücktritt hat ihr Gefüge erschüttert. In einer Reihe von Städten bilden sich Not- und Hilfsgemeinschaften. Eine davon, die unter Federführung des Gauleiters und Reichstagsabgeordneten Lenz in Baden und Hessen tätig ist, macht besonders von sich reden. Lenz legt aus Protest sein Gauleiteramt nieder, reist umher und baut ein oppositionelles Organisationsnetz mit eigenen regionalen Bevollmächtigten auf. Zweimal wöchentlich bringt seine weitgespannte Hilfsgemeinschaft eine Zeitung heraus — die „Alemannische Grenzlandnachrichten" —, worin die Frage „Hitler oder Strasser?" gestellt wird. Die Fahne der Revolution des deutschen Nationalismus und Sozialismus könne nur von Rebellen weitergetragen werden. Niemand wagt es, Hitler reinen Wein einzuschenken. Nur Gregor Strasser hat es versucht „und das einzig Mögliche getan. Wir tun es ihm nach." Für ihn schlage das Herz aller echten Nationalsozialisten. Wenn er in die Bewegung zurückkehrt, soll er zwei Bedingungen stellen: „Wiederherstellung der alten Linie (und) Übernahme der Führung durch die alte Garde"[28]. Diese Hilfsgemeinschaft sucht keinen Kontakt zu Otto Strasser, dafür zur Deutsch-Sozialistischen Partei, die vornehmlich aus ehemaligen NSDAP-Mitgliedern besteht und Lenz schriftlich versichert, daß sie mit ihren Anhängern geschlossen hinter Gregor Strasser stehen wird, sobald er handelt. Doch er handelt nicht.

Die Lenz'sche Hilfsgemeinschaft ruft in ihrem Kampfblatt alle SA- und SS-Männer auf, nicht länger für die Parteibonzen zu arbeiten und zu bluten. Sie gründet sogar eine eigene Frauenschaft und das Freikorps Oberrhein. Für die Bevölkerung wird ein regelmäßiger Sprechabend eingeführt.

Eine ähnliche Entwicklung vollzieht sich in Franken, wo der SA-Gruppenführer und Reichstagsabgeordnete Wilhelm Stegemann, zur Alten Garde gehörend, ebenfalls ein Freikorps gründet, was seinen Parteiausschluß nach sich zieht. Der Gauleitung wirft er Bonzentum und Korruption vor. Otto Strassers Parole „Der Kampf geht weiter!" findet er nutzlos. Was not tut, ist ein neuer sozialrevolutionärer Aufbruch der NSDAP. Das Freikorps Franken hat Ende Januar 1933 6—7 000 Mitglieder und wird zu einer für die Parteizentrale so bedrohlichen Macht, daß Hitler selber verfügt, alle rebellischen SA-Verbände aufzulösen. Darüber hinaus werden sieben Standartenführer, vierzehn Sturmbannführer und ebenso viele Sturmführer ausgeschlossen. So beginnt die zweite „Säuberung" der NSDAP.

Auch in einer Regensburger und in einer Pfälzer SA-Standarte gärt es.

Selbst SS-Leute opponieren. Bezeichnend für diese Opposition ist, daß sie ohne Absprache an verschiedenen Stellen nahezu gleichzeitig ausbricht. Zu Otto Strasser und der Schwarzen Front bleibt sie meist in Distanz. Gleichwohl stößt eine Anzahl der Rebellen zur Kampfgemeinschaft, die ihre Mitgliederzahl trotz Illegalität erhöhen kann. Wenn auch nicht unbedingt die Schwarze Front, reicht doch die Idee des Deutschen Sozialismus recht weit in die NSDAP hinein, zu der in verschiedenen Bezirken und Ländern Parallelorganisationen entstehen.

Im Gau Rheinpfalz ist es Gauleiter Bürckel selbst, der am 11. Dezember 1932 auf einem Generalappell in Neustadt die revolutionäre Verwirklichung des deutschen Sozialismus verlangt und die alten Kämpfer durchweg als „deutsche Sozialisten" bezeichnet. Er will jeden in Fetzen reißen, der sich gegen Gregor Strasser kehrt. Um Intrigen und seiner Absetzung vorzubeugen, läßt er sich von seinen Kreisleitern Treue geloben.

Im Vergleich zu solchem Anhang Gregor Strassers scheint der von Otto unbedeutend zu sein. Er hat jedoch inzwischen begriffen, daß in der NSDAP, wo Hitler zu einer mythischen Gestalt geworden ist, kaum noch eine Kursänderung erzwungen werden kann. Seines Erachtens bedürfen die Kräfte der zweiten Revolution innerhalb der NSDAP einer moralischen und politischen Unterstützung von außen, die ihr Rückgrat stärkt, aber auch präziser Informationen, was in der Parteispitze und Hitlers Umgebung vorgeht. In dieser Absicht hat er schon 1930/31 ingeheimen Kontakt zu zahlreichen Reichstagsabgeordneten der NSDAP gepflegt. Seine Rechnung auf ihre früher oder später ausbrechende Revolte wäre womöglich aufgegangen, hätte Gregor sich an die Spitze gestellt. Der persönliche Kontakt zwischen den Brüdern ist aber nach wie vor unterbrochen.

Haben sich Lenz, Stegemann und andere oppositionelle Nationalsozialisten in lauter Illusionen über Gregor gewiegt? Entgegen Ottos Bericht erwägt er nach seiner Rückkehr aus Bozen oder Meran den Wiedereinstieg in die Politik, um Hitlers Machtübernahme zu verhindern.

Am 4. Januar 1933 stellt ihn Schleicher dem Reichspräsidenten als künftigen Vizekanzler vor. Hindenburg stimmt der geplanten Ernennung zu. Aber Schleicher verzögert sie, und Gregor kehrt von Berlin nach München zurück. Trotzdem hält er sich weiter bereit, und am 16. Januar 1933 wird im Kabinett über seine Vizekanzlerschaft beraten. Den Ausschlag geben die Wahlen in Lippe, wo die NSDAP tags zuvor wieder 20 % Wählerstimmen zurück- und hinzugewonnen hat. Dadurch wird Hitlers Position so gestärkt, daß General Schleicher Gregor Strasser fallenläßt.

Dennoch macht dieser einen letzten Versuch. Er trifft sich am 29. Januar 1933 mit Stegemann und seinem früheren Stellvertreter Schulz in München mit zwei der entschlossensten Deutschen Sozialisten. Dieses geheime Treffen findet zwei Tage vor Hitlers Berufung zum Reichskanzler statt. Erst danach verfällt Gregor Strasser der totalen Resignation. Er glaubt, nun sei alles verloren.

Otto ist ganz anderer Meinung. Im Banne seiner Theorie der permanenten deutschen Revolution sieht er wie in einer Fata morgana ihre dritte Welle heranrollen. Ebenso hat Trotzki gelaubt, eine neue Welle der Weltrevolution stehe bevor, die Rußland aus der Bedrohung aus dem Westen erlösen werde.

Otto Strasser will den Kampf von Deutschland aus weiterführen, in der Höhle des Löwen, der ihn zu zerreißen droht. Doch in seiner öffentlichen Austrittserklärung vom 4. Juli 1930 hat er Hitler seltsam geschont und kaum erwähnt. Den in ihm eingeschlafenen Revolutionär wiederzuerwecken — auf diese gänzlich ungewisse und zweifelhafte Hoffnung baut er seinen Plan. Die alte Garde, auf ihren sozialistischen Impuls hin angesprochen, wird Hitler zur zweiten Revolution weitertreiben. Zwischen Röhm und Hugenberg kann es keine dauerhafte Ehe geben. „Der ganze sozialistische Flügel der NSDAP war ja auch noch da, die 63 Mann Gregors standen meiner Ansicht nach nur vorübergehend im Schatten."[29)]

Zunächst muß die Schwarze Front reorganisiert und das deutsche Volk aufgeklärt werden, daß von der NSDAP nur Verbote statt Brote zu erwarten sind. Der Sozialismus ist eine Brot- und Magenfrage.

Otto Strasser hält sich im niederbayerischen Wald versteckt. Dann begibt er sich heimlich nach München, wo er als schnurrbärtiger und schwarzgelockter Dr. Schumacher in einem Privatsanatorium unterschlüpft. Von dort beruft er für Ostern 1933 eine Führerbesprechung nach Steinhude ein. Am Steinhuder Meer betraut er eine zweite Führungsgarnitur mit der Fortführung des Kampfes im Reich, nachdem er die leergewordenen Ränge neu besetzt hat. Die Beratungen dauern zwei Tage. Sie bleiben ungestört, obwohl uniformierte SA durch die Gegend schwärmt. Hat sie SA einen Wink erhalten?

Als wissenschaftlicher Schriftsteller getarnt, der ein bedeutendes historisches Werk unter der Feder hat, und die Augen hinter einer dicken Hornbrille verborgen, begibt sich Otto Strasser alsdann auf eine Hühner- und Gänsefarm am Chiemsee. Er verbringt dort einige Zeit als „Patient" von Dr. Schmidt, der in eingeweihten Kreisen „Paracelsus" genannt wird. Doch in das Idyll kommt der hiesige NSDAP-Amtswalter hereingeplatzt, um mit dem Doktor Karten zu spielen. Dr. Strasser muß wiederholt mitspielen, um nicht aufzufallen, und peinliche Fragen über seine Krankheit beantworten.

Um solch unliebsamen Besuchen und Gesprächen vorzubeugen, schickt ihn sein Gastgeber auf eine Almhütte nahe der Grenze zu Österreich. Hier findet eine weitere Beratung der Schwarzen Front und Kampfgemeinschaft statt, deren Ziele jetzt völlig identisch zu sein scheinen. Bei Kaiserschmarren und frischer Milch kommt die Arbeit gut voran. Da das Wetter warm ist, trägt Otto Strasser nur eine Badehose. Die fünf Männer sitzen vor der Almhütte, als plötzlich ein Schatten über den Tisch fällt, auf dem Notizen und illegale Zeitungen der Schwarzen Front liegen.

„SS-Grenzpolizei, bitte die Personalausweise!"

Ein Augenblick höchster Gefahr! Aber Otto Strasser schlägt einen gemütlichen bayrischen Ton an: „Sie sein guat. Seit wann hat mer denn an Ausweis in der Badehosn?"

„Was tun Sie hier? Sie müssen doch irgendwelche Papiere bei sich haben!"

„Wir sind Sommergäste!"

Otto Strasser beruft sich bieder auf den Amtswalter, mit dem er zuweilen unfreiwillig Tarock gespielt hat. „Rufen S' den doch an, der kennt den Herrn

Doktor scho lang."

Die beiden baumlangen SS-Leute ziehen sich widerwillig zurück, bleiben jedoch in der Nähe und rufen durch eine Trillerpfeife Verstärkung herbei. Nun wird es bitterernst. Die fünf Verschwörer haben nur vier Revolver und ca. 50 Schuß Munition, wollen aber ihr Leben so teuer wie möglich verkaufen. Sie verstärken die Wände der Almhütte durch Matratzen und eilends vollgestopfte Rucksäcke, so daß eine Art Kugelschutz entsteht. Da bricht ein furchtbares Unwetter los. Über die Geröllfelder ergießen sich Sturzbäche. Das vertreibt die SS-Grenzpolizei. Ehe sie sich wieder vor der Almhütte einfindet, sind die Verschwörer verschwunden.

Das letzte Gespräch der Brüder

Otto Strasser kehrt ins Privatsanatorium am Chiemsee zurück. Aber bald wird er von seinem Bruder gewarnt:

> „Lieber Otto. Frick rief mich an. Göring weiß, wo Du bist. Seine Leute sind hinter Dir her. Du mußt s o f o r t über die Grenze.
>
> Mit Gott. Dein Gregor"

Hitler hat Gregor Strasser, bevor er ihm den Direktorenposten in der Wirtschaft bewilligte, das Versprechen abnehmen lassen, Otto nie mehr zu schreiben noch mit ihm zu sprechen. Doch er kann dem Ratschlag seines Herzens nicht widerstehen. Wie sollte er die Warnung Fricks für sich behalten?

Kurz nach dem Brief trifft er selber am Chiemsee ein, obwohl er weiß: Auch dies wird Göring bald erfahren. Seine Schritte sind müde und schwer. Es ist die Nacht vom 8. zum 9. Mai 1933. Der „menschgewordene Eichbaum", wie er in der NS-Presse genannt und gefeiert worden ist, hat all seine Blätter verloren. Auch die Äste sterben ab. Doch sein Interesse an der Politik, die sein Schicksal ist, flackert noch einmal auf.

„Hindenburg hat mich maßlos enttäuscht ... Er hatte mir sein Ehrenwort gegeben, Hitler niemals zum Reichskanzler zu machen. Auf dieses Ehrenwort hatten Schleicher und ich gebaut. Wir wollten mit den Arbeitern gehen. Ich wollte die Bauern gewinnen. Ich habe doch nicht zwölf Jahre lang den nationalen Sozialismus gepredigt, um ihn dann etwa in der Reichskanzlei zu vergessen wie Hitler. Dieser Hitler denkt ja gar nicht daran, das nationalsozialistische Programm zu erfüllen. Er denkt auch nicht an Deutschland. Er denkt an sich, an sich und noch einmal an sich. Glaub' ja nicht, daß er auf irgendjemand hört, sich von irgendjemand beraten läßt, auf einen Menschen Rücksicht nimmt, einem die Treue hält, die wir ihm gehalten haben. Der Hugenberg, der Papen, der Schacht — die werden zuerst abgehalftert, weil er sie am wenigsten braucht ... Dann hat er Goebbels, den Göring, den Ley. Einen Mephisto, einen Popanz und einen Trunkenbold. Das will Deutschland sein! Es ist zum Kotzen! Und für diese Burschen sind unsere SA-Männer marschiert ..."

„Und Röhm, was macht Röhm? Der haut doch zu, wenn es ihm zu bunt wird! Der ist doch nicht mit dem lächerlichen Posten eines Staatskommissars in Bayern zufrieden."

„Die Polizei bekommt er nicht, die haben Göring und Himmler. Der kleine Heinrich Himmler mausert sich mächtig heraus. Also wird Röhm die Armee wollen. Aber das ist unmöglich. Röhm war Hitler recht im Kampf um die Macht. Jetzt wird er sich an die Generäle halten ... Es wird drunter und drüber gehen. Wenn er keinen anderen Ausweg mehr sieht, wird er Krieg machen."

„Gregor, Menschenskind, dagegen muß doch alles getan werden, was überhaupt getan werden kann. Du hast einen Namen weit über die Partei hinaus. Du hast das Vertrauen der Arbeiter. Du hast eine große Gefolgschaft in SA und Partei. Du mußt kämpfen, Gregor. Millionen werden auf dich hören!"

„Wo waren die Millionen, als ich im Dezember meine Ämter niederlegte, wo waren sie?"

„Wer nachgibt, gewinnt keine Gefährten. Aber jetzt kannst du nicht mehr warten. Du hast keine Wahl mehr. Kämpf!"

Gregor schüttelt den Kopf. „Ich kann nicht mehr ... Ich verstehe, daß du rausgehst. Aber ich muß in Deutschland bleiben. Otto", sagt er in jäher Angst, „die werden nicht ruhen, bis sie uns erledigt haben. Sie werden uns umbringen!"

„Umbringen, Gregor? Nur wenn wir uns umbringen lassen. Komm mit mir. Draußen haben wir eine Aufgabe ..."

„Vielleicht komme ich nach ..."

„Gregor, wann in deinem Leben hast du ‚vielleicht' gesagt, wenn es um etwas Wichtiges ging? Noch nie! Komm, fahr mit mir los! Sichere deine Familie, und morgen oder übermorgen gehen wir über die Grenze."

„Es ist zu spät, Otto. Nein, du mußt heute gehen. Es war überhaupt Wahnsinn, daß du nach München gekommen bist. Ich habe alles vorbereitet ..."[30)]

Im Morgengrauen wird Otto Strasser von einem zuverlässigen Förster, den sein Bruder dafür gewonnen hat, über die Grenze nach Österreich gebracht Als Görings Gestapo eintrifft, ist das Nest am Chiemsee leer.

Wien und der I. Schwarze-Front-Kongreß

Die erste Station des Exils ist Wien. Aber auch in Österreich breitet sich der Hitler'sche Nationalsozialismus als braune Flutwelle aus. Die Regierung Dollfuß, noch schwach auf den Füßen, muß vorsichtig taktieren. Manche Behörden sind bereits von Nationalsozialisten durchsetzt, darunter das Wiener Polizeipräsidium.

Otto Strasser hat ein Quartier bei seiner Kusine Louise Conrad gefunden, die im Wiener Ullstein-Verlag tätig ist. In Österreich gibt er sich als Ingenieur aus. Seine Tätigkeit besteht jedoch darin, Kampfgruppen aufzubauen und illegale Literatur in möglichst großer Menge nach Deutschland zu schmuggeln. Vom „Schwarzen Sender" erscheinen weitere Ausgaben. Mit den einheimischen revolutionären Nationalsozialisten, die auf verschiedene Organisationen verteilt sind, wird ein Ideen- und Tatbündnis vereinbart. Doch die

Wiener Kampfgruppe umfaßt zunächst nur acht Mitglieder, bis sie sich durch ihre Arbeitsgemeinschaft mit dem „Bund Deutscher Sozialisten" fast verzehnfachen und aufgliedern kann.

Otto Strasser schreibt eine Broschüre „Wie lange noch Hitler?". Sie wird außer in der deutschen auch in der österreichischen NSDAP verbreitet. In deren SA und SS sind Sendboten der Schwarzen Front tätig, so daß verschiedene Stürme wegen Zersetzung aufgelöst werden müssen. Im Juni 1933 erzittert Wien drei Tage lang unter Bombenanschlägen. Die österreichische NSDAP, aus deren Reihen die Bombenleger kommen, schiebt sie der Schwarzen Front in die Schuhe. Der Wiener Polizeipräsident, ein alter Parteigenosse — was er noch geheimhält —, läßt das Büro der Schwarzen Front nach Sprengstoff durchsuchen und ihre Akten beschlagnahmen; 17 Mitglieder sind schlagartig verhaftet und der Justiz übergeben. Sie werden wegen Geheimbündelei und Waffenbesitz angeklagt.

Otto Strasser ahnt noch nichts von dieser Polizeiaktion. Er ist nach Niederösterreich zu einem insgeheimen Treffen mit Dr. Edgar Jung gefahren, dem Vertrauten und Berater des ehemaligen Reichskanzlers Papen, der ihn überraschend eingeladen hat und über Zwistigkeiten innerhalb des NS-Regimes informiert. Von dieser Besprechung bringt er einen nagelneuen, aber gefälschten Paß mit, der ihn als Oskar Loerbroks ausweist.

„In gehobener Stimmung" kehrt er nach Wien zurück, findet jedoch die Wohnung seiner Nichte verschlossen. Die Polizei hat sie gleich mitgenommen. Otto Strasser wartet in einem Café, bis es schließt, auf ihre Rückkehr. Er hat nur noch 50 Groschen in der Tasche. Den Rest der Nacht verbringt er auf den Beinen mit ziellosen Spaziergängen. Am nächsten Morgen erfährt er durch Schlagzeilen, daß die Schwarze Front für die Bombenanschläge verantwortlich sei und gegen ihn ein Haftbefehl vorliegt. Er macht sich zum Direktor des Wiener Ullstein-Verlags auf.

„Um Gottes willen, verlassen Sie mein Büro. Haben Sie keine Zeitungen gelesen?"

„Eben drum. Deshalb bin ich doch hier. Ich gehe hier nicht mehr raus, bis Sie mir das Fahrgeld nach Prag gegeben haben."

Er bekommt es. Die Züge werden sicher kontrolliert. Deshalb benutzt er die Tram von Wien nach Preßburg, ein Vehikel der verblichenen Herrschaft Österreichs über Böhmen und Mähren.

Otto Strasser ersucht das Wiener Innenministerium dringend, von einer Ausweisung der Verhafteten nach Deutschland abzusehen. Zum Polizeibericht schreibt er: Der Vorwurf der Geheimbündelei sei absurd, da die Tätigkeit der Schwarzen Front in Kenntnis der Behörden vor sich ging. Sie erstrebe „kompromißlos und revolutionär die Verwirklichung des Nationalsozialismus", was sie in immer stärkeren Gegensatz zur Hitlerpartei gebracht habe und bringen mußte. „Im Gegensatz zum Bericht war ich stets polizeilich gemeldet" — in der Autobiographie liest man es anders.

Das Treffen mit Edgar Jung hat in Attnang-Puchheim stattgefunden. In dieses österreichische Städtchen beruft Otto Strasser nun den I. illegalen Reichskongreß der Schwarzen Front ein. Ein Gründungskongreß wurde seinerseits umgangen, da die Gründung der Schwarzen Front durch Absprachen zwischen Einzelpersonen zustandekam. Der offizielle Akt kann nicht mehr nachgeholt werden. Doch Hitlers Machtantritt hat eine neue Lage geschaffen, die besprochen werden und auf die man sich wohl oder übel umstellen muß.

Zum I. Reichskongreß im Sommer 1933 treffen aus dem Reich etwa 30 Delegierte ein. Die meisten können nur kurze Zeit bleiben, so daß die Teilnehmerzahl stark schwankt. Die Delegierten kommen überwiegend aus Schlesien und Sachsen, doch sind auch einige Bayern darunter. Der Kongreß läuft mit Berichten aus Deutschland und einem Referat Otto Strassers ab. Wie er es darstellt, hat Hitler über dem zusammengebrochenen Weimarer System nur eine neue Fahne gehißt, ohne es zu schleifen. Seine „nationale Revolution" sei ebenso eine halbe wie die Novemberrevolution 1918.

Die Schwarze Front klagt Hitler der Aufrichtung einer Tyrannei an. Sie erwartet den baldigen Sturz des neuen Kanzlers und will nach Kräften dazu beitragen. Doch die Delegierten sind von diesem Kongreß wenig befriedigt. Vom nächsten, der möglichst bald stattfinden soll, erwarten sie mehr. Es sind ganz neue Gesichter aus Österreich dabei. Doch eine gewisse Ratlosigkeit ist unverkennbar.

Die Prager Auslandszentrale

In Prag, wo bereits 600 deutsche Emigranten leben, ist Otto Strasser zunächst der stille Untermieter eines Briefträger-Ehepaars. Anstelle der zerschlagenen Wiener Zentrale will er in der tschechoslowakischen Hauptstadt eine neue aufbauen. Überraschend schnell findet er Kontakt und Anhänger. Es gelingt ihm auch, Spenden für die Herausgabe einer neuen Wochenzeitung zu sammeln. Bald erscheint „Die Deutsche Revolution" als Organ der Schwarzen Front. Die meisten Artikel schreibt Otto Strasser selbst, darüber hinaus mehrere Broschüren. Er genießt in Prag bald den Ruf eines entschlossenen, wenn nicht gar fanatischen Widerstandskämpfers gegen das deutsche Hitlersystem. Verschiedene Zeitungen interviewen ihn. Am 1. Februar 1934 kann er die Gründung des „Aktionskomitees der Deutschen Revolution" bekanntgeben, das sich als Keim einer Exilregierung versteht und zu einer solchen hinentwickeln will. Im Programm des Aktionskomitees ist zwar von der Annullierung des Versailler Vertrags, aber von einem nationalen Freiheitskrieg keine Rede mehr. Es wendet sich vielmehr gegen die deutsche Aufrüstung.

Eine weitere Neuheit besteht darin, daß die Gleichberechtigung des jüdischen Volkes anerkannt wird. Der Zionismus sei die nationale Idee der Juden und als solche unterstützungswert. Auf dieser neuen Grundlage kommt Strasser auch mit jüdischen Emigranten in Kontakt. Er gibt nach mehreren Aussprachen eine Erklärung ab, wonach die Judenfrage in Deutschland weder durch die Prinzipien des Hitlerischen Barbarismus noch durch die Normen des alten Liberalismus gelöst werden könne. „Juden mit jüdischem Nationalbewußtsein sind in Deutschland eine ehrbare nationale Minderheit, die gleich anderen Fremdnationalen unter ein nobles Minderheitenrecht zu stellen sind [...] Juden mit deutschem Nationalbewußtsein und -bekenntnis sind als gleichberechtigte Deutsche zu behandeln. Die Entscheidung darüber, welcher der beiden Gruppen er angehöre, hat jeder mündige Jude selbst zu treffen."

Diese Erklärung, auch andere Fragen behandelnd, wird als Flugblatt gedruckt und in Deutschland in 50000 Exemplaren verteilt. Ich glaube nicht, daß sie von der Strasser durch Moreau unterstellten Absicht bestimmt war, aus Amerika finanzielle Unterstützung zu erhalten. Angesichts der antijüdischen Ausschreitungen in Deutschland liegt wohl eher ein aufgeschreckter Bewußtseinswandel vor.

Das für ihre Widerstandstätigkeit nötige Geld will sich das Aktionskomitee durch Gutscheine einhandeln, die es auf die Kasse der künftigen Reichsregierung nach dem Sturz des Hitlerregimes ausstellt. Es ist vom Sieg der Deutschen Revolution überzeugt und scheint sich schon darauf vorzubereiten, eines Tages seinen Sitz nach Berlin zu verlegen. Man soll ihm Kredit geben. Natürlich protestiert die deutsche Botschaft gegen dieses „Falschgeld". Die tschechische Regierung legt Otto Strasser nahe, keine Gutscheine mehr in Umlauf zu setzen. Dennoch ist er im Februar 1934 in der Lage, die „Deutsche Revolution" als Wochenzeitung herauszugeben. Im April kann er vor der Gesellschaft für tschechische Philosophie einen Vortrag über die Grundlagen des Nationalsozialismus halten, den ca. 450 Personen hören und der ein positives Echo in der Presse findet, die sich ausführlich mit der Person Otto Strassers befaßt. Sein öffentliches Ansehen steigt. Er gilt nunmehr nicht nur als Politiker, sondern auch als Denker.

Besuch aus Indien

In Prag wird Strasser von Subhas Chandra Bose aufgesucht, einem ehemaligen Mitarbeiter Gandhis, der in Indien eine Nationale Befreiungsarmee gegen die britische Kolonialmacht aufstellen und die Engländer aus seinem Lande vertreiben will. Dazu braucht er Waffen. Er kommt aus Berlin, doch Hitler, für den der indische Freiheitskampf die Rebellion einer niederen gegen eine höhere Rasse ist, hat ihn abgewiesen.

Chandra Bose will nun nach Rom zu Mussolini. Aber er kann sich mit Hitlers Verweigerung noch nicht abfinden und möchte nochmals mit ihm sprechen. Dafür sucht er einen Vermittler und hält ausgerechnet Otto Strasser für die geeignete Person.

Dieser hat ihn während seines Studiums kennen- und schätzen gelernt. Doch nun muß er ihm sagen: „Sie liegen falsch. Hitler will Indiens Freiheit nicht. Er ist ein blinder Anbeter des britischen Imperiums. Deshalb hat er Ihnen auch keine Waffen gegeben."

„Es sieht so aus. Aber das wird sich ändern. Der Zwang der Ereignisse wird Hitler zum Kampf gegen England führen. Was sind schon Rassetheorien in der Politik? Können Sie nicht mit Hitler Frieden machen, Strasser? Soll ich mit Mussolini reden, ob er die Sache einrenken will? Sie sollten zurück nach Deutschland."[32]

Chandra Bose kann ebensowenig wie viele andere daran glauben, daß der Konflikt zwischen Otto Strasser und Adolf Hitler von grundsätzlicher Art ist.

Doch er täuscht sich. Zur Kolonialfrage war schon im März 1931 in den oppositionellen „NS-Briefen" zu lesen: „Wenn wir für die Freiheit Deutschlands kämpfen, so treten wir für die Freiheit aller anderen Länder ebenfalls ein. Die Erde besteht für uns aus einer großen Reihe von völkisch-eigenartigen Nationen. Kolonien, die Unterdrückung fremder Völker zum Zwecke der Ausplünderung, sind daher für uns unsittlich."[33)] Aus solcher Sicht steht Otto Strasser im Gegensatz zu Hitler an der Seite des indischen Freiheitskampfes. Er befürwortet einen Bund der proletarischen Nationen gegen die imperialistischen Mächte. Wer als Nationalist die Selbstbestimmung des eigenen Volkes fordere, müsse sie auch anderen Völkern zubilligen. Aber Waffen kann Otto Strasser nicht beschaffen.

II. illegaler Reichskongreß der Schwarzen Front

Zwischen Weihnachten und Neujahr 1935 tagt in Straßburg der II. illegale Reichskongreß der Schwarzen Front. Zu dieser Zeit befinden sich über 500 Mitglieder der Kampfgemeinschaft in den Gefängnissen, Zuchthäusern und Konzentrationslagern des Hitlersystems. Von den Delegierten des I. illegalen Reichskongresses (Sommer 1933) ist nur noch ein einziger dabei. Alle anderen sind so neu, daß sie Otto Strasser zum erstenmal sehen. Zwei Drittel davon gehören auch der NSDAP oder einer ihrer Gliederungen an. Diese Doppelmitgliedschaft wird gewünscht und gepflegt — sie sichert den Informationsfluß und gewährleistet, daß die NSDAP auch von innen bearbeitet werden kann. Die Schwarze Front ist vor allem in der SA und SS tätig. So sind bei einer Reihe Festveranstaltungen der SS in Berlin Flugblätter mit revolutionären Parolen in den Saal gestreut worden.

Auf dem Straßburger Kongreß zeigt sich wiederum, daß die Schwarze Front hauptsächlich von der Kampfgemeinschaft getragen wird. Ihr wichtigster Bündnispartner ist jetzt der „Schwarze Stahlhelm", der sich aus Protest gegen die Überführung des traditionellen „Stahlhelm" in die SA gebildet hat. Unter den Schlagworten: „Gegen den Verräter Seldte! Gegen die tiefe Schmach und Schande der Hitlerei!" will er die Sammlung aller aktiven Kräfte für ein neues Deutschland fördern. Zur Sprache kommt auch der „Bund der Röhm-Rächer" — er hat Attentate auf die SS-Standartenführer Maurice und Weber verübt, die an den Hinrichtungen des 30. Juni 1934 beteiligt waren. Die Zusammenarbeit mit der KPD wird durchweg abgelehnt, jedoch mit einzelnen Kommunisten, die sich national gefärbt haben, ist sie in Gang gekommen.

Wenn man den Berichten der Delegierten Glauben schenkt, so befindet sich das NS-Regime in einer tiefen Krise. „Allseits große Verbitterung und schärfste Kritik an Hitler, Regierung und Partei!" Die SA will nach München marschieren, „um ein für allemal die Tyrannen zu stürzen!" Unter den Bauern sei „offene Auflehnung an der Tagesordnung". Die wirtschaftlichen Reserven seien völlig verbraucht, und die Arbeitslosigkeit steige wieder sprunghaft. „Allgemeine Lage kritisch, sehr starke Aushöhlung und Unsicherheit bei den Parteistellen. Für SS und SA sind alle Reisen ins Ausland ohne vorherige ‚Urlaubsgenehmigung' verboten." So berichtet die „Deutsche Revolution" in ihrer ersten Ausgabe 1936, die hauptsächlich dem Straßburger Kongreß gewidmet ist.

Es sind nur 23 Delegierte durchgekommen. Aber jeder vertritt einen bestimmten Bezirk der Schwarzen Front, diesmal vor allem aus dem westlichen, südlichen und nördlichen Deutschland. Jeder von ihnen gibt einen Stimmungsbericht. Dann spricht Otto Strasser über die Entwicklung des Hitlersystems. Er gibt verbindliche Richtlinien für die Weiterarbeit. „Soweit notwendig und rätlich", informiert er auch über die Tätigkeit der Auslandszentrale. Wobei besonders unterstrichen wird, daß sie nun durch eine Zeitung und einen Kurzwellensender auch in Lateinamerika tätig sei. (In Brasilien hat das zur Spaltung der deutschen Auslandskolonie geführt.)

Otto Strasser ist erfreut über die „völlige Einheitlichkeit und erstklassige Schulung" der Delegierten, aber entsetzt über ihre geistige Isolierung. Denn einige fragen, ob Gregor tatsächlich am 30. Juni 1934 ermordet wurde oder ob das ein „Greuelmärchen" sei. Vielleicht haben sie gehofft, auf diesem Kongreß Gregor Strasser an der Seite seines Bruders zu sehen. Interne Berichte läßt sich Otto unter vier Augen geben.

Die Delegierten sind der Schwarzen Front durchweg erst nach Hitlers Machtergreifung beigetreten. Von ihrem vorherigen Bestand sollen sie und die Kampfgemeinschaft nur 5 % verloren haben: durch Verhaftungen und Übertritte zur NSDAP.

Um seiner Aufspürung und Sprengung vorzubeugen, muß der Kongreß in Eile abgewickelt und auf einen einzigen Tag beschränkt werden. Otto Strasser befindet sich in derselben Situation wie Leo Trotzki im September 1938 bei der Gründung der IV. Internationale, die unter dem gleichen Zeitdruck erfolgen wird. Der Kongreß beschließt einen Aufruf an das deutsche Volk. „Innenpolitisch übt eine korrupte Parteidiktatur eine unerträgliche Terrorherrschaft über das deutsche Volk aus." Außenpolitisch sei die alte Bismarck-Tradition deutsch-russischer Freundschaft einer aggressiven Feindschaft gewichen, die Deutschland in den Krieg treibe. Die Schwarze Front ruft daher zum Kampf gegen das Hitlersystem mit allen Mitteln auf. Es soll durch Zusammenfassung aller zukunftswilligen Kräfte „in der Linie Jugend-Wehrmacht-Arbeiterschaft" gestürzt werden. Als erstes Ziel wird genannt: „Auflösung der Hitlerpartei (wie aller anderen Parteien) und Aufbau der Selbstverwaltung der Räte und Stände als Grundlage einer wahren Volksvertretung!"

Die Konzentrationslager und Zwangsvereinigungen des Hitlersystems sollen aufgehoben werden, ebenso wie alle deutschen Einzelstaaten. Der Aufruf kündigt auch die Nationalisierung der deutschen Volkswirtschaft an. Ein weiteres Ziel sei die „Zusammenarbeit der europäischen Völker auf föderativer Grundlage" unter Anerkennung der nationalen Freiheit und Unabhängigkeit.

Zur Durchführung dieser Ziele soll eine Revolutionsregierung geschaffen werden, die sich auf das Vertrauen des ganzen deutschen Volkes stützt „und gleichermaßen durch ihre Zusammensetzung wie durch ihre Zielsetzung die Achtung des Auslands genießt."

Seit 1930 hat die Kampfgemeinschaft von einer Revolutionsregierung Gregor Strasser - Graf Reventlow - Severing - Höltermann - Scheringer gesprochen. Diese Namen sind nun überholt, eine neue Liste wird nicht bekanntgegeben. Indes wird die Ablehnung jeder Parteidiktatur betont — „möge sie braun oder rot oder auch schwarz sein". Die Revolutionsregierung soll sich nicht aus Parteivertretern, sondern aus unabhängigen Persönlichkeiten zusammensetzen.

Otto Strasser faßt die Ergebnisse des Straßburger Kongresses in einen Leitartikel zusammen. Hitlers Sturz sei gewiß, aber der Krieg unvermeidlich — beide werden für 1936 erwartet. Der bayrische Delegierte hat allerdings davor gewarnt, den Zusammenbruch der Hitlerei als nahe bevorstehend anzusehen.

Otto Strasser unterscheidet zwischen zwei Phasen des Widerstands, die deutlich sichtbar durch den 30. Juni 1934 geschieden worden sind. Die erste Phase begann am 30. Januar 1933, äußerst erschwert durch schrankenlose Begeisterung der Massen für das neue Regime und „ein fast überirdisches Vertrauen zu Adolf Hitler". In der zweiten Phase kann sich die Schwarze Front auf Mißmut und Zweifel des deutschen Volkes stützen, wobei allmählich auch an Hitler selbst gezweifelt wird. Kam es in der ersten darauf an, „die eigenen Kader von der Ansteckung durch den allgemeinen Wahn freizuhalten", so besteht die neue Aufgabe darin, die Unzufriedenheit zu schüren, um die dritte Welle der Revolution auszulösen und mit der Hitlerschen Gironde Schluß zu machen.

Nicht die neue Ordnung selbst ist Sinn der deutschen Revolution. Diese sei vielmehr der „Weg zu einer neuen Sinnerfüllung des Lebens, die wir die Wiedergeburt des Dionysischen nennen." Sie muß zunächst im Geistigen vorbereitet werden. Immer ist die Theorie der dreieinigen Bipolarität gegenwärtig. Noch vor der Zerstörung des Hitlersystems wird die Parole des Aufbaus herausgegeben.

Ein Ergebnis des Widerstands der Schwarzen Front ist, daß sie die Achtung eines beträchtlichen Teils der Arbeiterschaft erworben hat, obgleich diese mit ihrem politischen Programm wenig anfangen kann.

Nebenbei wird bekannt, daß eine „Reichszentrale der Alten Garde" ebenfalls in revolutionärem Sinne tätig sein soll. Die Alte Garde der NSDAP zu gewinnen, ist ein wichtiger Impuls Otto Strassers.

Die Hinrichtung Gregor Strasser

Wie Karl Marx vom Gespenst des Kommunismus sprach, so spricht Otto Strasser seit Jahren vom Gespenst der zweiten Revolution. Hitler hat es verscheuchen wollen, doch es ist noch pochender und fordernder geworden. Allnächtlich geistert es durch Deutschland und bereitet den Bonzen der NSDAP ebensolche Alpträume wie den Reaktionären.

In der Tat ist etwas im Gange. Es finden Geheimbesprechungen statt. Insgeheim spottet Röhm über Hitler. Im Stab der SA-Führer macht er sich regelrecht über ihn lustig, als sei er selbst der kommende Führer. Auch für Otto Strasser ist er der Mann mit der eisernen Faust. Es wäre höchst verwunderlich, wenn er keinen Kontakt zu ihm aufgenommen hätte. Röhm hat in einer öffentlich gehaltenen Rede erklärt, die nationale Erhebung vom Januar 1933 dürfe nicht mit der noch ausstehenden deutschen Revolution verwechselt werden. Die SA sei der unbestechliche Garant, „daß die deutsche Revolution sich vollendet, bis nationales und sozialistisches Wollen zu einer untrennbaren Einheit verschmolzen sind." Der Nationalsozialismus ist erst Staatsform, bei weitem noch keine Lebensform, zu der eine andere Gesellschafts- und Wirtschaftsordnung gehöre.

Göring läßt alle Telefongespräche im Hauptquartier der SA abhören. Eines dieser Gespräche dreht sich um seine Ermordung.

Hitler muß sich zwischen SA und Reichswehr entscheiden. Wer von beiden soll der Träger militärischer Macht sein? Wie Stalin braucht er eine politische Armee, aber er hat schon zu viele Revolten der SA erlebt, um dieser noch über den Weg zu trauen. In der Reichswehr ist mehr Stabilität und Gehorsam. Wenn er sie zum Instrument seiner weitreichenden militärischen Pläne machen will, muß er die derzeitige SA-Führung opfern. In ihrem Stabsquartier finden homosexuelle Orgien und Gelage statt, die öffentliches Ärgernis erregen, insbesondere unter den Offizieren der Reichswehr. Was Hitler bis dahin ziemlich gleichgültig war, nimmt er nun zum Anlaß einer Säuberung.

Am 30. Juni 1934 wird die zweite Revolution im Blute erstickt, mit der Begründung, Röhm habe in Absprache mit anderen SA-Führern einen Putsch vorbereitet. Zahlreiche SA-Führer mit Röhm an der Spitze werden von Exekutionskommandos der SS erschossen. Göring weitet seine Vollmacht zum Durchgreifen eigenmächtig auf Zivilpersonen aus. Ebenso verfährt Heydrich, der unter Fortführung der Revolution die Beseitigung ihrer tatsächlichen und potentiellen Gegner versteht.

Auf der Todesliste steht auch Gregor Strasser. Er wird vom familiären Mittagstisch weggeholt, da eine Durchsuchung seines Direktorenbüros erforderlich sei. Anscheinend ist er bald zurück. Doch jene Zivilbeamten, die ihn verhaftet haben, übergeben ihn unterwegs einem wartenden SS-Kommando — sie sind vorgeschickt worden, um Gregors Festnahme so unauffällig wie nur möglich zu machen.

Im Auto des Staatssicherheitsdienstes wird er von den SS-Leuten gefesselt. Sie fahren ihn zum Gebäude der Geheimen Staatspolizei in der Prinz-Albrecht-Straße. Was Gregor seinem Bruder sagte — „sie werden uns umbringen" —, naht sich nun. Er wird an anderen Verhafteten vorbei in den Keller der Gestapo-Zentrale gebracht. Dort schließt man ihn in eine Einzelzelle ein und überläßt den Todeskandidaten zwölf Stunden qualvollen Wartens. Gregor Strasser kann nicht mehr daran zweifeln, was ihm bevorsteht, zumal er Schüsse hört. Doch die Art des Sterbens — und ob es in Würde möglich sein wird — ist wichtiger als der Tod.

Als zwölf Stunden um sind, wird heimlich das Schiebefenster seiner Zelle geöffnet. Aber Gregor Strasser hört das leise Geräusch und sieht, wie sich ein Revolverlauf auf ihn richtet. Da trifft ihn schon die erste Kugel. Sie ist schlecht gezielt. Gregor weicht entsetzt in eine Zellenecke zurück. Da wird die Tür aufgerissen. Es dringen drei SS-Führer ein, jeder mit einem Revolver in der Hand, voran Heydrich höchstpersönlich. Sie strecken den Verwundeten mit drei Schüssen nieder. Er lebt immer noch. Heydrich gibt ihm „den Rest“ durch einen Genickschuß.

Doch die Tötung genügt den Mördern nicht. Auf Heydrichs Befehl wird Gregor Strassers Leichnam zerstückelt und in mehreren Säcken, aus denen das Blut tropft, aus der Gestapozentrale geschafft. Irgendwo werden die Leichenteile verscharrt, nachdem wohl ungelöschter Kalk darübergestreut worden ist. Gregor Strasser wird nicht nur ermordet, er wird auch vernichtet. Keine Spur soll von ihm übrigbleiben.

Offiziell heißt es, er habe Selbstmord verübt. Die Familie erhält seine Urne mit der Nachricht, er sei am 30. Juni 1934 gestorben. Gregor Strasser hatte mit Röhms politischen Umtrieben nichts zu tun, ja er war ihm feindlich gesonnen. Es kann ihm auch sonst kein Verrat nachgesagt werden. Dennoch mußte er sterben. Seine Ahnung hatte sich erfüllt. Meines Erachtens ist er anstelle seines Bruders, dessen man nicht habhaft werden konnte, erschossen worden. Er selbst war für das Regime keine Gefahr mehr.

Seine Tötung ging nicht von Hitler selber aus, der betroffen gewesen sein soll und eine Untersuchung anordnete. Göring war für Bayern unzuständig, Himmler gefühlsmäßig an Gregor Strasser noch gebunden. Am wahrscheinlichsten ist, daß Heydrich aus eigenem Entschluß gehandelt hat. Allerdings dürfte Hitler erleichtert gewesen sein. Sein einziger und dazu mächtiger Rivale war aus dem Wege geräumt.

Otto Strasser fährt das Entsetzen und der Haß in alle Glieder. Mit fliegender Feder schreibt er eine Broschüre und ein Buch über die deutsche Bartholomäusnacht. Entgegen der noch heute vorherrschenden Ansicht, am 30. Juni (und 1. Juli) 1934 wären nur einige Dutzend SA-Führer und Zivilpersonen erschossen worden, spricht er von schätzungsweise 900 Opfern. Dann zwingt er sich zu einer nüchtern sein sollenden Analyse. Ein Jahr Hitler — was hat es gebracht?

> „Auflösung der Parteien? — Gut! Aber wo ist der grundlegende Unterschied zwischen einer Mehr-Parteien-Herrschaft und einer Ein-Partei-Herrschaft? Sind das nicht vielmehr nur graduelle Unterschiede, die mit einer wirklich revolutionären Neuordnung nicht das Geringste zu tun haben? Ist etwa der Reichstag abgeschafft und durch eine Vertretung der Stände ersetzt? Ach nein, der gute Reichstag lebt noch, nur gehören die Diätenempfänger jetzt alle der regierenden Monopolpartei an! Parteibuchbeamte und Bonzenwesen — sind sie abgeschafft und durch revolutionäre Organe des Volkes ersetzt? Ach nein, sie triumphieren schamloser, aufdringlicher, frecher als je, nicht mehr kontrolliert durch den Neid konkurrierender Gruppen.“[34)]

Die englische, die französische, die russische Revolution — sie stürzten jahrhundertelange Ordnungen. Das Hitlersystem aber begnügte sich damit, Juden zu mißhandeln, marxistische Volksgenossen zu martern und Gewalttätigkeiten zu preisen, ohne die revolutionäre Leistung zu vollbringen, neue Lebensformen in allen Bereichen zu schaffen. Es läßt „zwar Blut fließen, doch die Geburt bleibt es schuldig.“

Soziale Gerechtigkeit? Wo ist das Goldene Kalb gestürzt und der Deutsche Sozialismus errichtet worden? Nirgendwo. — Einheit des Reiches? Nur eine schöne Attrappe. Denn die innerdeutschen Grenzpfähle bestehen weiter, und Preußen bleibt ein Hort der Reaktion. — Einheit des Volkes? Nur auf dem Papier. Hätte man Konzentrationslager bei echter Volksgemeinschaft nötig? „Formen ohne Inhalt", so kennzeichnet Otto Strasser das Hitler-Regime. Gleichwohl hänge ein in Unruhe befindliches Volk in mystischer Verehrung einem Manne an, der es, wie Moses das jüdische, ins Gelobte Land führen soll. Formen ohne Inhalt sind auch das Kennzeichen solcher Zeiten, da die Revolution nach ihrem ersten Anprall Atem schöpft. Trotz blutiger Parteidiktatur wird die zweite Revolution kommen. Denn noch gelten das Diktat von Versailles, das Bürgerliche Gesetzbuch, der Kapitalismus, die Konkordate und die Weimarer Verfassung, „während das Volk sie verachtet und den neuen Gesetzen lauscht, die sich im drohenden Brausen des Revolutionssturmes ankündigen". Die Spannung zwischen den noch bestehenden reaktionären Formen des staatlich-gesellschaftlichen, wirtschaftlichen und kulturellen Lebens in Deutschland und dem unvermindert drängenden revolutionären Gefühl des deutschen Volkes macht nach Otto Strasser die zweite Revolution unausweichlich. Hitler steht zwischen Reaktion und Revolution. Trotz seines Instinkts für die Massenseele verfolgt er angstvoll den Pegelstand des revolutionären Stroms. Er läßt das Wasser steigen und fallen, wie's seiner Herrschaft frommt. Vergebliches Bemühen, den Strom der Revolution einzubetonieren! Die Geburt mag kurz oder lange dauern, schwer oder gar furchtbar sein — „wichtig ist allein das neue Leben, das sie bringt. Was kümmert uns Hitler?"[35]

Nur noch insofern, als er zum Hindernis, zur Fessel der deutschen Revolution geworden ist und sie lähmt. Aber der nächste Waffengang zwischen ihr und der Reaktion wird anders ausfallen: „Am 1. Juli 1934 hat Hitler auf das Gespenst der zweiten Revolution geschossen ... Am 1. Juli 1935 wird Hitler vom Gespenst der zweiten Revolution zermalmt sein, als wäre er nie gewesen!" Für Otto Strasser ist das Band zwischen Hitler und dem Nationalsozialismus, „das aus Glauben, Vertrauen und Liebe gewebt war", durch die Massenmorde vom 30. Juni und 1. Juli 1934 in Zehntausenden von Herzen für immer zerrissen.

Er hat jetzt auch seinen Bruder zu rächen. Dessen Ermordung könne „nur mit Blut beglichen" werden. Gregors Leben ist ihm Warnung, sein Tod Mahnung und Verpflichtung. Er will nicht eher ruhen, bis das faschistische Regime in Deutschland gestürzt ist. Es sei unter dem Reaktionär Göring zu einer Gefahr für das ganze Abendland geworden. „Göring — das ist der Krieg!"

Den preußischen Ministerpräsidenten macht Otto Strasser hauptverantwortlich für die Tötung seines Bruders und vieler anderer Personen, auch General Schleichers und seiner Frau. In ihm, dem Sprachrohr der schwerindustriellen Gruppe um Thyssen, sieht er die treibende Kraft einer militärischen Aggression.

Später wird Otto Strasser in seinem Abschiedsmanifest der Schwarzen Front behaupten, er habe schon 1934 geschrieben: „Hitler — das ist der Krieg!" Doch er hat sich in Göring verbissen und die Lage falsch eingeschätzt.

Selbst der Krieg, wenn er ausbrechen sollte, werde ein Meilenstein der deutschen Revolution sein. „Er wird enden, zielbewußt umgeformt, in der Sozialistischen Revolution!" Will Otto Strasser den Zweiten Weltkrieg ebenso in einen Bürgerkrieg umwandeln wie Lenin den Ersten? In der Tat steckt auch in ihm etwas von einem Weltrevolutionär.

Entführungsversuche und Attentate

Doch Heydrich will sich mit einem Stellvertreter-Mord nicht begnügen. Kaum hat Otto Strasser als Dr. Otto Baumann aus Siebenbürgen in Prag Quartier bezogen, da dringen eines Morgens zwei Polizeibeamte in sein Zimmer ein. Sie fragen ihn auf tschechisch:

„Sind Sie der Ingenieur Loerbroks?"

„Ich spreche kein Tschechisch."

Da wiederholen die beiden Uniformierten ihre Frage in akzentfreiem Deutsch: „Bitte Ihre Papiere!"

Otto Strasser zeigt seinen Paß vor, der auf Dr. Baumann lautet und vom Prager Polizeipräsidenten abgestempelt ist. Die Eindringlinge sind sichtlich verwirrt: „Aber man hat uns gesagt, daß der Ingenieur Loerbroks hier wohnt." Sie durchsuchen das Zimmer, finden aber nur Ottos Revolver, der beschlagnahmt wird. Dann jagen die beiden forschen Männer in ihrem Wagen davon.

Da klopft die Wirtin: „Noch zwei Polizei auf Straße. Großes Auto!" Erst diese Beamten sind echt tschechische. Der erste Wagen hatte ein deutsches, schwarzweiß beschriftetes Nummernschild. Vor dem Haus wird ein Wattebausch gefunden, mit dem Otto betäubt werden sollte.

Nach diesem Vorfall zieht er sich aufs Land zurück, wo er mit seinem Kampfgefährten Fritz Beer auf einem Zimmer haust. Die Polizei sichert ihn ab, erwägt aber auch seine Ausweisung.

Heydrich, nun Chef der Geheimen Staatspolizei, ist um elegantere Mittel nicht verlegen, Otto Strasser doch in seine Gewalt zu bringen. Ein zweiter Versuch wird mit einem Mister Frank gestartet, der einen englischen Maßanzug trägt, salopp auftritt und der Schwarzen Front helfen will. Er weist sich als Brite aus und spricht geheimnisvoll von einer antifaschistischen Organisation, in deren Auftrag er nach Prag gekommen sei. „Meine Freunde interessieren sich lebhaft für Ihre Arbeit. Ihre Arbeit ist gut, Dr.Strasser, deshalb möchten wir Sie finanziell unterstützen ..."

„Einen Moment, Mister Frank, nur damit keine Mißverständnisse aufkommen. Ich nehme von einer unbekannten Organisation niemals Geld. Aber es steht natürlich in Ihrem Belieben, uns auf völlig korrekte Art zu unterstützen, indem Sie eine größere Anzahl unserer Zeitung abonnieren."

„Well, das tue ich mit Freuden. Sagen wir 5000 Exemplare jede Woche für ein Vierteljahr?" Er bezahlt sogleich mit neuen Pfundnoten. Sie sind sogar echt.

Das Vierteljahr ist noch nicht abgelaufen, als Mister Frank wieder erscheint. Er seift den arglosen Otto Strasser mit überschwenglichem Lob für die Qualität seiner Wochenzeitung ein, worauf er wie nebenbei sagt: „Es ist unbedingt nötig, daß Sie jetzt meinen Chef kennenlernen. Er kommt Anfang Juni nach Paris ... Es ist am besten, wir fliegen, oder wir fahren mit meinem Wagen."

Nun wird Otto Strasser etwas mißtrauisch.

„Schauen Sie, Mister Frank, ich habe altmodische Grundsätze. Ich fahre nie mit unbekannten Leuten im Auto, und ich denke auch nicht daran, in ein Flugzeug zu steigen, das vielleicht in Deutschland notlanden könnte."

„Das ist fast eine Beleidigung für mich ..."

„Es tut mir leid. Ich m u ß vorsichtig sein."

Otto Strasser fährt mit dem Zug nach Paris, aber der Chef Mister Franks ist angeblich schon nach Saarbrücken abgereist, wo er ihn im Hotel Reichsadler erwarte. „Er trifft sich dort mit dem Schriftsteller Konrad Heiden."

Das ist ein guter Bekannter Otto Strassers. Er sucht ihn sogleich als ersten in Saarbrücken auf. Doch Heiden weiß nichts von dem besagten Chef. Er warnt: „Klarer Fall: Gestapo!"

Gleichwohl juckt es Otto Strasser, sich das Hotel Reichsadler anzusehen, in dem das Treffen mit dem Chef stattfinden sollte. Rundherum sind 12—15 Männer in schwarzen Brecheshosen und schwarzen Stiefeln postiert, offenbar SS-Leute. Saarbrücken liegt unweit der deutschen Grenze, nur einen Katzensprung von ihr entfernt. Von Paris aus wäre Strassers Entführung weit umständlicher gewesen.

Doch Mister Frank gibt sein Spiel noch nicht auf. Er ruft Otto Strasser in Prag an: „Mein Chef wünscht Sie endlich zu sehen, und zwar in London. Er schickt Ihnen eigens sein Privatflugzeug. Ich weiß, daß Sie argwöhnisch sind. Ich habe daher mit Ihrem Freund Franke-Grieksch ausgemacht, daß dessen Freund Dr. Mahr, den Sie ja auch gut kennen, das Flugzeug steuert. Den beiden werden Sie doch trauen!"

Franke-Grieksch! Wie kommt der zu „Mister Frank"? Er ist als einer der ersten aus österreichischer Haft entlassen worden und im Winter nach Prag geeilt, wo ihm Otto Strasser die Redaktion der Zeitung „Deutsche Revolution" anvertraut hat. Nährte er eine Viper an seinem Busen? Als Franke-Grieksch merkt, daß er entdeckt ist, setzt er sich sofort nach Zürich ab. Von dort schreibt er in einem Offenen Brief, die Schwarze Front Otto Strassers betreibe „Hochverrat gegen Deutschland". Franke-Grieksch hat als „Hildebrand" die faschistische Weltanschauung in der Kampfgemeinschaft propagiert und inzwischen mit der Gestapo Kontakt aufgenommen. Er kehrt nach Deutschland zurück, wohl auch oder hauptsächlich wegen seiner Braut, doch erwartet ihn die Folter.

Mahr wird am Abend dabei überrascht, wie er Strassers Schreibtisch aufbricht. Er hat Mitglieder der Schwarzen Front an die Grenze gefahren, von wo sie illegale Literatur nach Deutschland schmuggelten. So Otto Strassers Broschüre „Die zweite Revolution marschiert", der weitere folgten. Alle erschienen in zwei Ausgaben: eine mit dem Originaltitel für Leser in der Tschechoslowakei, Österreich und in der Schweiz, die zweite mit Tarntiteln wie „Der neueste Stand der Krebsforschung" oder „Astrologische Voraussage für die nächsten Jahre". Für den Versand werden Kuverts des NS-Ärztebundes, des NS-Juristenbundes oder der HJ benutzt. Den Hauptteil der Konterbande macht jedoch die Zeitung „Deutsche Revolution" aus. Fritz Beer kundschaftet an der Grenze die besten Übergangsstellen aus und knüpft jenseits davon ein Netz von Vertrauensleuten, die das Material weiterverteilen. Ähnlich wie Trotzkis „Bulletin der Opposition" wird Strassers „Deutsche Revolution" auch in höheren Parteikreisen gelesen. Doch eines Tages ist Beer tot — die Gestapo hat ihn geschnappt und auf der Stelle umgebracht.

Aus Stuttgart kommt Rolf Formis, ein gewiegter Techniker und Rundfunkfachmann, nach Prag. Er hat die Ausstrahlung einer Hitler-Rede verhindert und ist deswegen ins Verhör genommen worden. Zunächst wird er Vertriebsleiter der „Deutschen Revolution", wobei er seine Findigkeit entfaltet. Doch das genügt ihm nicht.

„Chef, wir bauen ganz einfach einen Sender!"

„Formis, wir sind arme Leute."

„Zwanzig Mark wird's ungefähr kosten, billiger geht's nicht!"

„Zwanzig Mark nur, Sie machen wohl Witze!"

Tatsächlich baut Formis aus Einzelteilen, die er heimlich selber aus Stuttgart holt, und Zubehör für zwanzig Mark einen Geheimsender, dessen Mikrophon unter seinem Kopfkissen angebracht ist. Damit verfügt die Schwarze Front im Vergleich zu den anderen Oppositionsgruppen über die modernste und weitreichendste Technik. Die Sendungen beginnen jeweils um 19 Uhr und enden um 3 Uhr morgens. Strasser spricht viertelstündige Lageberichte, Formis kommentiert Tagesnachrichten der Presseagenturen. Geistreich und witzig geht er auch auf Hörerfragen ein. Es besteht kein Zweifel, daß die Kurzwellensendungen der Schwarzen Front in Deutschland Zehntausende erreichen. Otto Strasser ahnt, daß Heydrich bald zuschlagen wird.

Doch Formis lehnt einen Wächter ab. „Ich paß schon selber auf mich auf." Er lebt mit seinem Sender als Dauergast in Zahory.

Ein junges Paar kreuzt auf, doch Edith scheint sich von ihrem Begleiter vernachlässigt zu fühlen und mehr für Rolf Formis zu interessieren. Es werden Fotos geknipst, die sie eng beisammen zeigen. Das Paar ist zum Skilaufen da und fliegt nach Deutschland zurück. Doch im nächsten Jahr kommt es mit einem zweiten Mann wieder. Edith lockt Rolf Formis in ihr Zimmer. Beiderseits der Tür stehen Männer der Gestapo und schießen ihn nieder. Formis sieht sie zu spät, drückt aber seinen Revolver auf die falsche Geliebte ab. Die Mörder übergießen seinen Leichnam mit Petroleum und zünden Brandsätze an, um die Spuren ihrer Tat zu verwischen. Sie entkommen in ihrem schnellen Wagen über die Grenze. Auf dem Rücksitz liegt die tote Agentin.

Otto Strasser wird wegen des Betriebs einer unerlaubten Radiostation zu vier Monaten Gefängnis verurteilt. Er muß jeden Tag mit einem Anschlag rechnen. Da er als „gewalttätig" und bewaffnet bekannt ist, wagt man sich an ihn jedoch nicht so leicht heran. Wie bei Trotzki werden erst seine Sekretäre und wichtigsten Mitarbeiter getötet, bevor man zum Schlag gegen ihn selbst ausholt.

Unter solchen Umständen ist es verständlich, daß Otto Strasser Liebschaften braucht, um seine nervliche Hochspannung abzubauen. Doch zuweilen bricht er auch politische Verabredungen eines Rendezvous wegen. Das wird ihm als Egoismus angekreidet. Scheinen ihm doch Weibergeschichten über die Politik zu gehen. Auch seinen Mitarbeitern erscheint er als unzuverlässig und mit persönlichen Schwächen behaftet.

Die Volkssozialisten um Franzel und Jaksch laden ihn zu einer Veranstaltung ein. Es stellt sich weitgehende Übereinstimmung auf fast allen Gebieten heraus. Dr. Strasser sieht nun in der Schwarzen Front und in der volkssozialistischen Bewegung die beiden Heersäulen der deutschen Revolution. Mit Hilfe der zweiten kann in der Schweiz ein neuer Sender gekauft werden. In ein Privatauto eingebaut und von vier bewaffneten Männern begleitet, strahlt er zunächst von einem täglich anderen Standort an der deutsch-tschechischen Grenze aus. Nach einem Einspruch der Prager Behörden wird er nach Frankreich verlegt und dort von Robert Trenkle übernommen.

In Prag hat Otto Strasser eine Zentrale mit eigenen Büroräumen und zwei ständigen Mitarbeitern aufbauen können. Sie gibt ein monatliches Bulletin heraus, das von Untergruppen der Schwarzen Front in anderen Ländern variiert wird. Solche Untergruppen bestehen auch in Lateinamerika. Fricke hat in Bolivien, Dr. Fuchs in Chile, Trenkelbach in Argentinien, Dr. Schönemann in Uruguay und Anuscheck in Brasilien eine Gruppe gegründet. In Brasilien nimmt ein weiterer Sender der Schwarzen Front den Betrieb auf; er ist auch in Deutschland noch hörbar.

In der „Deutschen Revolution" des Jahrgangs 1936 kann man wiederholt und wie als Leitwort lesen: „Das Hitlersystem muß sterben, damit Deutschland lebe!" Seit der Bartholomäusnacht vom 30. Juni 1934 ist für Otto Strasser der Nationalsozialismus tot. Die Nachricht, ein SA-Führer sei wegen „revolutionärer Umtriebe" zu zehn Jahren Zuchthaus verurteilt worden, weckt in ihm jedoch neue Hoffnung auf eine zweite Revolution. Er veröffentlicht die Zuschrift eines Katholiken und wünscht eine Einheitsfront auch mit diesen. Das sogenannte „Brüsseler Volksfrontprogramm" der KPD bewertet er hingegen weitgehend negativ. Nicht hinter Hitler zurück, sondern über Hitler hinaus soll der Weg gehen. Der Majorität des Stimmzettels wird die Majorität des Willens gegenübergestellt. Volksfront oder Volkssozialismus — das sei die Frage. Ein Revolutionstribunal soll die Schuldigen aburteilen.

Die „Deutsche Revolution" bringt jetzt immer eine Seite unter dem Titel: „Faschismus oder Nationalsozialismus?" Sie berichtet vom Cliquenkampf im Hitlersystem, das sich innerlich selbst zerfleische. Auch ein deutscher Jude kommt zu Wort; er sieht in Otto Strasser den Mann, „der für die rechtlos Entrechteten eintritt"[36]. Anläßlich eines Breslauer Prozesses gegen Mitglieder der Schwarzen Front wird berichtet, daß sich die Zahl ihrer aktiven Mitglieder seit Hitlers Machtergreifung „ungefähr verzehnfacht hat", die Zahl der Sympathisanten in allen politischen Lagern verhundertfacht. Die „nationale Revolution" vom 30. Januar 1933 war ebenso eine bürgerliche wie die Novemberrevolution 1918, diese von links, jene von rechts. Das Hitler-System ist ein System der Lüge und des Betrugs, der Kapitalshörigkeit und des Rassenwahns. Es hat den deutschen Staat an eine korrupte und vergängliche Partei ausgeliefert. In Deutschland herrscht der Geist eines Metternich, „der brutale Polizeigeist". Für eigenständige Organisationen der Arbeiter, Bauern und Jugend ist kein Lebensraum mehr. Otto Strasser unterscheidet jedoch zwischen den Bonzen und den anständigen Parteigenossen. Seine Schrift „Aufbau des Deutschen Sozialismus" wird so kommentiert: „Zum ersten Mal erhält der Begriff Nationalsozialismus eine klare Deutung, enthüllt eine Idee die in ihr liegende Formenwelt der Wirtschaft, der Gesellschaft und der Kultur."

Otto Strasser, der unter verschiedenen Pseudonymen schreibt — als Karl Folten, Michael Gaismeyer und Michael Kohlhaas — faßt ins Auge, daß womöglich erst ein neuer Krieg den europäischen Völkern und ihren Regierungen die Augen über Hitler öffnen wird. Seinem eigenen Volk stellt er im Januar 1937 vor Augen: „Der Krieg bringt die Aufteilung Deutschlands, wenn nicht die sozialistische Revolution dies verhindert."

Die Schwarze Front wird jedoch in weiten Kreisen der Hitler-Partei und darüber hinaus als „deutscher Bolschewismus" gefürchtet, der insgeheim mit dem russischen in Verbindung stünde. Dieses Argument wirkt sich aus. Otto Strasser selbst hält Bolschewismus und Faschismus für eine Einheit. Wer in ihren rot-weißen Strudel gerät, „wird so lange herumgewirbelt, hin und her gerissen, bis die eine der totalen dämonischen Gewalten ihn aufgesogen hat."[37)]

Bedient sich die Schwarze Front bei ihren Widerstandsaktionen gegen das NS-System auch des Dynamits? Das ist umstritten. Helmut Hirsch hat berichtet, er sei in Prag von Otto Strasser überredet worden, „zu Weihnachten 1936 ein Sprengstoffattentat auf das Reichsparteitagsgebäude in Nürnberg zu unternehmen"[38)]. Aber gab es ein solches „Gebäude" überhaupt, oder nur ein Parteitagsgelände mit einer Tribüne?

Die Schwarze Front hat nach verschiedenen Zeugnissen den gesamten Widerstand im Reich belebt, aber keine echte Exilregierung zustandegebracht. Dazu hätte sie sich vom Nationalsozialismus schlechthin lossagen und weiter nach links öffnen müssen. Gleichwohl wird es noch zu einem solchen Angebot kommen.

Im Juli 1933 hat die Essener Gruppe der Schwarzen Front ein Flugblatt verteilt, in dem sie ankündigte, nach dem Sturz Hitlers würde eine revolutionäre Regierung gebildet, die sich aus Otto Strasser, Claus Heim, Graf Reventlow, Gregor Strasser, Erich Koch und Leutnant Scheringer zusammensetzen werde. Scheringer gehörte zu diesem Zeitpunkt bereits der KPD an. Doch eine Koalitionsregierung mit dieser Partei zog Otto Strasser nie in Erwägung. Das wäre ihm wie Landesverrat vorgekommen. Als einer seiner „Unterführer" Kontakt mit einem ausländischen Nachrichtendienst aufnimmt, läßt er ihn kommen und stellt ihn zur Rede. Auf die nationale Ehre der Schwarzen Front dürfe nicht der kleinste Schatten fallen: „Wir sind politische Kämpfer, keine Nachrichtenagenten ... Wir wollen nach Hitlers Sturz mithelfen, Deutschland neu zu gestalten. Da müssen wir jedem Deutschen frei in die Augen sehen können ..."[39)] Die Zusammenarbeit mit ausländischen Nachrichtendiensten wird allen Mitarbeitern der Schwarzen Front strikt untersagt. Wo eine Beziehung geknüpft wurde, ist sie sofort aufzulösen.

Im August 1938 plant die deutsche Gesandtschaft in Prag, Otto Strasser im Auto ihres Militärattachés zu entführen und nach Deutschland zu verschleppen. Als Helfer sind bereits zwei sudetendeutsche Nationalsozialisten aus der Partei Konrad Henleins angeworben. Doch die Schwarze Front hat einen Faden gesponnen, der in die Gesandschaft führt. So kann der Plan des Legationsrats von Bibra rechtzeitig aufgedeckt und vereitelt werden.

Ein General fragt an

Bei einem kurzen Aufenthalt in der Schweiz wird Otto Strasser inkognito von einem deutschen General aufgesucht, der zur militärischen Opposition gegen Hitlers Kriegspläne gehört. Diese nimmt über ihn Verbindung zur Schwarzen Front auf.

Der General fragt: „Wird Prag kämpfen, wenn wir ins Sudetenland einmarschieren? ... Wenn es beim Einmarsch in die Tschechei zum Schießen kommt, werde ich Hitler verhaften, und wir werden dem deutschen Volk den Wahnsinn eines neuen Weltkriegs klarmachen."

Otto Strasser wägt seine Antwort ab.

„Ich zweifle nicht daran, daß die Tschechen kämpfen werden. Aber während eines Krieges kann man Hitler nicht beseitigen. Er muß entweder vorher fallen, damit es nicht zum Krieg kommt, oder die Niederlage miterleben."

Präsident Benesch und sein Außenminister sind tatsächlich zum militärischen Widerstand entschlossen. Doch das Münchner Abkommen vom 29. August 1939 lähmt ihre bewaffnete Hand.

Bei dem General, der Otto Strasser besucht, handelt es sich dem Vernehmen nach um General Hammerstein. Er ist später ebenfalls ins Exil gegangen und hat dort eine „Liga anständiger Deutscher" gegründet.

Strasser ist auf die militärische Opposition nicht gut zu sprechen, weil er ihren politischen Dilettantismus durchschaut. Die Reichswehr hat ihn seiner größten Hoffnung beraubt: daß Röhm zuschlagen und der zweiten Revolution den Weg bahnen würde. Denn Hitler hat am 30. Juni 1934 unter ihrem Druck gehandelt — das steht für ihn fest. Die Generäle treten als Repräsentanten des Preußentums auf, während in Otto Strasser der Bayer durchzuschlagen beginnt. Die Zerstörung Preußens wird für ihn beinahe zu einer fixen Idee. Gegenüber dem Adel regt sich sein plebejisches Ressentiment. Seit Nietzsche wissen wir, welch große Rolle das Ressentiment in der Politik spielt: eine etwa ebensogroße wie die Feindschaft zwischen Armen und Reichen.

Als Otto Strasser von der Unterzeichnung des Münchner Abkommens hört, weiß er sofort: Nun ist es höchste Zeit, die Tschechoslowakei zu verlassen und die Prager Zentrale aufzuheben.

Er findet einen Piloten, der ihn und Wenzel Jaksch trotz Startverbot von Prag nach Paris fliegt. Wieder einmal entwischt er den Häschern im letzten Augenblick. Welches Schicksal ihm zugedacht war, geht aus den Todesurteilen für seine Kampfgenossen Kremmin und Döpking hervor, die in Prag noch gefaßt und in Plötzensee hingerichtet werden.

Richard Schapke, der in Kopenhagen ein zweites Zentrum der Schwarzen Front aufgebaut hat, kommt nach der Besetzung Dänemarks um. Es gelingt ihm zwar, sich einige Tage bei Freunden zu verbergen und ein Fischerbot zu chartern, doch das Boot wird aufgespürt, gejagt und in den Grund gebohrt. So verliert Otto Strasser seinen wichtigsten Mitarbeiter, den wohl einzigen, der seine Schwächen ausbalancieren konnte. Verwundet ist er anscheinend noch bis zum Strand geschwommen, wo man seinen Leichnam fand.

Attentat auf Hitler?

In Paris wollen die dortigen Schwarzfrontler ihren „Chef“ allesamt dringlich sprechen. Otto Strasser hält sich daher länger als vorgesehen in der französischen Hauptstadt auf, wo aus Berlin der Besuch Ribbentrops bevorsteht. Eines Nachts wird er vorbeugend festgenommen, weil er im Verdacht steht, auf den deutschen Außenminister ein Attentat zu planen. Zwei Tage später legt ihm ein Polizeikommissar die sofortige Ausreise nahe.

Strasser begibt sich in die Schweiz zu seiner Familie. Dort kommt er etwas zur Ruhe, aber nur äußerlich. Wieder versucht Heydrichs Gestapo, „Hitlers Feind Nr. 1“ in ihre Hand zu bekommen. Indes scheitern zwei Attentatsversuche an der wachsamen Schweizer Polizei.

Hitler ist dieser dauernden Fehlschläge anscheinend müde. Er sucht nach einem anderen Mittel, um die Schwarze Front zum Verstummen zu bringen. Über den Verleger Otto Strassers macht er diesem ein lukratives Angebot: eine Viertelmillion Schweizer Franken, wenn er kein Wort mehr gegen das Dritte Reich sage oder schreibe und die Schwarze Front auflöse. Er sei sogar bereit, ihm dafür 400000 Franken in der Schweiz auszuzahlen[40)], damit er sich dort eine prächtige Villa kaufen könne.

Otto Strasser lehnt das Bestechungsangebot ab. Er will lieber bis zum Tode kämpfen, als klein beizugeben und seine Gefährten im Stich zu lassen. Die Reaktion läßt nicht lange auf sich warten. Sie wird auch für Otto Strasser verblüffend sein.

Im Mai 1939 verschickt er als Reichsvorsitzender der Schwarzen Front an deren Vertrauensleute in aller Welt einen Rundbrief zur Lage. Er informiert sie über seine Prognose, daß der Krieg vor der Türe stehe. Im Westen werde Hitler einen Verteidigungs- und im Osten einen Angriffskrieg führen. „Entgegen allen polnischen Hoffnungen kann mit Sicherheit angenommen werden, daß der deutsche Angriff im Osten schnellstens Erfolge erzielen wird.“[41)]

Am 1. September 1939 bricht der Zweite Weltkrieg aus. Die Prognose bestätigt sich. Otto Strasser verbringt jede freie Minute am Radio. Längst hat er gespürt: „In Diktaturen gibt es kein Halten. Sie müssen unaufhörlich in Bewegung sein.“ Nach innen wie nach außen. Aber ist nicht ebendies ihre „revolutionäre Dynamik“, von der sich Otto Strasser in Deutschland eine zweite Revolution erhoffte?

Wie gewöhnlich spricht Hitler am 8. November 1939 zum Jahrestag des gescheiterten Putsches vom 9. November 1923. Um Mitternacht berichten alle deutschen Sender, die Versammlung der alten Parteigenossen im Münchner Hofbräukeller sei durch Dynamit gesprengt worden, der Führer sei jedoch durch eine Fügung der Vorsehung dem Anschlag entgangen. Am nächsten Tage wird die Verhaftung zweier Offiziere des britischen Geheimdienstes gemeldet. Schließlich heißt es, das Münchner Attentat habe ein gewisser Georg Elsner „im Auftrage Otto Strassers und des britischen Intelligence Service" ausgeführt. Georg Elsner erweist sich später als Unterscharführer der SS. Himmler läßt ihn am Ende des Zweiten Weltkriegs in einem KZ „unauffällig liquidieren"; so sein vertraulicher Befehl. Davon ist lange Zeit nichts bekannt. 1939 soll Otto Strasser ein für allemal als verabscheuungswürdiger Terrorist abgestempelt werden, der seinem Volk in den Rücken fällt — dazu im Krieg!

Hitlers Regierung fordert von der Schweiz seine Auslieferung. Er soll in einem Schauprozeß abgeurteilt werden. Wer ihn ergreift, erhält eine Belohnung von 1000000 Reichsmark. Die Moskauer Schauprozesse, deren Hauptangeklagter in Abwesenheit stets Leo Trotzki war, haben in Berlin ihre Bewunderer gefunden. Das nationalsozialistische Regime befindet sich auf dem Wege der Angleichung an das bolschewistische — zu einem „Bolscho-Nationalismus" (Nolte). Der Hitler-Stalin-Pakt vom August 1939 läßt auch eine umgekehrte Angleichung erkennen. Sie hat eine gewisse Westorientierung Otto Strassers zur Folge.

Er sieht die Schweizer Regierung in einer schwierigen Lage und verbirgt sich, wodurch er der Verhaftung und Auslieferung entgeht. Ein sozialdemokratischer Nationalrat bringt ihn sodann in seinem Auto über die französische Grenze, anscheinend im Auftrag der eidgenössischen Regierung.

Auf der Flucht

Frankreich interniert die Ausländer. Auch Otto Strasser kommt in ein Lager. Hier trifft er viele Bekannte, darunter die Kommunisten Willi Münzenberg und Erich Wollenberg. Einer seiner Pariser Kampfgenossen schickt ihm täglich ein Lebensmittelpäckchen, dessen Inhalt auch mit dem ehemaligen preußischen Finanzminister Klepper geteilt wird. Er diskutiert in einem großen Kreis von 400—500 Hörern mit einem Rabbiner aus Wilna über die Judenfrage.

Eines Tages wird Otto Strasser beim Appell aufgerufen. Einer seiner Gefährten hat die Rehabilitierung als Widerstandskämpfer gegen Hitler bewirkt. Aus dem Internierungslager entlassen, das vor den anrückenden deutschen Truppen bald nach Südfrankreich verlegt wird, sucht er in Brüssel seinen Bruder Paul auf, dem er ein Visum besorgt, durch das Paul über Frankreich in ein portugiesisches Kloster entweichen kann. Otto hat Beziehungen zu französischen Ministern, ohne die er nicht freigekommen wäre. In einem längeren Gespräch mit dem Kabinettschef setzt er diesem auseinander, daß der Krieg nicht zwischen dem deutschen und dem französischen Volk ausgetragen werde: „Es ist ein Weltanschauungskrieg, wie die Religionskriege vor ein paar Jahrhunderten ... Drüben auf der deutschen Seite sind Tausende, die Hitler hassen. Sie kämpfen aber mit Recht gegen Euch, wenn Ihr sie als Deutsche beschimpft!"

„Was müßte man tun?"

„Sie müssen Ihre Kriegsziele bekanntgeben. Sie müssen den Deutschen sagen, warum Sie kämpfen. Und das Wort ‚Boche' muß verschwinden."

„Bitte fertigen Sie sofort eine Denkschrift für den Ministerpräsidenten an. Ich werde dafür sorgen, daß er sie liest. Ich werde weiter dafür sorgen, daß er mit Ihnen spricht."[42)]

Doch es ist zu spät. Die französische Regierung verläßt Paris. Otto Strasser erhält vom Kabinettschef den Rat: „Fliehen Sie!" Doch wohin? Über Frankreich liegt schon Hitlers Schatten. Ein Angebot ausländischer Freunde, mit nach London zu fliegen, hat er abgelehnt, weil er noch auf die zugesagte Besprechung mit dem französischen Ministerpräsidenten Reynaud rechnete.

Zum erstenmal verläßt Otto Strasser der Mut. Er will nicht mehr kämpfen. Schon sieben Jahre ist er heimatlos und auf der Flucht vor dem Zugriff der Gestapo. Sie jagt ihn wie einen Fuchs, dessen Bau von allen Seiten umstellt wird. Nun, im Juni 1940, sitzt er in der Falle. „Sollen sie kommen und mich umbringen." Er hat genug getan. Strasser läßt sich im Hotel eine Flasche Bordeaux kommen und legt sich auf sein Bett. Als letzter Ausweg bleibt ihm ein Schuß in die Schläfe. Lebend will er nicht zur Beute werden. Stundenlang brütet er vor sich hin.

Da erscheint Hans, jener Gefährte, der die Lebensmittel ins Internierungslager geschickt und ihn herausgeholt hat.

„Du denkst doch nicht etwa, daß Hitler diesen Krieg gewinnt?"

Diese Frage trifft Otto Strasser wie ein Schlag. Er springt auf. „Ich habe doch meinen Verstand nicht verloren!"[43)]

Die beiden brechen nach Lausanne in die Schweiz auf. „Etwas Besseres als den Tod konnten wir überall finden ..."

Doch der Zugverkehr ist eingestellt. So meldet ein Lautsprecher am Bahnhof. Otto und Hans finden trotzdem einen Zug. Aber die Schweiz hat ihre Grenze gesperrt. Sie müssen umkehren.

Die beiden haben eine Adresse an der Atlantikküste. Dort könnten sie Zuflucht finden. Doch der Ort liegt am anderen Ende Frankreichs. Wie hinkommen? Sie finden Unterschlupf auf einem französischen Bauernhof. Der Bauer will die deutschen Widerstandskämpfer vor den deutschen Truppen im Wald verbergen. Seine Tochter bringt sie in ihrem gebrechlichen Ford bis nach Bordeaux. Von dort geht die Flucht weiter bis zu einem Ausweichquartier der Schwarzen Front nahe der Mittelmeerküste. Nun bewährt sich das weitgespannte Organisationsnetz.

Jetzt gilt es nur noch, nach Casablanca hinüberzukommen. Vom Vertrauensmann der Schwarzen Front werden sie mit Geld und Fahrkarten versorgt. Doch nach Casablanca will auch eine unübersehbare Schar französischer Männer, die sich am Hafen von Bayonne zusammendrängen. Das Schiff hat schon angelegt, doch der Landungssteg wird von Soldaten abgesperrt. Ein Marineoffizier kontrolliert. Otto und Hans dürfen nicht merken lassen, daß sie Deutsche sind. Die Menge würde sie in Stücke reißen. Der Offizier ruft ihnen etwas zu. Sie können es im Lärm nicht verstehen. Der Offizier winkt und gebietet Halt. Die beiden Männer sind ihm aufgefallen. Otto läßt das Gepäck herabgleiten und schwenkt die Fahrkarten. Der Offizier schaut sie prüfend an: „Schnell, schnell!" Otto wendet sich nach dem Gepäck um. Doch es wird von den Zurückbleibenden schon zerrissen.

Auf dem Schiff müssen alle Wertgegenstände abgeliefert werden, als wären die Passagiere unter Piraten gefallen. Sie dürfen zunächst nicht unter Deck, obwohl es zu regnen beginnt und empfindlich kalt wird. Die Nässe dringt bald durch die Kleidung. Gegen drei Uhr morgens stoppt das Schiff. Otto geht nach oben. Der Kapitän stiert ihn trunken an. Er nimmt ein Blatt Papier von der besudelten Tischplatte seiner Kajüte und brüllt: „Jetzt wirst du aufgehängt, deutsches Schwein!" Der Krieg hat begonnen. Das Schiff bricht seine Fahrt nach Casablanca ab und kehrt um. Es ist wie im Inferno. War alles umsonst?

Wieder in Bayonne, zerreißt Otto Strasser seine Papiere. In Paris hat er sich rechtzeitig einen neutralen Paß gekauft, ausgestellt auf Oswald B. Mit der Taxe fahren die beiden Männer nach St. Jean de Luz an der spanischen Grenze. Hier warten schon 10—15 000 Füchtlinge auf ein Schiff. Doch ist unterdessen ein deutscher Vortrupp eingetroffen. Plötzlich kommt ein Unteroffizier der Invasionsarmee mit zwölf Mann anmarschiert. Die Menge der Flüchtlinge stiebt auseinander. Alles stürmt zu der Brücke, die von Frankreich nach Spanien hinüberführt. Eine französische Wachkompanie wird über den Haufen gerannt.

Otto Strasser steht angesichts der deutschen Soldaten, von Schreck überwältigt, wie angenagelt. In seiner Kleidung mit der Baskenmütze kann er für ein Franzose gehalten werden. Doch der neutrale Paß wird als Anlaß zur Verhaftung genügen. Er friert trotz der Hitze. Seine Pistole wird ihm nicht viel nützen. Aber wieder hat er Glück. Der Unteroffizier und die zwölf Mann marschieren so nahe an ihm vorbei, daß ihn ihr Leder- und Schweißgeruch streift. Am nächsten Tage werden Hans und Otto von einem belgischen Chauffeur in die besatzungsfreie Zone Südfrankreichs gebracht. Das kostet zwar 10 000 Franc, aber fürs erste sind sie gerettet.

Oder scheint es nur so? Die französische Regierung hat sich verpflichten müssen, „nach namentlich aufgeführten Personen in Frankreich zu fahnden und sie nach einer eventuellen Festnahme an die deutsche Regierung auszuliefern". So steht es im Waffenstillstandsvertrag. Unter den namentlich aufgeführten Personen befindet sich weit oben auch Otto Strasser! Es ist wie verhext. Er muß mit Hans so schnell wie möglich über die Pyrenäen. Sie schlagen sich bis nach Toulouse durch. Hier ist zu den Einwohnern die sechsfache Zahl von Flüchtlingen gekommen. Selbst die Kirchen und Klöster sind bis auf den letzten Platz belegt. Nach langer vergeblicher Quartiersuche werden sie schließlich von einem Arzt aufgenommen. Dessen Wartezimmer ist schon voll schlafender Menschen und wimmernder Kinder, aber zwei Stühle sind noch frei. Durch den zerschlissenen Vorhang schimmert der Mond. Otto Strasser sucht in seinem Gedächtnis nach dem Mondgedicht Goethes.

Die Aussicht auf ein Visum ist ganz minimal. Am nächsten Tag fahren daher die beiden Flüchtlinge auf gut Glück nach Andorra, wo sie zur Wache des Zwergstaates gebracht werden. Der Wachhabende prüft die Papiere und erklärt: „Sie sind Spione!"

Otto Strasser kann nicht einmal eine Identitätskarte vorweisen. Der Chauffeur wird beauftragt, die Spione nach Toulouse zurückzubringen und dort den Behörden zu übergeben. Das ist das Ende! Doch der Chauffeur sagt unterwegs: „Ich bin nicht ihr Büttel!“ Er besorgt den beiden Deutschen sogar ein ordentliches Quartier.

Sie stehen sechs Tage abwechselnd vor dem portugiesischen Konsulat an, wo viele Leute schon um 5 Uhr morgens auf Einlaß warten. Als Strasser endlich vorgelassen wird, muß er erfahren, daß die Voraussetzung für die Einreise nach Portugal in einem Visum für die USA besteht. Nach dieser vernichtenden Auskunft scheint es ausweglos zu sein, in Toulouse zu bleiben. Doch während eines heftigen Gewitters sieht Otto neben sich den portugiesischen Konsul Schutz suchen. Welch ein „Zufall‘! Er spricht ihn an. Der Konsul vermittelt ein Durchreisevisum für Portugal.

Am 1. August 1940, nach 80tägiger Flucht, wird die Grenze überschritten. Otto begibt sich zum Kloster seines Bruders Paul. Dieser ist vor drei Tagen nach Lissabon abgefahren, soll jedoch bald zurück sein. Otto wartet auf ihn in einer Oase des Friedens und bleibt als Gast des Abts noch einige Wochen. Bis eines Tages ein schwarzer Mercedes vor dem Kloster hält. Ihm entsteigen zwei Attachés der deutschen Gesandschaft, Unheil verkündend. Dem Abt wird eine große Summe angeboten, falls er sie mit Otto Strasser nach Lissabon fahren lasse. Er weist ihnen die Tür. Doch für wie lange? Pauls Bruder wird zu Mönchen in ein keines Fischerdorf gebracht, um ihn vor solchen Besuchern zu schützen und zu behüten. Es stellt sich heraus, daß er im Gästehaus des Klosters zwei Tage Wand an Wand mit einem Gestapo-Agenten gewohnt hat, der als deutscher Benediktinerpater getarnt war.

In dem abgelegenen Fischerdorf fühlt sich Otto Strasser vollständig sicher. Jeden Morgen nimmt er ein Bad im Atlantik. Er schaut sich einen Stierkampf an. Ende September klopft es früh. Vor der Tür steht Pater Maurus: „Sie müssen sofort abreisen!“ In seiner Begleitung befindet sich ein Engländer. Die deutsche Regierung hat von der portugiesischen die Auslieferung Otto Strassers verlangt! Doch englische Freunde wollen ihn retten. Der Engländer sagt: „Mein Auto wartet. Wir können sofort losfahren!“

Otto Strasser wittert eine neue Falle. Er denkt an „Mister Frank“ und lehnt ab, fährt jedoch parallel per Taxe zum britischen Konsul nach Oporto. Der Konsul bestätigt die Identität des hilfsbereiten Begleiters. Dieser weiß, daß Strasser in lissabon bereits an Hand eines Signalements von Gestapoleuten gesucht wird. Er untersagt ihm, in einem Hotel oder in einer Pension abzusteigen, und bietet seine Gastfeundschaft an. Wahrscheinlich ist er vom britischen Geheimdienst, der dem deutschen ein Schnippchen schlagen möchte. Will die englische Regierung Otto Strasser in Reserve halten? Etwa für eine Exilregierung?

Nach 24 Stunden legt ihm der smarte Engländer lächelnd einen neuen Paß mit dem Visum für Bermuda und eine Schiffskarte für den nächsten Dampfer auf den Tisch. Am 2. Oktober 1940 bringt er seinen Gast in einem geschlossenen Wagen des Diplomatischen Korps zum Hafen. Am Kai liegt die „Excambion“. Otto Strasser wird, nachdem er den Laufsteg überschritten hat, sofort vom Steward in die Kajüte des Ersten Offiziers geleitet. Man schließt sie zu seiner eigenen Sicherheit vorübergehend hinter ihm ab. Es erscheint den Engländern nicht ausgeschlossen, daß Strasser noch im letzten Augenblick von der Gestapo aufgespürt und vom Schiff gezerrt wird, falls man ihn unter den Passagieren erkennt. Lissabon wimmelt von Agenten.

Erst auf hoher See darf der Sonderpassagier auf Deck. Er sieht sich unter vielen Juden, die nach Amerika wollen! Sie kommen aus allen Ländern Osteuropas, doch ihr gemeinsame Verkehrssprache ist das Jiddische. Manche haben ein kleines Sternenbanner auf ihre Matratze gepflanzt und sprechen von sich selbst bereits als Amerikanern. „Nie trat mir der glühende Lebenswille und die unbändige Energie gerade des Ostjudentums greller entgegen als in den acht Tagen, da ich unter ihnen lebte."[44)]

Bermuda und die Frei-Deutschland-Bewegung

Am 10. Oktober kommt Land in Sicht: Bermuda mit seinen Kalkfelsen und Zedernwäldern. Das Schiff drosselt seine Motoren und stoppt. Eine Barkasse mit dem Union Jack legt an. Ein Offizier und ein Zivilist klettern an Bord. Kurz darauf wird der Name Otto Strassers über den Lautsprecher ausgerufen. Die beiden Engländer begrüßen ihn mit Handschlag. „Wo haben Sie denn Ihr Gepäck?"

Von allem Gepäck, mit dem Dr. Strasser in Paris den Zug bestiegen hat, ist ihm nur ein Handköfferchen geblieben. Als einziger Passagier der „Excambion" steigt er in die Barkasse um. Sie setzt ihn im Hafen von St. George ab, der Hauptinsel von Bermuda. Er hat alles hinter sich zurückgelassen. Wird er fähig sein, ein neues Leben zu beginnen? Die Möglichkeit ist gegeben. Bis zu den Bermudas reicht der lange Arm der Gestapo nicht mehr.

St. George liegt am Ende der Welt. Die Hauptstadt Hamilton hat nur 2800 Einwohner. Was die Bevölkerung betrifft, so ist sie hauptsächlich schwarzhäutig. In den Gaststätten wird Rassentrennung praktiziert. Otto Strassers hat sich ein Marineoffizier angenommen. „Als Weißer können Sie nicht mit dem Koffer zu Fuß gehen." Doch die Insel ist ein Paradies. Hier brauchen weder Steuern noch Zölle gezahlt werden. Die Waren sind billig. Das Leben fließt naturhaft dahin. Der aus Deutschland Ausgebürgerte empfindet es als eine Gnade des Schicksals, auf dieses Eiland verschlagen zu sein. Nun kann sich endlich seine verkrampfte Seele entspannen.

Einige Wochen nach seiner Ankunft wird Strasser vom britischen Kolonialsekretär der Inselgruppe ans Telefon seines Hotels gerufen: „Kommen Sie doch bitte sofort zu uns zum Tee. Sie werden einen interessanten Mann kennenlernen."

Das „sofort" klingt fast wie ein Befehl. Der interessante Mann sitzt schon da. Es ist H.G. Wells, der mit George Bernard Shaw und anderen die Fabiergesellschaft ins Leben rief. Während des Gesprächs entfährt ihm der Satz: „Wenn die Deutschen keine Mörder sind, dann sind sie Romantiker!" Otto Strasser wird blaß. Wenn selbst ein so hochintelligenter Mann Hitler und Deutschland gleichsetzt, was soll man da von den anderen verlangen? Daß es drei Deutschlands gibt, davon hat H.G. Wells nicht die geringste Ahnung.

Die Gastgeberin ist allerdings anderer Ansicht als er. Ja, die Frauen sind das einzige Labsal, die einzige Erfrischung in dieser Zeit der geistigen Dürre, wo über die Menschen ein großer Durst kommt.

Wells ist der Meinung, die Nebelschwaden aus den germanischen Wäldern hätten den europäischen Geist vergiftet. Er interessiert sich für Hitlers Liebesleben. Otto Strasser zuckt mit den Achseln. Schließlich wird er gefragt: „Würde Deutschland, wenn Sie dort etwas zu bestimmen hätten, einem Weltluftverein beitreten?"

„Warum nicht? Aber glauben Sie, daß dann die Interessenkämpfe der Nationen und die Leidenschaften der Meschen aufhören werden? Wir sind doch schon seit Bismarck im Weltpostverein, und soviel ich weiß, ist dadurch noch kein einziger Krieg verhindert worden."[45]

Der Gastgeber lacht wie über einen gelungenen Scherz. Wells erhebt sich und geht grußlos davon. Für ihn ist Strasser ein unbelehrbarer Nationalist.

Auf den Bermudas wird ein amerikanischer Stützpunkt stationiert. Die Inseln werden für 90 Jahre an die USA verpachtet. „Ein Stück des britischen Weltreichs war gefallen." Das Paradies bricht zusammen. Doch die Amerikaner bringen Geld ins Land. Und sie durchbrechen die Rassenschranke zwischen weiß und schwarz.

Otto Strasser nimmt das alles mit gemischten Gefühlen wahr. Das amerikanische Präsidialsystem hält er für gut. Doch die Amerikaner scheinen ihm technikbesessen und als ein Krämervolk, ohne Sinn für die Schönheiten der Natur. Den Engländern steht er innerlich näher.

Ein führender Mann der Insel sagt zu Strasser: „Wenn wir der Yankee-Demokratie nachgeben, wird Bermuda bald eine schwarze und vielleicht kommunistische Republik sein." So mag er auch selber denken.

Göring hat die Luftschlacht über England verloren. Damit ist für Strasser der Krieg im Grunde schon entschieden. Er muß von diesen Inseln weg an eine Pulsader des politischen Lebens. „Unsere Aufgabe war es jetzt, die alte Goebbels-Propaganda, daß Hitler gleich Deutschland sei, der Lüge zu überführen."[46] Das deutsche Volk soll nicht für Hitler bestraft, sondern es sollen jene Ursachen beseitigt werden, die zu ihm hingeführt haben. Ein neues Versailles würde einen zweiten Hitler hervorbringen. Das hat Otto Strasser schon 1940 einem französischen Minister erklärt. Die Alliierten sind über ihre Kriegsziele noch unschlüssig. „Also konnte man darauf noch Einfluß gewinnen."

Zu diesem Zweck gründet Otto Strasser die Frei-Deutschland-Bewegung; genauer: er will sie ins Leben rufen und angesehene Männer sammeln, die insgesamt für alle Schichten des deutschen Volkes sprechen können. Sie müssen gegen Hitler wie gegen Stalin sein. Strasser denkt an Hermann Rauschning, den früheren Danziger Senatspräsidenten, an den ehemaligen Reichsinnenminister Wilhelm Sollmann, den früheren Zentrumsführer Heinrich Brüning, an den Volkssozialisten Wenzel Jaksch, an den einstigen preußischen Finanzminister Klepper und nicht zuletzt an sich selbst als Bevollmächtigten der Schwarzen Front. An einen Tisch gebracht, sollen diese sechs Männer „nicht ‚Exilregierung' spielen, sondern im Ausland das stumm gewordene Deutschland vertreten, um nach dem Ende Hitlers einem gerechten und weisen Frieden den Weg zu bahnen."[47]

Mit solchen Absichten verfaßt Otto Strasser 1941 eine manifestartige Broschüre über Hitlers Sturz durch die Frei-Deutschland-Bewegung, welche zu diesem Zeitpunkt noch gar nicht besteht. Sie geht davon aus, daß der Endkampf in Europa begonnen hat. Kurt Singer schreibt im Vorwort: Der Autor bekennt sich zu der von England geführten Freiheitsfront. Der Krieg stellt die deutsche Opposition vor die Wahl, entweder mit Großbritannien zu kämpfen oder dem Hitlersystem zu helfen. „Die Nazis wissen, daß jede kommende Revolution in Deutschland Otto Strassers Bewegung als Hebel zum Sturze Hitlers benutzen wird." Er ist der Mann, der eines Tages dank seiner unterirdischen Verbindungen „nicht nur Teile der Wehrmacht, sondern auch die SA und SS gegen Hitler zur Rebellion bringen kann".

Singers Vorwort macht deutlich, was die Westmächte von Otto Strasser erwarten und weshalb er insbesondere von Großbritannien unterstützt wird, wenngleich mit Vorbehalten. Nach der Zweiten Front in Frankreich soll eine Innere Front in Deutschland selbst eröffnet werden zur Aushöhlung und Aufsprengung des NS-Systems.

Strassers Ziele stimmen mit diesem Ziel zwar im großen und ganzen überein, aber er möchte sich nicht Landesverrat nachsagen lassen und kommt daher in eine zwiespältige Lage. Er will alles tun, was in seinen Kräften steht, um das Hitlersystem noch v o r dem Einmarsch der Alliierten in Deutschland zu stürzen. Doch dazu verfügt er über weniger Mittel denn je. Fast alle Gruppen der Schwarzen Front im Reich sind zerschlagen. Andere haben sich aus Entmutigung selbst aufgelöst. Aber besteht nicht noch die Auslandsorganisation der Schwarzen Front? Auf diese will sich Otto Strasser stützen. Sie soll das Gerüst der Frei-Deutschland-Bewegung sein. Deren Finanzierung darf nicht durch die Alliierten erfolgen. Otto Strasser erhält gerade um diese Zeit 2000 Dollar Honorar für sein Buch „Hitler und ich". Sie müssen für den Anfang genügen.

Am 30. Januar 1941, zum achten Jahrestag der nationalsozialistischen Machtergreifung, erscheint gleichzeitig in der englischen, amerikanischen und kanadischen Presse eine Zielerklärung der Frei-Deutschland-Bewegung:

1. Kampf gegen den Nazismus und Bestrafung aller Schuldigen.
2. Kampf gegen den Kommunismus und jedes Diktatursystem.
3. Wirtschaftliche Demokratie und soziale Zusammenarbeit.
4. Demokratische Selbstverwaltung und Föderalisierung Deutschlands.
5. Bildung der Europäischen Föderation.
6. Zusammenarbeit mit allen Demokratien der Welt.
7. Rückkehr zu Gott.

Zur Erreichung dieser sieben Ziele wird ein ebenfalls sieben Punkte umfassendes Arbeitsprogramm erstellt:

1. Einheitliche und mit allen modernen Mitteln arbeitende Propaganda ins Reich, besonders auch in Armee und Partei.
2. Propaganda unter den Auslands- und Volkstums-Deutschen, besonders in Nord- und Südamerika.

3. Planmäßige Bearbeitung der deutschen Kriegsgefangenen.
4. Organisierung und Nutzbarmachung der deutschen Emigration.
5. Anleitung und Organisierung des passiven Widerstandes in Deutschland selbst.
6. Vorbereitung aktiver Kampfmaßnahmen im Reich für die geeignete Stunde.
7. Spätere Bildung einer bewaffneten Formation (‚Freiheitskorps') als verfügbare Polizeiformation für etwa besetzte oder rebellierende deutsche Gebiete.

Der letzte Punkt ist unklar. Und seltsamerweise benutzt Strasser das verrufene Wort Propaganda. Am aussichtsreichsten wäre die Aufklärung der Kriegsgefangenen über das politische System, dem sie wohl oder übel gedient haben. Doch dazu ist Strasser mit seinen wenigen Leuten außerstande oder man läßt ihn in den Sammellagern nicht sprechen. Im Unterschied zur Sowjetunion, die ausgewählte Kriegsgefangene auf Antifa-Schulen umerzieht, begreifen die Engländer sehr spät, welches politische Kapital sie vergeuden, und die Amerikaner wohl nie.

Otto Strasser glaubt, mit seiner Ausrufung der Frei-Deutschland-Bewegung eine Zentralstelle für alle freiheitlichen Deutschen geschaffen zu haben, welche gegen die braune wie auch gegen eine rote Tyrannei sind. Die Zersplitterung der deutschen Opposition soll endlich überwunden werden. Hierzu bedarf es einer neuen Idee von morgen, die das Hitler'sche Machtsystem von heute erschüttert. Mit Kommunisten wird jede Zusammenarbeit abgelehnt. Man kann den Teufel nicht durch Beelzebub vertreiben. Das deutsche Volk will „unter keinen Umständen die Diktatur in braun gegen eine Diktatur in rot umtauschen". Der Kommunismus ist faktisch der Verbündete des Faschismus, wie der Hitler-Stalin-Pakt von 1939 gezeigt hat.

Strasser spricht nun von Nazismus. Doch eine neue Idee bleibt er eigentlich schuldig. Dafür klingt seine konservative Revolutionstheorie vom gleichzeitigen politischen, wirtschaftlichen und kulturellen Formenwandel wieder an. Sie soll der Freiheitsfront als Grundlage dienen. Otto Strasser bekennt sich erstmals zur Demokratie, die aus Luthers „Freiheit eines Christenmenschen" geboren sei. In Deutschland muß nicht nur das Hitlersystem überwunden werden, vielmehr auch „die jahrhundertelange milde Diktatur der Fürsten und Potentaten", deren Folge ein verhängnisvoller Untertanengeist war. Auf dieser Grundlage konnte sich der Nazismus ausbreiten.

Wie ist der Untertanengeist zu überwinden? Zum einen durch die Föderalisierung Deutschlands, zum anderen durch ständische Selbstverwaltung:

> „Die Erziehung des deutschen Volkes zur Demokratie macht es notwendig, daß die Formen dieser politischen Demokratie einfach, gewissermaßen primitiv sein müssen, mehr als es die Formen in altdemokratischen Ländern sind. Das angelsächsische System des eingespielten Zweiparteiensystems setzt eine demokratische Reife der Bevölkerung und eine Loyalität der beiden Parteien zueinander und zum Lande voraus, die im Deutschland nach Hitler noch weniger gegeben ist als im Deutschland vor Hitler. Die Frei-

Deutschland-Bewegung basiert daher die Demokratie im Deutschland von morgen nicht auf die Parteien, sondern auf die Berufsstände [...]"[48]

So enthüllt Strasser endlich das Geheimnis seiner Ständestaatsidee. Aber hat er sie nicht auch zur Basis des NS-Systems machen wollen? Die Nachkriegsformen sollen möglichst unkompliziert und allgemein verständlich sein. Sie müssen der deutschen Tradition entsprechen, wenn sie Wurzeln schlagen sollen. Um den preußischen Zentralismus, Imperialismus und Militarismus zu brechen, ist die „Wiederherstellung der deutschen Föderativ-Verfassung" erforderlich, wie sie vor der Aufrichtung des wilhelminischen Bismarck-Reiches bestand. Strasser will die nationalen Rechte des deutschen Volkes mit den Sicherheitsansprüchen seiner Nachbarn und den Friedenswünschen der Welt in Einklang bringen.

Für die Wirtschaft sieht er vor, die Unternehmerherrschaft durch das Prinzip der Kooperation zu ersetzen. Die politische Demokratie soll durch eine soziale ergänzt werden. Vom Deutschen Sozialismus ist hier keine Rede, geschweige von Fabrikgenossenschaften.

Was die Heilung der kranken deutschen Seelen betrifft, so sollen „die hierzu berufenen" kirchlichen und religiösen Gemeinschaften unterstützt werden. Die Frei-Deutschland-Bewegung bekenne sich aus tiefster Überzeugung zum Christentum und seinen moralischen Gesetzen.

Schwerlich kann Strasser in all diesen Punkten auch für Rauschning, Brüning, Sollmann und jene anderen Persönlichkeiten sprechen, die repräsentative Vertreter der deutschen Opposition gegen Hitler sind. Hat er überhaupt versucht, diese Männer an einen Tisch zu bringen? Die Frei-Deutschland-Bewegung bleibt ein Projekt. Nur in Südamerika findet sie erheblichen Widerhall, hauptsächlich in Uruguay, wo sich der getreue Fricke regt und müht.

Daß sie mit dieser Ausnahme auf dem Papier bleibt, entscheidet bis zu einem gewissen Grade im voraus über das Nachkriegsschicksal Otto Strassers. Er erscheint als unfähig, seine Aufgabe „als Glied der von England geführten Freiheitsfront" zu erfüllen. Doch er kann nicht anders. Denn die Schwarze Front ist tot.

Die große Versuchung

Auf die Zielerklärung der Frei-Deutschland-Bewegung gehen allerdings zahlreiche Reaktionen und Anfragen ein, die bei Otto Strasser Illusionen wecken. Am ermutigendsten erscheint ihm, daß ein Mitglied des Demokratischen Kongresses, William R. Thom, den Vereinigten Staaten nahelegt, die Frei-Deutschland-Bewegung offiziell anzuerkennen. Roosevelt übergeht diesen Antrag mit Schweigen.

Um sein neues Konzept besser vorantreiben zu können, siedelt Otto Strasser nach Kanada über, wo er im April 1941 eintrifft, nach schweren Stürmen, die ihn seekrank gemacht haben. Einen Gepäckträger kann er entbehren, hat er doch nur einen Koffer und seine Schreibmaschine. Mit Kanada betritt er das 13. Land seines Exils, dessen Ende noch nicht abzusehen ist. Zwar erwarten ihn mehrere Pressereporter und Journalisten. Diese lassen ihn aber fühlen, daß er in ihren Augen ein Überläufer ist. In Ottawa spricht er sogleich im Außenministerium vor. Der Staatssekretär empfängt ihn schon nach wenigen Minuten. Er bittet Otto Strasser, Platz zu nehmen.

„Was haben Sie mit Ihrer Frei-Deutschland-Bewegung nun vor? Ich nehme doch an, daß Sie eine Zusammenarbeit aller antifaschistischen Kräfte planen?"

Antifaschistische Kräfte? Dieses neue Schlagwort hört Otto Strasser zum erstenmal. Er hört es mit Unbehagen und antwortet ärgerlich:

„Wenn Sie das erwarten, muß ich sie leider enttäuschen. Bei einer ‚Volksfront' mache ich nicht mit. Wir haben es im Programm der Frei-Deutschland-Bewegung ausdrücklich festgelegt, daß der Kampf gegen Kommunismus und jede Diktatur geführt werden muß. Dabei bleibe ich unter allen Umständen."

„Natürlich haben Sie im Prinzip recht, aber ich meine, eine taktische Zusammenarbeit mit den Kommunisten ist doch keinesfalls ausgeschlossen, denn jetzt müssen alle Kräfte gegen Hitler zusammenhalten."

Otto Strasser wendet ein: „Die Erfahrung lehrt, daß eine taktische Zusammenarbeit sich immer zugunsten der Kommunisten auswirkt."

„Ich möchte Ihnen aber doch raten, wenigstens zu einer ‚Arbeitsübereinkunft' mit den Kommunisten zu kommen."

„Das einzige, was ich Ihnen versprechen kann, ist, daß wir hier nicht einen innerdeutschen Parteikampf vorführen.[49]

Der Staatssekretär verabschiedet sich förmlich. Er ist enttäuscht.

Otto Strasser hält im kanadischen Rundfunk einen Vortrag über den Englandflug von Rudolf Heß, den er als Typus des neuen Privatsekretärs und Hitler völlig ergeben bezeichnet, worauf sich eine Flut von Briefen auf ihn zuwälzt. In Montreal spricht er vor einem Klub und in Windsor vor der Katholischen Hochschule. Allmählich wird er zu einem Begriff für die Kanadier. Doch die sowjetisch-westliche Allianz macht ihm bald zu schaffen.

Der Polizeichef von Montreal warnt: „Seien Sie in Ihren Äußerungen sehr vorsichtig, Herr Doktor! Sie wissen ja, daß die Russen jetzt unsere Alliierten sind."

..Oh, das wußte ich nicht. Ich wußte nur, daß die Westmächte die Alliierten der Russen sind."

Im Spätherbst 1941 erhält Otto Strasser einen amtlichen Brief aus Washington. Der Präsident des Amts für nationale Moral komme in Kürze nach Montreal und würde ihn dort gern sprechen. Das Treffen findet in einem vornehmen Patrizierhaus statt. Der Hausherr läßt Strasser mit Professor Pope aus den USA allein.

Pope kommt überraschend schnell zur Sache: „Ihre Frei-Deutschland-Bewegung hat nach unseren Berichten ein überaus gutes Echo gehabt. Aber Sie sind sich doch darüber klar, daß nur die Vereinigung aller deutschen Antifaschisten eine wirkliche Stoßkraft erhalten und internationale Anerkennung finden wird. Also müssen alle diese Kräfte in einer Art Exilregierung zusammengeschlossen werden. Wir denken dabei an ein Deutsches Nationales Komitee. Sie sind der richtige Mann dafür. Wir haben vor, Ihnen die Führung dieses deutschen National-Komitees zu geben. Sie müßten jetzt die getrennt arbeitenden Gruppen der deutschen Emigration zusammenfassen. Natürlich auch die Kommunisten. Ein solches National-Komitee darf nicht einseitig sein ...

Der Sitz wäre Moskau. Sie erhalten dort alle Hilfe und Unterstützung. Es ist nicht nötig, daß Sie ständig in Moskau sind. Sie könnten einen Teil Ihrer Zeit auch in den USA verbringen. Aber der Hauptsitz wäre Moskau, und Sie müßten schleunigst dorthin fliegen. Sie haben dort alles zur Verfügung: einen Rundfunksender, Geld, Büros und was Sie brauchen."[50]

Otto Strasser verschlägt es die Sprache. Er ist starr vor Überraschung und muß sich erst sammeln. Hält man ihn für käuflich? Schließlich antwortet er: „Nein, das ist ausgeschlossen. Ich arbeite niemals mit den Kommunisten, auch nicht taktisch, auch nicht gegen Hitler!"

Professor Pope erhebt sich: „Dann haben wir nichts mehr zu besprechen!"

So verpaßt Otto Strasser die größte Chance seines Lebens, an die Spitze einer deutschen Exilregierung zu treten. Ohne ihn kommt sie überhaupt nicht zustande. So sehr hatte man sich in Washington und Moskau schon auf ihn festgelegt. Die sowjetische Agentur TASS berichtet, der gegenwärtig (!) in Kanada lebende Dr. Otto Strasser sei in Lissabon inkognito zu politischen Besprechungen eingetroffen.

Aber war es wirklich die größte Chance oder die größte Versuchung seines Lebens? Wohl beides zugleich.

Am 12./13. Juli 1943 wird in der Nähe von Moskau das Nationalkomitee Freies Deutschland gegründet. Sollte Otto Strasser dessen Leitung übernehmen und zu einer Art Generalsekretär bestellt werden? Ich halte das für durchaus möglich, ja sogar für wahrscheinlich.

Der Eigenbrötler von Clarence

Nach seiner endgültigen Absage fällt er ins Nichts. Otto Strasser erhält, wie er es selber nennt, einen Maulkorb. In dieser bitteren Zeit kriecht er bei einem alten Freund aus Prag unter, dem Sudetendeutschen Adolph Schmidt, der 1937 ausgewandert ist und in Kanada eine bescheidene Farm betreibt. Schmidt hat ihn nach dem Vortrag über Heß eingeladen, für einige Wochen nach Clarence auf der Halbinsel Neu-Schottland zu kommen und sich dort als Gast seiner Familie zu erholen. Nun bietet er ihm ein Jahr lang ein Dach über dem Kopf.

Otto Strasser will jedoch seinem Gastgeber und der kleinen Farm möglichst wenig zur Last fallen. So kocht er sein Essen selbst. Kochen zu lernen ist das erste, was er sich vornimmt. Schmidt hat ihm ein Nebengebäude zur Verfügung gestellt, wo er sich notdürftig einrichtet. Mit einem Schubkarren bringt Otto Strasser von den umliegenden Farmen 36 Fuhren Pferdemist zusammen. Das ist der Dung für seine Gemüsebeete.

Zur Gesellschaft hält er sich ein paar Katzen, die bald Nachwuchs bekommen. Ein Farmer schenkt ihm seine Bibliothek historischer Werke — über hundert dicke Wälzer. Der merkwürdige Mann aus Deutschland liest Tag und

Nacht.

Gelegentlich schreibt er für eine kleine deutschsprachige Zeitschrift einen Artikel. Über den Rundfunk hört er am 21. Juli 1944 vom Offiziers- und Generalaufstand gegen Hitler. „Jetzt war Röhm gerächt!" aber noch nicht sein Bruder.

Ein Reporter ruft an: „Bedauern Sie, daß Hitler nicht umgekommen ist?"

„Ganz im Gegenteil. Es ist besser, daß Hitler am Leben blieb. Denn sonst würde ein großer Teil des deutschen Volkes immer denken und glauben: Wenn der Führer noch gelebt hätte, würde er den Krieg gewonnen haben. Es ist aber von entscheidender Bedeutung für Deutschland, daß diesmal keine Dolchstoßlegende entsteht."[56)]

Otto Strasser weiß: das Ende des Hitler-Systems ist nur noch eine Frage kurzer Zeit. Er will sich darauf vorbereiten. Gestern noch stand sein Schicksalsrad still. Nun rollt es von neuem an. Erst Hitlers Fall wird Gregor rächen. Erst sein Tod wird das Ende des NS-Regimes nach sich ziehen. Der bittere Kelch muß bis zum letzten Tropfen geleert werden.

V. Mit Luftwurzeln leben

Im Februar 1943 hat die kanadische Regierung über Otto Strasser ein Rede- und Schreibverbot für politische Themen verhängt, die auch in seiner persönlichen Korrespondenz nicht berührt werden dürften. Nach der bedingungslosen Kapitulation und dem Zusammenbruch des NS-Systems im Mai 1945 reißt er diesen Maulkorb herunter. Seine Zeit scheint gekommen. Ab Herbst 1945 verschickt er »Rundbriefe für Deutschlands Erneuerung« an seine Gesinnungsfreunde in den verschiedenen Besatzungszonen.

Otto Strassers Hauptaugenmerk ist jedoch darauf gerichtet, zunächst einmal Bilanz zu ziehen und seinen politischen Standpunkt neu zu formulieren.

Solidarismus

Die Bilanz wird in einem Aufruf an die Kämpfer der Schwarzen Front gezogen. „15 Jahre lang haben wir den Kampf gegen Hitler und sein System geführt. Tausende unserer Besten sind in diesem Kampf gefallen ... Heute ist die Schwarze Front gerechtfertigt — mehr als gerechtfertigt: sie hat sich als die prophetische Kraft erwiesen, die in einer Zeit allgemeiner Erfolgsanbetung und weltweiter Verwirrung den rechten Kurs erkannt hatte und einhielt — allen Verfolgungen zum Trotz, Not und Tod überwindend."[1] Nach der Beil-Zeit kommt nun die Heil-Zeit. „Sammelt Euch um Eure alten und erprobten Vorkämpfer!"

Der Aufruf ist nur von ihm unterschrieben. Er unterzeichnet für die Reichsleitung der Schwarzen Front als deren 1. Vorsitzender, doch spricht er womöglich nur für sich selbst. Die Schwarze Front wird nicht formell aufgelöst, aber de facto ist das ein Nachruf. Es fragt sich, wie die neue Organisationsform und wie die Erneuerung Deutschlands aussehen soll.

Auf die erste Frage wird vorerst keine Antwort gegeben. Otto Strasser will abwarten, welche Verhältnisse und Umstände er bei seiner Rückkehr vorfindet. Doch erwägt er bereits die Gründung einer Nationalen Union. Auf die zweite Frage antwortet er sogleich mit dem „Manifest des Solidarismus". In diesem erreicht er eine Straffheit des Stils und eine Präzision des Ausdrucks, die an seinen Artikel „Wir grüßen den Krieg" erinnert und ihm nur selten gelingt.

> „Der Egoismus der Klassen und Nationen hat die Völker Europas in die größte Not ihrer Geschichte gestürzt — der Solidarismus, die Solidarität der Klassen und Nationen Europas allein ist ihre Rettung.
> Der Kapitalismus [...] gewährt den Menschen zwar ein hohes Maß von persönlicher Freiheit, vorenthält ihnen aber die wirtschaftliche Sicherheit, ohne die die persönliche Freiheit keine Grundlage hat;
> Der Kommunismus [...] gewährt den Menschen zwar ein hohes Maß von wirtschaftlicher Sicherheit, vorenthält ihnen aber die persönliche Freiheit, ohne die wirtschaftliche Sicherheit kein Lebensziel hat —
> der Solidarismus allein gewährleistet den Menschen persönliche Freiheit

und wirtschaftliche Sicherheit, die beiden lebenswichtigen Voraussetzungen für innere Ordnung und äußeren Frieden."[2]

Otto Strasser verspricht eine klassenlose Gesellschaft, in der die Diktatur des Geldes und die Diktatur des Proletariats nicht mehr möglich sind, weil der Solidarismus die Zins-Sklaverei des Kapitalismus ebenso überwindet, wie er der Staats-Sklaverei des Kommunismus vorbeugt. Er macht den Arbeiter zum „gleichberechtigten Mit-Besitzer seiner Fabrik, mit gleichen Rechten an der Leitung und am Gewinn". Diese Entproletarisierung entspreche in ihrer Bedeutung und Auswirkung der einstigen Aufhebung der Leibeigenschaft. Indes ist auch wieder von einer Zunftordnung für den Mittelstand und von ständischer Selbstverwaltung die Rede. Erstmals wird ein klares Bekenntnis zum Christentum abgelegt, das in seiner umfassenden Einheit wirksam gemacht und gelebt werden müsse.

Volkstum und Christentum werden als die Quellen des Solidarismus bezeichnet. Dieser Begriff ist ganz neu in Strassers Wortschatz. Er wird nun zum Mittelpunkt seines Denkens und Wollens. Wenn Oswald Spengler vom Untergang des Abendlandes sprach, so spricht Otto Strasser jetzt von der Wiedergeburt des Abendlandes aus dem Geiste des Solidarismus.

Um diesen bis in Einzelheiten auszuführen und zu erläutern, schreibt er noch in Kanada ein neues Buch unter dem Titel „Deutschlands Erneuerung". Er hat zwar schon nach dem Untergang der 6. deutschen Armee in Stalingrad erste Notizen gemacht, doch eine feste Kontur gewinnt diese Schrift erst 1945/46. Otto Strasser nennt sie das „Zielbuch für eine Neue Ordnung in Deutschland", die schon vor Hitler notwendig war und nach ihm fälliger sei denn je. Die Schrift ist Gregor gewidmet, der „für diese Ideen von Hitler ermordet wurde". Das läßt alte Gedanken in neuem Gewande vermuten.

Auffällig ist, daß Otto Strasser eingangs zwar von Hitler und seiner Epoche spricht, aber nicht vom Nationalsozialismus.

Die „Herrschaft der Zerstörung", welche das NS-System über Deutschland und Europa aufrichtete, wird in Hitler als dem „Dämon der Zerstörung" subjektiviert. Als hätte er es aus eigener Kraft vermocht, die abendländische Ordnung in Schutt und Asche zu legen, als wären nicht Hunderttausende aktiver Helfer nötig gewesen. Otto Strasser trennt Hitler vom Millionenheer der Nationalsozialisten.

Gleichzeitig weist er jeden Versuch zurück, das Mehrparteiensystem und den Parlamentarismus wiederherzustellen. Sie widersprächen den Bedürfnissen des modernen Menschen und der Nachkriegssituation.

Laut Strasser liegt jedem geschichtlichen Vorgang eine innere Notwendigkeit zugrunde. Auch jener Herrschaft, die mit Hitlers Namen verknüpft war. In der gewaltigen Werkstatt der Geschichte hatte sie zwischen 1933 und 1945 eine bestimmte Aufgabe zu erfüllen.

> „Diese Aufgabe war die Zerstörung einer verkalkten, innerlich leer und morsch gewordenen Ordnung, die sich als unfähig erwiesen hatte, die wirtschaftlichen, die politischen und die kulturellen Bedürfnisse des modernen Menschen zu befriedigen."[3]

Doch Zerstörung kann kein Selbstzweck sein. Sie ist, wenn man Otto Strasser folgt, einer gleichsam überirdischen Weisheit unterworfen, die ihr Grenzen und ein Ende setzt. Wie Oswald Spengler spricht Otto Strasser dem Geschichtskörper eine eigene Intelligenz zu. Er korrigiere seine menschlichen Werkzeuge, wenn sie das gesteckte Ziel und ihr vorgeschriebenes Maß überschreiten.

Die Herrschaft der Zerstörung mußte überwunden werden. Aber Hitler machte „die Bahn für den Aufbau einer neuen Ordnung frei"[4]. Sein System konnte nicht eher zerschmettert werden, als bis es den Auftrag erfüllt hatte, eine vom Leben selbst überholte morsche Ordnung hinwegzufegen.

Strasser integriert also Hitler wieder in die deutsche und europäische Geschichte. Zugleich macht er ihn allein verantwortlich für die größte Katastrophe des 20. Jahrhunderts, um von seinem Volke die kollektive Haftung abzuwehren.

Die Konzeption von 1945

Wie soll die Erneuerung der wirtschaftlichen, politischen und kulturellen Strukturen aussehen?

In wirtschaftlicher Hinsicht fordert Otto Strasser ein Mindesteinkommen für alle. Es soll durch eine Allgemeine Versicherungs-Anstalt garantiert werden, deren Grundstock das beschlagnahmte Vermögen der NS-Größen sein könne. Wahre Volksgemeinschaft heiße: Einer für Alle und Alle für Einen. (So erklärte mir ein Anarchist auch den Sinn des Anarchismus.) Das muß vor allem für den industriellen Großbetrieb gelten, der nicht im individuellen Besitz bleiben darf. Damit kommen wir zum Kern der Sache, ja seines ganzen Buches:

> „Der Solidarismus macht den deutschen Arbeiter zum vollberechtigten Mit-Besitzer der deutschen Wirtschaft! Der Solidarismus vollzieht dadurch die Entproletarisierung des deutschen Volkes und gibt jedem Volksgenossen nicht nur wirtschaftliche Sicherheit, sondern auch gerechte Entlohnung und freie Entfaltung ... Das erreicht der Solidarismus durch das Ober-Eigentum der Nation an den natürlichen Reichtümern des Landes und durch die Einführung der Fabrik-Genossenschaft."[5]

Das Ober-Eigentum der Nation soll in der Industrie durch eine Teil-Sozialisierung realisiert werden. Ein Drittel des Aktienkapitals aller deutschen Wirtschaftsunternehmen von zehn Arbeitern aufwärts fällt dem Staat zu. Dieser beteiligt sich auch am Produktionsschaffen, um Konkurrenz und Profitsucht zu dämpfen, ohne den Unternehmern die Zügel aus der Hand zu nehmen.

Die Fabrik-Genossenschaft soll von den „drei Besitzgruppen", Unternehmer, Belegschaft und Staat, gleichsam durch einen contract social gebildet werden. „Mit gleichem Anteil an Leitung und Gewinn." Ein Drittel der Aktien erhält der Staat, das zweite Drittel bleibt beim Unternehmer, das dritte geht kollektiv auf die Belegschaft über. An Drittelparität ist auch im Aufsichtsrat gedacht. Die Aufsichtsratsvertreter der Belegschaft gehen aus freien Wahlen der Arbeiter und Angestellten innerhalb des Betriebes hervor. Durch grundbuchliche Eintragung des unternehmerischen Kapitalanteils soll dieser „der börsenmäßigen Verwertung entzogen" und an die aktive Mitarbeit in der Fabrik-Genossenschaft gebunden werden.

All dies bringt — nach Otto Strasser — die Abschaffung des Proletariats und der Lohnsklaverei. Der Arbeiter wird „in doppelter Weise gleichberechtigter Mitbesitzer der deutschen Wirtschaft",

a) als Volksgenosse und Staatsbürger an der gesamten deutschen Volkswirtschaft,

b) als Angehöriger einer Belegschaft an seiner eigenen Arbeitsstätte.

Die Arbeiter sollen im Staat einen gleichberechtigten Partner sehen, obwohl er als die mächtigste aller Institutionen ein natürliches Übergewicht hätte (das auch auf die Unternehmer drücken würde). Gleichwohl ist die Idee der Fabrik-Genossenschaft studienwert. Wir sind ihr schon im „Aufbau des Deutschen Sozialismus" begegnet. Sie fußt auf der sozialistischen Uridee. Der Sozialismus strebt eine genossenschaftliche Wirtschaft an, während der Kommunismus Staatsmonopole errichtet.

Was in der Industrie die Fabrik-Genossenschaft, soll in der Landwirtschaft das Erblehen sein. Vom Erbhof im Dritten Reich unterscheidet es sich in zweifacher Hinsicht. Obwohl das Erblehen ebenfalls unverkäuflich und unbeleihbar ist, soll der Bauer unter Beleihung von Produkten und seines beweglichen Eigentums Personal-Kredit aufnehmen können. Auch wird keine bestimmte Hofgröße zugrunde gelegt, weil nunmehr der gesamte Boden durch Erblehen bewirtschaftet werden soll. Der Großgrundbesitz wird aufgeteilt, aber nicht entschädigungslos enteignet. Die jetzigen Eigentümer erhalten ein Restgut und unverzinsliche Schatzanleihen des Reiches. Das Ober-Eigentum an Grund und Boden sowie an den Bodenschätzen geht an die Nation über, welche die Bewirtschaftung und Nutznießung „den zuständigen Gliedern des deutschen Volkes überträgt". Der deutsche Bauer bleibt persönlicher Besitzer (ist aber, vom römischen Recht her gesehen, kein Eigentümer mehr, muß er doch eine jährliche Pacht an den Staat entrichten). Für freiwerdende Höfe sollen die Bauern-Kommunen des Kreises den „zuständigen Staatsorganen" neue Besitzer vorschlagen.

Alle Gewerbe-Betriebe mit weniger als zehn Lohnempfängern (Kleinhandel, Handwerk und „alle Gruppen der Freien Berufe") werden branchenweise zu lokalen Innungen zusammengeschlossen. Diesen obliegt die Überwachung, ob die staatlichen Rahmengesetze von den einzelnen Mitgliedern beachtet werden. Sämtliche Gewerbebetriebe einschließlich der Freien Berufe (die eigentlich einen anderen Charakter haben) bedürfen einer Lizenz, die der Staat nur bei „erfolgreicher Absolvierung der vorgeschriebenen Ausbildung" erteilt. (Wie sollte das bei einem bildenden Künstler oder bei einem Schriftsteller aussehen?) Er garantiert dafür Festpreise der geschlossenen Marktwirtschaft. Aber schon die Genehmigungspflicht höbe die Gewerbefreiheit, welche die Französische Revolution als erste erkämpfte, wieder auf.

Strasser will Maschinen und Technik wieder auf ihren untergeordneten Platz zurückstellen. Die Wirtschaft sei kein Selbstzweck, sondern das Mittel, um die Existenz aller Staatsbürger zu sichern.

Die wirtschaftliche Verelendung, politische Knechtung und moralische Verfemung des europäischen Kernvolkes muß sich verheerend auswirken, wenn nicht sofort der Aufbau einer solidaristischen Wirtschafts- und Gesellschaftsordnung beginnt. Nach Strasser hat das deutsche Volk keine andere Wahl. Er erklärt zwar sein Vertrauen in dessen Vitalität, meint aber, die Rationierung der Lebensmittel werde „für eine lange Übergangszeit eine unbedingte Notwendigkeit" sein. Millionen Deutsche müßten wegen der Abtrennung lebenswichtiger Gebiete den Hungertod sterben.

In politischer Hinsicht soll das deutsche Volk nach außen bescheiden auftreten, „stolz im Unglück, gerecht im Tun, zurückhaltend im Benehmen, unbeirrbar in der Verfolgung des Weges der inneren Erneuerung", auf die Teilnahme an internationalen Veranstaltungen so lange verzichtend, bis seine Diskriminierung zurückgenommen ist. Als wichtigste Aufgabe der Außenpolitik nennt Strasser die Wiedergewinnung und Erhaltung der nationalen Freiheit mit dem Ziel, „jede Fremdherrschaft über Deutschland zu beseitigen". Es wird vor allem durch „außereuropäische Mächte" niedergehalten: durch Amerika und Rußland, die in Europa nichts zu suchen haben. Sie behindern die abendländische Revolution, deren Herd nach wie vor in Deutschland liegt.

Der Aufbau einer neuen Wirtschaftsordnung soll mit dem innenpolitischen Umbau Hand in Hand gehen, unter Ablehnung jeder Art von Diktatur, „sei es einer Persönlichkeit, einer Partei oder einer Klasse". Otto Strasser will den Deutschen Volksstaat mit dem Recht auf organisierte Opposition. Er soll nicht „auf der überholten Gliederung von Parteien" basieren, sondern auf der „modernen Gliederung der Berufe und Stände", damit die Schaffenden vor politischer Demagogie bewahrt bleiben.

Um die Reste des deutschen Feudalismus und insbesondere Preußen zu zerschlagen, soll Deutschland in 13 bis 15 etwa gleich große Landschaften aufgeteilt werden, die in einem „freien und ewigen Bund das Deutsche Reich bilden". Die Beamtenschaft muß ausschließlich der Bevölkerung des jeweiligen Landschaftsgebiets entnommen werden.

Otto Strasser charakterisiert den Solidarismus geradezu als Todfeind jeder Staats-Totalität. Allerdings macht sein Staat gewerbliche Tätigkeit von einer ausdrücklichen Genehmigung abhängig. Er soll den Volksorganismus auf jeder Entwicklungsstufe in die bestmögliche Form bringen.

Gesetze werden rechtswirksam, sobald sie von zwei der drei gesetzgebenden Körperschaften beschlossen sind. Da dazu auch der Reichspräsident gehört, benötigt er nur die Zustimmung des zur Hälfte von ihm selbst ernannten Reichsrats, um seine eigenen Erlasse zu Gesetzen zu machen. Kann er doch mit seinen ungewöhnlichen Vollmachten nicht allein die Reichsberufskammer, sondern auch die Reichsständekammer übergehen. Außerdem wird er vom Senat, einem erweiterten Reichsrat, auf Lebenszeit gewählt.

Dem Reichspräsidenten entsprechen Landschafts- und Bezirkspräsidenten. Sie sollen ebenfalls das Recht erhalten, für die Ständekammer ihres Bereichs zusätzliche Mitglieder zu ernennen, möglichst auf Lebenszeit, um „hervorragende Einzelpersönlichkeiten der öffentlichen Wirksamkeit zu erhalten".

Gegen Strassers Staatsaufbau haben einige Kölner Mitglieder der Schwarzen Front, die während der Hitlerzeit im Gefängnis oder Zuchthaus saßen, sogleich Einspruch erhoben:

> „Bedenklicher jedoch erscheint uns die Wahl eines Präsidenten auf Lebensdauer und insbesondere dessen Befugnisse, verdienstvolle Männer in den Reichsrat berufen zu können. [...] Der auf Lebenszeit gewählte Präsident könnte also gemeinsam mit den Männern, die er in den Reichsrat beruft, jedes Gesetz beschließen. Ein wirksames Recht des Einspruchs steht dem nicht gegenüber. Nur die Beschränkung der Staatsgewalt bietet aber eine Sicherheit gegen die Diktatur. Der von Ihnen entworfene Aufbau des Ständestaates setzt gleichsam auf ein demokratisches Fundament ein autoritäres Stockwerk. Wir befürchten als Auswirkung solcher Machtbefugnis den Machtmißbrauch, die persönliche Prestigepolitik, einen Mangel an politischer Initiative, Elastizität und schließlich, unter der Last der autoritären Staatsführung, den Zusammenbruch des demokratischen Fundamentes. Das aktive und passive Wahlrecht nur denen zu geben, die sich zum christlichen Glauben bekennen, wäre gleichbedeutend mit der Preisgabe der Geistesfreiheit."[6])

Dieser Protestbrief zeigt, daß sich ein Teil der Schwarzen Front zu einem tieferen Verständnis der Demokratie durchgerungen hat. Strassers Leitbild ist das Heilige Römische Reich Deutscher Nation, dessen ständische Grundordnung er wiederbeleben möchte, weil sie ihm als urdeutsch erscheint. Dabei hatten Frankreich, England, Spanien, Rußland und andere Länder, nicht nur in Europa, die gleiche Staatsform.

Aber Otto Strasser meint, die Weimarer Demokratie sei zur „Mobokratie" entartet. In einem solchen System kennen die Wähler weder ihre Abgeordneten noch stehen diese unter ihrer Dauerkontrolle.

Anders im ständischen Aufbau. Während die Berufskammern Interessenvertretungen sind, wo unweigerlich die Tüchtigsten zu Vertretern gewählt werden, weil man sich seit Jahr und Tag kennt, repräsentieren die Ständekammern die gesamte Bevölkerung gemäß ihrer sozialen Zusammensetzung. Die Einwohnerschaft ist nach Strassers Plan säuberlich in fünf Schichten aufgeteilt. Diese haben ihre jeweils eigene Selbstverwaltung in fünf Reichsberufskammern. „Die Verwaltung ist nicht mehr ausschließlich Sache der Regierung." Sie wird bis zu einem gewissen Grad auf die Kammern delegiert. Die Beamtenschaft kann daher zu einem erheblichen Teil abgebaut werden und verliert ihre Vorrechte.

Die Europäische Föderation stellt sich Strasser nicht als Staatenbund oder Bundesstaat vor, sondern als eine Absprache von Regierungen und später auch von Völkern zur Zusammenarbeit, ohne Souveränitätsverzichte. Europa soll sich klar werden, daß sein Reichtum in der Völkervielfalt liegt. Es braucht Afrika als Rohstoffbasis, weil es hochindustrialisiert und übervölkert ist. Die Europäische Föderation soll die gemeinsame Erschließung Afrikas übernehmen. Otto Strasser schlägt zu diesem Zweck die Bildung einer „europäischen Kolonialgesellschaft" vor!

Falls die Europäische Föderation an Frankreich scheitert, soll Deutschland dem britischen Commonwealth beitreten. Eine Ostorientierung kann es für uns nicht mehr geben, solange Rußland und das von ihm abhängige Polen ihre „Vernichtungspolitik" nicht wiedergutmachen. „Es gibt kein Deutschland, das jemals freiwillig auf Königsberg und Breslau, auf Danzig und Stettin verzichten wird."[7] Die Sowjetunion hat ein für allemal die Chance einer engen deutsch-russischen Zusammenarbeit verspielt.

Strasser wünscht aber auch keine Westorientierung. Europa soll durch seine Föderation und die afrikanische Rohstoffbasis zu einer Weltmacht zwischen Ost und West werden. Für Deutschland sei Neutralität geboten.

In kultureller Hinsicht wünscht Strasser eine seelische Erneuerung aus dem Volkstum und dem Christentum. Die Belebung der besten Kräfte und positiven Werte unserer Tradition soll einhergehen mit der Verlebendigung wahrer Religion. Volkstum und Christentum gehören wie Leib und Seele zusammen. Um die Pflege des Volkstums muß sich der Staat kümmern. Die religiöse Erneuerung ist Sache der Kirchen.

Schulbesuch und Lehrmittel sollen unentgeltlich sein, damit die Begabten ohne Ansehen der Herkunft und des Vermögens aufsteigen können. In den Volks- und Mittelschulen wäre die gemeinsame Erziehung der Geschlechter angebracht, in den Oberschulen sind sie jedoch grundsätzlich zu trennen. Gleichberechtigung ist nicht mit Gleichheit zu identifizieren.

Die Jugendlichen beider Geschlechter sollen ein Pflichtjahr durchlaufen. Für Mädchen würden „weibliche Ordensklöster ein gesuchter und von den Eltern bevorzugter Ort zur Ausübung dieses Arbeitsdienstjahres" sein. Otto Strasser erhofft sich von den Nonnen einen wohltätigen und besänftigenden Einfluß. „Kochkunst und Kinderpflege sind für jedes Mädchen unentbehrliche Unterrichtsfächer, und kein deutscher Junge darf ohne praktische Kenntnis irgendeines Handwerk-Zweiges sein." (Die Nonnenklöster sind von einem Teil seiner Anhänger sofort abgelehnt worden.)

Freie Berufe sollen in die Handwerksbetriebe nur „in einem festen Verhältnis zur Bevölkerungszahl" zugelassen werden, um ihre „gleichmäßige Verteilung über das ganze Land"[8] zu erreichen. Man stelle sich das bei Dichtern, Malern und bildenden Künstlern vor! Indes möchte Otto Strasser den Freien Berufen einen festen Kundenkreis sichern, wie ihn einst die Zünfte hatten, weil sie nur eine bestimmte Zahl von Meistern und Gesellen zuließen. Die Freiberuflichen müssen sich überdies in „freien Innungen" organisieren. Überhaupt hat die solidaristische Ordnung große Ähnlichkeit mit dem mittelalterlichen Lehns- und Zunftwesen.

Für die Wissenschaftler schlägt Strasser eine Akademie der Wissenschaften vor. Sie soll die „materielle und organisatorische Fürsorge des Staates krönen".

Fassen wir zusammen. Die Arbeiter sollen von der Lohnknechtschaft, die Bauern von der Zinsknechtschaft, die Mittelständler von der Angst vor Enteignung und Auftragsmangel befreit werden.

„Besitz macht frei!" ist das Leitmotiv des Solidarismus. Indes soll der Staat das Ober-Eigentum an der Industrie sowie am Grund und Boden erhalten. Selbst den kleinen Gewerbetreibenden und Künstlern schreibt er Richtlinien vor. Der Staat, als „Nation" kaschiert wie in den kommunistischen Ländern als „Gesellschaft", soll immer und überall sein gewichtiges Wort mitsprechen können. Jedermann, der sich tätig regt, hat die Pflicht, bei im eine Lizenz zu beantragen, die nur erteilt wird, wenn bestimmte Auflagen erfüllt sind. So gebiert Strassers Solidarismus den Lizenzstaat.

Das Volk wird körperschaftlich als einheitlicher Organismus aufgefaßt, dessen Glieder eng zusammenarbeiten müßten. Unter diesem Gesichtspunkt erscheinen die politischen Parteien offenbar als separatistische Absonderungen, die das Zusammenwirken stören oder gar verneinen. Aber bilden gemeinsame Geschichte, Herkunft und Sprache schon einen Organismus?

Strasser will in mancher Hinsicht — wenn auch in anderer Form — fortführen, was seines Erachtens im Dritten Reich positiv war. So den Arbeitsdienst für junge Männer und das Pflichtjahr für Mädchen. Hier wird er auf fast geschlossene Abwehr stoßen, vor allem bei der Jugend.

Sein Plan für Deutschlands Erneuerung ist weniger eine Alternative zum NS-System als zur parlamentarischen Demokratie. Er enthält Elemente, die in kommunistischer Richtung weitergeführt werden könnten. Indes ist Otto Strasser davon überzeugt, daß sein Plan „in den Art- und Entwicklungsgesetzen begründet liegt". Das Notwendige wird sich erfüllen, „gleichgültig, wie unwahrscheinlich die äußeren Voraussetzungen dafür erscheinen".

Nun hofft er, Deutschland warte auf ihn. Je mehr die Betäubung der Niederlage und das Gefühl eigener Schuld aus dem deutschen Volk weichen, desto rascher wird es sich erholen und wieder auf die eigene Kraft besinnen.

Inzwischen ist Otto Strasser von der früheren Überzeugung abgekommen, daß Gemeinnutz vor Eigennutz geht. Er sucht als Konservativer Revolutionär auf allen Gebieten nach einer Synthese. Der Solidarismus soll jeweils den Ausgleich zwischen Gemeinnutz und Eigennutz finden.

Die Revision von 1967

Hat Otto Strasser dieses Programm der deutschen Wiedererneuerung revidiert, als er nach Deutschland zurückgekehrt war? In der Tat. Die Revision erfolgt im Herbst 1967, als er von neuem, wenn auch gekürzt und überarbeitet, seine Schrift „Aufbau des Deutschen Sozialismus" von 1931 herausgibt, diesmal mit dem Untertitel „Solidarismus". Die Staatsform wird nun als Wahlmonarchie bezeichnet. Der Solidarismus, jetzt die Wirtschaftsordnung des Deutschen Sozialismus genannt, erfährt eine starke Einschränkung. Die Fabrik-Genossenschaft, welche sich in „Deutschlands Erneuerung" auf faktisch alle Industriebetriebe (mit mehr als zehn Beschäftigten) erstreckte, soll nur noch in den Mammutbetrieben (über 500 Beschäftigte) eingeführt werden. Alle Güter, die nicht beliebig vermehrt werden können — Produktionsmittel, Grund und Boden — gehen in die Hände des Staates über, der sich also nicht mehr mit dem Ober-Eigentum begnügt. Beliebig vermehrbar sind nur Waren. Wie die Gewerbetreibenden und Freien Berufe werden nun auch die mittleren und kleinen Industriebetriebe auf dem Papier „zu Zünften (Innungen) zusammengeschlossen". Sie haben einen Zehnten an den Staat zu entrichten (d.h. den zehnten Teil ihres Einkommens). Daß die Innungen erst aus dem Zerfall der Zünfte hervorgingen, scheint Otto Strasser unbekannt geblieben zu sein.

War in „Deutschlands Erneuerung“ noch das germanische Recht für ihn maßgebend, so ist es nun das römische Recht mit seiner scharfen Unterscheidung zwischen Eigentum und Besitz:

> „Kein Deutscher soll mehr Privateigentum an Grund und Boden, Bodenschätzen und Produktionsmitteln haben. Jeder Deutsche soll zu Besitz an Grund und Boden, Bodenschätzen und Produktionsmitteln kommen können.“[9]

Für die Landwirtschaft bleibt jedoch das Erblehen erhalten. Nur soll der Bauer künftig, außer der jährlichen Pacht für seinen Grund und Boden (dessen Besitzer er ist, ohne sein Eigentümer zu sein), ebenfalls einen Zehnten an den Staat entrichten (wie im Mittelalter an die Kirche). Bei schlechter Bewirtschaftung fällt das Lehen an die Gemeinschaft zurück. Es muß einen Überschuß abwerfen.

Fungieren die Ständekammern in „Deutschlands Erneuerung“ als Selbstverwaltungsorgane, so stellen sie nun „einen entscheidenden Teil der allgemeinen Staatsordnung und Staatsführung“ dar. Bei der Gesetzgebung können sie aber weiterhin übergangen werden. Die Berufskammern werden jetzt wieder als „Berufsräte“ bezeichnet. Hinsichtlich der „Arbeiterräte“ bezieht sich Strasser sogar auf die jugoslawische Arbeiterselbstverwaltung (was die Überarbeitung des Textes von 1931 ganz augenfällig macht).

Doch der ständische Aufbau bleibt. Es bleibt auch die landschaftliche Gliederung. Jetzt sind 12 bis 17 Landschaften vorgesehen, deren Präsidenten der Reichspräsident beruft. Durch das lebenslängliche Amt hat er die Stellung eines Monarchen, etwa mit den Vollmachten eines amerikanischen Präsidenten.

In allen höheren Schulen soll außer der Aufstiegsberechtigung die Einstiegsberechtigung von Außenseitern gesichert werden. Der obligatorische Arbeitsdienst bleibt. Doch das Bekenntnis zum Christentum ist durch die Trennung von Staat und Kirche wieder gelockert.

Der Beitritt zum Commonwealth wird nun verworfen und England aus der Europäischen Föderation ausgeschlossen. Otto Strasser orientiert sich an Frankreich. Das „Europa der Vaterländer“ de Gaulles sagt ihm sehr zu. So mancher hält ihn für den künftigen deutschen de Gaulle.

Nach diesem Vorgriff kehren wir ins kanadische Exil zurück.

Unerwünschter Ausländer

Otto Strasser wünscht nichts sehnlicher, als nach Deutschland zurückzukehren. Doch infolge der Ausbürgerung durch Hitler ist er staatenlos, was es einer deutschen Behörde der inzwischen gegründeten Bundesrepublik Deutschland ermöglicht, ihn als „unerwünschten Ausländer“ zu bezeichnen. Seine Rückkehr soll so lange wie möglich hinausgeschoben werden. Sechsmal beantragt Strasser eine Art Nansenpaß für die Ausreise nach Deutschland. Jedesmal erhält er einen abschlägigen Bescheid. Trotzki kam 1917 über die Vereinigten Staaten nach Rußland zurück. Strasser überlegt denselben Umweg, sei er auch illegal.

In Deutschland gibt es keine revolutionäre Situation, aber Ansätze einer Strasser-Bewegung. Unter den Empfängern der Rundbriefe bildet sich ein Freundeskreis. In Norddeutschland ist der Buchhändler Kurt Sprengel besonders rührig. 1948 entsteht ein „Bund für Deutschlands Erneuerung", der freilich über einen lockeren Arbeitskreis nicht hinauskommen will. In Süddeutschland sammelt Waldemar Wadsack eine weitere Runde. Aus ihr geht der „Aktionsausschuß Otto Strasser" hervor. Er kündigt dessen Rückkehr für September 1949 an und will eine Versammlungswelle durch die gesamte Bundesrepublik organisieren.

Ein Hellseher, dem der Schwarz-Front-Kämpfer Loerbrock einen Brief Otto Strassers zur graphologischen Deutung übergibt, bescheinigt dem Briefschreiber „ungewöhnliche Willensstärke und Zähigkeit, ebenso ungewöhnliche geistige Gaben, eine geradezu geniale und vielseitige Begabung". Dieser Mann verliere sich niemals in den Wolken, bleibe vielmehr stets im Rahmen des Möglichen. Er kehre im Herbst 1949 nach Deutschland zurück, wahrscheinlich im Oktober. „Im Jahre 1950 beginnt sein Aufstieg, der beispiellos ist und in dessen Verlauf er eine führende Rolle in Deutschland spielen wird. Seine Erfolgsreihe wird länger als ein Jahrzehnt dauern."[10)]

Das kommt wie bestellt. Der Erfolg ist vorgebahnt. Otto Strasser schreibt an Kurt Sprengel, dieses graphologische Gutachten dürfe ruhig öffentlich bekanntwerden. „Du weißt ja, wie das wirkt."

Im Februar 1950 beantragt er beim Landratsamt in Uffenheim seine Wiedereinbürgerung. Dafür ist jedoch das Bonner Innenministerium zuständig. Strasser wiederholt seinen Antrag, doch von Bonn kommt keine Antwort.

Mysteriöses Angebot aus Ostberlin

In dieser Schwebesituation erhält Otto Strasser ein mysteriöses Angebot aus Ostberlin, zuerst durch einen früheren SF-Kämpfer, der dort wohnt, dann auf seinen Wunsch auch schriftlich. Der SF-Mann hat es abgelehnt, den Vermittler zu spielen; man könne Otto Strasser doch direkt fragen. Darauf wirft der ostdeutsche Unterhändler in Westberlin einen Brief nach Kanada ein. Er enthält folgende Offerte. Falls Otto Strasser in die russische Besatzungszone käme, würde ihm die sowjetische Militärregierung einen ostdeutschen Paß ausstellen, der ihm die legale Ausreise ermögliche. Er könne aber auch ohne Paß nach Deutschland zurückkehren, durch einen polnischen Ozeandampfer, der ihn in Halifax heimlich an Bord nehmen und in einem ostdeutschen Hafen absetzen würde. Es stünde ihm dann frei, nach Westberlin oder Westdeutschland überzusiedeln.

Aber Otto Strasser traut den Russen nicht. Er schreibt dem ehemaligen Kampfgefährten in Ostberlin: „Du kannst Dir doch vorstellen, daß das Ganze nur eine Lockspeise ist, um mich hinter den Eisernen Vorhang zu bekommen. Jetzt sind sie großzügig und versprechen alles. Aber Du kannst ja einmal die Probe aufs Exempel machen und Dich erkundigen, ob man mir den Paß auch für eine Reise in die Schweiz geben würde. An ihrem Nein würdest Du sehen, wie richtig ich die Kommunisten einschätze."[11)]

Kurz zuvor hat eine Reuter-Meldung berichtet: „Die russischen Behörden in Berlin wollen den ehemaligen Nazi-Führer Otto Strasser aus Kanada nach Deutschland zurückbringen, damit er eine sowjetfreundliche nationalistische Bewegung führt." Sollte er die Führung der Nationaldemokratischen Partei (in der DDR) übernehmen oder gar als Gallionsfigur an die Spitze der Nationalen Front gestellt werden? Ich halte es allerdings auch für möglich, daß Otto Strasser die Übersiedlung nach Westdeutschland gestattet worden wäre, damit er dort möglichst viel Unruhe stifte und die Rechte auf nationalbolschewistischen Kurs bringe. Für die Westmächte ist er eine revolutionäre Gefahr, für die UdSSR gerade deshalb eine Chance, ihre Pläne voranzutreiben, falls man sich seiner Dankbarkeit für die Rückbeförderung versichern könnte. Seit dem Radek'schen Schlageterkurs setzt der Kommunismus auch in Mittel- und Westeuropa auf die Karte des Nationalismus.

„Ich werde das heutige Regime stürzen ..."

Im Dezember 1951 bekommt Otto Strasser wenigstens eine Aufenthaltserlaubnis für das Land Bayern. Doch dieser „Heimatschein", der überdies als gefälscht bezeichnet wird, ist kein Reisepaß. Die Rückkehr läßt sich nur auf dem Rechtsweg erzwingen, im Vertrauen auf eine unabhängige Justiz und die Gewaltenteilung in der Bundesrepublik.

Am 12. Januar 1952 verklagt Otto Strasser das Bundesinnenministerium vor dem Bundesverfassungsgericht in Karlsruhe. Wegen dessen Arbeitsüberlastung muß er wiederum warten. Ist es Wut, was ihn daraufhin in einem internen Brief schreiben läßt: „Ich werde nach Deutschland kommen, auch wenn meine Klage gegen die Bundesrepublik vor dem Bundesverfassungsgericht abgewiesen werden sollte. Ich werde das heutige Regime stürzen und den von Adolf Hitler verratenen Nationalsozialismus zum Baustein eines europäischen Bundesstaates unter deutscher Führung machen"? Hält er den Nationalsozialismus noch immer für die Weltanschauung des 20. Jahrhunderts, so daß der Solidarismus nur ein Deckname wäre?

Dabei will Otto Strasser als Heilender nach Deutschland zurückkehren. In einem astrologisch-okkulten Gutachten heißt es dazu: „Der Arzt wäre in diesem Fall gefährlicher als sein Medikament. Wenn auch Strassers Anhängerschaft nach Zehntausenden zählen mag, würde dieses politischen Arztes Erscheinen am Krankenbett des siechen Deutschland nur die Fieberkurve höher schlagen lassen ..."

Tatsächlich verurteilt das Verwaltungsgericht in Köln das Bundesinnenministerium, Otto Strasser die deutsche Staatsbürgerschaft wieder zuzuerkennen. Diese gute Nachricht erreicht ihn im Krankenhaus, wo er sich einer Rückgratoperation hat unterziehen müssen.

Rückkehr ins verfremdete Deutschland

Am 16. März 1955, nach 22-jährigem Exil, trifft Otto Strasser in München ein. Er kehrt als eindrucksvolle Persönlichkeit zurück, ausgereift in seinem Wollen und Wesen, außer zu den Frauen, die seine Schlagseite sind. Sogleich läßt er sich durch die Straßen der bayrischen Hauptstadt fahren. Unterwegs zeigt er auf einen Park: „Dort habe ich die Resi ... Das waren noch Zeiten!" Sein vulgärer Zug wirkt an diesem Tag besonders peinlich, hatte er doch an Waldemar Waldsack im September 1954 geschrieben: „Ich habe so viele neue Ideen, daß sich sicher ganz neue Mittel und Wege zum alten Ziel ergeben, wie dies ja auch durch die ganze Entwicklung nötig gemacht wird. Daß selbe jetzt ein rascheres Tempo anschlägt und sichtbarer als je zu unseren Gunsten geht, muß doch heute selbst ein Blinder erkennen."[12)]

Otto Strasser ist voller Illusionen aus Kanada zurückgekehrt. Er glaubt, Deutschland so wiederzufinden, wie er es im Mai 1933 verlassen hat — nur ohne Hitler und die NSDAP. Als ihn Waldsack, Naske und andere darauf aufmerksam machen, daß sich vieles verändert habe, sagt er erstaunt:

„Aber das ist doch dieselbe Landschaft, das sind doch dieselben Menschen ..."

„Vielleicht äußerlich, aber innerlich sind die Menschen anders geworden."

„Das verstehe ich nicht."

Otto Strasser schüttelt den Kopf. Fortan lebt er wie mit Luftwurzeln, in die undurchdringliche Welt seiner Illusionen und mitgebrachten Ideen eingekapselt. Das äußere Exil wird mit einem inneren vertauscht.

Indes mögen tatsächlich Zehntausende auf ihn warten. Seine alten und neuen Anhänger sind freilich in mehrere Richtungen aufgespalten. Kurt Sprengel nimmt für sich in Anspruch, in Deutschland der einzig bevollmächtigte Vertreter Otto Strassers zu sein, der allein den „Bund für Deutschlands Erneuerung" als seine Bewegung anerkenne. Doch er repräsentiert nur die Strasser'sche Rechte. Die Kölner Linke der ehemaligen Schwarz-Front-Kämpfer nennt Sprengel in vertraulichen Rundbriefen einen „Zwerg, der auf den Schultern eines Riesen hockt mit der Anmaßung früheren Amtswaltertums"[13)].

Otto Strasser, der „Riese", macht keinen Einigungsversuch. Er entscheidet sich für die eigene Rechte, als er sogleich nach seiner Rückkehr den Vorsitz des „Bundes für Deutschlands Erneuerung" übernimmt. Damit stößt er viele seiner alten Mitkämpfer vor den Kopf. Es ist, als wolle er von der Schwarzen Front nichts mehr wissen.

Ein bedenkliches Treffen

Indes läßt sich Strasser, kaum nach Deutschland zurückgekehrt, auf ein gefährliches Abenteuer ein. Wird es öffentlich bekannt, kann es ihn alles politische Ansehen kosten, das er sich als Kämpfer gegen Hitler erworben hat. Er nimmt eine Einladung aus dem Kreis um den italienischen Fürsten Borghese an, nach Rom zu kommen. Dort findet zwar kein Treffen von Neofaschisten statt, aber es mögen einige dabei sein. In Rom entstand im Oktober 1950 der Grundstock für die Europäische Soziale Bewegung (ESB), die nach ihrer endgültigen Konstituierung 1951 in Malmö auch Malmö-Bewegung genannt wird. Ihr Haupt ist der Schwede Dr. Per Engdahl, welcher schon in den 40er Jahren in Skandinavien alle national eingestellten Sozialisten sammeln und mit der Idee einer korporativen Gesellschaftsordnung impfen wollte. Nach dem Zweiten Weltkrieg distanzierte er sich von der nationalsozialistischen Rassentheorie und nahm Verbindung mit Giorgio Almirante auf, der 1946 die neofaschistische Italienische Soziale Bewegung (Movimento Sociale Italiano, MSI) gründete und an ihrer Ausweitung auf ganz Europa interessiert war. ESB und MSI setzen sich für einen Neubau der Gesellschaft auf korporativer Grundlage ein. Die Volksvertretung soll künftig in korporativen (statt territorialen) Wahlkreisen gewählt werden, und die Vertreter der verschiedenen Berufen sollen eine Wirtschaftskammer bilden (in der Bundesrepublik neben dem Bundestag und dem Bundesrat).

Es gibt mancherlei Gemeinsamkeiten, sogar im Grundsätzlichen. Dennoch kommt, abgesehen von Mini-Absprachen, keine Zusammenarbeit zustande. Otto Strasser kehrt unverrichteter Dinge zurück. Es gelingt ihm, das Treffen geheimzuhalten. Nur wenige Vertraute wissen davon.

Drei Abwendungen

Der früher sehr aktive Schwarz-Front-Kämpfer Peter Thoma lehnt eine erneute Zusammenarbeit mit Otto Strasser ab, weil dieser „zu faschistisch" und zu wenig sozialistisch sei. Thoma kam aus der Arbeiterjugend. Er war im Kommunistischen Jugendverband Deutschlands und in der Kommunistischen Jugendinternationale tätig, bevor er zur Kampfgemeinschaft Revolutionärer Nationalsozialisten und zur Schwarzen Front stieß. Im NS-Staat stand er unter polizeilicher Aufsicht. Thoma gehört zur Kölner Gruppe, die den autoritären Staatsaufbau in „Deutschlands Erneuerung" kritisiert hat. Er sieht sich außerstande, der Strasser-Partei beizutreten, und plädiert statt dessen für einen freiheitlichen Sozialismus, der nicht unbedingt das Etikett eines Deutschen tragen müsse. Nach dem Zweiten Weltkrieg zählt er zu den namhaften Köpfen der heimatlosen Linken, die sich weder beim Kommunismus noch bei der Sozialdemokratie zu Hause fühlt.

Ab Oktober 1960 gibt Peter Thoma gemeinsam mit Karl E. Naske die Monatszeitschrift „Opposition und Ziel" heraus, welche neue und zeitbedingte Wege zum freiheitlichen Sozialismus weisen möchte. Eine ihrer wichtigsten Aufgaben sieht sie darin, „die sozialistische Idee von der belastenden Praxis staatswirtschaftlicher Systeme zu distanzieren". Thoma überprüft zu diesem Zweck, welche Entwicklung die Sowjetunion durchgemacht hat. In ihr, so schreibt er, ist eine neue Herrschaftsklasse entstanden, eine Neubourgeoisie, die sich den Mehrwert ebenso aneignet wie der Privatkapitalismus. Die neue Ausbeuterklasse der UdSSR hat „die Selbstverwaltungsorgane in den Betrieben und andere sozialistische Errungenschaften der Oktoberrevolution beseitigt"[14]. In der UdSSR besteht kein sozialistisches, sondern ein staatskapitalistisches Regime. Folglich ergibt sich der Ost-West-Konflikt für Thoma nicht aus dem Gegensatz Sozialismus/Kapitalismus, der eine ideologische Einbildung sei, vielmehr aus verschiedenen wirtschaftlichen und machtpolitischen Interessen.

Es gelingt der Redaktion, so prominente Mitarbeiter wie Pierre Mendès-France, Prof. Helmut Gollwitzer und Prof. Alfred Kantorowicz zu gewinnen: sämtlich unabhängige Sozialisten. Nach zehn Ausgaben muß die Zeitschrift freilich eingestellt werden.

Aber nicht wegen zu geringer Abonnentenzahl! Es ist eher umgekehrt. Die kleine Redaktion kann die steigende Zahl der Besteller und Leserbriefe nicht verkraften. Der die Zeitschrift herausgebende Oppo-Verlag zehrt allein von dem, „was einige freiheitliche Sozialisten als Entschädigung für ihre KZ-Haft erhalten und von ihrem Lohneinkommen erspart haben". Dieses Kapital ist bald aufgezehrt. Es gelingt nur noch, ein Heft mit den wichtigsten Aufsätzen der Zeitschrift zu finanzieren.

Sie tritt für militärische Neutralität und Abrüstung ein. In diesem Sinne wird der Rapacki-Plan für eine atomwaffenfreie Zone in Europa unterstützt. Er weist nach Peter Thoma zwar nicht den Weg der Lösung, aber wenigstens der Entspannung. Durch seine Verwirklichung würde die militärische Neutralität Deutschlands, welche nicht mit der politischen verwechselt werden soll, praktisch möglich. Politische Neutralität wäre für freiheitliche Sozialisten, die alle totalitären Diktaturen und Herrschaftsbürokratien bekämpfen, gegenüber der Sowjetunion und ihren Trabanten verfehlt.

Für Peter Thoma sieht es so aus, daß Otto Strasser von seiner früheren sozialistischen Einstellung weitgehend abgekommen und zu einem Anpasser geworden ist. Trotzdem setzt er ihm in einer Broschüre ein Denkmal.

Die Kölner Gruppe hat übrigens 1960/61 in einem von Naske gegründeten zeitbiographischen Verlag vier Kurzbiographien herausgegeben — von Wlassow, Abd el Krim, Tito und de Valera. Anscheinend soll das deutsche Volk auf diese Weise an die Traditionen des nationalen Befreiungskampfes herangeführt werden, welcher bei Wlassow und de Valera mit sozialistischen Ideen verquickt war. Naske wird nach seinem Buch über Tito von diesem in Belgrad empfangen.

Major Buchrucker, das ehemalige Mitglied des Vollzugsausschusses der Kampfgemeinschaft und Leiter ihrer Schwarzen Garde, war in Potenz ein Tuchatschewski von rechts, von ähnlichen Ideen eines Revolutionskriegs bewegt. Nun speist er Strasser, als dieser ihn aufsucht, mit einigen gemessenen und freundlichen Worten ab.

Vermutlich schreibt Buchrucker zu diesem Zeitpunkt bereits an seinem Buch „Die Ehre des Soldaten", worin alle deutschen Niederlagen und Katastrophen auf ein gesunkenes Ehrgefühl, insbesondere des Offizierskorps, zurückgeführt werden. Er möchte die Ehrauffassung des einstigen preußischen Offizierskorps wiederbeleben, das sich gegen König Wilhelm I. stellte, als dieser seinen Sohn, den späteren Friedrich den Großen, wegen eines Fluchtversuchs erschießen lassen wollte. Buchrucker hebt auch ein preußisches Kürrassierregiment hervor, dessen Kommandeur sich dem Befehl Friedrich des Großen widersetzte, das Schloß Hubertus zu plündern. „Dieser Geist überwand schnell die Niederlage von 1806. Ebenso hätten die Folgen der Niederlage von 1918 überwunden werden können."[15]

Buchrucker hat sich inzwischen eine andere Sicht des Nationalsozialismus erarbeitet als Otto Strasser. Seines Erachtens trat er als „zweite proletarische Aufstandsbewegung" an, nachdem die erste gescheitert war. Hitler überspielte die Spartakisten. Buchrucker fragt dann: Wie konnte man einem Mann, der es im Ersten Weltkrieg trotz großer Begabung und Tapferkeit nur zum Gefreiten gebracht hatte — was doch wohl auf schwere Charaktermängel schließen ließ —, die Führung des Deutschen Reiches anvertrauen? Am 30. Juni 1934 zeigte sich, daß ein Schurke an die Macht gekommen war. Aber die Generäle fanden trotz dieses Blutbades nicht den Mut, ihn abzusetzen. Sie hätten sich nach Buchrucker schon der Vereidigung der Wehrmacht auf Hitler entschieden widersetzen müssen. „Wie war Deutschland heruntergekommen in nur anderthalb Jahrzehnten seit dem Sturz des vornehmen Kaisertums!"[16] In dem Augenblick, da sich das Offizierskorps dem Führer der proletarischen Revolution unterordnete, hatte die Revolution gesiegt, aber nicht die deutsche.

Abschließend bekennt sich Buchrucker zum Krieg als dem nun einmal herrschenden Prinzip des Lebenskampfes der Nationen: „Ein Halm, ein Baum verdrängt den anderen, in der Luft und im Wasser geht es um das Fressen und Gefressenwerden." Sein Buch ist für die Bundeswehr bestimmt. Wie Moltke meint Buchrucker, der ewige Friede sei ein Traum, und nicht einmal ein schöner. Der Soldat ist für den Krieg da, und dieser ein Zuchtmittel Gottes, „damit die Menschen heimkommen zu ihm".

Am meisten schmerzt es Otto Strasser, daß sich ihm auch Herbert Blank entzieht, der ebenfalls dem Vollzugsausschuß der Kampfgemeinschaft angehört hat. Wie Buchrucker ist er schon im Mai 1933 verhaftet worden. Nach vorübergehender Freilassung kommt er in ein KZ, das er womöglich nur überlebt, weil er unter dem Druck der SS ein Buch über die Hexenprozesse schreibt, das die Katholische Kirche diskriminieren soll. Die SS trägt von allen Seiten das Material herbei, und Blank muß es zusammenfassen.

Im Mai 1945 wird er mit schwer angeschlagener Gesundheit aus dem KZ befreit. Nach dem Krieg ist Blank Intendant des Nordwestdeutschen Rundfunks, wo er den „Runden Tisch" einführt und durch seine Sendereihe über den deutschen Generalstab Aufsehen erregt. Doch politisch betätigt er sich nicht mehr.

Von seinen Rundfunkvorträgen wurde wohl nur der über die Wandlung des Eigentumsbegriffs gedruckt: „Wir leben in einem Zeitalter der Vergeßlichen ..." Der Beweis dafür sei die tropisch wuchernde, vollkommen sinnlose Bejahung und Behauptung des bürgerlichen Eigentumsbegriffs im Sinne uneingeschränkten Besitzmonopols, das nicht mehr verantwortet werden könne. „An die Stelle des selbst erarbeiteten oder organisch gewachsenen Eigentums ist ein zufälliges getreten — die Bombenlotterie." Doch der Besitzer einer zufällig stehengebliebenen Villa hält sich wirklich für einen tüchtigeren Kerl, der auf die Ausgebombten und Vertriebenen als irgendwie minderwertige Subjekte herabsieht. Es wäre daher pechschwarze Reaktion, den bürgerlichen Eigentumsbegriff zum Ausgangspunkt der künftigen deutschen Entwicklung zu machen. „Der Bürger stirbt und mit ihm seine durch die Französische Revolution von 1789 heraufgekommene Welt. Auch seine Sinndeutung des Besitzes verlöscht. Ein neuer sozialistischer Menschentypus erwächst in Europa, der auch ein neues Eigentums-Ideal erstehen lassen wird."[17]

Wie in eine Nußschale legt Herbert Blank mit diesem Vortrag von 1946 die Substanz all dessen, was er vor 1933 in einer Reihe von Broschüren und Büchern ausgebreitet hat. Im Januar 1958 stirbt er an den Spätfolgen der KZ-Haft. Einen Monat später wird der genannte Vortrag als Leitartikel der Zeitung „Deutsche Freiheit" gedruckt, deren Herausgeber Otto Strasser ist. In dessen Schriftenreihe für Deutschlands Erneuerung erscheint auch ein langer Auszug aus Blanks Buch über den Rhythmus der Geschichte.

Ich weiß nicht, ob diese zweifache Bemächtigung noch im Sinne des Autors war. Obwohl Herbert Blank an seiner Grundanschauung festgehalten hat, ist er nach 1945 seinen eigenen Weg gegangen.

Rechter Argwohn, linker Haß

Otto Strasser kann mit einem großen Teil der ehemaligen SF-Kämpfer nicht mehr rechnen. Selbst einige der engsten Gefährten aus der Kampfgemeinschaft lassen ihn stehen. Andere stößt er selber zurück. So ist er auf neue Leute angewiesen, von denen sich manche Posten oder gar geschäftliche Vorteile versprechen. Er soll ja einmal Ministerpräsident werden (wie jemand vorausgesagt hat). Zumindest besteht doch kein Zweifel, daß er ein aufgehender politischer Stern ist (an den man sich anhängen kann).

Diese Postenjäger und erwartungsvollen Geschäftsleute heften sich an Strassers Fersen. Sie schmeicheln seiner Eitelkeit, aber er will sie einspannen und gehörig ausnutzen. In seinen Methoden ist er wenig wählerisch. Dem einen verspricht er dies, dem anderen das. Ein alter SF-Kämpfer sagt mir: „Wenn ich für alle Lügen Otto Strassers 10 Mark bekommen hätte, wäre ich ein reicher Mann!" Es ist also wieder kein Verlaß auf ihn, was viele Anhänger irritiert und zweifelnd fragen läßt: Folge ich dem richtigen Mann? Sie sehen jedoch keine Alternative oder halten Otto Strasser für das kleinere Übel etwa im Vergleich zu Franz Josef Strauß.

1955 kommt erstmals ein „Bund der Freunde von Otto Strasser" in Frankfurt/Main zusammen. Er ist mehr ein Stammtisch und Skatklub als eine politische Vereinigung. In diesem Kreis der Vertrauten kann Otto Strasser mit all seinen Gaben brillieren, zumal auch Freundinnen dabei sind. Er braucht das erotische Fluidum als einen Reiz, der seine Sinne und seinen Intellekt ausschlagen läßt. Doch genügt zuweilen schon die weniger intime Atmosphäre alter Kämpfer, um ihn sprudeln zu lassen. Dabei beweist er sich als Charmeur, der es fertigbringt, einen größeren Menschenkreis stundenlang zu fesseln, ja in seinen Bann zu ziehen, indem er Erinnerungen auspackt oder Witze erzählt. Otto Strasser ist ein geistreicher und belesener Mensch, doch Humor hat er nicht; dazu fehlen ihm Güte und Weisheit. Dafür kann er zu Frauen ausgesprochen liebenswürdig und charmant sein — ein Ritter vom Scheitel bis zur Sohle.

So manche wird von ihm bezaubert, auch seine spätere zweite Frau Renate. Zuerst war er mit Gertrud Schuetz verheiratet, die bei allen Leuten, welche sie näher kennenlernten, großes Ansehen genoß, selbst innerhalb der Schwarzen Front, wo man sie „Tuti" nannte. Dieser Ehe entsprossen zwei Kinder: Gregor und Hannelore. Als Otto Strasser nach Deutschland zurückkommt, bleibt seine Frau in der Schweiz. Sie weigert sich, mit ihm wieder zusammenzuleben. Wahrscheinlich will sie sich nicht erneut der ständigen Unruhe aussetzen, die einen Politiker umgibt und verzehrt. Diese einwandfreie Frau verweigert aber auch die Scheidung, bis ihr Mann hinfällig wird und Pflege braucht.

Wie gewandt Otto Strasser auch in seinem Freundeskreis auftritt, in der öffentlichen Arena wirkt er ungeschickt und etwas linkisch. Er ist ein schlechter Redner. Seine Stimme hat keine Kraft. Ihm fehlen alle Eigenschaften des Volkstribuns. Allerdings hat er die Gabe, komplizierte Dinge einfach auszudrücken.

Im nationalen Lager der Bundesrepublik gilt er zum Teil als Märtyrer der deutschen Sache, weil ihm zehn Jahre lang die Wiedereinbürgerung verweigert worden ist. Man weiß freilich, daß es aus Sicherheitsgründen geschah. Ein Argument mehr gegen Bonn.

In seiner Doppelgestalt als ehemaliger NS-Theoretiker und Widerstandskämpfer ist Otto Strasser sehr fragwürdig für die alte Rechte, von der einen wie von der anderen Seite betrachtet. Manche halten ihn für einen Landesverräter, andere für einen Nationalbolschewisten. Die nationale Rechte der Bundesrepublik will mit Sozialismus nichts mehr zu tun haben.

Es gab freilich die Sozialistische Reichspartei (SRP). Sie bekannte sich zu einem „volklich gebundenen Sozialismus als der neuen Lebensanschauung des 20. Jahrhundert"[18]. War das womöglich ein geschickter Versuch, beim Otto Strasser von 1930 anzuknüpfen?

Die alte Rechte weint der SRP keine Träne nach, als diese im Oktober 1952 verboten wird. Die Verbindung des Sozialismus mit der nationalen Idee ist ihr unheimlich geworden. Deutsch will sie bleiben, aber kann ein Deutscher Sozialist sein, ohne sein Land zu verraten?

Die alte Linke denkt genau umgekehrt. Für sie ist der Nationalismus Verrat am deutschen Volk. Soweit man überhaupt noch Deutscher sein kann, ohne sich dessen zu schämen. Besser wäre, in einem anderen Land geboren zu sein.

Die alte marxistische Linke, zu der die SRP nicht mehr gehört, brütet über ihrer Niederlage. Sie träumt jene bewaffneten Aufstände durch, die sie plante und immer wieder verschob. Aus ihrer Sicht der Dinge ist Strasser ein Faschist in Reinkultur. Er soll auf jeden Fall daran gehindert werden, dem verwesenden Leichnam der NSDAP neues Leben einzuhauchen.

VI. Das Experiment Deutsch-Soziale Union

So ist Otto Strasser zwischen die nationale Rechte und die marxistische Linke eingeklemmt. Die erste mißtraut ihm, die zweite haßt ihn. Was wird er tun?

Parteigründung

Er ruft die Deutsch-Soziale Union (DSU) ins Leben. Ihre Gründung findet am 17. Juni 1956 in Miltenberg statt. Das Datum ist mit Bedacht gewählt, in bewußter Erinnerung an den Volksaufstand in Ostberlin und der DDR.

Die Gründung der Deutsch-Sozialen Union, zu der sich rund 250 Anhänger Otto Strassers und zahlreiche Reporter eingefunden haben, wird von ca. 1 000 linken Demonstranten gestört. Etwa 400 von ihnen dringen in den Tagungssaal ein. Einer schreit Otto Strasser an: „Verschwinde, dreckiger Nazi!" Dieser unterbricht seine Rede und ruft die Polizei. Einer seiner Anhänger schießt eine Tränengaspatrone auf die Eindringlinge ab und vertreibt sie auf diese Weise. Nach der Lüftung des Raums und dem Wegräumen zerbrochener Stühle wird der Gründungsparteitag fortgesetzt. Doch werfen die Demonstranten von außen Steine gegen das Fenster. Man hört auch Rufe: „Nazi! Nazi!"

Otto Strasser läßt sich nicht mehr darauf ein. Er hält einen langen Vortrag über die Erneuerung Deutschlands und Europas. Die Einbeziehung der Bundesrepublik in den Westblock und der DDR in den Ostblock „kann nur durch allerschnellste Wiedervereinigung gebannt und korrigiert werden". Der einzige Weg zur friedlichen Wiedervereinigung ist eine Politik der bewaffneten Neutralität mit doppelten Rückversicherungsverträgen. Weder Wallstreet noch Moskau — zur außenpolitischen Richtschnur müssen allein die deutschen Interessen gemacht werden. Eine deutsch-französische Bruderschaft wäre die Keimzelle Europas. Innenpolitische Richtschnur soll die solidarische Maxime sein, ein Höchstmaß persönlicher Freiheit mit dem Höchstmaß wirtschaftlicher Sicherheit zu verbinden. Von Fabrik-Genossenschaft ist vorerst keine Rede mehr.

Otto Strasser hat sich inzwischen widerwillig zur Bejahung politischer Parteien durchgerungen. Solange „die alte Form der Parteien-Demokratie besteht, solange bleibt nur die Alternative, entweder innerhalb dieses Systems zu wirken oder auf politische Wirkung zu verzichten und sich auf rein geistige Vorarbeit zu beschränken."[1)] Da er weder bloß Theoretiker noch bloß Praktiker sei, sondern ein Realist, will er mit den Gleichgesinnten b e i d e Wege gehen:

1. Der Bund für Deutschlands Erneuerung wird als überparteiliche Organisation die geistige Vorarbeit für eine Neue Ordnung weiterführen.
2. Die Deutsch-Soziale Union wird aus den bestehenden Zuständen heraus als politische Partei allen deutschen Staatsbürgern die Gelegenheit geben, „den nationalen Willen in den verschiedenen Parlamenten, vor allem im Bundestag, zum Ausdruck und Einsatz zu bringen".

Aus der letzten Formulierung geht ziemlich klar hervor, daß die DSU als eine g e s a m t d e u t s c h e Partei gedacht ist. Sie will früher oder später auch in der DDR wirksam werden und rechnet sich sogar eine Chance aus, in deren Volkskammer einmal ebenso vertreten zu sein wie im Deutschen Bundestag.

Zum Gründungsparteitag sind zwei ausländische Delegationen gekommen, die gleichsam als Paradebeispiele für das internationale Ansehen Otto Strassers dienen, eine französische und eine italienische. Beide nehmen an einer Pressekonferenz teil. Aber zuerst werden drei Referate vorgetragen:

— A.K. Chesterton (London) von der nationalkonservativen Zeitschrift „Candour" spricht über die konservative Idee im Atomzeitalter.
— Dr. Vittorio Ambrosini (Rom) von der Internationale des Mittelstandes erläutert deren Losung „Mittelständler Europas, vereinigt Euch!"
— Prof. Frederic G. Becker (Straßburg) von der Europäischen Volksbewegung referiert das Thema: „National-Idee und Europa-Idee gehören zusammen!"

In der Einladung zur Gründungsversammlung ist das Deutschlandlied der DSU abgedruckt:

„Deutschland l i e b ich über alles
über alles in der Welt,
wenn es stets zu Schutz und Trutze
brüderlich zusammenhält.
Von der Maas bis an die Memel
von der Etsch bis an den Belt —
Deutschland lieb ich über alles,
über alles in der Welt!"

Die Referenten treten hinter ein Rednerpult, auf dessen Stirnseite Hammer und Schwert zu sehen sind. Dieses Symbol der Einheitsfront von Arbeitern und Soldaten hat inzwischen seinen Sinn verloren. Noch vor ihrer Gründung bezeichnet sich die DSU als Strasser-Partei. Damit ist sie unwiderruflich auf eine Einzelperson festgelegt, zu der sich jedes Mitglied wohl oder übel bekennen muß.

Am frühen Nachmittag verkündet Otto Strasser zunächst das Ende der deutsch-französischen Erbfeindschaft. Im Vergleich zu deutschen Politikern anderer Parteien sagt er ganz Außerordentliches über die Zeit des Nationalsozialismus. Für ihn war sie — wie er schon in „Deutschlands Erneuerung" ausgeführt hat — die „Vernichtungsphase einer alten, zum Fall reifen Welt". Was wie ein Alptraum erschien, hatte Sinn. Aber gerade wegen ihrer Zerstörungsaufgabe war die Hitlerzeit unfähig, „die ans Licht drängende Neue Ordnung aufzuzeigen und zu gestalten". Dies zu vollbringen ist die Mission des Solidarismus.

Strasser ordnet in Miltenberg sowohl den Nationalsozialismus als auch den Solidarismus in die Konservative Revolution ein, als zwei aufeinanderfolgende geschichtliche Phasen. Die Schwarze Front und ihr Widerstandskampf wird hingegen nicht erwähnt. Auch von der Kampfgemeinschaft Revolutionärer Nationalsozialisten ist keine Rede.

Hitler gehört nach Otto Strasser zum deutschen und abendländischen

Schicksalsweg, zur deutschen und europäischen Revolution. Beide hat er, obwohl auf negative Weise, ein Stück vorangebracht. Nun müssen in der weiterschwelenden Glut dieser Revolution neue Formen geschmiedet werden. Gerade in Deutschland, wo ihr Herd nun einmal steht. Otto Strasser — ein neuer Wieland?

Zur Parteien-Demokratie sagt er in Miltenberg, sie stamme aus dem Ausland. Ihre Drahtzieher sind anonyme Mächte. Allein die Berufs- und Ständeordnung ist dem deutschen Volk wesensgemäß. Doch Politiker müssen geschmeidig sein und von den Realitäten ausgehen. Strassers Umdenken auf das Parteiensystem ist also rein taktisch. Wie Trotzki sieht er Ebben und Fluten der Revolution, die sich auf und niederbewegt. Die abendländische Revolution steht für ihn unter dem biologischen Gesetz des „Stirb und werde!"

Der DSU-Gründungsparteitag nimmt auf Strassers Vorschlag ein Aktionsprogramm an. Erster Punkt ist die Wiedervereinigung und „Rückführung der Deutschen in ihre Heimat", das heißt der Vertriebenen und Flüchtlinge in die Ostgebiete. Deutschland soll die Brandmauer der neutralen Länder verstärken.

Innenpolitisch wird die Allgemeine Wehrpflicht abgelehnt. An ihre Stelle soll ein Jugend-Volksdienst für Mädchen und Jungen treten. Außerdem wird ein besonderes Wirtschafts-Parlament aus Berufs- und Ständevertretern erwogen. Ausnahmegesetze gegen deutsche Staatsbürger, die durch Entnazifizierungsverfahren entrechtet worden seien, sollen aufgehoben werden.

Das Presse-Echo auf die Gründung der Deutsch-Sozialen Union ist überwiegend negativ. Fast keine Zeitung versäumt, auf die tumultuarischen Szenen zu Beginn hinzuweisen. Die „Kasseler Post" spricht von einer „poujadistischen Antrittsvorstellung" Strassers. Er stelle sich der europäischen Vereinigung entgegen und ziehe Verhandlungen mit den Pankower Volksbedrükkern vor. Eine holländische Zeitung berichtet, die meisten seiner Anhänger seien schon über vierzig Jahre. „Ein großer Teil ist Nationalsozialisten gewesen, aber es sind auch ehemalige Sozialisten darunter." Sie hätten gemeinsam eine „Sozialistische Deutsche Einheitspartei" gegründet. Der kanadische „Halifax Herold" beschuldigt Strasser krasser Undankbarkeit und einer den Pöbel aufstachelnden Technik. Nun „beißt er in die Hand, die ihn während seiner langen Exiljahre nährte". In Miltenberg habe sich gezeigt, daß er in der Vergangenheit lebe.

Positive und abwartende Stellungnahmen sind sehr selten. Von der Koblenzer „Rhein-Zeitung" wird Strassers Widerstand gewürdigt. Der Bergsträsser-Kreis schreibt in seinen vertraulichen Rundbriefen, daß die DSU „eine nützliche Funktion innerhalb des größeren demokratischen Rahmens ausüben kann". Denn Strasser müsse aus geschichtlicher und innerer Notwendigkeit den Hitlermythos zerstören.

Für einen großen Teil der Linken ist die Deutsch-Soziale Union eine Neugründung der NSDAP mit Kadern der alten, für andere ein kleinbürgerlicher Spießerverein ohne politische Bedeutung. Die nationale Rechte hält sie überwiegend für eine Neuauflage der Schwarzen Front. Einstige SF-Kämpfer mokieren hingegen, Strasser hätte wenigstens eine „Deutsch-Sozialistische Union" gründen müssen, so aber habe er sich als Anpasser erwiesen.

Organisationsform

Nach Strassers Rede werden die Landesvorsitzenden und Mitglieder des Parteivorstandes vorgestellt. Niemand hat sie gewählt. Es kann sich nur um kommissarisch Beauftragte handeln.

Schon am 1. November 1956 verfügt die DSU über Landesverbände in Hessen, Bayern, Niedersachsen, Nordrhein-Westfalen, Rheinland-Pfalz, Baden-Württemberg, Hamburg und Bremen. Die Strasser-Bewegung wird nun organisiert, doch viele schlüpfen rechtzeitig durch die Maschen, denn jedes Mitglied soll sich nach außen öffentlich bekennen.

Die Deutsch-Soziale Union hat Ortsverbände, Bezirksverbände, Landesverbände und die Bundesleitung. Mangels Masse können sich die Ortsverbände aus den Mitgliedern mehrerer Ortschaften zusammensetzen. Mitgliederversammlungen brauchen laut Statut nur jährlich einmal stattfinden (bei anderen Parteien monatlich).

Die DSU ist föderativ aufgebaut, so daß Bezirks- und Landesverbände von diesen selbst aufgelöst werden können. Jedoch zeigt sich bald der Nachteil dieser lockeren landschaftlichen Gliederung. Die DSU kann von einem Bezirks- oder Landesverband her unterwandert werden. So geschieht es denn auch.

Unter „Rechte der Mitglieder" ist im Statut nur die Mitwirkung am Aktionsprogramm erwähnt. Dieses wird jedoch bereits auf dem Gründungsparteitag ein für allemal festgelegt. Das Statut gleicht einem letzten Aufguß der ehemaligen Kampfgemeinschaft. Die elitären Züge und scharfen Ausleseprinzipien sind verschwunden. Beinahe sieht es so aus, als wolle Otto Strasser nun eine Massenpartei aufbauen.

Austritte bedingen eine schriftliche Erklärung und werden erst am Schluß des Geschäftsjahrs wirksam; bis dahin müssen noch Beiträge gezahlt werden, selbst wenn der Austritt schon am 1. Januar erfolgte.

Der Parteivorstand ist in stimmberechtigte und beigeordnete (beratende) Mitglieder unterteilt. Stimmberechtigt sind der Vorsitzende, sein Stellvertreter und die Landesleiter. Beigeordnet ist oder sind:

1. der Vorsitzende der Organisation Nationale Jugend (die auf dem Papier blieb und nie in Erscheinung trat),
2. der Vorsitzende der Sektion Deutschland der Europäischen Kulturbewegung (diese Sektion blieb ebenfalls auf dem Papier),
3. ein Vertreter des Saargebiets, „solange das Saargebiet noch nicht eingegliedert ist",
4. die fünf Mitglieder des zentralen Parteisekretariats.

Otto Strasser hat, ohne daß dies ausdrücklich festgelegt wäre, in der DSU als ihr Präsident eine ähnlich beherrschende Stellung wie Ferdinand Lassalle im Allgemeinen Deutschen Arbeiterverein (1863—64). Mit Lassalle ist er auch insofern vergleichbar, als er ebenfalls nach einem sozialen Königtum strebt. Doch erlangt er niemals dessen Popularität.

Noch vor der DSU-Gründung hat Strasser die Herausgabe einer Zeitung vorbereitet, die ab 1. Oktober 1956 unter dem Titel „Deutsche Freiheit" erscheint. Die Schriftleitung übernimmt Friedrich Jarschel, welcher auch Generalsekretär der DSU wird.

In Nr. 5/1956 stimmt Karl Düpow einen Lobgesang auf Otto Strasser an, der wie ein Fels in der Brandung steht „und sich auch vor der größten irdischen Gewalt nicht beugt". Das Deutsche Reich lebt in Millionen Herzen weiter. „Die ungebrochene Kraft des deutschen Volkes und der Völker des Abendlands wird zur Wiedererstehung des Reiches als Ordnungs- und Schutzmacht Europas führen, nicht damit es dieses Europa beherrsche, sondern in ihm aufgehe. So gewinnt die Nation Europa Gestalt, deren berufenster Künder zweifellos Dr. Otto Strasser ist, der jetzt den Weg vom Seher zum Gestalter beschritten hat."

Die Nation Europa ist freilich auch eine neofaschistische Losung. Man kann damit keine Reklame machen.

Strasser hat sich im Mai 1956 auf einer Konferenz in Straßburg zum Präsidenten der Europäischen Sozialbewegung (ESB) wählen lassen, einer Grüppchen-Bewegung, die nirgendwo eine nennenswerte Basis besitzt. Er spielt auf mehreren Instrumenten, aber keines meisterhaft.

Partei oder Bund? Strasser weicht dem Konflikt aus, indem er beide Formen auszunutzen versucht und ihnen sogar verschiedene Aufgaben zuteilt. Doch der Bund für Deutschlands Erneuerung, in Niedersachsen von der Militärregierung schon 1949 verboten, zerbröckelt recht bald. Übrig bleibt nur die DSU.

Linke Außenseiter

Das baldige Ende des Bundes für Deutschlands Erneuerung hat die Kölner Gruppe der ehemaligen Schwarzen Front schon 1948 und 1949 vorausgesagt. Bei drei von ihr einberufenen Konferenzen — in Köln, später in Duisburg und schließlich in Velbert — konnte sie im Raum Nordrhein-Westfalen einen erheblichen Teil der einstigen SF-Kämpfer um sich sammeln. So wäre sie imstande gewesen, eine dritte Organisation zu gründen, unterließ es jedoch, um Otto Strasser keine Knüppel zwischen die Beine zu werfen. Sprengel, sein „Reichsbeauftragter", sprach von „Egoisten-Cliquen". Die Kölner Gruppe nahm ihn aufs Korn: „Er scheint giftgrüne Fädchen als Spinnmaterial und das Hakenkreuz als Muster zu lieben."[2] Auf dieser Ebene war natürlich keine Zusammenarbeit möglich.

Die Kölner sprachen „im Namen der antifaschistischen Gruppen der ehem. Schwarzen Front und der ihnen verbundenen antifaschistischen Einzelkämpfer aus dem rechten und dem religiösen Lager". Sie hielten sich von beiden Organisationen fern und verbaten es sich aufs schärfste, mit neofaschistischen Umtrieben und Erklärungen identifiziert zu werden. „Wir haben nicht unser Leben gegen eine braune Diktatur eingesetzt, um eine ähnliche heute zu bejahen."[3]

Diese freiheitlichen Sozialisten sind der Überzeugung, Otto Strasser sei viel zu spät zurückgekommen, was nicht allein auf Regierungen und Besatzungsmächte geschoben werden sollte. Als Politiker hätte er die Schwierigkeiten voraussehen und rechtzeitig abbiegen müssen. Inzwischen haben zahlreiche

Bünde und einige nationale Parteien den Rahm abgeschöpft. Aber wesentlich an der deutschen Situation ist, daß es keine Parteien mehr gibt, „die den Sozialismus als primäre Forderung auf ihre Fahnen geschrieben haben". In diese Lücke hätte Otto Strasser eindringen können. Statt dessen hat er zu seinem Schaden „alles erreichbare politische Porzellan zerschlagen". Ganz abgesehen von seinen personellen Fehldispositionen.

Der Große Plan

Gleichwohl läßt sich die Deutsch-Soziale Union anfangs recht gut an. Es gibt eine Reihe überfüllter Versammlungen mit Otto Strasser. Binnen eines Jahres können 402 Ortsgruppen und Stützpunkte sowie elf Landesverbände aufgebaut werden. Die Mitgliederzahl der DSU steigt auf tausend, unter ihnen allerdings nur ein Dutzend Frauen und kaum mehr als 50 ehemalige Schwarz-Front-Kämpfer. Neben der Zeitung erscheint eine Broschürenreihe für Deutschlands Erneuerung in weiß-grünem Gewand, die grundsätzliche Fragen behandelt. Heft 4 enthält einen Beitrag von Wilhelm Jenne (später Mitglied des Vollzugsausschusses) über neue Erkenntnisse zum Gesetz der dreieinigen Bipolarität, das sich „im Kosmos als Weltordnung" äußere. Nach neuerer wissenschaftlicher Einsicht sind auch alle Naturprozesse spiralenförmig. Strassers Theorie setzt jedoch ein kreislaufartiges Geschehen voraus.

Jennes Aufsatz ist anscheinend dazu bestimmt, die Deutsch-Soziale Union mit einer Ideologie auszustatten, die sie allen anderen Parteien überlegen macht. Wenn nicht nur die menschliche Gesellschaft, sondern auch Natur und Kosmos das Gesetz der dreieinigen Bipolarität in sich tragen, muß es sich um ein universales Weltgesetz handeln. Die DSU ist somit im Besitz einer wissenschaftlich erhärteten Theorie, weshalb am Erfolg ihrer Politik nur von Kurzsichtigen gezweifelt werden könne.

Im November 1956 wird der Nationale Plan zur Deutschen Wiedervereinigung verkündet und binnen kurzer Zeit in 120000 Flugblättern verbreitet. Die Regierungen der „deutschen Teilgebiete in Bonn, Berlin und Pankow" sowie die Botschafter der vier Siegermächte erhalten ihn wie eine diplomatische Note überreicht. Doch der Plan ist in Ich-Form abgefaßt. Womöglich steht nicht einmal die DSU dahinter. Strasser schlägt die Bildung eines Rates der deutschen Einheit vor und empfiehlt sich selbst für den Vorsitz.

Dieser Rat soll aus sieben bis neun repräsentativen Vertretern der größten deutschen Parteien in der Bundesrepublik und DDR gebildet werden — als Instrument des Verkehrs der Großmächte mit Deutschland wie auch der deutschen Teilgebiete untereinander. Ihm obliegt eine Volksbefragung aller Deutschen über die Frage: „Bist Du für die Deutsche Wiedervereinigung auf der Grundlage der bewaffneten Neutralität Deutschlands?" Dann soll der paritätisch zusammengesetzte Rat den Charakter einer provisorischen gesamtdeutschen Regierung erhalten, die sich der Teilgebietsregierungen als ausführender Organe bedient und Wahlen zur Nationalversammlung ausschreibt.

Doch weder die Bundesrepublik noch die DDR reagiert auf Strassers Nationalen Plan. Die Großmächte schweigen. So fällt das Projekt ins Wasser.

Parteikrise

Die DSU möchte die gesamte nationale Opposition um sich sammeln. Doch das will ihr nicht gelingen. Im Jahre 1959 kommt es zur Krise. Zwar gibt es in Bochum noch eine „brechend volle" Versammlung — und rege Nachfrage nach den grundsätzlichen Forderungen des Deutschen Sozialismus. Aber zu einer öffentlichen Großkundgebung in Ennepetal-Milspe erscheinen nur 200 Personen, obwohl sie mit einem norddeutschen Parteitreffen verbunden wird. Die Kurve neigt sich abwärts. Aus der „Deutschen Sammlung" und dem „Nationalen Aufbruch", wie sie auf DSU-Plakaten angekündigt worden sind, kann zu diesem Zeitpunkt schon nichts mehr werden. Otto Strasser enttäuscht den größten Teil der Menschen, die auf seine Rückkehr gewartet und sich mehr von ihm versprochen haben.

Die Krise, aus solcher Enttäuschung geboren, entlädt sich zunächst im Zentrum. Am 1. Juni 1959 tritt der DSU-Generalsekretär Jarschel zurück, auch als Pressechef und Leiter der Auslandsabteilung. Er begründet seinen Rücktritt in einer persönlich gefärbten Erklärung, die auf Otto Strasser zugespitzt ist:

> „Ich sehe politisch keine Chance mehr, Ihre Idee des Deutschen Sozialismus in irgendeiner Form zum Tragen zu bringen. Nicht die Grundidee des Sozialismus ist überholt, sondern Ihre Konzeption [...] Sie basiert auf Verhältnissen, wie sie vor 1933 bestanden. Inzwischen fand in Deutschland und Europa ein umfassender Strukturwandel statt, zu dessen tatsächlichen Verhältnissen Ihr Buch ‚Aufbau des Deutschen Sozialismus' in jeder Weise nachhinkt [...] Alle Versuche und Bitten Ihrer Freunde, das Werk zu überarbeiten und den heutigen Gegebenheiten anzupassen, schlagen Sie brüsk ab.
> Nur einige Beispiele:
>
> Dreierteilung aller Betriebe ... volkswirtschaftlich überhaupt nicht durchführbar.
>
> Wahlmonarchie birgt so viel Gefahren einer destruktiven Vorherrschaft Privilegierter in sich, daß sie in Korruption enden müßte.
>
> Die von Ihnen gewünschte Vernichtung des Parteiensystems scheint mir kein Garant für eine echte persönliche und demokratische Freiheit zu sein."[4)]

Nachdem sich Otto Strasser von seiner Bestürzung über den Rücktritt des Generalsekretärs erholt hat, antwortet er in einem offenen Brief:

> „Sie wissen, daß meine Trennung von Hitler deshalb erfolgte, weil ich in seiner Praxis immer deutlicher eine Abweichung vom Programm des nationalen Sozialismus erkannte, an dem ich meinerseits festhielt, während in ihrem Fall Sie selbst sagen, daß Sie nicht länger mit dem Programm einig gehen [...]
> Es hat kein Strukturwandel stattgefunden. Das ist doch das Schlimme. Unverändert herrscht doch das Bürgerliche Gesetzbuch. [...] Jede echte Neuordnung aber muß sich in einer neuen Rechtsordnung ausdrücken. [...] So-

gar die Theoretiker der Labour-Party haben die Idee des Aktienaufkaufs inzwischen als besten Weg zum Sozialismus erklärt, und die modernen Kapitalisten haben in der ‚Volks-Aktie' ihre Verbeugung vor dem Gedanken der Anteilschaft der Belegschaft am Werk zum Ausdruck gebracht. Die Wahlmonarchie ist ein aus der deutschen Geschichte geborener Vorschlag — unser geliebtes altes Deutschland hat 1000 Jahre lang diese Form der Reichsführung praktiziert, was doch der beste Beweis dafür ist, daß diese Form unserer völkischen Eigenart entspricht und sich praktisch bewährt hat."

Im Papsttum, fügt Strasser hinzu, „wird die gleiche Führungsform seit 2000 Jahren mit großem Erfolg angewendet"[5].

Wodurch soll das Bürgerliche Gesetzbuch ersetzt werden? Manche Fragen bleiben bei Strasser offen, andere schiebt er lange vor sich her. Sein strategisches Kalkül wird erst 1961 offengelegt, als er die Schrift „Deutschland und der 3. Weltkrieg" veröffentlicht. Demnach kommt es unvermeidlich zu einem militärischen Konflikt zwischen den USA und Großbritannien einerseits, der UdSSR und China andererseits. Der Dritte Weltkrieg steht vor der Tür. Er muß jedoch von Deutschland und Europa ferngehalten werden. Denn die Achse Moskau-Peking will die Auseinandersetzung mit den Angelsachsen in Asien durchführen, „wozu sie ein neutrales Deutschland-Europa im Rücken haben muß". Die Zeit vor und während des 3. Weltkriegs soll dazu verwendet werden, in Europa und mit den arabischen Staaten eine Schutz- und Trutzgemeinschaft aufzubauen, die jedem einzelnen Volk Bewegungs- und Entwicklungsfreiheit, aber auch genügend Sicherheit bietet, „um der eigenen Artentfaltung leben zu können". Das setzt eine völlig neue Formenwelt voraus.

„Deutschland-Europa muß jene Konservative Revolution durchführen, die Wallstreet und Kreml gleichermaßen überwindet und dadurch aus Europa fernhält."[6] Andernfalls kann auf den Dritten noch ein Vierter Weltkrieg folgen.

Den USA und Großbritannien droht Strasser ein neues Tauroggen an, falls sie der Neutralisierung und Wiedervereinigung Hindernisse in den Weg legen sollten, der UdSSR eine Achse Spanien-Frankreich-Deutschland. Es erscheint ihm jedoch sicher, daß die Sowjetunion den Preis der Neutralisierung und Wiedervereinigung zahlen will, um den Rücken im Krieg gegen die USA und Großbritannien freizubekommen, während ihr die Angelsachsen widerstreben werden. Deshalb wird seine Politik zunehmend antibritisch und antiamerikanisch. Seine strategischen Überlegungen fußen auf gewagten Voraussagen des amerikanischen Geopolitikers Homer Lea (demzufolge sich die Chinesen von Moskau aus kommandieren ließen).

Strassers Klarstellung von 1961 kann die Krise der DSU nicht mehr überwinden. Nach ihrem Ausbruch im Zentrum verlagert sie sich in die Landesverbände und Bezirke. Die Straffung der Organisation durch einen dreiköpfigen Vollzugsausschuß auf dem Parteitag in Lohr 1959 kommt zu spät und verfehlt ihre Wirkung.

Unterwanderung

Anfang der 50er Jahre war in Hattingen/Ruhr ein Diskussionszirkel Deutscher Sozialisten entstanden, die zum Teil aus der DDR kamen und von dort, wo sie einer illegalen Gruppierung angehört hatten, noch rechtzeitig fliehen konnten. Einige von ihnen traten 1956 sogleich der Deutsch-Sozialen Union bei, „um die nationale Sammlung der Deutschen Sozialisten zu stärken“[7]. Ihnen mißfällt jedoch die föderalistische Struktur der DSU. Und sie finden, deren Ideenträger meinen nicht, was sie öffentlich sagen. Aber womöglich ist der Hattinger Kreis von Anbeginn entschlossen, die DSU von innen zu erobern. Seine Beauftragten in der DSU — Kliese, Bosbach und einige andere — beginnen jedenfalls mit gezielter Fraktionsarbeit.

Binnen dreier Jahre machen sie aus dem schwächsten Bezirksverband der DSU — Arnsberg — den stärksten der ganzen Partei, worauf sie in die Bezirksverbandsleitung gewählt werden, Erhard Kliese und zwei andere auch in die Landesleitung von Nordrhein-Westfalen. Im Herbst 1959 gibt diese einen Rundbrief heraus, in dem zu lesen ist:

> „Wir sind fest entschlossen, unseren Landesverband zu einer gut funktionierenden Kaderorganisation zu machen [wie es dem Wunsche Dr. Otto Strassers entspricht], deren tragende Säulen
> eiserne Disziplin
> mustergültige Kameradschaft
> und ein fundiertes politisches Wissen sind.“[8]

Der Rundbrief ist auch von Erhard Kliese unterzeichnet. Er spricht schlecht von Otto Strasser. Als Parteiführer sei er nicht der geeignete Mann, sondern nur der Trommler, wobei allein noch der Name zieht, nicht mehr die Person. So wiederholt sich das Verhältnis Strasser-Hitler im Verhältnis Kliese-Strasser wie ein fatales Echo.

Die Zentralistenfraktion, wie sie sich selber nennt, stellt im Landesverband Nordrhein-Westfalen eine Saalordnertruppe (OT) auf die Beine, um die tätlichen Angriffe politischer Gegner auf DSU-Versammlungen abzuwehren. Auf der Jahreshauptversammlung des Bezirks Arnsberg von 1960 wird Claus Krupka, „der verwegene Draufgänger“, zum Leiter des ständigen Saalschutzes bestimmt. Krupka ist ein Gefolgsmann Klieses. Die Zentralistenfraktion hat sich einen Machtfaktor geschaffen. Es wäre aber voreilig, die OT mit der SA gleichzusetzen; näher liegt das Leitbild der Schwarzen Garde.

Der DSU-Parteitag vom Oktober 1961 in Alsfeld/Hessen endet mit dem Triumph der Zentralistenfraktion. Sie erringt im Parteivorstand die Mehrheit. Erhard Kliese wird in geheimer Wahl zum 1. geschäftsführenden Bundesvorsitzenden gewählt, über dem nur noch der Präsident Otto Strasser steht. Dieser ist auf einmal in die unbehagliche Rolle einer Gallionsfigur seines Parteischiffes versetzt, dessen Ruder ein anderer übernimmt. Die Zentralisten werfen ihm dasselbe vor, was er Hitler vorgeworfen hat, nämlich einen Opportunismus, der zum Verrat der revolutionären Idee führt. Ebenso erging es Trotzki innerhalb der IV. Internationale. Auch gegen ihn marschierten

Zentralisten vor, die revolutionärer als er selbst sein wollten.[9]

Kliese verlegt sogleich den Sitz der Parteileitung von Augsburg nach Essen. Dort sehen er und seine Fraktionsgenossen ihre Akten und Kassenbücher durch. Dabei müssen sie feststellen, „daß man in Augsburg total abgewirtschaftet hatte und die Verhökerung der DSU an Meistbietende insgeheim beschlossene Sache war"[10]. Diese Erkenntis ist so niederschmetternd, daß sie unter sich beschließen, die bankrotte Partei, deren Führung sie so mühsam errungen, wieder fahren zu lassen.

Otto Strasser suspendiert Kliese vom Parteivorsitz. Doch das kann den Verfall nicht mehr aufhalten. Im Januar 1962 nehmen Kliese, Bosbach und andere als Gäste am Gründungsparteitag der Unabhängigen Arbeiterpartei (UAP) in Essen teil. Am 18. Februar 1962 tagt in der gleichen Stadt ein „Vereinigungsparteitag", wobei sich — nach Klieses Darstellung — UAP und DSU unter dem Namen der ersteren verschmelzen. Jedoch dürfte höchstens der Bezirksverband Arnsberg der Deutsch-Sozialen Union in der Unabhängigen Arbeiterpartei aufgegangen sein. Geschlossen tritt allein der DSU-Ortsverband Hattingen über. Bosbach wird zum ersten, Kliese zum zweiten Vorsitzenden des Zentralbüros der UAP gewählt, der dem DSU-Vollzugsausschuß auffallend gleicht.

Otto Strasser sagte 1930: Die Sozialisten verlassen die NSDAP! Nun haben die Sozialisten seine eigene Partei verlassen. Wie sich doch alles noch einmal wiederholt (entweder als Farce, wie Marx bemerkt, oder als zurückgeworfenes Echo)! Damals waren es etwa 6000, die zur Kampfgemeinschaft stießen; nun sind es kaum 60, die von der DSU zur UAP gehen.

Die eigene Partei verraten?

Schon ein Jahr vor dem Ausbruch der Parteikrise fragt sich Otto Strasser: Hat es noch Sinn? Und er kommt zu dem Schluß: „Es wird wiederum vergeblich sein! Die Deutschen wollen nicht sehen, wollen nicht hören, wollen dem Verhängnis nicht in den Arm fallen."[11] Dabei wäre die Rettung so einfach: eine Politik der bewaffneten Neutralität, um Deutschland aus dem Dritten Weltkrieg herauszuhalten. Doch seine Landsleute sind skeptisch gegenüber allen Rettern. Selbst die Nationale Rechte, als deren Sprecher und Warner, ja als deren Philosoph sich Otto Strasser fühlt, blickt auf andere Leitfiguren. In seiner Not hat er sich im Januar 1958 mit einem Offenen Brief an die ehemaligen Mitglieder der NSDAP gewandt, soweit sie nicht unbelehrbar sind. Im August 1960 bricht er sogar eine Lanze für die Waffen-SS, deren 400000 Überlebende zu Parias herabgewürdigt würden.

Die Entnazifizierung wird als eine „sinn- und rechtlose Rachepolitik der Sieger" abgetan, die den beginnenden Prozeß der deutschen Selbstbestimmung unterbrach und in ihr Gegenteil verkehrte. Als ihre Folge habe sich in der deutschen Seele ein verdrängter Komplex gebildet, der das gesamte Innenleben vergifte.

Otto Strasser bezeichnet sich als Verfolgten des NS-Systems und beantragt eine finanzielle Entschädigung für die erlittene Unbill. Ihm wird jedoch aufgrund eines Gutachtens des Justizministeriums von Baden-Württemberg entgegengehalten,

a) daß die politische Gegnerschaft der Schwarzen Front (und ihres Vorläufers: der Kampfgemeinschaft) gegenüber der NSDAP nur in den Methoden, nicht in der Zielsetzung bestanden habe,
b) daß die Schwarze Front die wesentlichen gleichen Ziele mit noch radikaleren Mitteln als die NSDAP verfochten habe,
c) daß er niemals in Haft oder gar in einem KZ war.

Auf dieser Urteilsgrundlage wird ein Entschädigungsanspruch Otto Strassers verneint. Doch kommt ihm ausgerechnet Prof. Wolfgang Abendroth zu Hilfe, der bis in die 60er Jahre hinein einzige Marxist an einer bundesdeutschen Universität.

Abendroth legt ebenfalls ein Gutachten vor. Demnach hat der Begriff des Nationalsozialismus für die Kampfgemeinschaft und die Schwarze Front etwas völlig anderes bedeutet als für die NSDAP. Die politische Gegnerschaft war eine grundsätzliche, nicht nur eine methodische. Deshalb ist es unzutreffend, was im Gutachten des baden-württembergischen Justizministeriums stand: daß die Schwarze Front der nationalsozialistischen Gewaltherrschaft Vorschub geleistet habe. Somit entfällt der Ausschlußgrund des Bundesentschädigungsgesetzes für „diejenigen Angehörigen der Schwarzen Front, die am aktiven illegalen Kampf dieser Gruppe teilgenommen haben“[12)].

Trotzdem erhält Otto Strasser keine Entschädigung, im Unterschied zu anderen SF-Leuten, etwa in Köln. Wahrscheinlich deshalb, weil er keinen Tag im Gestapo-Gefängnis oder in einem Konzentrationslager verbracht hat. Indes, was durfte er nach seiner Behauptung erwarten, die Nazis würden nun ebenso wie die Juden verfolgt? Gab es wirklich eine „Naziverfolgung“ oder ließ man die meisten laufen, falls sie nicht an verbrecherischen Handlungen beteiligt waren? Die Juden traf es hingegen ausnahmslos, selbst ihre Kinder, und es genügte für das Todesurteil, ein Jude zu sein.

Strasser hätte eine Entschädigung für seine Verfolgung sicher zum größten Teil in die DSU und in den Verlag „Deutsche Freiheit“ gesteckt, der in seiner Wohnung residierte. Denn Geldgeber aus der Industrie kann er nicht finden.

Zwischen 1959 und 1961 sieht er, wie ihm die Deutsch-Soziale Union davonzuschwimmen beginnt. Ihr Schiff hat sich von seiner Kette gelöst und wird womöglich an einem anderen Ufer anlegen. In dieser Situation, da Otto Strasser auch so gut wie mittellos ist, kommen zwei Spitzenvertreter der Deutschen Freiheitspartei (DFP) zu ihm, Professor Kunstmann und Werner Gebhardt. Sie machen ein Angebot. Er soll die Deutsch-Soziale Union zugunsten ihrer Partei auflösen, um eine Konzentration der nationalen Kräfte herbeizuführen. Dafür werde er einen Sitz im Parteivorstand und den Vorsitz der zu wählenden Programmkommission erhalten.

Obwohl die Deutsche Freiheitspartei noch nicht einmal ihren ersten Parteitag hinter sich hat und ein recht fragwürdiges Unternehmen ist, sagt Otto Strasser nach wochenlangem Ringen mit sich selber zu. Er sieht eine verlokkende Möglichkeit, seine politische Tätigkeit auf neuer Grundlage und breiterer Basis fortzusetzen. Darüber berät er sich auch mit einigen Freunden.

Das Unglaubliche geschieht. Strasser läßt seine eigene Partei im Stich und geht zu einer anderen über, nachdem er als Präsident der DSU zurückgetreten ist.

Die DFP öffnet ihm ihre Tore, so daß er auf einer Reihe interner Versammlungen sprechen und für seine Ideen werben kann. Und doch hat er wieder einmal falsch kalkuliert! Zwar kann er gut besuchte Versammlungen im Landesverband Nordrhein-Westfalen buchen, doch drei andere Landesverbände der Deutschen Freiheitspartei verbieten ihren Kreisverbänden Veranstaltungen mit Strasser.

Kunstmann und Gebhardt haben hinter dem Rücken ihres Parteivorstandes mit Strasser verhandelt, wobei sie vorgaben, in dessen Namen zu sprechen. Ihre Eigenmächtigkeit löst auf der Parteivorstandssitzung vom April 1962 in Neu-Isenburg heftige Kritik aus. Wortführer der Kritiker ist Hans Schikora. In der DFP bilden sich zwei heftig streitende Gruppen. Otto Strasser hat eine Reihe seiner Anhänger aus der DSU mitgebracht, die sich hinter ihm verschanzen. Doch diese Hausmacht ist zu klein, um dem massiven Druck der Gegenkräfte standzuhalten. Außerdem ficht sie auf einem fremden und allzu glatten Parkett.

Von der Richtung Schikora wird Strasser als Landesverräter abgelehnt. Er erhält weder einen Sitz im Parteivorstand noch den Vorsitz der Programmkommission. Alle Versprechungen sind zurückgezogen oder durchkreuzt. Jene, die sie gemacht, ordnen sich wieder ihrem Parteivorstand unter.

Strasser hat leichtsinnig einen schwerwiegenden, für einen Politiker unverzeihlichen Fehler gemacht. Was bleibt ihm noch übrig? Er erklärt seinen freiwilligen Verzicht auf die Mitgliedschaft in der Deutschen Freiheitspartei und tritt wieder aus.

Selbstauflösung

Vor der Deutsch-Sozialen Union steht Otto Strasser als betrogener Betrüger da. Von ihrem Kapitän verlassen — der auf dem Friedberger Parteitag vom November 1960 zum Ehrenpräsidenten auf Lebenszeit gewählt worden war —, sinkt sie wie ein leckgeschlagenes Schiff. Ein Bundesdelegiertentag, der am 24./25. März 1962 in Butzbach zusammentritt, beschließt ihre Selbstauflösung. Die Antragsteller sind W. Jenne und G. Daub.

Gerhard Daub vom Ortsverband Freiburg/Breisgau beurteilt die DSU als unfähig, die notwendige Machtstellung zur Verwirklichung ihrer Ziele zu erringen. Weil die Ziele „schlechterdings ungeeignet dafür sind, jene Attraktion auszustrahlen, die einer Partei den Zulauf und damit die Macht des großen Haufens sichert". Die Stärke einer wirklich modernen Partei „beruht jeweils darauf, in welchem Maße sie fähig ist, Gefühlchen zu kitzeln und zu befriedigen, seien es religiöse, pazifistische, patriotische oder einfach primitive Habsucht". Statt dessen hat die DSU historisches Bewußtsein, Sensibilität für geschichtliche Notwendigkeit und persönlichen Mut vorausgesetzt — also zuviel von der Masse verlangt. Im Grunde ist sie „eine radikale Sekte der politischen Großkirchen, mit allen zugehörigen Riten und Dekorationen". Der

Parteienstatus war das „denkbar miserabelste Vehikel“ des Deutschen Sozialismus. Er pervertiert die Idee.

Daub beschwört vor dem Delegiertentag das historische Vorbild des „Tugendbundes“. Doch die gegenwärtige Aufgabe der Deutschen Sozialisten bestehe im „Unterhalten von Kontakten und im Verbreiten des Gedankenguts, (um) das heimliche, das bessere Deutschland mit geistigen Waffen zu versehen und eine ganz unverbindliche Tuchfühlung zu pflegen“.

Jenne zieht daraus den Schluß, die Vernunft gebiete, den Parteicharakter der DSU fallenzulassen und ihre Idee „im außerparlamentarischen Raum weiterzuführen“ — durch einen neuen Bund für Deutschlands Erneuerung.

Mit diesem Feigenblatt wird die Blöße und Resignation verdeckt. Der dahingeschiedene Bund für Deutschlands Erneuerung läßt sich nicht wiederbeleben. Nach Butzbach laufen Strassers einstige Anhänger, tief verärgert und verbittert, ein für allemal auseinander. Anscheinend ziehen sich die meisten ins Privatleben zurück.

Besinnungspause und neue Pläne

Geht auch Otto Strasser diesen Weg? Er zieht sich nur aus der Öffentlichkeit zurück, um seine Wiederkehr vorzubereiten. Die Deutsch-Soziale Union hat ihn beinahe aufgefressen. Sein politischer Stern ist allerdings verblichen und der moralische Kredit so gut wie verbraucht. Selbst jener engere Kreis, der sich „Freunde Otto Strassers“ nennt, schmilzt bei seinen jährlichen Zusammenkünften in den Frankfurter Gildestuben von 50 auf 40 und von 40 auf 30 Personen zusammen.

Die Enttäuschung ist auf beiden Seiten groß. In einem Weihnachtsgespräch unter Freunden sieht sich Otto Strasser zu einer peinvollen Konfrontation mit dem Sinn seines Lebens gezwungen. Während im privaten Bereich aufopferungsvolle Tätigkeit den Lohn gleicher Zuwendung findet, bleibt diese im politischen Bereich meistens aus. Wieder fragt er sich, ob es noch einen Sinn hat, trotzdem weiterzumachen. „Ist der Einsatz von Zeit und Geld, von Glaube und Kraft, von Gesundheit und Leben für die Einheit und Freiheit des Vaterlandes töricht?“ Sollte die Erfolglosigkeit des eigenen Versuchs die Überflüssigkeit der angestrebten Veränderungen beweisen? Treten sie von selber ein, wenn es an der Zeit ist? Oder wird „die Entwicklung“, wird „das Schicksal“, wird der „Wille Gottes“ sie auf angemessene Weise herbeiführen?

Otto Strasser findet einen Trost in der Überzeugung, jede ernsthafte Veränderung im politischen Bereich vollziehe sich durch Menschen vom Typ Winkelried, die zur Selbstaufopferung bereit sind — durch das Wort und die Tat von Aposteln einer Lehre der Gesundung, wenn sie auch zunächst verlacht und verfolgt werden. Es kommt allein auf die innere Befriedigung erfüllter Pflicht an, nicht auf den äußeren Erfolg.

Doch die Ära des Faschismus ist seines Erachtens noch keineswegs beendet. Wie auf Napoleon I. nach einer Restaurationsperiode Napoleon III. mit seinem bonapartistischen Staat folgte, so kann auch Hitler in anderer Gestalt wiederkehren.

Hier ist ein Brief wichtig, den Otto Strasser im November 1962 an Karl E. Naske schreibt, der dem „Reichsruf" (Zeitung der Deutschen Reichspartei) einen kritischen Leserbrief geschickt und ihm die Kopie übersandt hat:

„Ehrlich gesagt, ist mein Bedarf an solcher Art von ‚Nationaler Opposition' für immer gedeckt. Diese Leutchen haben nichts gelernt und nichts vergessen und werden daher für die Gestaltung der deutschen Zukunft ohne Belang sein ... was leider nicht ausschließt, daß sie unter gegebenen Umständen sehr wohl eine ‚Epoche Napoleon III.' ins Leben rufen können, zwecks endgültiger Vernichtung Deutschlands. Offen gestanden, halte ich eine solche Gefahr für sehr groß — werde dann aber wieder auf der anderen Seite der Barrikade stehen und gegen die kleinen Hitlers nicht weniger unbeirrt kämpfen, wie einst gegen den großen Hitler! —
Auf jeden Fall hat sich meine Hoffnung: daß diese Deutschen etwas aus der Niederlage gelernt hätten, als Illusion erwiesen, und ich bin klug genug, daraus meinerseits die Konsequenzen zu ziehen!"[13)]

Nach dem Scheitern der Deutsch-Sozialen Union will Otto Strasser einen anderen Weg gehen, den der Schriftstellerei und Geschichtsforschung.

Erstens plant er eine Monatszeitschrift unter dem bezeichnenden Titel „Die Elite". Zweitens soll die „Schriftenreihe für Deutschlands Erneuerung", von der bis November 1962 nur ein Heft erschienen ist, weitergeführt und ausgebaut werden. Drittens will er einer Anregung aus der Schweiz folgen, eine großangelegte wissenschaftliche Studie über den Faschismus zu schreiben.

Die Monatszeitschrift kommt nicht zustande. Dafür kann Strasser weder die nötigen finanziellen Mittel auftreiben noch prominente Mitarbeiter finden.

Von der „Schriftenreihe für Deutschlands Erneuerung" erscheinen noch weitere vier Hefte, dann muß sie eingestellt werden.

Das Buch „Der Faschismus" wird geschrieben, jedoch erscheint es als Beiheft einer Zeitschrift. Die wenigen Rezensionen befassen sich mehr mit der Person des Autors als mit dem Inhalt. Dabei hätte es eine ernsthafte Auseinandersetzung verdient.

VII. Aufarbeitung: Faschismus, Kommunismus und Nationalsozialismus

Strassers Buch „Der Faschismus“ (1965) ist ein breitangelegter Versuch, die totalitären Systeme aus ihren geistigen und seelischen Wurzeln zu erklären. Wer in der Machtübernahme des Nationalsozialismus nur eine Folgeerscheinung der Weltwirtschaftskrise von 1929—32 sehe, erliege einer materialistischen Geschichtsbetrachtung. Die wirtschaftlichen Faktoren sind nach Strasser nie entscheidend. Alle bedeutenden Taten gingen aus idealistischen Motiven hervor. Die großen Bewegungen waren stets das Werk idealistischer Zielgemeinschaften, die sich von der breiten Masse abhoben. Kriege und Revolutionen sind nur sichtbare Ausdrücke der im menschlichen Inneren vor sich gehenden Umwälzungen, „die im Geistigen ihre Ursachen haben und sich im Materiellen entladen“.

Für Strasser ist die parlamentarische Demokratie unfähig, jene Probleme zu lösen, welche das Zeitalter der Massen aufgeworfen hat. Kommunismus und Faschismus sind gerade dieser Unfähigkeit entsprungen. Ihre Erfolge liegen darin begründet, daß sie „neuen Glauben, neue Bindung und neue Lebenshoffnung“ verheißen.

Faustischer Tatendrang

Die Industrialisierung ging mit einer Proletarisierung einher, welche viele Millionen Menschen nicht nur vom Boden, sondern auch religiös entwurzelte. Der Kommunismus faßt nach Strasser die materielle Seite der Verelendung ins Auge, der Faschismus stößt in das seelische Vakuum vor. Darwins Entwicklungslehre, Taines Milieutheorie, der Naturalismus und die radikale Gesellschaftskritik haben ein neues geistig-seelisches Klima geschafffen. Gott und die Freiheit scheinen Illusionen zu sein; der Mensch sieht sich auf einmal in Bedingungen hineingestellt, die ihn von vornherein bestimmen. Der Marxismus ist das Glaubensbekenntnis des Naturalismus. Hinter dem Faschismus steht „der dem abendländischen Menschen eigene Tatendrang, seine faustische Seele, sein individueller und nationaler Persönlichkeitswille“[1)].

Durch den Naturalismus, den Darwinismus, die Milieu- und Vererbungstheorie traten die Persönlichkeitswerte hinter die Merkmale des Massenmenschen zurück. Taine, Darwin und viele andere haben zwar geistige Vorarbeit für die kommende abendländische Revolution geleistet. Unter dem niederschmetternden Eindruck ihrer Gedanken fließen jedoch die gewaltigen Energieströme dieser Revolution in die falschen Kanäle des Kommunismus und des Faschismus, wo sie zunächst einmal versanden.

Das Hauptkennzeichen des Kommunismus ist laut Otto Strasser die Omnipotenz (Allmacht) der Wirtschaft, das des Faschismus die Omnipotenz des Staates. Beide werden erst im Zeitalter der Massen und Massenmanipulationen möglich. Otto Strasser begreift ihre historische und soziologische Bedingtheit. Der Faschismus sei freilich eine „rein abendländische Erscheinung“, während sich der Kommunismus im wesentlichen auf Asien und

Osteuropa beschränke. (Inzwischen hat er auch in Lateinamerika und Afrika Fuß gefaßt.)

Für Strasser ist der Faschismus nur äußerlich besiegt worden. Lediglich seine beiden Hauptströme — in Deutschland und Italien — sind versiegt, an deren Stelle viele Rinnsale traten. Als Denksystem und inneres Bedürfnis nach faustischer Gestaltung des Daseins besteht er fort. Strasser spricht sogar von der „faschistischen Weltrevolution“. Für eine solche könnte es eigentlich keine geographische Begrenzung geben. Tatsächlich faßt Strasser Kommunismus und Faschismus als potentielle Weltsysteme auf, die um die Seele aller Menschen ringen. Ihr erbitterter und blutiger Konkurrenzkampf sei noch nicht entschieden. Die Entscheidung hängt davon ab, welches der beiden totalitären Systeme die wirtschaftlichen, politischen und religiösen Probleme des Massenzeitalters besser zu lösen versteht oder zu lösen verspricht. Da sie aber Sackgassen bilden, bleibt im Grunde nur der Dritte Weg einer Konservativen Revolution.

Alle drei Wege sind meta-parlamentarisch, als wäre die Zeit der repräsentativen Demokratie mit ihrem Parteienpluralismus ein für allemal abgelaufen. In diesem Glauben trifft sich Otto Strasser mit vielen Kritikern von rechts wie von links. Sie alle sehen nicht den Grundstrom der Demokratie, sondern den Mißbrauch und die Verkapselung bestimmter Erscheinungsformen. Unter solchen Gesichtspunkten erscheint sie freilich hinfällig. Doch darin hat sich auch Hitler getäuscht. Otto Strasser macht der Demokratie zum Vorwurf, sie vermöge die Bindungslosigkeit, innere Leere, Angst und Einsamkeit des modernen Menschen nicht zu überwinden. Aber vielleicht hat sie nur den Rahmen zu schaffen, in dem ein jeder sein Leben selbst gestalten kann. Das eigentliche Problem ist wohl die „Furcht vor der Freiheit“ (Fromm). Sie macht es den totalitären Systemen leichter, als es angesichts ihrer eigenen drückenden Schwere zu vermuten wäre, zahlreiche Menschen von außen oder von innen zu überwältigen.

Der Faschismus lebt nach Otto Strasser als Idee weiter. Als eine Philosophie, der ein einheitliches, wenn auch nicht geschlossenes Denk- und Fühlsystem zugrundeliegt. Im Unterschied zu Nolte rechnet Strasser innerhalb des abendländischen Kulturkreises mit einer zweiten Epoche des Faschismus, welche diesmal auch die westlichen Siegerländer des Zweiten Weltkrieges überschwemmen könnte. Wenn wir seiner Denkspur folgen, so lief die erste Epoche nicht schon 1945, sondern erst 1964 mit dem Zusammenbruch des Salazar-Regimes in Portugal aus. Der Faschismus ist keine Sache der Vergangenheit, sondern ebenso wie der Kommunismus eine politische Bewegung der Gegenwart, welche aus den drängenden Forderungen des Massenzeitalters geboren wurde und erst mit diesem absterben wird.

Als objektive Grundlagen für die weitere Ausbreitung totalitärer Denksysteme nennt Strasser die neue industrielle Revolution und den immer mächtiger werdenden Staat, dessen Bürokratie ohne Schwierigkeit in ein faschistisches Herrschaftssystem hinüberwechseln könne. Er weist in diesem Zusammenhang — schon 1965! — auf die Gefahr eines Techno-Faschismus hin. Die technischen Fortschritte kämen auch dem Kommunismus zugute, der in Deutschland allerdings durch den Faschimsus „innnerlich weitgehend überwunden wurde"[2]. Für Deutschland und Westeuropa ist laut Strasser die Gefahr des Faschismus weitaus größer als die des Kommunismus.

Sein Buch enthält eine Absage an alle Ideologien. Sie sind Ersatzreligionen, die das direkte Band zwischen Gott und dem Menschen zerreißen — sei es durch die Vergottung der Klasse oder der Rasse, der Wirtschaft oder des Staates. Auch von einer Vergottung der Nation will Strasser nun nichts mehr wissen; wie alle Ideologien raubt sie dem Menschen die Gotteskindschaft des Christentums und macht ihn zu einem Ersatzteil der Wirtschafts- oder Staatsmaschine.

Strassers Verhältnis zur Demokratie hat einen ambivalenten Charakter. Er bekennt sich zwar zum Rechtsstaatsprinzip, sieht jedoch im Mehrheitsprinzip die Diktatur der Massen angelegt.

Die Gleichsetzung von Faschismus und Nationalsozialismus ist für Otto Strasser bestenfalls dann verständlich, wenn man den Nationalsozialismus mit dem Hitlerismus identifiziert. Seine Faschisierung durch Hitler begann schon 1919, stieß jedoch auf starke Widerstände. Der Kampf zwischen Nationalem Sozialismus und Faschismus war ebenso bedeutungsvoll wie „die schließliche Überwindung des Nationalsozialismus durch den Faschismus", wodurch er dessen Schicksal teilte. Mit der Umwandlung des NSDAP-Programms vom Nationalen Sozialismus zum Faschismus bekam Hitler Tuchfühlung mit dem deutschen Großkapital. Erst jetzt funktionierte auch sein politisches Bündnis mit Mussolini.

Nun wird klar, weshalb Strasser das 25-Punkte-Programm der NSDAP in vollem Wortlaut abdruckt, ohne Hitlers Abschwächung von 1927. Er hält es für die Gründungsurkunde des Nationalen Sozialismus in Deutschland!

Diesen bettet er nun in eine reichhaltige Tradition ein. Zum einen in die der „utopischen" und religiösen Sozialisten, angefangen bei Saint-Simon, der den Sozialismus als Neues Christentum verstand; zum anderen in die Tradition der Volks- und Nationalsozialisten vor Hitler, die er über einen Leisten schlägt.

Die utopischen und religiösen Sozialisten, zu denen Strasser u.a. auch Buchez, Rodbertus und Louis Blanc zählt, bezeichnet er als die „Künder einer dritten Soziallehre". Er faßt sie recht eigenwillig unter dem Begriff des Solidarismus zusammen, der bis ins erste Drittel des 19. Jahrhunderts zurückreiche. Es gibt demnach drei Soziallehren, die einen Ausweg aus den Problemen des Massenzeitalters suchen: Kommunismus, Faschismus und Solidarismus.

Eine peinliche Verwechslung

Die zweite Tradition der Volks- und Nationalsozialisten, auf die Strasser sich beruft, liegt ihm näher. Aber sie ist gegabelt, und diese Aufgabelung wird von ihm entweder negiert oder übersehen.

Die Volkssozialisten sind mit den Nationalsozialisten durchaus nicht identisch. Sie haben miteinander nicht mehr Berührungspunkte als Sozialdemokraten und Kommunisten. Dennoch werden sie von Otto Strasser gleichgesetzt. Er will unbedingt nachweisen, daß der Nationalsozialismus ursprünglich ganz anders war als später unter Hitlers Führung in Deutschland: einfach die Synthese von Nationalismus und Sozialismus, die in Hitlers „Mein Kampf" unterging und durch seine Rassentheorie ersetzt wurde. Dabei unterläuft ihm indessen ein schwerwiegender Fehler. Als angeblich erste nationalsozialistische Partei nennt Strasser die von dem tschechischen Abgeordneten Klofac im Jahre 1895 gegründeten Narodniki-Sozialisten. Er übersetzt diesen Begriff mit „Nationalsozialisten", obwohl Narodniki — auch im Russischen — Volk bedeutet.

Der Name Narodniki kam von einer russischen Bewegung. Zwischen 1872 und 1875 waren einige tausend junge Leute aus den Großstädten aufs Land gezogen, um die Bauern für den Sozialismus zu gewinnen. Sie blieben oft jahrelang in den Dörfern, um dem Volk möglichst nahe zu sein und seine Leiden zu teilen. Ihre Agitation durch Wort und Schrift hatte den Sinn, den russischen Sozialismus mit den Resten des bäuerlichen Gemeineigentums zu verbinden und auf dieser genossenschaftlichen Grundlage den kapitalistischen Weg Westeuropas zu vermeiden. Doch die Bauern waren mißtrauisch. Sie glaubten noch an Väterchen Zar und zeigten die sozialistischen Agitatoren nicht selten an.[3)]

Bei der Gründung von Klofac handelte es sich um eine volkssozialistische Formation, die schon ihrem Namen nach an die legendäre russische Bewegung der Volkstümler anknüpfte. Strasser jedoch bezeichnet diese Narodniki-Sozialisten als „Mutterpartei" aller Nationalsozialisten. Deren Mutterpartei ist in Wahrheit im österreichischen Kernland entstanden. Otto Strassers einstiger Kampfgefährte Richard Schapke hat in dieser Hinsicht tiefer geforscht und klarer gesehen. Er entdeckte die eigentliche Wurzel des Nationalsozialismus in der Alldeutschen Bewegung des Österreichers von Schönerer. In ihr bildeten sich auf Initiative des Bindergesellen Ludwig Vogel deutsche Arbeiter- und Gesellenvereine ganz besonderer Art — zuerst in Deutschböhmen, dann auch in Mähren und Schlesien. Schapke schrieb: „Ihre Aufgabe sahen sie anfangs lediglich im Kampf gegen die vorrückenden slawischen — hier vor allem tschechischen und polnischen — Arbeitskräfte, die wegen ihrer Billigkeit von den deutschen Unternehmern begünstigt wurden."[4)]

Die deutschen Arbeiter- und Gesellenvereine Österreichs gründeten 1904 in der Überzeugung, daß „der Arbeiter nur innerhalb der natürlichen Grenzen seines Volkstums sich gegenüber den übrigen Volksklassen der Kulturgemeinschaft zur vollen Geltung seiner Arbeit und Intelligenz emporringen kann", eine eigene Partei. Die internationale Organisation wurde verworfen, „weil sie den vorgeschrittenen Arbeiter durch den niedriger stehenden erdrückt und vollends in Österreich jeden wirklichen Fortschritt der deutschen Arbeiterklasse unterbinden muß". An ihre Stelle sollte eine berufsgenossenschaftliche Organisation treten, welche die „unhaltbaren Verhältnisse der Gewerkschaften überwinden" und den sozialen Aufstieg der Arbeiter sichern werde. Eine engherzige Klassenpartei sei dazu außerstande. Die „Deutsche Arbeiterpartei Österreichs" nannte sich ab Mai 1919 „nationalsozialistisch". Das geschah auf Anraten Rudolf Jungs, der 1905 im Sudetenland eine ähnliche Partei gegründet hatte (und am 14. April 1921 auf einer Massenversammlung der

NSDAP in München sprechen sollte). Eine „Deutsche Arbeiterpartei" entstand schließlich — nach verschiedenen Vorläufern — auf Initiative von Karl Harrer und Anton Drexler am 5. Januar 1919 auch in Deutschland. Sie war der Ansatzpunkt Adolf Hitlers, der aber auch mit den österreichischen und sudetendeutschen Nationalsozialisten in Verbindung trat. Die erste politische Anregung erhielt er durch das Wirken Schönerers, dessen Alldeutsche Bewegung ihm freilich zu bürgerlich vorkam.

Es stimmt also durchaus, daß der Nationalsozialismus schon vor Hitler existierte, aber dieser war bereits mit seinen Anfängen verbunden und gab ihm die endgültige Gestalt. Als die sudetendeutschen Nationalsozialisten um Rudolf Jung erwogen, das Feder'sche Wirtschaftsprogramm der NSDAP durch dasjenige Silvio Gesells zu ersetzen, förderte Hitler die radikal alldeutsche und antisemitische Henlein-Bewegung im Sudetenland; Henlein wurde schließlich sein Gauleiter, während Jungs Buch „Der Nationale Sozialismus" in Strassers Kampfverlag eine Wiederauflage erlebte.

Die Narodniki-Parteien sind vom Antisemitismus grundsätzlich frei. Indes zog dieser eine deutliche Spurt durch den vorhitlerischen Nationalsozialismus. Es ist schlicht falsch, wenn Otto Strasser von Thomas Masaryk, der ein liberaler Narodniki-Sozialist war, emphatisch schreibt: „In ihm erhält der Nationalsozialismus seinen großen Theoretiker und Praktiker."

Masaryk erblickte wie Herder in der Nation das natürliche Organ der Menschheit. Gerade diese Eingebundenheit der Nation in eine größere Ganzheit erschien ihm als beste Bürgschaft der Internationalität. Ich kann nirgendwo finden, daß er einen nationalistischen Standpunkt vertreten hätte. Die Liebe zum eigenen Volk hat damit nichts zu tun; sie ist anderer Art. Masaryks geradezu schroffe Ablehnung des Antisemitismus, der auf finsteren Aberglauben zurückgeführt werden könne, wurde schon in der Hilsner-Affäre allgemein bekannt. Und sein Sozialismus war einfach Liebe zum Nächsten: Humanität. Sollte er wirklich der „große Lehrer" Otto Strassers gewesen sein? Soweit ich sehe, hat dieser aus seinem Werk nur die Dreigliederung von Wirtschaft, Staat und Kultur übernommen.

Die Beschränkung des Nationalsozialismus auf den deutschen Sprachraum

Der Nationalsozialismus war — im Unterschied zum Faschismus — im großen und ganzen auf den deutschen Sprachraum beschränkt (in der deutschen Schweiz hat er allerdings nie Fuß fassen können). Er sprang von Österreich auf Deutschland über. In diesem Sinne möchte ich Hitlers österreichische Herkunft nicht als Zufall betrachten. Es entsprang dem natürlichen Lauf der Dinge, daß ein Österreicher den Nationalsozialismus ins Reich bringen würde. Unter seiner Führung nahm er ausgesprochen aggressive und militaristische Züge an, die sich bei seinen Vorläufern noch nicht oder nur andeutungsweise geäußert hatten. Zwar bekämpften schon sie „jeden fremdvölkischen Einfluß", doch ein Krieg stand nicht auf ihrem Programm. Erst Hitler trieb alle drei Wesensmerkmale des Nationalsozialismus ins Extrem.

Die von Otto Strasser beklagte Faschisierung der NSDAP hatte recht begrenzte Ausmaße. Sie stand im Widerspruch zu Hitlers Anspruch, der von der Vorsehung einzig Auserwählte zu sein. Jeder ernsthafte Versuch, den 1927 in Italien institutionalisierten faschistischen Korporativstaat in Deutschland zur Diskussion zu stellen, wurde alsbald unterbunden.

Die volkssozialistischen Parteien schlugen einen anderen Kurs als die nationalsozialistischen ein, der in sozialer wie in nationaler Hinsicht alternativ war. In sozialer Hinsicht befürworteten sie einen genossenschaftlichen Aufbau, in nationaler Hinsicht die Föderation anstelle des zentralen Einheitsstaates. Das hat auch ein wenig auf die Konzeption Otto Strassers abgefärbt, der nach seinen bitteren Erfahrungen mit Hitler in der Mitte zwischen Volks- und Nationalsozialisten stand, wofür gerade sein Buch über Masaryk spricht. Dieser war jedoch im Gegensatz zu ihm von der Demokratie so überzeugt, daß er glaubte, ihre soziale und wirtschaftliche Ergänzung werde von selbst zum Sozialismus führen. Es bedürfe hierzu freilich der Triebkraft einer Partei, die in weltanschaulicher Hinsicht idealistisch und in politischer Hinsicht realistisch sei.

Volkssozialistische Parteien gab es in einer ganzen Reihe von Ländern (in Rußland auch eine volkskommunistische, die 1918 von Lenins KPR aufgesaugt wurde). Ihre stärkste osteuropäische Bastion — neben der vereinigten Partei Masaryks und Klofac' — war die 1893 entstandene Sozialistische Partei Polens (PPS), die scharf von der Sozialdemokratie des Königreichs Polen und Litauen unterschieden werden muß, deren Theoretikerin Rosa Luxemburg war. Zum Führer der sozialistischen Partei wurde Josef Pilsudski, der ein dreifach gespaltenes Polen vorfand. In dieser Situation wollte er sein Volk durch illegale Literatur und geheime Universitäten zur geistigen Unabhängigkeit erziehen. Die polnischen Nationaldemokraten um Domski verleumdeten ihn als „gefügiges Werkzeug in den Händen russisch-jüdischer Agitatoren“[5], während er selbst als Leiter der sozialistischen Kampfgruppen es für schädlich hielt, die nationale Leidenschaft der Polen in das Flußbett des Antisemitismus zu leiten. Pilsudski war ein sozialer Revolutionär, aber entschlossener Gegner der Bolschewisierung Polens. Er prägte der PPS einen nationalrevolutionären Zug ein.

In Rußland wurde der Volkssozialismus insbesondere durch die Sozialrevolutionäre Partei repräsentiert, die 1901 unmittelbar aus der Narodniki-Bewegung und der Enttäuschung über ihren Mißerfolg hervorgegangen war. Die Sozialrevolutionäre erlangten bei den Wahlen vom November 1917 die Mehrheit in der Verfassunggebenden Versammlung, welche auf Antrag ihres Sprechers Viktor Tschernow am 5. Januar 1918 die Sozialisierung des Bodens und die Proklamierung Rußlands zur föderativen Republik beschloß. Einen Tag später wurde die Konstituante durch Rotarmisten auseinandergejagt, was einen dreijährigen Bürgerkrieg entfachte.

Antisemitismus und Rassenauslese

Der Antisemitismus, gegen den „jüdisch-materialistischen Geist" aufbegehrend, ist geradezu die Scheidelinie zwischen Volks- und Nationalsozialismus. Otto Strasser nennt vier Spielarten und Stufen — den religiösen, wirtschaftlichen, gesellschaftlichen und schließlich den sexuellen Antisemitismus, den erst Hitler und Streicher eingeführt haben. Er sei jedoch nur für die fanatisch nationale Massenbewegung des Faschismus kennzeichnend gewesen, nicht für den Nationalsozialismus. Hitler war von Anbeginn Faschist und ein Schüler Mussolinis, der seinem Meister allmählich über den Kopf wuchs.

Die Unterschiede in der Beurteilung des Judentums bei Adolf Hitler und Otto Strasser sind von Lutz Hüttel herausgeschält worden. Seine Studie ist um so bemerkenswerter, als sie von links kommt und vorurteilsfrei genannt werden kann. Hüttel hält das Gedankengut Otto Strassers in den 20er und 30er Jahren für einen Nationalsozialismus ohne Antisemitismus, dessen Möglichkeit durch die Schwarze Front bewiesen worden sei.

Für die 20er Jahre trifft das noch nicht zu. Aber Otto Strasser war in der Tat kein Rassist. Allerdings kann man die von ihm ursprünglich geplante Ausweisung Zehntausender deutscher Juden nicht gerade als „friedliche und allen dienliche Lösung der Judenfrage"[6)] betrachten. Friedlich erscheint das nur gemessen an Hitlers Entschluß, die Juden mit Stumpf und Stiel auszurotten. Sicher hätte es unter Strasser keine „Endlösung" gegeben, aber die fruchtbare deutsch-jüdische Kultursymbiose wäre höchstwahrscheinlich ebenfalls zerstört worden. Hitlers Unterscheidung zwischen höher- und minderwertigen Rassen hat Strasser freilich als falsch abgelehnt. Seines Erachtens bestand das deutsche Volk aus vier oder fünf verschiedenen Rassen, die ihm als „Baumaterial" dienten. Dieses „Gemisch" sei mit den elterlichen Erbfaktoren vergleichbar, die jedes Kind in einem bestimmten Verhältnis vereinigt. Schon im Mai 1930 warnte Otto Strasser Hitler, seine Rassenauslese könne, statt die Nationwerdung des deutschen Volkes zu fördern, dieses wieder in seine Bestandteile auflösen.

Strasser hat damals eine Entwicklung vorausgesehen, die später in den Eliteschulen der „Nationalpolitischen Erziehungsanstalten" (Napola) am weitesten vorangetrieben worden ist. Die Auslese war, zugleich mit der Vernichtung des „schlechten Bluts", der SS übertragen. Ihr Rasse- und Siedlungshauptamt differenzierte das deutsche Volk in sechs Rassen: die nordische, fälische, westische, dinariche, ostbaltische und ostische. Als wertvoll galt nur das Erbgut der beiden ersten. Die Napola-Schüler sollten hauptsächlich nordischen und bestenfalls noch fälischen Bluts sein.[7)]. Damit war die Unterscheidung zwischen höher- und minderwertigen Rassen auf das eigene Volk übertragen. Sie schlug wie ein Bumerang zurück.

Solidarismus als Heilslehre und Dritter Weg

Ist Otto Strassers wissenschaftliche Arbeit geglückt? Er hat viel Stoff zusammengetragen, konnte ihn aber nicht meistern. Sein Faschismus-Buch enthält jedoch einen gewichtigen und originellen Beitrag zur näheren Bestimmung der totalitären Systeme, die freilich nicht genügend abgegrenzt werden. Einen totalen Staat hat auch der Kommunismus.

Nach Otto Strasser würde es heißen, die Geschichte der Hitlerbewegung neu zu schreiben, wenn man die Umwandlung des Nationalsozialismus in den Faschismus nachzeichnen wollte. Leider hat er das nicht getan. Er wollte den Faschismus klarer definieren, doch kam das Gegenteil dabei heraus:

> „Wer die Freiheit des einzelnen und seine Selbstverwaltungsschöpfungen im Namen des Staates einschnürt, ist ein Faschist. Wer die Macht des Staates preist und vergrößern will, ist ein Faschist. Wer die Parteien und Parlamente nur als ‚spanische Wände' ansieht, hinter denen die eigentlichen Entscheidungen anonymer Kräfte fallen, ist ein Faschist [...]."[8)]

Selbst die New Deal-Politik des amerikanischen Präsidenten Roosevelt wird als „faschistisch" verdächtigt. Nicht nur Freiheitsbeschränkungen, auch militärische Interventionen und der sozialdemokratische Wohlfahrtsstaat fallen unter den Verdacht.

Trotzdem ist das Faschismus-Buch ein wichtiger Beitrag zur Beleuchtung der europäischen Kulturkrise. Otto Strasser spürt seit langem, daß die europäische Krise nicht nur eine politische oder wirtschaftliche ist, vielmehr vor allem eine kulturelle, weshalb die Antwort auf ihre Herausforderung umfassend sein muß. Gleichwohl stellt er die Kulturreform hinter die Staats- und Gesellschaftsform. Allein im Solidarismus ist nach seinem Dafürhalten die Wiederherstellung des gestörten Gleichgewichts möglich. Er nennt ihn den Dritten Weg, der sich schon zu Beginn des industriellen Zeitalters geöffnet habe, und gibt ihm nun eine theologische Fassung: Alle Einrichtungen müßten in Übereinstimmung mit den göttlichen (und natürlichen) Gesetzen stehen, damit ihr Gesamtergebnis die soziale und individuelle Harmonie sei.

Die solidaristische Heilslehre ist Otto Strassers Vermächtnis. In einer Art Diagramm hat er sie auf allen Gebieten der kommunistischen und faschistischen Sozialdoktrin gegenübergestellt.

	Kommunismus	Faschismus	Solidarismus
Regierungsform	Diktatur	Diktatur	(Wahl-)Monarchie
Regierungsmacht	Einheits-Partei	Einheits-Partei	Parlament der Berufe und Stände
Rechtswesen	Geheimpolizei und Konzentrationslager	Geheimpolizei und Konzentrationslager	Rechtsstaat
Machtmittel	Propaganda und Terror	Propaganda und Terror	demokratische Gesetzmäßig-keit
Verwaltung	zentralistisch	zentralistisch	regionale Selbstverwaltung
Religion	atheistisch	atheistisch	religiös (christlich)
Wirtschaft	Staatssozialismus	Staatskapitalismus	genossenschaftlich
Kultur	Staatsdomäne	Staatsdomäne	frei entfaltend
Stellung der Frau	völlig gleich neben dem Mann	dem Mann untergeordnet	nicht gleich, aber gleichwertig

(„Der Faschismus", S. 75)

Ob sich ein Rechtsstaat ohne Gewaltenteilung behaupten könnte, erscheint sehr fraglich. Otto Strasser rechnet wie Saint-Simon und Charles Fourier die Stellung der Frau zu den Kriterien jedweder Gesellschaftsordnung. In seinen Solidarismus sind ohne Zweifel Elemente des Frühsozialismus eingegangen, ebenso wie Züge des frühen Nationalsozialismus, etwa von Edgar Jung. Die katholische Soziallehre verleibt er sich ganz bewußt ein. Das sozialistische und das katholische Erbe haben ihm ohne Zweifel geholfen, seinen früheren Antisemitismus zu überwinden.

VIII. Die „Vorschau" und Strassers letzte Jahre

Wiedervereinigungs-Revolution?

1967 schreibt Otto Strasser, die historische Aufgabe der Wiedervereinigung sei „die eigentliche Sinngebung und Rechtfertigung der Deutschen Revolution". Im Vollzug der Weidervereinigung könne sie doch noch zu jenem Glutofen werden, der eine neue Formenwelt schafft. Die seit einer Generation schwärende Frage der deutschen Revolution findet ihre Lösung in der „Verschmelzung beider Teile Deutschlands durch die neue revolutionäre und mitreißende Ordnung des Solidarismus". Weder die Vergottung der Klasse noch die der Rasse sei ein Ausweg aus dem Chaos der Gegenwart. Der Solidarismus liefere das geistige Fundament für ein Europa der Vaterländer. Die fundamentale Neuordnung Deutschlands und Europas könne jedoch nur durch einen revolutionären Akt vollzogen werden, durch die abendländische Revolution (von der schon seit 1930 die Rede war).

Im Jahre 1970 erwägt Otto Strasser, zu diesem Zweck in die Politik zurückzukehren und eine „Liga Deutscher Patrioten" zu gründen. Dieses Vorhaben kommt jedoch über tastende Gespräche nicht hinaus und wird bald aufgegeben. Vielleicht auch deshalb, weil im gleichen Jahr zwei Herzanfälle aufeinander folgen. Das sind Warnungen, auch Vorboten des nahenden Endes. Zwischen dem politischen Wollen und den körperlichen Möglichkeiten hat sich eine tiefe Kluft geöffnet, die nicht mehr überbrückt werde kann.

Den historischen Blick schärfen

Als einzige Publikation steht dem Gescheiterten und doch Unentwegten nur noch seine eigene „Vorschau" zur Verfügung, die seit 1957 erscheint. In dieser Wochenkorrespondenz für Weltpolitik und Zeitgeschehen will er jenen historischen Blick pflegen, der sich „über das Heute hinweg auf das Morgen und Übermorgen" richtet. Otto Strassers Ruf ist derart gesunken, daß nicht einmal mehr seine Leserbriefe — etwa an die Süddeutsche Zeitung oder an die Frankfurter Allgemeine — veröffentlicht werden. Daher ganz auf seine „Vorschau" angewiesen, schreibt er sie auch allein — und geht weiter mit seinem lädierten Namen hausieren. Die „Strasser-Vorschau" sollte ursprünglich die gesamte Presse des nationalen Lagers mit grundsätzlichen Beiträgen und kommentierten Informationen versorgen — ähnlich wie Stampfers Pressedienst sämtliche sozialdemokratischen Zeitungen. Gleich Stampfer ist Strasser imstnde, binnen einer Stunde einen druckreifen Artikel zu schreiben. Aber nun druckt niemand mehr etwas von ihm ab. Er schreibt nur noch für seine treuesten Anhänger, die trotz starker Bedenken keine Alternative zu ihm sehen.

Daß seine „Vorschau"-Artikel nicht nachgedruckt werden, liegt sicher auch an ihrer oft mangelnden Qualität. Sie sind zwar journalistisch gekonnt, aber literarisch und politisch meist nicht erwähnenswert. In vielen Ausgaben habe ich nichts Bedeutsames gefunden, in manchen Jahrgängen nur ein oder zwei

Arbeiten von bleibendem Wert. Die Artikel scheinen lustlos heruntergeschrieben zu werden. In dieser grauen Schreibmasse auf schlechtem Papier blitzt nur ab und zu ein Fünkchen auf. Meist kommentiert Otto Strasser in vielen Variationen seine Bücher und Broschüren, ohne irgendeinen neuen Gedanken. Damit sein Geist wieder einen Funken schlägt, bedarf es jedesmal eines äußeren Wirbels, der ihn innerlich mitnimmt und aus seinem Brüten herausreißt.

So die weltweite Studentenrevolte der 60er Jahre, die auch den Eiseren Vorhang überspringt und in Westberlin zu großen Turbulenzen führt. Strasser versucht, seine Auffassung der Deutschen Revolution anhand dieser Ereignisse neu zu beleben und in die Öffentlichkeit zu tragen. Vorübergehend löst sich seine geistige Verkrampfung, und der Stil seiner Artikel wird wieder flüssig. Die routinierte, in endlosen Wiederholungen erstarrte Schreibweise bekommt etwas Feuer.

Seines Erachtens ist eine innere Verfälschung der Studentenbewegung zu verzeichnen, da ihre führenden Vertreter die Idee der Nation verneinen oder gar lächerlich machen. Sie jagen dem Phantom der internationalen Revolution nach und versäumen dabei die deutsche. Immer wieder wird auch die Phantasie einer pazifistischen Weltordnung beschworen und damit der Anschluß an die reale Machtbewegung verpaßt. Otto Strasser nimmt insbesondere Rudi Dutschke aufs Korn, für den er jedoch eine gewisse Sympathie zu erkennen gibt. Gerade an Dutschkes Person meint er, eine doppelte Fehlentwicklung der Studentenbewegung aufzeigen zu müssen: die weltrevolutionär gesinnte und die pazifistische. Die links-rebellischen Studenten starren auf eine Fata Morgana. Sie verkennen nicht nur die realen Gegebenheiten, sondern auch das eigene Volk und seine seelische Not. Strasser ahnt den Ersatz-Nationalismus der Demonstrationen für den Vietcong.

Er hat sich das Fernsehinterview mit Rudi Dutschke angehört und ist erschüttert über dessen Satz, „daß unsere Revolution nur erfolgreich sein kann, wenn es gelingt, den revolutionären Prozeß zu internationalisieren". Nötig sei doch gerade die Nationalisierung der Revolution, ohne die weder Tito noch Mao Tse-tung an die Macht gekommen wären.

> „Der Sozialismus als Idee hat natürlich weltweiten Appell, der Sozialismus als Praxis ist gebunden an Zeit und Raum, seine Dogmen werden wesentlich bestimmt durch die Eigenart des Volkes, in dem er sich jeweils verwirklicht [...]. Nur wenn diese Erkenntnis siegt, siegt die Revolution.
> Die politische Unfruchtbarkeit der Linken, der es in Deutschland nie gelungen ist, zu einer gestaltenden (!) Revolution zu kommen, hängt entscheidend von ihrer Gegnerschaft gegen die Nation, gegen die Interessen des eigenen Volkes ab.
> Die geistige Sterilität der nationalen Bewegung und ihre daraus folgende Abhängigkeit vom Kapitalismus hängt entscheidend von ihrem Gegensatz zum Sozialismus ab — wobei aber ihr klares Verhältnis zur Macht und ihre Verbundenheit mit der Tradition ihr (zumindest in Deutschland) immer das Übergewicht über die Linke geben wird.
> Nation und Sozialismus gehören zusammen, lehrt der Solidarismus."[1])

Der praktische Sozialismus ist also unabhängig von seiner Idee, und solange er sich nicht mit dem eigenen Volk identifiziert, wird er immer unterliegen. Die nationale Bewegung muß ihrerseits scheitern, solange sie den Sozialismus verneint und sich ihm entgegenstellt. Diese in beiden Lagern geheimgehaltene Wahrheit will Strasser endlich ans Tageslicht bringen, um die „beiden entscheidenden Kraftströme des 20. Jahrhunderts" — nämlich Sozialismus und Nationalsimus — zusammenzuführen. Er weiß freilich, daß die einzige Zeit, welche wenigstens in Worten ihre Vereinigung versucht hat, „durch den Verrat und die Verbrechen Hitlers zu einer abstoßenden Farce geworden ist". Ihr soll die Zeit der Vereinigung in Taten folgen. Auch der Sozialismus ist auf Formenwandel angelegt, auf eine gestaltgebende Revolution, die nicht irrealen Theorien entspringen könne, vielmehr dem nationalen Geschichtskörper entsprechen müsse.

Vielleicht will Otto Strasser etwas Unmögliches. Denn das hieße, die Rechte und die Linke auf einen gemeinsamen Nenner zu bringen, was noch keinem Politiker gelang. Nur vorübergehend, in Notfällen, findet eine gewisse Annäherung statt. Hitler hat sich nach einer kurzen Zeit des Schwankens für die Rechte entschieden, spätestens 1927. Nach Armin Mohler wird die Grenzlinie zwischen einer linken und einer rechten Massenbewegung in der Regel mit Blut gezogen.

In diesem „Vorschau"-Artikel von 1968 distanziert sich Otto Strasser sowohl von der alten Rechten als auch von der Neuen Linken, wobei er in knapper und straffer Form sein Kredo zusammenfaßt. Er hält der Linken einige ihrer eigenen Leitbilder vor und der Rechten ihre Sozialismus-Ignoranz. Offenbar ist der Solidarismus als übergreifende Synthese von Sozialismus und Nationalismus gedacht — über Hitler hinaus und ihn gleichsam als Kadaver zurücklassend. Strasser stellt eine Spannung zwischen der universalen Idee und der jeweils nationalen Form des Sozialismus fest, die auch Mao Tse-tung 1938 ausgesprochen hat: ohne nationale Form sei er so wenig wert wie Kuhmist. Tito hat ähnlich gedacht.

Die militärische Intervention der Sowjetunion und anderer Staaten des Warschauer Pakts in der Tschechoslowakei vom August 1968 mit dem Zweck, die Blüten des Prager Frühlings zu brechen, schreckt Otto Strasser abermals auf. Für den Empfindsamen in der rauhen Schale ist der schnoddrig-harte Satz westlicher Bürger, Prag sei „gelaufen", eine selbstmörderische Rohheit. Er gedenkt der menschlichen Tragödie des tschechischen und des slowakischen Volkes.

> „Aber unser Mitgefühl ist gemischt mit Bewunderung für die Haltung der Tschechen und Slowaken, die — notabene unter kommunistischen Führern — eine nationale Geschlossenheit, eine kollektive Tapferkeit und eine politische Urteilskraft bewiesen, von der man nur hoffen kann, daß die Deutschen sie einst unter ähnlicher Prüfung auch beweisen werden."[2)]

Der Nationalkommunismus scheint ihm eine Abart des Nationalen Sozialismus oder eine Parallele zu sein.

Da der Westen die Tschechen und Slowaken im Stich gelassen habe, könne das Gerede von einer Weltdemokratie nur noch als „Opium fürs Volk" bezeichnet werden — als „bewußtes Benebelungsmanöver, damit die Völker die realen Machtinteressen nicht wahrnehmen, die allein das Tun der Großmächte bestimmen".

Strasser deutet die militärische Intervention in der Tschechoslowakei als Teiloperation im Moskauer Gesamtplan, das europäische Vorfeld zu säubern, um den Rücken im unvermeidlichen Krieg in Ostasien freizubekommen, „der über die Weltherrschaft des nächsten Jahrhunderts entscheidet". Über diesen vermeintlichen Moskauer Gesamtplan hat er schon ausführlich in „Deutschlands Erneuerung" geschrieben. Dort sagte er die Aufteilung der ganzen Welt unter die drei Weltmächte USA, UdSSR und Großbritannien voraus, denen Europa nur ein „Schacher-Objekt" sei. Die träumerische Hoffnung auf eine gerechte Weltordnung war für ihn schon damals „eine Utopie kriegsmüder Geister"[3] Denn nach dem Gesetz der Schwerkraft nimmt die Anziehungskraft eines Körpers mit wachsender Größe zu, so daß von einem Sättigungsgrad imperialer Gelüste keine Rede sein könne. Die Gegenargumente Toynbees kennt Strasser nicht. Den raschen Verfall des Commonwealth scheint er zu übersehen.

Anfang der 70er Jahre erlebt Otto Strasser noch das Entstehen der unabhängigen Wählergemeinschaften und das Keimen der ökologischen Bewegung. Und wieder wird er mitgerissen. Sensibel genug, um zu erkennen, daß es sich um etwas Zukunftsträchtiges und Neuartiges handelt, überlegt er, ob und wie die Bürgerinitiativen zum Träger der Deutschen Revolution gemacht werden könnten. Doch dieser Gedanke reift nicht mehr aus. Sonst hätte Otto Strasser in seinen Solidarismus auch die ökologische Idee eingebaut — vielleicht als dritte Kraftströmung des 20. Jahrhunderts.

Amerika-Tournee

Am 3. März 1971 fliegt er zu einer Vortragsreise nach den Vereinigten Staaten. Die Tournee ist von Dr. Lang organisiert, Professor für europäische Geschichte am Midland College in Froment (wo der erste Vortrag stattfindet). Otto Strasser wird am Flugplatz auch von Rundfunk- und Fernsehreportern sowie von seinem Bruder Paul (Pater Bernhard) erwartet. Insgesamt ist er von 17 amerikanischen Universitäten und Colleges eingeladen. In Amerika findet er jene Anerkennung, die ihm in Deutschland versagt bleibt. Außer Tausenden von Studenten kommen auch zahlreiche Dozenten und Professoren zu Strassers Vorträgen. Freilich ist der Angelpunkt des überraschend großen Interesses nicht die Vergangenheit, sondern die Gegenwart — wie die deutsche Jugend eingestellt sei und ob tatsächlich in der Bundesrepublik ein Hitler II vor der Tür stehe.

Ob Otto Strasser da nicht ein wenig übertreibt? Die demokratische Glaubwürdigkeit der Deutschen ist in Amerika noch umstritten. Strasser stellt sie in Frage, zumal er in den USA selbst eine wachsende Unruhe und Unzufriedenheit spürt, die sich insbesondere aus dem Vietnamkrieg nährt. In einem „Vorschau"-Bericht über seine Reise schreibt er: „Die Leute erleben es selbst, wozu der Mensch imstande und wie dünn die Kruste der Kultur und Zivilisation ist."

Otto Strasser spricht während seiner Vortragstour vor mehr als 10000 Menschen. Allein im Concordia-College von Moorhead (Minnesota) besetzen 900 Menschen jeden verfügbaren Platz, auch auf der Bühne und in den Gängen. Sein Bruder berichtet: „An den meisten Orten hatte Otto nicht nur einen großen Vortrag vor dem Großteil der Studenten und Professoren, sondern auch viele Besuche in einzelnen Geschichtsklassen, oft lange Privatgespräche mit Professoren und Studenten, und an verschiedenen Orten Interviews mit Radio- und Fernsehstationen."[4] Dazwischen liegen lange Autofahrten, da große Entfernungen zu bewältigen sind. Viele Veranstaltungen müssen verlängert und manche wiederholt werden. Otto Strasser lebt noch einmal auf. Diese Tournee ist sein größter Triumph. Die Zwischenpause in der Abtei seines Bruders tut ihm gut. Er spricht gern mit Theologen.

Die Vortragsreise zieht sich fast vier Wochen hin und ist recht strapaziös. Als Otto Strasser am 2. April 1971 in die Bundesrepublik zurückkehrt, verschreibt ihm sein Münchner Arzt sogleich einen Monat absoluter Ruhe. Für den Herbst wird ihm eine 3- bis 4-wöchige Badekur im Taunus verordnet.

Seine altmodisch und dürftig möblierte Münchner Wohnung in der Ainmillerstraße wirkt auf Otto Strasser nun doppelt niederdrückend. Er könnte sehr zufrieden über den Erfolg in den Vereinigten Staaten sein. An den Amerikanern hat er jedoch Eigenschaften wiederentdeckt, die er im eigenen Volk schmerzlich vermißt: Unabhängigkeitssinn, einfache Lebensart, unaufdringliche Natürlichkeit und gute Nachbarschaft. Der amerikanische Pioniergeist lebt noch immer. Etwas Vergleichbares gibt es in Deutschland nicht. Diese Erkenntnis stimmt Otto Strasser trübe.

Hinzu kommt die wachsende Sorge um den Lebensunterhalt. Als einzige Einnahmequelle sind die „Vorschau"-Abonnements verblieben. Doch die Zahl der Abonnenten sinkt, anscheinend unaufhaltsam. Die „Vorschau" wirft nur noch 250 DM im Monat ab. Davon kann auf die Dauer niemand leben.

In dieser Not helfen fünf Freunde aus der Schwarzen Front, die ihn mit monatlichen Beträgen unterstützen. Auch ein Förderkreis aus Homburg springt zwischendurch ein.

Otto Strasser wird von seiner früheren Frau endlich freigegeben. Am 27. Februar heiratet er Renate Müller. Damit endet sein junggesellenhaftes Einsiedlerdasein. Die junge Frau sorgt für etwas Gemütlichkeit. Doch die Zeit dieser zweiten Ehe ist sehr knapp bemessen. Renate Müller hat einen alten und kranken Mann geheiratet, Otto Strasser seine jugendliche Pflegerin.

Letzte Gespräche

Zu den Besuchern, die öfter kommen, gehört Karl Naske. Im August 1973 sprechen sie über verschiedene grundsätzliche Fragen, die Otto Strasser noch nicht zu Ende gedacht hat.

Naske schneidet die Atomwaffen an und meint, durch deren Entwickung sei die soldatische Tapferkeit außer Kurs gesetzt. „Sie wird nie mehr Kriege entscheiden!" Otto Strasser sieht ihn fast ängstlich an: „Das wäre schlecht, das wäre schlimm, insofern dann unsere Existenz und unser Leben nur von unserem politischen Talent und Geschick abhängen und verhandelt werden müßte, aber darin sind wir nicht begabt." Indes besinnt er sich und fügt nach einer Pause hinzu: „Da wir aber doch immer wieder alles verloren haben, müßte es wohl in Zukunft so sein, und vielleicht ist es sogar besser." Bis dahin hielt er die Atomwaffen für eine Fortsetzung der Artillerie. Endlich erkennt er, daß sie eine entscheidende Wandlung herbeigeführt haben. Bricht damit auch sein Glaube an die Ritterlichkeit zusammen? Naske macht ihm klar, daß der Einsatz für Volk und Vaterland seine frühere Möglichkeit eingebüßt und einen anderen Sinn bekommen hat.

Sie sprechen auch über den ständischen Aufbau, Otto Strassers beharrlichste Forderung. Es handelt sich um die Achillesferse seines politischen Denksystems, um jene Stelle, wo es am verwundbarsten ist. Naske mit seinem realistischen Sinn fragt unverblümt: „Glaubst Du denn wirklich, daß die Industriearbeiter hinter dieser Losung aus den Fabriken marschieren? Selbst die heutigen Gewerkschaften haben eine modernere, passendere Berufseinteilung als dieser veraltete Ständestaat, ganz davon abgesehen, daß diese Berufe im technischen Wandel sind." Wiederum ist Otto Strasser betroffen. Er zögert seine Antwort hinaus. Schließlich ringt er sich den Satz ab: „Wir müssen darüber grundsätzlich sprechen!"[5)]

Doch dazu kommt es nicht mehr. Das verhindern Krankheit und zunehmende Schwäche. Der ständische Aufbau des Deutschen Sozialismus bleibt unkorrigiert, als wäre er unumstößlich das letzte Wort Strassers. Dabei scheint er auch in dieser Hinsicht aufgebrochen zu sein. Schon in der Schwarzen Front gab es kritische Diskussionen über die vorgesehene Ständeordnung. „Das ist doch reines Mittelalter!" sagt Karl Naske noch 1987 zu mir.

Das Ende im Flur

Otto Strassers Herz wird immer schwächer. Schließlich ist er bettlägerig. Doch noch immer gibt er die „Vorschau" heraus und empfängt auch manchen alten Freund und Kampfgefährten. So am 20. August Dr. Doerner. Sie tauschen Erinnerungen über Saalschlachten der Schwarzen Front mit SA und SS aus. Sie werden sich auch darüber einig, daß Mut und kämpferische Haltung die wichtigsten Voraussetzuingen für eine Führerpersönlichkeit sind.[6)]

Eine Woche später, am 27. August 1974, hält vor dem Haus Nr. 46 in der Münchner Ainmillerstraße ein Krankentransportwagen. Frau Renate hat nach einem Herzanfall ihres Mannes das Rote Kreuz alarmiert. Trotz aller Sorgfalt und Aufopferung ist sie am Ende ihrer Möglichkeiten. Zwei Krankenpfleger kommen, betten Otto Strasser auf eine Liege um und tragen ihn die Treppe hinunter. Dann fährt der Rot-Kreuz-Wagen ab. Vor dem Krankenhaus angekommen, wird Otto Strasser zur Anmeldung gebracht. Doch es ist zur Zeit in keinem Zimmer ein Bett frei. Der neue Patient wird auf dem Flur abgestellt. Hier soll er warten. Es wird wohl nicht lange dauern.

Doch seine Lebenskerze ist heruntergebrannt. Der Todeskampf beginnt. Otto Strasser atmet keuchend. Halb im Delirium, stößt er hervor: „Ich habe für Deutschland immer das Beste gewollt, doch die SS, die SS — da ist sie wieder!"

Noch im letzten Augenblick des Lebens fühlt er sich verfolgt. Dann steht sein Herz auf einmal still. Hitlers Feind Nummer 1 ist tot. Das Ende im Flur besiegelt die Heimatlosigkeit Otto Strassers. Seit seiner Rückkehr im März 1955 war er ein Fremder im eigenen Land.

Vergleiche im zeitgeschichtlichen Kontext

Otto Strasser und Leo Trotzki

Armin Mohler hat in seinem Werk über die Konservative Revolution die Strasseristen als Trotzkisten des Nationalsozialismus bezeichnet. Auf Gregor und seine Anhänger trifft das kaum zu, jedoch auf Otto und die von ihm gegründete Kampfgemeinschaft. Sein Denken und Wirken enthält bestimmte Parallelen zu dem Leo Trotzkis, die auf eine geistige und politische Verwandtschaft schließen lassen, obwohl sie gegensätzliche politische Systeme erstrebten.

Beide fühlen sich in Übereinstimmung mit dem Gang der Geschichte und stellen historische Gesetzmäßigkeiten fest, auf die sie ihre Planungen gründen. Leo Trotzki entdeckt das Gesetz der ungleichmäßigen und kombinierten Entwicklung, demzufolge die proletarische Revolution nicht zuerst in den Industriestaaten ausbricht — wie Marx angenommen hatte —, sondern in zurückgebliebenen Ländern, weshalb nicht die ökonomische, sondern die politische Reife und Kampfbereitschaft des Proletariats der entscheidende Faktor ist. Otto Strasser entdeckt den Rhythmus der abendländischen Geschichte, die sich in 150-jährige Perioden gliedert, wobei sie jeweils einen totalen Formenwandel herbeiführt, auf dem einen Pol nach dem Prinzip des Ich, auf dem anderen nach dem Prinzip des Wir. Aber auch bei ihm ist der subjektive Faktor entscheidend. Beide sehen die Grundaufgabe in einer Verbindung von avantgardistischer Verschwörung und mehr oder minder spontaner Massenbewegung, um dem Gesetz der Geschichte den Weg zu bahnen.

Was Trotzki das Zeitalter des Kollektivismus nennt, bezeichnet Otto Strasser als neue Wir-Epoche. Die Erringung der Macht ist für beide nur der Auftakt zu einer allgemeinen Umwälzung, welche den Kollektivismus oder das Wir-Prinzip in allen Bereichen durchsetzt. Trotzki und Strasser sind Theoretiker der permanenten Revolution, die Jahrzehnte dauern kann, wobei sie mehrere Phasen oder Wellen durchläuft. Beide nehmen an einer dynamischen Bewegung teil, die sie voranzutreiben trachten. Doch der eine wie der andere verrechnet sich.

Es kommt zwar zur Revolution, aber ihr Ergebnis ist anders als erwartet, und sie gerät in die Hände von Usurpatoren — hier Hitler, dort Stalin. Trotzki wie Strasser sprechen daher vom „verratenen Sozialismus" und von einer „verratenen Revolution". Beide entwerfen Gegenprogramme — der eine 1927, der andere 1930 —, um die Entgleisung der Revolution zu korrigieren. Dabei scheitert der eine wie der andere. Gleichwohl führen sie den Kampf fort, überzeugt von ihrer Sendung und Unersetzbarkeit. Wo legale Mittel nicht mehr möglich sind, greifen sie zu illegalen. Beide organisieren innerhalb der jeweiligen Bewegung eine revolutionäre Opposition, Leo Trotzki im Namen des klassischen Marxismus, Otto Strasser im Namen des ursprünglichen Nationalsozialismus, wobei sie an die Alte Garde appellieren, dieser jedoch selbst nicht angehören.

Die Opposition wird hier wie dort unterdrückt, aber im Ausland fortgesetzt. Im Exil entfalten Trotzki und Otto Strasser noch einmal all ihre Fähigkeiten, um die totalitären Systeme anzuprangern und zu sprengen. Aber wieder bleibt ihnen der Erfolg versagt. Trotzki wird 1940 ermordet, Strasser entgeht nur knapp dem gleichen Schicksal. Doch sind sie bis zum Schluß der Überzeugung, die Repräsentanten der wahren Revolution in Rußland und Deutschland zu sein. Sie hinterlassen Autobiographien mit fast gleichlautenden Titeln und Erfahrungen, die von der nächsten Generation genutzt werden sollen.

Selbst das Privatleben der beiden Männer weist eine Affinität auf. Beide haben individualistische Eskapaden nötig, um von der Politik auszuspannen und zeitweilig aus dem Netz der eigenen kollektivistischen Theorie zu schlüpfen, die mehr für andere bestimmt zu sein scheint. Der eine macht einsame Jagdausflüge oder Segelpartien, der andere sucht sexuelle Abenteuer.

Trotzki hat allerdings die Zerstörung der Nationalstaaten für fast ebenso wichtig gehalten wie die Aufhebung des Privateigentums an den Produktionsmitteln, um einer weltweiten Planwirtschaft den Weg zu bereiten. Er sah in ihnen Scheidewände, die unbedingt niedergelegt werden müßten. Otto Strasser war hingegen ein entschlossener Nationalist und Autarkist. Diese verschiedenen Ausgangspunkte hätten eine Zusammenarbeit wahrscheinlich unmöglich gemacht, und doch spielten beide eine vergleichbare Rolle als das revolutionäre Gewissen ihrer Partei. Trotzki war freilich ein Titan und gewaltiger Redner, was man von Otto Strasser nicht sagen kann. Doch ist ihm eine ähnliche Ausdauer und Zähigkeit eigen gewesen. In seinen Augen mußte Trotzki im Konflikt mit Stalin unterliegen, weil er als Kosmopolit blind für die nationalen Realitäten war. Für Trotzki war der Nationalsozialismus blanke Reaktion zur Vernichtung der Arbeiterbewegung. Er konnte keinen einzigen revolutionären Faden in seinem Strickmuster erkennen.

Beide stehen im Konflikt zwischen politischer und sozialer Revolution. Die politische halten sie für die Vorstufe der sozialen, welche ihrerseits — auch durch Revolutionierung des Alltags — in einer kulturellen fortgeführt werden soll.

Trotzki weist den Gedanken zurück, das Proletariat bedürfe einer besonderen proletarischen Klassenkulur. Die Arbeiterschaft soll sich vielmehr mit den Errungenschaften der Weltkultur vertraut machen.

Für Strasser ist der kulturelle Wandel ein unablässiger Bestandteil der abendländischen Revolution. Er begreift ihn vor allem als seelischen Aufbruch aus zu eng gewordenen Gehäusen des Lebens. Doch der Aufbruch soll sich in neuen Formen festigen.

Für Trotzki hat der Begriff „jakobinisch" einen schlechten Klang, für Strasser einen guten. Für den einen bringt der Jakobinismus die Diktatur eines Einzelnen, für den anderen die Vollendung der Revolution: den Durchbruch zu neuen Lebensformen.

Otto Strasser und Rauschning

Auf das Verhältnis dieser beiden Männer sei ausführlicher eingegangen. In gewisser Hinsicht sind sie Prototypen gewesen.

Ich erwähnte, daß Otto Strasser Hermann Rauschning für eine repräsentative Persönlichkeit des deutschen Widerstands hielt und deshalb in den Obersten Rat der Frei-Deutschland-Bewegung einbeziehen wollte.

Als er damit keinen Erfolg hatte, ging er auf Distanz. Nicht so sehr, weil ihm der Umworbene die kalte Schulter zeigte, sondern weil er kein Revolutionär in seinem Sinne war.

Hermann Rauschning hat in den 50er Jahren versucht, durch politische Publizistik von der Schweiz aus auf die Bundesrepublik einzuwirken. Während seiner Deutschlandreisen saß er zuweilen in öffentlichen Versammlungen mit ehemaligen Schwarz-Front-Kämpfern an einem Tisch. Doch Otto Strasser kam nie hinzu. Dabei hätten die beiden Männer ihre Schwächen ausgleichen können: Hermann Rauschning durch seine grüblerische Bedächtigkeit Otto Strassers allzugroße Redseligkeit und dieser durch sein inneres Feuer die Schwere des Ostpreußen. Aber vielleicht gab es allzugroße Unterschiede des Temperaments.

Hermann Rauschning war in der Sorge um Deutschland zur NS-Bewegung gestoßen, da die Weimarer Republik weder die inneren noch äußeren Aufgaben hatte lösen können. 1933 als Kandidat der NSDAP zum Senatspräsidenten der Freien Stadt Danzig gewählt, sah er drei Jahre später seinen Irrtum ein und korrigierte sich durch den Versuch, insgeheim eine wirksame Opposition gegen das NS-System zu bilden. Als 1936 seine konspirative Tätigkeit aufgedeckt wurde, konnte er gerade noch rechtzeitig in die Schweiz fliehen, wo er ebenso wie Otto Strasser über Deutschlands Erneuerung nachsann.

Seine „Gespräche mit Hitler" machten ihn weltberühmt. Der Verdacht, er habe diese Gespräche erdichtet, um sich Geld zu beschaffen, ist bei Rauschnings bezeugter Wahrhaftigkeit unglaubwürdig, wenn nicht mit der Absicht ausgestreut, ihn aus dem öffentlichen Verkehr zu ziehen.

Wichtiger noch als diese Schrift war sein Buch „Die Revolution des Nihilismus" (1938). Golo Mann, der Rauschning persönlich gekannt und wie andere auf seine Lauterkeit hingewiesen hat, nannte es „das Grundbuch des deutschen Widerstandes". Sein Autor wollte die Welt vor Hitler warnen, „aber Deutschland Feinde machen, das wollte er nicht". Dies war auch die zwiespältige Lage Otto Strassers. Jede seiner Schriften konnte ebenso gegen das deutsche Volk zu Buche schlagen wie Hitlers Ansehen schaden. Ein Ausweg aus diesem Zwiespalt bot sich eigentlich nur auf der moralischen Ebene. War Hitler in dem, was er tat, wirklich ein Deutscher oder ein exponierter Vertreter des bösen Prinzips? Während für Otto Strasser fast alle Streitfragen mit Hitler politischen Charakter haben, sind sie für Hermann Rauschning moralischer Natur. Er stellt Hitlers absoluten Relativität eine absolute Moral entgegen. Damit gewinnt er einen festen Standort, auf dem er nicht zu taktieren braucht.

Rauschning nimmt den Nationalsozialismus anders als Strasser wahr. Er ist nach seiner Erfahrung nicht der Träger einer Deutschen Revolution, vielmehr die erfolgreichste Triebkraft einer internationalen nihilistischen Revolution innerhalb Deutschlands. Die Werte des Volkstums und der Nationalität enthalten konservative Ordnungselemente. Sie werden daher verstümmelt oder gar ausgemerzt. Das soziale Problem wird nur destruktiv angepackt. „Der Nationalsozialismus hat die nationalen Motive mißbraucht, um die sozialen in den Hintergrund zu drängen." Er ist für Rauschning weder eine nationale noch eine sozialistische und völkische Bewegung, eher das Gegenteil all dessen, muß er doch aus seiner Dynamik heraus alles Gewachsene in Frage stellen und zerstören. Der Nationalsozialismus enthält nichts Organisches, geschweige eine organische Weltanschauung, auf die man ein neues Deutsches Reich gründen könnte.

Die Begriffe Revolution und organisch beißen sich für Rauschning. Deshalb lehnt er den Begriff der Konservativen Revolution als widersinnig ab. Da hat sich nach seinem Dafürhalten ein fremdes Element in den Konservatismus gemischt und seine Natur verfälscht.

Nach Rauschning ist Hitler ein Revolutionär par excellence. Er hat die Masse bezaubern können, weil sie inmitten der Auflösung aller Werte nach einem Erlöser suchte und in ihm zu finden glaubte. Er ist die Messiasgestalt im Vakuum einer ruhelosen Bewegung, die alle Schranken niederreißt.

Otto Strasser spricht von einer Faschisierung der NSDAP durch Hitler. Hermann Rauschning stellt Faschismus und Nationalsozialismus nebeneinander (sowie in eine Reihe mit dem Kommunismus). Beide haben zwar ihre nationalen Züge, sind jedoch vor allem Bestandteile derselben nihilistischen Revolution. Damit ist ein neuer, ordnender und subsumierender Begriff eingeführt, der das Geschichtsfeld überschaubarer macht und den Betrachter von Verhaftungen lösen kann.

Hermann Rauschning führt Faschismus und Nationalsozialismus nicht auf das italienische oder deutsche Wesen zurück. Er arbeitet vielmehr das ihnen selbst eigene Strukturelle heraus. Mussolini wollte mittels des korporativen Staates den Weg aus der Masse zum Organismus gehen. Demgebenüber splittert der Nationalsozialismus Hitlers die Masse auf, um ihre Atome in passiven Kollektiven zusammenzuschweißen, die für suggestive Parolen empfänglich sind. Durch solche Kollektive wird die Masse mechanisiert, aber der Massencharakter erst recht dominant; selbst in Italien, wo sie ins Volksganze eingeschmolzen werden sollte. Deshalb führen beide Systeme zum gleichen Ergebnis. Durch ihre Vereinigung in einem umfassenden Totalkollektiv wird die Masse zu einer neuen Form der Herrschaft befähigt. Sie kehrt in die politische Arena zurück, aus der sie durch die Parlamente und die demokratischen Parteien verdrängt worden war. Otto Strasser glaubt hingegen eher an die Heraufkunft einer neuen Elite.

Der Nationalsozialismus wird nach Rauschning die Wiedergeburt der deutschen Nation niemals vollbringen. Denn er hat die Diktatur des Pöbels aufgerichtet und verkörpert sie selbst. Nicht, weil er das Unterste nach oben gekehrt hätte, wie das bei früheren Revolutionen der Fall war. Sondern seine eigene Führerschaft ist der herrschende Pöbel, gestützt auf die Unterschicht der Masse, welche er in zahlreichen Gliederungen der NSDAP organisiert.

Die nationalsozialistische Revolution muß nach Rauschning als eine nihilistische Revolution betrachtet werden, weil ihr alles Mittel zu dem Zweck ist, ihre Macht zu festigen und zu erweitern. Das sagt Otto Strasser nur von Hitler selber. Für Rauschning hat die Abstoßung ursprünglicher Ideale die nationale Revolution zur Kulisse einer skrupellosen Bewegung gemacht, der buchstäblich nichts heilig ist. In dieser Bewegung vermutet er eine letzte krisenhafte Übersteigerung des Aufstands der Massen. Obwohl der Nationalsozialismus „sicherlich doktrinären Ursprungs" war — etwa in seinem Antisemitismus —, ist er Bewegung schlechthin und eine Revolution mit wechselndem Nenner, „jederzeit bereit, ihn zu vertauschen". Im Begriff der Volksgemeinschaft (an dem Otto Strasser festhält) vergottet er die Masse. Durchaus fähig, das eigene Volk für seine weltrevolutionären Machtgelüste aufzuopfern, drückt er die Nation zur amorphen Masse hinab, weil sie sich sonst seinen Plänen widersetzen könnte.

Obwohl Rauschning zunächst die Unterschiede zwischen Faschismus und Nationalsozialismus betont, ordnet er wie Otto Strasser beide in einen größeren Zusammenhang ein, der auch Rußland einbegreift. Die kommunistische, die faschistische und die nationalsozialistische Revolution sind für ihn drei Kettenglieder eines Zersetzungsprozesses der europäischen Kultur, insbesondere der bürgerlichen Denk- und Wertnormen. Durch ihren Verfall starben in der Weimarer Republik und in anderen Staaten die bestehenden Organisationen „von innen her ab". In Deutschland waren nicht der Versailler Vertrag und die millionenfache Arbeitslosigkeit für Hitlers Aufstieg entscheidend. Den Ausschlag gab vielmehr die geistige Krise, in welche die Entkräftung der Denk- und Wertnormen alle Bevölkerungsschichten stürzte.

Wo es keine Werte mehr gibt, liegen Prinzipienlosigkeit und Zynismus nahe. An die Stelle der traditionellen Revolution tritt eine moderne, welche hauptsächlich auf Zerstörung sinnt. Die nihilistische Revolution ist eine dynamische, ohne Begrenzung und ohne festgeschriebene Ziele, bei denen sie haltmachen würde. Sie bringt den neuen Typus des dynamischen Revolutionärs hervor, der keinem Land und keinem Volk verpflichtet ist, nur der Revolution in Permanenz.

Was sind die Merkmale der nihilistischen Revolution, die wie eine Flutwelle über Europa strömt? Rauschning nennt ihrer elf:

1. Die geschichtstragenden Gesellschaftsschichten werden mit den Resten ihrer alten Ordnung vernichtet, schon bestehende Ansätze für einen neuen Gesellschaftsbau rückentwickelt. (Beispielsweise gab es in Rußland ein weitgespanntes Netz selbstverwalteter Konsumgenossenschaften.)
2. Die normale Revolution ist eine „Entgliederung" der bestehenden Ordnung zugunsten einer anderen, die nihilistische eine Atomisierung der Nation zugunsten von Massenorganisationen. Sie vollendet den Aufstand der Massen, welche jedoch in willfähige Kollektive hineingepreßt werden. Die nihilistische Revolution will keine festumrissene neue Ordnung. Sie schafft vielmehr einen fließenden Zustand der Recht- und Gesetzlosigkeit. Ihr Imperativ ist die totale Mobilisierung, nicht nur für Zwecke der Wehrfähigkeit, sondern für beliebige Ziele des Systems.
3. Eine normale Revolution wird von benachteiligten Gesellschaftsgruppen ausgelöst, welche ihren Anteil an der Machtübernahme erkämpfen wol-

len. Die nihilistische Revolution kämpft um Macht an sich, um grenzenlose Macht, die zu ihrem Wesensausdruck wird. Zu diesem Zweck ist sie ideologisch äußerst flexibel. Jedes ihrer Programme bezeichnet nur eine Etappe im Kampf um die totale Macht. Ihre soziologische Basis ist ein unter das Arbeiterniveau hinabgedrücktes Kleinbürgertum. Die Desperation dieser deklassierten Elemente, ihre Verwilderung und Brutalisierung wird durch Begeisterung zugedeckt.

4. Die nihilistische Revolution ist nachkapitalistisch und planwirtschaftlich. Diese Entwicklung begann in Deutschland schon unter der Kanzlerschaft Papens, durch den der demokratische Staat in einen autoritären umgewandelt wurde. Wegen ihres nachkapitalistischen Charakters erweckt sie den Anschein einer sozialistischen Revolution, obwohl die soziale Frage ungelöst bleibt. (Das gilt auch für die Sowjetnion.)
5. Die normale Revolution läßt eigenständige Lebensformen zu und wälzt nur den Oberbau um. Die nihilistische geht gegen alles vor, was sich nicht von ihr okkupieren und ausnutzen läßt. Sie ist gegen jede Eigenständigkeit menschlicher Betätigungsarten und Lebensordnungen.
6. Die nihilistische Revolution stützt sich einerseits auf revolutionäre Kader, welche an den Vorrechten der Herrschaft teilhaben, andererseits auf die in Kollektiven zusammengeballte Masse, welche durch suggestiv eingehämmerte Parolen aktionsfähig wird. Aus diesem Zusammenspiel entsteht die cäsaristische Massendemokratie.
7. Da die Masse ein gefährlicher und leicht explosiver Brennstoff ist, bringt die nihilistische Revolution jeweils einen vielschichtigen Riesenapparat hervor: aus dem Behauptungswillen der Führer und revolutionären Kader gegenüber ihren eigenen Kampfgruppen und ungebändigten Revolutionären. In die cäsaristischen Massendemokratien werden also Sicherungen eingebaut (in Gestalt der SS oder besonderer Verfügungstruppen des Innenministeriums). Gleichzeitig wird die Bildung eigenständiger Kollektive mit potenter politischer Wirksamkeit unterbunden oder rückgängig gemacht (etwa durch die Verstaatlichung der Gewerkschaften).
8. Die freien Arbeitsverhältnisse werden in eine allgemeine und gleiche Dienstpflicht umgewandelt. Die Arbeit wird unter den Druck blinden Gehorsams gestellt und zum Zwang, während sie als feiwillige Hingabe und soziale Pflicht ausscheidet. Sie steht einer absoluten Herrschaft gegenüber (in deren Augen jeder Streik ein Staatsverbrechen ist).
9. Die Gewalt wird als entscheidende Triebkraft der Geschichte angesehen, innen- wie außenpolitisch. „Krieg ist die außenpoliische Form der dynamischen Revolution." Aber auch der Krieg ändert unter dem Anhauch des Nihilismus seinen Charakter. Er wird ebenfalls total. Der Nationalsozialismus ist geradezu die Ordnung der Nation auf den kommenden totalen Krieg hin.
10. Die nihilistische und dynamische Revolution kann vor der Besitzschranke nicht haltmachen. Früher oder später ist auch im nationalsozialistischen Deutschland die Konzentration der Produktionsmittel und des Kapitals in der Hand des Staates unabwendbar, wenn das System nicht rechtzeitig gestürzt oder in einem Krieg vernichtet wird. Nicht nur Goebbels,

auch Hitler hält die revolutionäre Innenlösung der Enteignung des Besitzes bereit (d.h. die zweite oder soziale Revolution).

11. Der nihilistische Kunstgriff besteht in einer „Aufpfropfung der revolutionären Gewalt auf die verfassungsmäßige Legalität“. Formal bleibt in Deutschland die Weimarer Verfassung bestehen, de facto ist sie aufgehoben. (Ebenso hat sich in Rußland die revolutionäre Gewalt der Kommunistischen Partei den ab Oktober 1917 legalen Sowjets aufgepropft.)

Ich runde etwas ab. In Rauschnings synoptischer Sich sind Masse und revolutionäre Kader die beiden unentbehrlichen Triebkräfte der nihilistischen Revolution. Damit aus ihrem Zusammenspiel eine cäsaristische Massendemokratie entstehen kann, muß ein charismatischer Führer da sein, an den sich messianische Erwartungen heften. (Er ist gleichsam das Scharnier zwischen Kadern und Massen.)

Die nihilistische Revolution vollendet den Aufstand der Massen durch eine ihm scheinbar entgegengesetzte Bewegung, weil sie das Führerprinzip verkündet oder ohne Verkündung praktiziert, wobei ihr das innere Absterben der republikanischen Parteien und Organisationen zugutekommt. Die kulturelle Krise äußert sich als Erschöpfungszustand, welcher die politische Handlungsfähigkeit der liberal-demokratischen Kräfte auf ein Minimum reduziert.

Obwohl beide von konservativem Geist beseelt waren, erwies sich eine Zusammenarbeit zwischen Hermann Rauschning und Otto Strasser als nicht praktikabel. Dabei gab es durchaus gewisse Gemeinsamkeiten in der gewünschten Staatsform und im europäischen Föderalismus.

Laut Golo Mann gehörten Rauschnings Hoffnungen und Ziele in den Bannkreis des 20. Juli, nur daß sie großzügiger und ehrgeiziger waren, als sie 1944 sein konnten. Otto Strasser hat sich zum Offiziersaufstand des 20. Juli unter dem Gesichtspunkt geäußert: Du sollst Gott mehr gehorchen als dem Menschen (Hitler). Doch die politischen Voraussetzungen eines erfolgreichen Aufstands seien nicht gegeben.

In einer Hinsicht haben Rauschning und Strasser freilich ungewollt zusammengewirkt, nämlich in der Beeinflussung des Hitlerbildes der Westmächte noch vor Ausbruch des Zweiten Weltkriegs. Zum einen stellten sie Hitler als ein Medium dar, als Medium entweder der deutschen Volksseele oder dunkler Mächte. Zum anderen wollten sie wissen, im Verborgenen — auch durch Rosenberg und Himmler — verkünde er eine Geheimlehre, die hinter der offiziellen nationalsozialistischen Weltanschauung stehe und nur einem verhältnismäßig kleinen Kreis von Eingeweihten zugänglich sei. Damit wurde Hitler in die okkulte Sphäre versetzt und mit einem Ring von Geheimnissen umgeben. Die Hinmordung der Juden und Zigeuner erscheint gewissen Nachbetern als Opferdienst für unheimliche Götter, um deren Gunst zu gewinnen.

Es ist schwer abzuschätzen, inwieweit das von Rauschning und Strasser gezeichnete Hitlerbild die Westmächte in ihrer Nachkriegspolitik beeinflußt hat. In der Literatur seit den 70er Jahren fällt eine zunehmende Zahl von Büchern auf, die sich speziell mit dem vermeintlichen Medium Hitler und seiner angeblichen Geheimlehre befassen. Ihre Autoren sind zumeist Engländer, Franzosen und Amerikaner. Ein Sonderfall war die Broschüre des anthroposophischen Historikers Johannes Tautz, der beide Behauptungen wiederholte und miteinander verschmolz. Ihm zufolge hat sich in der ichlosen Hülle Adolf Hitlers, der zugleich das Sprachwerkzeug Karl Haushofers gewesen sein soll, ein großer Dämon inkorporiert, dessen Einflüsterungen die besagte Geheimlehre waren. Auf diese Weise konnten die Christus-Widersacher Luzifer und Ahriman brachial wie okkult in das Weltgeschehen eingreifen.

Rauschning verzichtete, nachdem man ihn in der Bundesrepublik abgewiesen hatte, auf politische Wirksamkeit in einer Partei und kehrte auf seine Farm in die USA zurück. Seine Theorie der nihilistischen Revolution hat sich im großen und ganzen als richtig erwiesen. Diese Revolution ist nach dem Zweiten Weltkrieg weitergegangen, vorangetrieben von ihrem linken Flügel, nachdem der rechte eine Niederlage erlitten hatte.

Totalitären Systemen wohnt der vehemente Drang zur Standardisierung inne, was Arnold Toynbee als typisch für niederbrechende Kulturen bezeichnet hat. „Wie Differenzierung das Merkmal des Wachstums ist, so Standardisierung des Merkmal des Verfalls." Unter diesem Gesichtspunkt halte ich die nihilistische Revolution für ein Übergangsstadium zwischen einer abgelebten und einer Neuen Kultur. Die Renaissancekultur ist zu einer technokratischen Zivilisation entartet, auf die eine ökologische Kultur folgen könnte. Als Rauschning sein Buch über die nihilistische Revolution verfaßte, war von ökologischen Ideen und neuen Werten noch keine Spur zu erblicken. Aber inzwischen sind sie nicht nur da, sie schlagen auch Wurzeln, und zwar in allen Gesellschaftsbereichen. Eine rein politische Antwort auf die nihilistische Revolution kann sie bestenfalls abdämmen. Zu ihrer Überwindung muß im kulturellen Wurzelgrund des menschlichen Lebens angesetzt werden.

Aber geht nicht auch das weiter, was Strasser die abendländische Revolution genannt hat? Er und Rauschning haben nach dem verborgenen Sinn der großen Katastrophen gesucht. Jeder fand seine eigene Antwort, doch liegen diese Antworten nicht so sehr auseinander. Von ihrer Denkart betrachtet, gehörten diese Männer zur Rechten. Aber sie waren fähig, ihren Standpunkt zu transzendieren. Beide haben die politische Krise als Totalkrise erfahren. Vielleicht muß man sie zusammendenken, um ein vollständigeres Bild zu gewinnen, als es jeder von ihnen für sich allein hinterließ. So hat Otto Strasser als zwölftes Merkmal der nihilistischen Systeme ihre Verbindung von Propaganda und Terror aufgezeigt. Das ist nun allgemein erkannt.

Gleichzeitig war Otto Strasser ein Vorläufer der Neuen Rechten, die in den 60er und 70er Jahren entstand. Zweifellos gehörte er zu den Theoretikern der Konservativen Revolution, deren aktivistische Seite sich in ihm ausgelebt hat. Hermann Rauschning war revolutionsmüde und hat doch geistig an dem Umsturzversuch des 20. Juli 1944 mitgewirkt. Er sensibilisierte den Konservatismus, den Strasser politisierte. Beide vermitteln uns Einsichten, die es ermöglichen und nahelegen, sowohl allgemeine Lehren als auch persönliche Konsequenzen aus den furchtbaren Geschehnissen der Vergangenheit zu ziehen.

Zusammenfassung

Es gehört zu den einmaligen Besonderheiten Otto Strassers, sowohl gegen die Bayrische Räterepublik als auch gegen den Kapp-Putsch von 1920 gekämpft zu haben. Er war ein Rechter von links und ein Linker von rechts. Wollten sich diese entgegengesetzten Pole in seiner Person versuchsweise ausbalancieren?

Otto Strasser war ein Konservativer, aber auch ein Revolutionär. Die bis dahin abstrakte Formel der Konservativen Revolution füllte sich erst durch ihn mit Leben und Spannung.

Er war Nationalist, aber auch Sozialist. So lag es nahe, daß er früher oder später auf den Nationalsozialismus stoßen würde. Allerdings verstand er darunter von Anbeginn etwas anderes als Adolf Hitler, nämlich die Nationwerdung des deutschen Volkes auf sozialem Grunde.

Otto Strasser gehörte im Laufe seines politischen Lebens drei verschiedenen Bewegungen an: der jungkonservativen, in die er durch Moeller van den Bruck eingeführt worden ist; der sozialistischen über die zeitweilige Mitgliedschaft in der SPD; und der nationalsozialistischen, in die er erst durch seinen Bruder Gregor kam.

Aber keiner dieser drei Bewegungen verschrieb er sich ganz. Bei den Jungkonservativen mißfielen ihm die Herrenklubmanieren, bei den Sozialdemokraten ihre politische Unentschlossenheit und vermeintliche Vaterlandsblindheit, bei den Nationalsozialisten eine seltsame Verschwommenheit des sozialistischen Wollens und der byzantinische Führerkult, schließlich auch der Antisemitismus.

So wurde Otto Strasser in allen drei Bewegungen zum Außenseiter. Er saß zwischen drei Stühlen und konnte nirgends eine politische Heimat finden. Daraus ist in seinen Charakter ein unsteter Zug eingeflossen. Dem Versuch, sich nach allen Enttäuschungen selbst eine politische Heimat zu schaffen — durch die Kampfgemeinschaft, durch die Schwarze Front und nach dem Zweiten Weltkrieg schließlich durch die Deutsch-Soziale Union — war jeweils nur für einige Jahre ein gewisser Erfolg beschieden. Deshalb ist es im Grunde kein Verrat gewesen, als er die Deutsch-Soziale Union verließ und wieder auf die Suche ging. Der Tod fand ihn bezeichnenderweise auf einem Krankenhausflur. Auch als Deutscher hatte er seine Heimat verloren. Luftwurzeln reichten nicht aus, sie wiederzugewinnen.

Doch trotz seiner Randposition war sein Schicksal für viele Menschen repräsentativ. Für jene, die sich zwar politisch betätigen wollten, aber in keiner Partei ganz zu Hause fühlten. Außerdem spiegelten sich in seinem Tun und Denken alle Illusionen, die Hunderttausende und schließlich Millionen Deutsche der NSDAP zuströmen ließen. Doch Otto Strasser sprang schon 1930 ab, als ihm endgültig klar war, welchen Kurs Hitler steuerte. Nun setzte er Freiheit und Leben aufs Spiel, um den Krieg und die voraussehbare Aufteilung Deutschlands abzuwenden. Mit der Schwarzen Front hat er eine der stärksten und aktivsten Widerstandsorganisationen aufgebaut. Wenn er scheiterte, so sicher auch deshalb, weil seine autoritäre Konzeption der Erneuerung Deutschlands keine echte Alternative zum NS-Staat enthielt und gegen die Zeitströmung schwamm.

Die Schwarze Front war in ihrem Kern weitgehend identisch mit der Kampfgemeinschaft Revolutionärer Nationalsozialisten. Otto Strasser hat im Nationalsozialismus zeitweilig die Trägerbewegung der deutschen und abendländischen Revolution zur Erneuerung überlebter Lebensformen gesehen. Seine Theorie der dreieinigen Bipolartität ist unter allen Revolutionstheorien die außenseiterischste.

Seit den 70er Jahren gibt es eine gewisse Strasser-Nachfolge. Zuerst haben sich Nationalrevolutionäre mit seinem Programm befaßt. Ihnen sind andere Gruppen gefolgt. In Frankreich, England und den Niederlanden bestehen Zirkel, die Otto Strassers Theorie der dreieinigen Bipolarität aufgreifen und weiterdenken wollen.

Das sind jedoch Randerscheinungen im Vergleich zur Auseinandersetzung Otto Strassers mit Hitler, die neue Aktualität gewinnt. Sie sind nebensächlich im Verhältnis zu dem, was er unter Deutscher Revolution verstanden wissen wollte und in drei Phasen unterteilte: eine der Vorbereitung, eine der Zerstörung und eine des Aufbaus. In der Deutschen Revolution entscheidet sich seines Erachtens das Schicksal ganz Europas.

Marx hat von der deutschen Revolution, über die er als erster sprach, sogar die allgemeine Emanzipation des Menschengeschlechts erwartet.

Quellenverzeichnis

I. Jugend- und Reifezeit

1) Dr. Otto Strasser: Exil, München 1958, S. 7.
2) Ebenda, S. 9.
3) Ebenda, S. 10.
4) Udo Kissenkoetter: Gregor Strasser und die NSDAP, Stuttgart 1978, S. 13.
5) Lt. Interview Otto Strassers für die Schweizer Zeitschrift „Neutralität", Nr. 13, Juni 1966.
6) Otto Strasser, Exil, S. 19.
7) Ebenda, S. 18.
8) Ebenda, S. 17.
9) Ebenda, S. 20.
10) Ebenda, S. 21.
11) Ebenda.
12) Otto Strasser: Hitler und ich, Konstanz 1948, S. 29.
13) Ebenda.
14) Otto Strasser, Exil, S. 27.
15) Friedrich Hielscher: 50 Jahre unter Deutschen, Hamburg 1954, S. 30f.
16) Otto Strasser, Exil, S. 27.
17) Otto Strasser: Mein Kampf, Frankfurt/M. 1969, S. 10.
18) Ebenda, S. 12.
19) Ebenda, S. 13.
20) Otto Strasser, Hitler und ich, S. 32.
21) Otto Strasser, Mein Kampf, S. 19.
22) Ebenda, S. 28.
23) Otto Strasser, Hitler und ich, S. 20.
24) Otto Strasser, Mein Kampf, S. 19.
25) Moeller van den Bruck: Das Dritte Reich, Hamburg 1931, S. VII.
26) Ebenda, S. 51.
27) Ebenda, S. 72.
28) Ebenda, S. 75.
29) Ebenda, S. 245.

II. Der Konflikt mit Hitler und die Aufspaltung der Fronde

1) Otto Strasser, Exil, S. 38.
2) Otto Strasser, Hitler und ich, S. 106.
3) Kissenkoetter, Gregor Strasser und die NSDAP, S. 22.
4) Josef Goebbels: Tagebuch 1925/26.
5) Otto Strasser, Mein Kampf, S. 27.

6) Ebenda, S. 213 (Anhang).
7) Ebenda, S. 27. Fest meint, das Wort sei zwar gefallen, aber in einem anderen Kreis.
8) Ebenda, S. 29.
9) „NS-Briefe", 1.9.1926.
10) Otto Strasser, Mein Kampf, S. 38.
11) Otto Strasser, Exil, S. 50.
12) Alfred Rosenberg: Nationaler Sozialismus, Völkischer Beobachter, 1.2.1927.
13) Gregor Strasser am 7.8.1930 an Kreisleiter Erckmann.
14) „Der Grundstein", Wochenblatt des Deutschen Baugewerksbundes, 18.11.1931.
15) Herbert Blank: Weichensteller Mensch, Berlin 1928, S. 7.
16) Otto Strasser, Mein Kampf, S. 43f.
17) Otto Strasser, Hitler und ich, S. 93f.
18) Ebenda, S. 91.
19) Ebenda, S. 104.
20) Ebenda, S. „NS-Briefe", 1.11.1929.
21) Otto Strasser, Hitler und ich, S. 129—40.
22) Ebenda, S. 141—47.

Kampfgemeinschaft und Revolutionstheorie

1) Offizieller Brief Hitlers an Goebbels vom 30.6.1930.
2) Otto Strasser, Hitler und ich, S. 149.
3) Ebenda, S. 126.
4) „NS-Briefe", 1.7.1930.
5) Kissenkotter, Gregor Strasser und die NSDAP, S. 198 (Anhang).
6) „NS-Briefe", 1.7.1930.
7) Ebenda.
8) Wir suchen Deutschland, Leipzig 1931, S. 10.
9) Herbert Blank: Der Rhythmus in der Geschichte (= Schriften für Deutschlands Erneuerung, Heft 4), S. 3.
10) Ebenda, S. 4.
11) Otto Strasser: Hitler II ante portas, München o.J., S. 16.
12) Wir suchen Deutschland, S. 34.
13) Ebenda, S. 32.
14) Herbert Blank, Soldaten, Oldenburg 1932, S. 14.
15) Ebenda, S. 201.
16) Herbert Blank (unter dem Pseudonym Weigand von Miltenberg): Schleicher, Hitler? — Cromwell!, Leipzig 1932, S. 78.
17) Ebenda, S. 51.
18) Ebenda, S. 83.
19) Reinhard Kühnl: Die nationalsozialistische Linke 1925—30, S. 151.

20) Patrick Moreau: Nationalsozialismus von links, S. 46.
21) Otto Strasser: Ministersessel oder Revolution?, Berlin 1930, S. 41.
22) Herbert Blank: Adolf Hitler Wilhelm III, Berlin 1931, S. 15.
23) Ebenda.
24) Otto Strasser, Hitler und ich, S. 152.
25) Otto-Ernst Schüddekopf: Nationalbolschewismus in Deutschland 1918—33, S. 233.
26) Abgedruckt in: Moreau, Nationalsozialismus von links.
27) Otto Strasser in der „Berliner Arbeiterzeitung", 2.11.1930.
28) Vgl. Moreau, Nationalsozialismus von links, S. 247—48.
29) „NS-Briefe".
30) Stefan Zweig: Die Welt von gestern, Frankfurt/M. 1978, S. 207.
31) Otto Strasser in „NS-Briefe", 15.4.1931.
32) Vgl. das Vorwort zu Blanks Cromwell-Buch.
33) „NS-Briefe", 5.11.1930.
34) Wir suchen Deutschland, S. 37.
35) Ebenda, S. 75.
36) Otto Strasser: Aufbau des Deutschen Sozialismus, S. 34.
37) „NS-Briefe", 15.11.1930 (Ankündigung).
38) Herbert Blank, Adolf Hitler Wilhelm III, S. 27.
39) „NS-Briefe", 15.11.1930.
40) Ebenda.
41) Brief des Obersten SA-Führers Ost, Stennes, an Röhm, 28.2.1931.
42) Otto Strasser, Hitler und ich, S. 166.
43) „Schwarze Front", 4.9.1932.
44) Wir suchen Deutschland, S. 17.

IV. Schwarze Front, Flucht und Exil

1) „Deutsche Revolution", 30.8.1931.
2) Bundesarchiv Sammlung Schumacher, Blatt 278.
3) Illegale Nr. 31 der „Deutschen Revolution", 3.8.1931.
4) „Kommunistische Internationale", 1.9.1930.
5) Ernst Nolte: Der europäische Bürgerkrieg 1917—1945, Berlin 1987, S. 207.
6) „NS-Briefe", 15.3.1931.
7) Ebenda.
8) Otto Strasser: Internationaler Marxismus oder nationaler Sozialismus?, S. 4, 6.
9) Ebenda, S. 11.
10) „NS-Briefe", 15.4.1931 (Artikel über Kunst und Marxismus).
11) „NS-Briefe", 1.8.1930.
12) „Deutsche Revolution", 28.2.1931.

13) „NS-Briefe“, 1.8.1930.
14) Das Werwolf-Flugblatt ist doppelt schwarz umrandet und bekennt sich zum nationalen Befreiungskrieg.
15) Ernst Niekisch: Widerstand, Krefeld 1982, S. 39.
16) Schüddekopf, Nationalbolschewismus, S. 383.
17) „Die Tat“, Oktober 1929, S. 577.
18) Richard Schapke: Die Schwarze Front, Leipzig 1932, S. 86.
19) „NS-Briefe“, 1.9.1930.
20) Schapke, Die Schwarze Front, S. 76.
21) Vgl. Vorwort zu Schapke, Die Schwarze Front, S. 7.
22) Brief Karl E. Naskes an den Verfasser, 23.7.1980.
23) Moreau, Nationalsozialismus von links, S. 150.
24) Nolte, Der europäische Bürgerkrieg, S. 207.
25) Kissenkoetter, Gregor Strasser und die NSDAP, S. 163.
26) Ebenda, S. 203.
27) Otto Strasser, Exil, S. 81.
28) Zit. n. Kissenkoetter, S. 186.
29) Otto Strasser, Exil, S. 69.
30) Ebenda, S. 73.
31) Otto Strasser, Exil, S. 77.
32) Otto Strasser, Mein Kampf, S. 135.
33) „NS-Briefe“, 15.3.1931.
34) Otto Strasser: Die deutsche Bartholomäusnacht, Zürich 1935, S. 15.
35) Ebenda, S. 202.
36) Otto Strasser: Der 30. Juni. Vorgeschichte — Verlauf — Folgen, Zürich 1934, S. 2.
37) Otto Strasser, Mein Kampf, S. 118.
38) „Deutsche Revolution“, 30.8.1936.
39) „Deutsche Revolution“, 8.11.1936.
40) Otto Strasser: Wohin treibt Hitler?, Zürich 1935, S. 80.
41) „Deutsche Revolution“, 15.11.1936.
42) „wir selbst“, Nr. 1/1987, S. 10.
43) Otto Strasser, Exil, S. 103.
44) Ebenda, S. 98.
45) Ebenda, S. 101.
46) Ebenda, S. 102.
47) Ebenda, S. 116.
48) Ebenda, S. 119.
49) Ebenda, S. 147.
50) Ebenda, S. 152.
51) Ebenda, S. 155.

52) Ebenda, S. 156.
53) Otto Strasser: Hitlers Sturz durch die Frei-Deutschland-Bewegung, S. 11.
54) Otto Strasser, Exil, S. 161f.
55) Ebenda, S. 171f.
56) Ebenda, S. 179.

V. Mit Luftwurzeln leben

1) Otto Strasser: Deutschlands Erneuerung (Anhang).
2) Ebenda.
3) Ebenda, S. 15.
4) Ebenda.
5) Ebenda, S. 42f.
6) Brief der Kölner SF-Gruppe an Otto Strasser.
7) Otto Strasser, Deutschlands Erneuerung, S. 145.
8) Ebenda, S. 170.
9) Otto Strasser: Aufbau des Deutschen Sozialismus, 3. Aufl., S. 34.
10) Vgl. „Spiegel"-Bericht „Zum Ewigen Frieden", 1.9.1949.
11) „Neues Zeitalter", Nr. 3, 1.8.1949.
12) Brief Otto Strassers an W. Wadsack, 5.9.1954.
13) Rundbrief der Kölner SF-Gruppe.
14) „Es stand in Opposition und Ziel", S. 35.
15) E. Buchrucker: „Die Ehre des Soldaten", S. 16.
16) Ebenda, S. 48.
17) Herbert Blank: Wandlungen des Eigentumsbegriffs. In: „Deutsche Freiheit", Nr. 7/1958.

VI. Das Experiment Deutsch-Soziale Union

1) Otto Strasser: Ziel und Weg (Broschüre), Juni 1956.
2) Rundbrief, 30.1.1948.
3) Rundbrief, November 1949.
4) „Deutsche Freiheit", Juli 1959.
5) Ebenda.
6) Otto Strasser: Deutschland und der 3. Weltkrieg, S. 16.
7) „Reichsarbeiterzeitung", Februar 1972, Bericht von B. Kliese.
8) „Deutsche Freiheit", 14/1959.
9) Vgl. Günter Bartsch: Trotzkismus als eigentlicher Sowjetkommunismus?, Bad Godesberg 1977.
10) „Reichsarbeiterzeitung", Februar 1972.
11) „Deutsche Freiheit", 11.5.1958.
12) Gutachten Abendroth über die Widerstandstätigkeit und politische Stellung der Schwarzen Front, 2.5.1959, S., 9.

13) Brief Otto Strassers an Karl E. Naske, 2.11.1962.

VII. Aufarbeitung: Faschismus, Kommunismus, Nationalsozialismus

1) Otto Strasser: Der Faschismus, S. 17f.
2) Ebenda, S. 105.
3) Alphons Tun: Die Geschichte der revolutionären Bewegungen in Rußland, Leipzig 1883, S. 96—114.
4) Schapke, Die Schwarze Front, S. 22.
5) Adam Michnik: Polnischer Frieden, Berlin 1985, S. 89ff.
6) Lutz Hüttel: Nationalsozialismus ohne Antisemitismus (Ms.), S. 14.
7) Vgl. Horst Üeberhorst: Elite für die Diktatur, Düsseldorf 1969, S. 341.

VIII. Die „Vorschau" und Strassers letzte Jahre

1) „Strasser-Vorschau", 21/1968.
2) „Strasser-Vorschau", 36/1968.
3) Otto Strasser, Deutschlands Erneuerung, S. 106.
4) „Sonntagspost" (deutsche Zeitung in den USA), April 1971.
5) Persönlicher Bericht Karl E. Naskes.
6) Lt. Trauerrede Dr. Doerners bei der Beerdigung Otto Strassers (unveröffentlichtes Ms.).

ANHANG

Das Gesetz, nach dem wir angetreten

Von Otto Strasser

Die einen jammern über Chaos und Auflösung, wehklagen Untergang und weinen einer idealisierten Vergangenheit nach —

die anderen jubilieren von Fortschritt und Entwicklung, feiern den unerhörten Beginn des Neuen, Erstmaligen, Bleibenden —

und wissen doch beide nicht, daß Tag und Nacht, daß Sommer und Winter ewiglich einander ablösen, davon Morgen und Abend, davon Frühling und Herbst nur Übergänge sind, mit allem Chaotischen des Übergangs.

Denn dies ist das große Gesetz, dessen Ausprägung und Formulierung durch uns erfolgt, durch uns, die wir gleichzeitig seine Fleischwerdung, seine erneute historische Bestätigung bilden: daß es nur zwei große Systeme des Lebens gibt, die einander von Anbeginn an ablösen: das System der Freiheit (Ich-Idee) und das System der Gebundenheit (Gemeinschafts-Idee) —

oder, um mit den Worten der Jetztzeit zu reden, Liberalismus und Konservativismus.

Doch das ist nur die eine Seite, besser: die eine Bewegungsrichtung des Gesetzes, die Bewegung des Pendels, der Bipolarität. —

Tag und Nacht, Sommer und Winter geben nur den Rhythmus an, nach dem sich das Leben vollzieht, dies Leben mit seinen drei Ebenen des Körpers, des Geistes und der Seele, die doch nur eine Einheit bilden, das dreieinige Leben.

Gleichmäßig und gleichzeitig durchdringt der eine oder andere Rhythmus diese Dreieinigkeit, gleichmäßig und gleichzeitig herrscht Tag, herrscht Sommer im Körperlichen, im Geistigen, im Seelischen, gleichmäßig und gleichzeitig herrscht Nacht, herrscht Winter im Körperlichen, im Geistigen, im Seelischen.

Darum erkennen wir und bekennen wir uns zum Gesetz der dreieinigen Bipolarität.

Wer aber zu sagen wagte, daß der Tag notwendiger wäre als die Nacht, der Sommer wichtiger als der Winter — der hat dies Gesetz noch nicht erkannt, der ist noch nicht eingedrungen in seine zwingende Lehre. Denn das eine ist nicht denkbar ohne das andere, beide sind gleich wichtig, gleich notwendig, gleich gut.

Dennoch wird immer Kampf zwischen ihnen sein, immer Sieg und Niederlage, immer Geburt und Tod. Allmorgendlich ringt das aufsteigende Licht der Sonne mit den Schatten der Nacht, allabendlich siegt die Nacht über den Tag, und alljährlich jagen die Föhnwinde den Winter zurück, treiben die Herbststürme den Sommer aus dem Land. Alltäglich so, alljährlich so, und das ist wichtig und notwendig und gut!

(Und nur die Menschen haben die merkwürdige Gewohnheit zu werten, Zensuren auszuteilen und Stellung pro und kontra zu nehmen. Das Gesetz aber nimmt von solchen belustigenden Anmaßungen keine Notiz!)

Und dieses Gesetz ist es, das die beiden Systeme der Freiheit und der Gebundenheit — Liberalismus und Konservativismus — ewiglich sich einander ablösen läßt, in einem steten Kampf, bei dem jeweils einer siegt — um zur Stunde seiner Vollendung vom andern wieder besiegt zu werden. (Beide gleich wichtig, beide gleich notwendig, beide gleich „gut"!) — Nur, daß die Umlaufzeit länger ist, als von Tag zu Nacht und wieder zum Tag, als von Sommer zu Winter und wieder zum Tag, als von Sommer zu Winter und wieder zum Sommer — nicht weniger eindeutig und fest und abgegrenzt, als hier! Wer es in Jahren messen will, der wird die Zahl von 140—150 finden, deren das Pendel bedarf, um die beiden Pole zu durchschwingen!

Es war um 1640/45, als Cromwell die große konservative Revolution zum Sieg führte —

es war um 1789/94, als die französische Revolution die Herrschaft des Liberalismus besiegelte —

es wird um 1935/40 sein, daß die deutsche Revolution dem Antlitz der Welt den Stempel des Nationalsozialismus aufdrückt.

Gleichmäßig und gleichzeitig aber durchdringt der eine oder der andere Rhythmus die drei Ebenen des Lebens: Körper (=Wirtschaft), Geist (=Gesellschaft), Seele (= Kultur)! —

Es kann im System der Freiheit, im Liberalismus, nur eine liberale Wirtschaftsverfassung, nur eine liberale Gesellschaftslehre, nur eine liberale Kulturauffassung geben; es kann im System der Gebundenheit, im Konservativismus nur eine konservative Wirtschaftsverfassung, nur eine konservative Gesellschaftsordnung, nur eine konservative Kulturauffassung geben.

Der Liberalismus umschließt naturnotwendig den Kapitalismus, den Individualismus, den Rationalismus. —

Der Konservativismus umschließt naturnotwendig den Sozialismus, den Nationalismus, den Mystizismus! —

Tausend Worte mögen dafür gestanden haben oder gesetzt werden, tausend mal tausend Formen mögen gewesen sein, sein oder werden —

der Inhalt ist ewiglich so gewesen, ist so und wird ewiglich so sein! —

Begreift ihr nun, in welcher Zeit wir leben? Macht dieses Gesetz nicht das Chaos klar, das Dunkel hell, das Sinnlose sinnvoll und lehrt es nicht mit sieghafter Kraft das Geheimnis, um dessentwillen die Millionen des großen Krieges starben?! —

Frühling ist, Freunde! Die Nacht des Liberalismus weicht, der Druck des Kapitalismus, die Verlorenheit des Individualismus, die Kälte des Rationalismus, die eineinhalb Jahrhunderte das Gesicht der Welt bestimmten —

freudig einst begrüßt als Erlösung, millionenmal heut verflucht als Qual —

geht zu Ende, der Liberalismus stirbt! —

Und sieghaft steigt empor, zielsetzend, inhaltgebend, wegweisend, der neue Sommer, der neue Tag! Die Gerechtigkeit des Sozialismus, der Verbundenheit des Nationalsozialismus, die Gläubigkeit des Mystizismus werden das 20. Jahrhundert erfüllen, werden dem Leben wieder Ziel und Inhalt geben, die eine entgottete Welt, die die entwurzelten Menschen nicht mehr kannten.

Man nennt diesmal die Form „Nationalsozialismus'", und wir Deutschen werden es sein, in deren Seelen, in deren Geistern, in deren Leibern die Idee Fleisch wird.

Das ist das Gesetz, nach dem wir angetreten, das wir erfüllen — und das uns verbraucht.

So will es die Geschichte, so will es das Schicksal, so will es Gott.

(„NS-Briefe", Mai 1930)

Die Sozialisten verlassen die NSDAP.

Mit tiefer Sorge haben wir seit Monaten die Entwicklung der NSDAP. verfolgt und mit steigender Befürchtung bemerken müssen, wie immer häufiger und in immer wichtigeren Fragen die Partei gegen die Idee des Nationalsozialismus verstieß.

In zahlreichen Fragen der Außenpolitik, der Innenpolitik und vor allem der Wirtschaftspolitik nahm die Partei eine Haltung ein, die immer schwerer in Einklang mit den 25 Punkten gebracht werden konnte, in denen wir das alleinige Programm der Partei sahen; schwerer noch wog das Gefühl der zunehmenden Verbürgerlichung der Partei, eine Voranstellung taktischer Momente über Grundsätze und die erschreckende Beobachtung einer rasch fortschreitenden Verbonzung des Parteiapparates, der damit immer mehr zum Selbstzweck der Bewegung wurde und seine Interessen höher stellte als die programmatischen Forderungen der Idee.

*

Wir faßten und fassen den Nationalsozialismus als eine bewußt anti-imperialistische Bewegung auf, deren Nationalismus sich beschränkt auf Erhaltung und Sicherstellung des Lebens und des Wachstums der deutschen Nation ohne irgendwelche Herrschaftstendenzen über andere Völker und Länder. Für uns war und ist daher die Ablehnung des vom internationalen Kapitalismus und vom westlerischen Imperialismus betriebenen

Interventionskrieges gegen Rußland

eine selbstverständliche Forderung, die sich ebenso aus unserer Idee wie aus den Notwendigkeiten einer deutschen Außenpolitik ergibt. Wir empfanden daher die immer offener für den Interventionskrieg eintretende Haltung der Parteileitung als der Idee widersprechend und den Erfordernissen einer deuschen Außenpolitik abträgig.

Für uns war und ist die Zustimmung zum

Kampf des indischen Volkes um seine Freiheit

von englischer Herrschaft und kapitalistischer Ausbeutung eine Notwendigkeit, die sich ebenso sehr aus der Tatsache ergibt, daß für eine deutsche Befreiungspolitik jede Schwächung einer Vertragsmacht von Versailles günstig ist, wie aus der gefühlsmäßigen Zustimmung zu jedem Kampf, den unterdrückte Völker gegen ausbeutende Usurpatoren führen, da es eine zwingede Folge unserer Idee des Nationalismus ist, daß das Recht der Erfüllung völkischer Eigenart, das wir für uns in Anspruch nehmen, auch allen anderen Völkern und Nationen zusteht, wobei uns der liberalistische Begriff der „Segnungen der Kultur“ unbekannt ist. — Wir empfanden daher die Politik der Parteileitung, die offen für den britischen Imperialismus gegen den Freiheitskampf Indiens Stellung nahm, als ebenso den realen Interessen Deutschlands wie den ideenmäßigen Voraussetzungen des Nationalsozialismus widersprechend.

*

Wir faßten und fassen den Nationalsozialismus seiner ganzen Natur nach als großdeutsche Bewegung auf, deren innerstaatliche Aufgabe nicht zuletzt die

Schaffung des völkischen Großdeutschland

ist, unter Ablehnung der aus dynastischen, religiösen oder willkürlichen (Eingriffen Napoleons!) Gründen entstandenen Einzelstaaterei, durch die jene einheitliche Zusammenfassung der nationalen Kräfte, wie sie zur Befreiung und zur Selbstbehauptung notwendig ist, nie zu erzielen ist. — Wir empfanden daher die immer offener zutage tretende Stellungnahme der Parteileitung für das System der Einzelstaaten, deren Rettung und Machterweiterung geradezu als eine Aufgabe des Nationalsozialismus proklamiert wurde, als ebenso schädlich den staatlichen Interessen wie feindlich der Idee großdeutscher Einigung.

Wir faßten und fassen den Nationalsozialismus als eine

republikanische Bewegung

auf, in der für Erbmonarchie so wenig Platz ist wie für alle anderen Vorrechte, die nicht auf Leistung für die Nation beruhen. Wir sahen und sehen in ihm die revolutionäre Bewegung, die mit einem auf falscher Grundlage beruhenden Obrigkeitsstaat ebenso aufräumt wie mit der formalen Demokratie und in einem organischen Ständestaat germanischer Demokratie ihr staatliches Ziel sieht. — Wir empfanden daher das von der Parteileitung absichtlich beibehaltene republikanisch-monarchistische Halbdunkel als eine Belastung, die übersteigerte Verehrung für den faschistischen Obrigkeitsstaat, wie sie seitens der offiziellen Parteistellen immer stärker hervortritt, geradezu als eine Gefahr für die Bewegung und als Sünde gegen die Idee.

*

Wir hielten und halten den Nationalsozialismus vor allem aber für die große Antithese des internationalen Kapitalismus, der die vom Marxismus geschändete Idee des Sozialismus als der „Gemeinwirtschaft einer Nation zugunsten der Nation" durchführt und jenes System der Herrschaft des Geldes über die Arbeit bricht, das die Entfaltung der völkischen Seele und die Bindung einer wahren Volksgemeinschaft zwangsläufig verhindert.

Für uns bedeutet Sozialismus Bedarfswirtschaft der Nation unter Anteilnahme der Gesamtheit der Schaffenden an Besitz, Leitung und Gewinn der ganzen Wirtschaft dieser Nation, d.h. also unter

Brechung des Besitzmonopols

des heutigen kapitalistischen Systems und vor allem unter Brechung des Leitungsmonopols, das heute an den Besitztitel gebunden ist. — Wir empfanden daher die im Gegensatz zu den 25 Punkten immer verwaschener werdende Formulierung unseres sozialistischen Wollens, die mehrfachen Abschwächungen, die man an den sozialistischen Forderungen des Programms (z.B. an Punkt 17) vornahm, als ein Vergehen gegen Geist und Programm des Nationalsozialismus, wogegen wir seit Jahren die sozialistischen Forderungen kraftvoll betonten.

Wir empfanden und empfinden den Nationalsozialismus demgemäß seiner ganzen Wesensheit nach als ebenso feindlich dem kapitalistischen Bürgertum wie dem internationalen Marxismus und sehen seine Aufgabe in der Ueberwindung beider, ausgehend davon, daß im Marxismus das an sich richtige Gefühl des Sozialismus gebunden ist an die falsche Lehre des liberalen Materialismus und Internationalismus und im Bürgertum das an sich richtige Gefühl des Nationalismus gebunden ist an die falsche Lehre des liberalen Rationalismus und Kapitalismus und beide richtigen und wesenhaften Kräfte in dieser unseligen Verbindung unfruchtbar bleiben müssen für Nation und Geschichte. Wir sahen und sehen daher in unserer Gegnerschaft zu Marxismus und Bürgertum keinen Wesenheitsunterschied, da der in beiden wirkende Liberalismus sie gleichmäßig zu unseren Feinden macht. Wir empfanden daher die immer einseitiger gewordene Kampfparole der Leitung der NSDAP. „gegen den Marxismus“ als eine Halbheit, und in steigendem Maße erfüllte uns die Befürchtung, daß dahinter eine Sympathie für das Bürgertum steckte, das unter der gleichen Parole seine kapitalistischen Interessen vertritt, mit denen wir nichts gemein hatten und nichts gemein haben.

*

Verstärkt, unterstrichen und sichtbar gemacht wurden diese Befürchtungen grundsätzlicher Natur durch die Befürchtungen über die taktischen Wege, die die Leitung der NSADP. einschlug.

Von jeher hat es uns mit Bedauern und Mißbehagen erfüllt, daß Adolf Hitler sich zwar häufig mit führenden Kreisen der Unternehmer- und Kapitalistenschaft über die Ziele und Wege des Nationalsozialismus aussprach, aber nie Gelegenheit nahm, mit führenden Kreisen der Arbeiter und Bauern das gleiche zu tun. So empfanden wir das daraus resultierende Gefühl, als ob der Nationalsozialismus jenen Kreisen näher stünde als diesen, als eine schwere Belastung, um so mehr, als wir uns sagen mußten, daß die Ehrlichkeit unseres sozialistischen Wollens jede Verständigung mit jenen Kreisen ausschlösse, denen die Wahrung ihrer kapitalistischen Rechte immer noch wichtiger war und ist, als die Durchführung nationaler Ziele, wenn diese Durchführung den Sozialismus zur Voraussetzung hat.

Aus dem gleichen Grunde sahen wir mit steigender Sorge die enge Verbindung der Führung mit Hugenberg und der Deutschnationalen Volkspartei, zum Teil auch mit dem Stahlhelm und den sogenannten Vaterländischen, weil alle diese Umstände — auch wenn sie, wie beim Volksbegehren, taktisch von Fall zu Fall vertretbar sein mochten — doch geeignet schienen, eine falsche Vorstellung von unserem Wesen zu geben.

Als Fundamentalsatz, geboren aus dem revolutionären Charakter des Nationalsozialismus, stand und steht für uns die

Ablehnung jeder wie immer gearteten Kompromiß- und Koalitionspolitik

fest, da jede Koalition immer nur der Aufrechterhaltung des bestehenden Systems dient, also des Systems der nationalen Unfreiheit und der kapitalistischen Ausbeutung. Es erscheint uns nach dem Wesen des Nationalsozialismus und nach seiner Aufgabe: Durchführung der deutschen Revolution, einfach unmöglich, die Parole „Hinein in den Staat“ aufzustellen, die wir noch vor zwei Jahren beim Stahlhelm mit der ganzen Heftigkeit des revolutionären Wollens bekämpft hatten.

Der Entschluß der Parteileitung, in

Thüringen eine Koalitionsregierung

mit den bürgerlichen Parteien zu bilden, hat in uns daher am stärksten den Glauben erschüttert, daß unsere Auffassung vom Wesen und von der Aufgabe des Nationalsozialismus, wie sie zweifellos im Programm und in der bisherigen Agitaon der Partei zum Ausdruck kamen, noch aufrechtzuerhalten sei. Unsere damaligen Vorhaltungen wurden seitens der Leitung unbeantwortet gelassen. Damit war die NSDAP. in der gleichen Lage wie die SPD. nach 1918, als sie sich entschloß, mit den Feinden ihres wirtschaftspolitischen Wollens zusammenzugehen, und damit zwangsläufig ihre politischen Ziele verriet. Mit unerbittlicher Konsequenz vollzog sich bei der NSDAP. die gleiche Linie des Verrats ihrer Grundsätze, wie er sich in der Bewilligung der Kopfsteuer, der Erhöhung der Mieten usw. in Thüringen darstellt.

Der Einwand, daß die Gefahr staatlicher Verfolgung solche Opfer der Ueberzeugung notwendig mache, ist nicht nur unrichtig — wie das Verbot in Bayern und Preußen zeigt —, sondern höhlt vor allem den Mut und den Charakter der Bewegung aus, da mit diesem Argument der Feigheit jeglicher Verrat gedeckt werden kann. Während für uns alle Taktik ihr Ende an den Grundsätzen findet, hat die Parteileitung aus „taktischen" Erwägungen immer häufiger und in immer entscheidenderen Fragen die Grundsätze des Nationalsozialismus verlassen.

Hand in Hand mit der Verbürgerlichung der Bewegung ging eine

Verbonzung der Partei,

die geradezu erschreckende Formen annahm. Nicht nur die sogenannten höheren SA.-Führer, sondern in steigendem Maße auch die politischen Funktionäre der Partei entwickelten sich nach ihrer Haltung und ihrer Lebensführung in einer Weise, die ebenso mit den inneren Gesetzen einer revolutionären Bewegung, wie mit den Forderungen eines sauberen Charakters in Widerspruch stand. — Die im Laufe der Zeit fast allgemein gewordene direkte und indirekte materielle Abhängigkeit fast aller Funktionäre von der Partei und ihrem Führer ließ jene Atmosphäre byzantinischer Würdelosigkeit entstehen, die die Vertretung jeder unabhängigen Meinung unmöglich machte und zu jener ideellen und materiellen Korrumpierung führen mußte, die jeder einzelne Parteigenosse mit steigender Erbitterung sah, ohne bei dem ganzen Aufbau der Partei Abhilfe schaffen zu können. Die zahlreichen Fehlgriffe bei der Erledigungen persönlicher Streitigkeiten innerhalb der Partei haben hier ihre tiefste und eigentlichste Ursache.

*

Diese Entwicklung, die wir hier auf grundsätzlichem, taktischem und organisatorischem Gebiet mit steigender Sorge beobachten, hat uns zu jeder Stunde der vergangenen Jahre als ernste, tiefe und unnachsichtige Mahner und Gegner gesehen. Die fünf Jahrgänge dieser Zeitung, ergänzt durch die sechs Jahrgänge der „Nationalsozialistischen Briefe", geben hierfür ebenso Zeugnis, wie die rednerische und persönliche Haltung, die wir, ungeachtet des Druckes und der Lockung von oben, eingenommen haben. In keiner Stunde haben wir aus opportunistischen Gründen eine Aenderung unserer Haltung in Rücksicht gezogen, und oft genug standen wir vor der Frage, ob wird angesichts besonder schwerer Verstöße der Parteileitung gegen das Wesen des Nationalsozialismus nicht in aller Oeffentlichkeit Stellung nehmen mußten.

Wenn wir das bis heute nicht getan haben, so deshalb, weil die Parteileitung offen die 25 Punkte nicht verleugnet hat und weil wir hofften, daß der revolutionäre Geist, wie er in den Massen der SA., vor allem der Jugend, lebendig ist, siegen würde über die Verspießerung der verbonzten Leitung.

(„Deutsche Revolution", 4.7.1930)

Wie lange noch Hitler?

Es ist eine der seltensten Erscheinungen der deutschen Nachkriegszeit, daß man sowohl „links" wie „rechts", sowohl im Inland wie im Ausland, zu keiner Stunde das Phänomen des Nationalsozialismus begriff.

Daß man zu keiner Stunde begriff, daß

der Nationalsozialismus die Folge und die Sinnerfüllung des großen Krieges

ist, dazu bestimmt, die Formenwelt der liberalen Epoche in Wirtschaft, Gesellschaft (Staat) und Kultur zu zertrümmern und eine — aus konservativem Grund aufsteigende — neue Formenwelt in Wirtschaft, Gesellschaft und Kultur zu schaffen, die weiterleben wird und die Zukunft für Deutschland ermöglicht.

Fern und fremd blieb allen diesen an Tagesdingen haftenden Beobachtern die Tatsache, daß

das deutsche Volk die Reifungszeit seiner Nationwerdung erlebt,

die im großen Krieg begann, im Umbruch der Nachkriegswirren schmerzhaft fortgesetzt wurde und nun im Durchbruch der Deutschen Revolution sich vollendet — im großen Kampf um die innere und äußere Freiheit.

Nationwerdung des deutschen Volkes — das heißt, wirtschaftliche Nationwerdung, gesellschaftlich-staatliche Nationwerdung und kulturell-religiöse Nationwerdung!

Das heißt: Deutsche Revolution in ihren drei Forderungen:

Sozialismus!
Nationalsozialismus!
Völkische Idee!

Und der Nationalsozialismus ist es, der diese Idee trägt, der diese Forderungen aufstellt und aufzeigt, der den Willen und die Kraft in sich trägt, diese Formen zu gestalten.

Hierin liegt die Antwort begründet: „Wie kam Hitler zur Macht?"

Weil er getragen wurde von dieser schicksalhaften Revolutionsbewegung, deren gewaltiger Trommler er war.

Die Verkennung der Tatsache, daß der Nationalsozialismus die Revolutionsbewegung Deutschlands ist, die allein willens und in der Lage ist, die Ideen und Formen des Liberalismus: Kapitalismus, Individualismus, Materialismus zu überwinden und zu zerstören, diese grundlegende Verkennung des Wesens, der Dynamik und der Zielsetzung des Nationalsozialismus verursacht den Irrtum von „links" und „rechts", den Irrtum des In- und Auslandes über die Entwicklung in Deutschland.

Die Hitlerpartei

Dieser Irrtum, dessen Auswirkungen seit dem 30. Januar der „Linken" nachhaltig zu Gemüte kommen, dessen Auswirkungen aber auch die „Rechte" frischer spüren wird, als sie denkt, ist zu einem großen Teil erklärlich durch

die Rolle, das Gesicht und die Haltung der Hitlerpartei.

Jahr und Tag — vielfach sogar bis in die allerjüngste Gegenwart hinein — gilt nämlich die Hitlerpartei für die Verkörperung des Nationalsozialismus, und allzu nahe liegt daher der Gedanke, von ihr aus Rückschlüsse auf die Idee des Nationalsozialismus zu ziehen.

Abgesehen davon, daß solche Rückschlüsse vom Träger auf die Idee immer nur mit größter Vorsicht möglich sind (wie ein Blick auf die menschlichen Eigenschaften der Träger der Englischen, Französischen, Russischen Revolution zur Genüge beweist!), liegt in dieser Gleichsetzung von Hitlerpartei und Nationalsozialismus ein neuer verhängnisvoller Irrtum, dessen Auswirkungen kaum geringer sind als die Verkennung des Nationalsozialismuss selbst.

Die Hitlerpartei ist nur die zweite Welle der Revolutionsbewegung des Nationalsozialismus,

deren erste Welle das feldgraue Heer des großen Krieges und die Freikorps der deutschen Nachkriegszeiit waren.

Die Erkenntnis, daß die Hitlerpartei die Gironde der Deutschen Revolution ist, erklärt mit einem Schlag all die bürgerlich-liberalen Bestandteile, die ihr anhaften. Denn

liberal-kapitalistisch ist ihr Bekenntnis zur „Heiligkeit des Privateigentums", durch das jeder deutsche Sozialismus unmöglich gemacht wird, auch wenn tausend schöne Lippenbekenntnisse erfolgen;

liberal-bürgerlich ist ihr Bekenntnis zur Weimarer Verfassung und zum „Bürgerlichen" Gesetzbuch, wodurch erneut die kapitalistische Eigentumsordnung bejaht und bekräftigt wird, wie damit auch die Lösung „Klein-Deutschland" anerkannt wird, an Stelle des Großdeutschen Krieges;

liberal-reaktionär ist ihr Bekenntnis zum positiven Christentum, dessen monopolistische Stellung sie ausdrücklich anerkennt und aufrechterhalten will — im gegensatz zu den Forderungen der völkischen Idee, die die religiöse Neugeburt zwingend in sich schließt;

verhängnisvoll schließlich ist ihr Option für den Westen, für Italien und England im besonderen, wodurch die Durchführung eines rücksichtslos gegen Versailles gerichteten Freiheitskampfes auch äußerlich unmöglich gemacht wird — den die Aufrechterhaltung der bestehenden Klassenherrschaft und die dadurch hervorgerufene Verhinderung der Volksgemeinschaft innerlich sowieso unmöglich macht.

In allem zeigt die Hitlerpartei jene typische Halbheit jeder Gironde:

zwar gefühls- und richtungsmäßig richtig — aber
erkenntnis- und willensmäßig unzulänglich!

Diese Rolle als „Gironde der Deutschen Revolution" drückt sich auch in dem Gesicht ihrer Führung und in der Haltung ihrer Regierungszeit aus:

gefühlsmäßig wollen die Hitler, Frick, Göring, Goebbels, Rust
durchaus das Neue —

aber ihre unzureichende Erkenntnis läßt sie immer wieder jener liberal-reaktionären Ueberfremdung anheimfallen, die allen Maßnahmen dieser Revolution so etwas Gespenstisch-Reaktionäres geben.

Das Phantom von Harburg

Dennoch wäre es grundfalsch, die revolutionäre Dynamik, wie sie sich aus ihrem und der Parteimillionen revolutionärem Gefühl ergibt, zu leugnen.

Im Kampf zwischen diesem revolutionären Gefühl und dem — aus unzulänglicher Erkenntis geborenen — revolutionären Handeln wird auf die Dauer stets die revolutionäre Dynamik des Gefühls siegen — sei es mit, sei es ohne die heutige Führung!

An dieser entscheidenden Tatsache ändert weder das krampfhafte Siegesgeschrei der Reaktion noch die Tatsache der Harzburger Koalitionsregierung etwas.

Denn die Koalition von Harzburg war und ist nur eine Hilfskonstruktion zur Erringung eines bestimmten Zweckes,
sie war und ist aber keine Einheit des Wollens und des Wirkens.

Mit letzter Anstrengung — vergleichbar den Todesrosen des Schwindsüchtigen — versucht die restkapitalistische Gruppe, sich an das Phantom Harzburg zu klammern, und erwartet sich davon neues Leben —

ohne zu wissen, daß dieses Phantom eine trügerische Selbstspiegelung ist, ein Grab, darüber man vergeblich die Fahne schwarz-weiß-rot deckt, um die Grube nicht zu sehen.

Schon holt die Hitlerpartei durch die Wahlen vom 5. und 12. März und den daran anschließenden Aufmarsch der SA. in Berlin zum Schlag aus, um die Trennung von der Reaktion zu vollziehen, die jedem SA.-Mann von vornherein eine Selbstverständlichkeit war.

Es ist dabei unerheblich, ob Hitler und seine engeren Führer das wollen:

die Dynamik der nationalsozialistischen Bewegung erzwingt

die Auflösung der Harzburger Koalition

und den Kampf gegen die reaktionär-kapitalistischen Restgruppe.

Ihr Versuch, sich durch Betonung „nationaler" Gesinnung und durch Schwenken der schwarz-weiß-roten Flagge zu tarnen, wird ihr dabei so wenig helfen wie der ehrliche Wille, der in ihr — und in Millionen „links" organisierter Deutschen lebt.

Die Revolution marschiert!

Diese Radikalisierung, die in steigender Schnelligkeit bei jeder Revolution zu beobachten ist, wird zunächst eine Umbildung des Kabinetts erzwingen, die schon für den Monat März vorausgesagt werden kann.

(„Der schwarze Sender", 5.3.1933)

Die Gefahr der Aufteilung Deutschlands

Das Hitlersystem bringt den Krieg, der Krieg bringt die Aufteilung Deutschlands — wenn nicht die sozialistische Revolution dies verhindert

Mit tiefer Bangnis steht der deutsche Patriot an der Schwelle des Jahres 1937, das aller Überlegung und aller Beobachtung zufolge ,,Das Jahr der Entscheidung'' wird. —

Mit unausweichlicher Konsequenz treibt das Hitlersystem der furchbaren Katastrophe entgegen, die am Ende des Weges liegt, den es am 30. Juni 1934 eingeschlagen hat:

bis zu diesem Zeitpunkt hatte Hitler sich die Wahl offengelassen zwischen den beiden Möglichkeiten, die wir Anfang 1934 in die Alternative fassten ,,Sozialistische Revolution oder Faschistischer Krieg'', wie sie vom Anfang an im Wesen und in der Natur, in Theorie und Praxis des Hitlersystems enthalten waren;

am 30. Juni 1934 hat das Hitlersystem den Blutweg des Krieges eingeschlagen, hat Adolf Hitler sich durch die Ermordung der Vorkämpfer der „zweiten Revolution" sich den Weg zum Deutschen Sozialismus versperrt, wobei die Frage, inwieweit er dabei Treibender oder Getriebener war, für die politische Beurteilung ohne Bedeutung ist;

seit diesem Zeitpunkt ist er „in traumwandlerischer Sicherheit" den Weg des Krieges gegangen, dessen einzelne Etappen: Aufrüstung, Wehrpflicht, Rheinlandbefestigung, Danzig, zweijähr. Dienstzeit, deutsch-japanischer Vertrag usw. noch im unmittelbaren Gedächtnis aller Zeitgenossen leben.

So berechtigt und notwendig die Abschüttelung der Fesseln des Versailler Vertrages für die nationale Freiheit und Zukunft Deutschlands war und ist, so sinnlos und verbrecherisch ist die Verkündung und Zielsetzung eines deutschen Imperialismus anstelle des Imperialismus der Diktate von 1919!

Abgesehen von der Grunderkenntnis, daß ein Unrecht nicht dadurch aufgehoben, daß es durch ein anderes Unrecht ersetzt wird, zeigt jeder Blick in die deutsche und europäische Geschichte, daß durch gewalttätiges Diktat weder die Freiheit und Sicherheit der eigenen Nation, noch der Friede und die Einheit Europas hergestellt und gesichert werden kann. —

Diese Freiheit und Sicherheit Deutschlands, diese Befriedung und Einigung Europas ist nicht durch das System der alten Gewalt, sondern nur durch die Idee einer neuen Ordnung zu erreichen.

Diese zukunftsträchtige, lebensnotwendige neue Ordnung ist die Idee der Deutschen Revolution:

nationale Freiheit
soziale Gerechtigkeit
europäische Zusammenarbeit!

Der Verrat des Hitlersystems an dieser Idee der Deutschen Revolution ist die eigentliche historische und persönliche Schuld der heutigen Machthaber Deutschlands —

und zugleich die Quelle der entsetzlichen Gefahr, die riesengross heute über Deutschland steht und unmittelbar seine staatliche Existenz und seine volkliche

Zukunft gefährdet. —

Denn Hitlers Entscheidung für den Weg des Krieges, sein Rückfall in die Zielsetzung und Methode eines preussisch-reaktionären Kapitalismus und Imperialismus hat jene Welt-Koalition gegen Deutschland ins Leben gerufen, deren tödliche Umklammerung das deutsche Volk schon einmal mit völligem Zusammenbruch hat büssen müssen. —

Die fast schalldichte Absperrung des deutschen Volkes vor der Welt, die planmässige Irreführung durch eine diabolisch-verlogene Propaganda hat dem deutschen Volk bis zur Stunde die wahre Sachlage verschleiert, die in dürren Worten folgendermassen aussieht:

im Kriegsfall, gleichgültig aus welchen „Ursachen" und an welchen Fronten er entbrennt, sieht sich Deutschland einer Weltkoalition gegenüber, in deren vorderer Front England, Frankreich, Russland und die Kleine Entente stehen, während Amerika, Polen, Balkan-Entente und Baltische Entente die Reserven dieses Weltbundes bilden, die niemals für Deutschland, notfalls aber gegen Deutschland zum Einsatz gelangen. —

Von den vermeintlichen Verbündeten Deutschland: Japan, Italien, Ungarn und Österreich, wird vielleicht Japan seine „Bündnispflicht" erfüllen, d.h. die Gelegenheit benützen, um während der europäischen Verwicklungen einen weiteren Ausbau seiner Machtpositionen im Fernen Osten durchzuführen; die Staaten des Römischen Blocks mit Italien an der Spitze aber werden aus Interesse und Verantwortungsgefühl eine neutrale Haltung einnehmen, ganz besonders in den kriegsentscheidenden ersten Wochen. —

So ergibt sich, dass die verhängnisvolle und verblendete Aussenpolitik des Hitlersystems eine Lage geschaffen hat, die auch bei Einsatz einer heroischen Armee und eines opferbereiten Volkes (Voraussetzungen, die angesichts der innenpolitischen Verhältnisse des Hitlersystems nur teilweise gegeben sind!!) die sichere Niederlage Deutschlands künden. —

Was aber heisst diese sichere Niederlage Deutschlands anderes, als das Ende der politischen und wirtschaftlichen Unabhängigkeit Deutschlands, als das Ende der staatlichen Existenz Deutschlands, als — mit einem Wort — die Aufteilung Deutschlands?! —

Am Ende eines zweiten verlorenen Weltkrieges, eines zweiten Versailles würde ein ohnmächtiges, zerrissenes Deutschland stehen, über dessen 3—4 abhängige Monarchien die Kontrolle und die Diktatur der Sieger herrschen würden. —

Angesichts dieser Lage, deren Schwere wir Kämpfer der Deutschen Revolution mit tiefer Verantwortung empfinden, gibt es für uns nur eine einzige Aufgabe:

Das Hitlersystem stürzen, bevor es Deutschland zerstört!

Jeder deutsche Patriot, jeder deutsche Sozialist vor allem, muss erkennen, dass Deutschlands Leben und Zukunft nur dann gesichert werden kann, wenn es gelingt, das Hitlersystem zu stürzen, bevor Deutschland besiegt ist. —

Heute erscheinen diese Worte, diese Perspektiven noch allzu vielen Volksgenossen als Ausgeburt unnötiger Besorgnis, vielleicht sogar als Ausfluss eines „Emigranten-Hasses" gegen das System. —

Morgen aber, wenn diese Prognose furchtbare Wirklichkeit geworden ist, dann muss jeder Deutsche, der sein Land und sein Volk liebt, jeder deutsche Nationalist und jeder deutsche Sozialist erkennen, dass die Warnung der Schwarzen

Front Wahrheit war, Wahrheit ist, und er muß die Folgerung ziehen:

Sturz des Hitlersystems vor der Niederlage Deutschlands!

Klar und fordernd steht dann vor jedem Reichswehroffizier und jedem Arbeiter, vor jedem Intellektuellen und jedem Bauer die Entscheidung

Hitler oder Deutschland,

und wir wissen, dass sie alle antworten: ,,Deutschland!''

Nur in diesem Fall wird die Niederlage des Systems nicht zur Niederlage Deutschlands — wobei gerade wir den ausländischen Regierungen und ihren Völkern die eindringliche Warnung zurufen: „Ein neues Versailles würde nur eine neue Katastrophe für uns und für Euch bedeuten, denn niemals wird Deutschland auf seine Einheit und seine Freiheit verzichten." —

Die Garantien aber, die Europa von Deutschland fordern wird, diese Garantien sind im Negativen der Sturz des Hitlersystems, sind im Positiven der Aufbau des Deutschen Sozialismus und die Errichtung der Europäischen Föderation.

Die Schwarze Front schwört dem deutschen Volk und den Völkern Europas, dass sie vor dem Krieg, im Krieg und nach dem Kreig an diesem dreifachen Ziel festhält:

Nationale Freiheit!
Soziale Gerechtigkeit!
Europäische Zusammenarbeit!

(„Deutsche Revolution", Januar 1937)

Volk ans Gewehr
Die Parole des neuen Jahres.
Von Dr. Otto Strasser.

Die Politik des Hitlersystems hat zwei Jahre lang von der Erstarrung des alten Europa profitiert, die nach den verblüffenden Ereignissen von 1933 eingetreten war. Das System bediente sich bewusst des Nimbus der deutschen Revolution, der national-sozialistischen Erneuerung und Wiedergeburt des Volkes, um das kapitalistische Europa zu verblüffen, einzuschüchtern und zu tatenloser Neutralität zu nötigen. Diese Erstarrung aber musste sich lösen, dieser Bann musste fallen in dem Masse, als **die angebliche deutsche Revolution sich als das verzweifelte Experiment alter Herrschaftsklassen** herausstellte, die Revolution abzufangen, abzubremsen, zu ersticken. Je mehr die Regierungen in den Siegerstaaten von 1919 erkannten, dass dem Hitler-Schacht-Göring-System die Weihe der revolutionären Idee fehlte, der Atem des revolutionären Sturmes ausgegangen war, dass es ihm an einem wahrhaft revolutionären, den Kontinent mit einer neuen, gestaltenden Idee durchdringenden Konzept mangelte, desto entschlossener rüsteten sie zur Gegenwehr. Als sich nach dem 30. Juni 1934 mehr und mehr ergab, dass Hitler mit den gleichen Karten spielte, wie vor und neben ihm auch Dutzende anderer Staatsmänner auch, dass Aufrüstung, Bündnisse, Kniffe und Finten für den Augenblick, Zufallskombinationen und Hintertüren das Wesen seiner Staatskunst ausmachten, nicht aber eine grosse, die alten Welt umwälzende und neue Lebensgesetze, neue Formen der staatlichen und menschlichen Ordnung gebärende Idee, je mehr die Herren des alten Europa in Hitler einen — wenn auch entarteten und deklassierten, so doch zur Legitimität der Bürgerlichkeit strebenden — Sprossen ihrer eigenen Welt erkannten, ihn als ihr eigen Fleisch und Blut durchschauten und merkten, dass er sie eigentlich auf dem gewohnten Schlachtfeld mit den gewohnten Waffen stellte, desto entschiedener wurde ihre Gegenwehr.

Gegen die Allianzen des Hitlersystems

schmiedeten die Gegenspieler zunächst das **französisch-russische Bündnis**, das nicht das geringste mit Kommunismus und Bolschewismus, Marxismus und Revolution zu tun hat, sondern einfach die Fortsetzung der 1894 abgeschlossenen und 1917 jäh abgeschnittenen Allianz der beiden Flankenmächte des europäischen Kontinents gegen die Vormacht des europäischen Zentrums ist.

Die systematische **Festigung der Kleinen Entente** und die grössere Fürsorge, die Frankreich seinen mitteleuropäischen Bundesgenossen widmete, die Wiederaufnahme herzlicher Beziehungen zwischen Frankreich und Polen, waren weitere Etappe der Gegenwehr gegen Hitlers Rüstungs- und Revisionspolitik. Die weitaus gefährlichste Massnahme aber war die planmässige Aufrüstung Grossbritanniens und des gesamten Empire. Nur die militärische Schwäche Englands hat in den Jahren 1933 bis 1936 die kräftigen Vorstösse des italienischen und des deutschen Imperialismus ermöglicht, hat Situationen heraufgeführt, in denen sich England aktionsunfähig erwies oder seine Aktionsunfähigkeit hinter einer schlecht gespielten Schwerhörigkeit gegenüber dem Revisions- und Kriegslärm der anderen Seite verbarg. Von 1937 an wird ein rüstungsstarkes England in der Weltpolitik ein entscheidendes Wort sprechen.

Der wachsenden Aktivität des europäischen Westens zu begegnen, haben Mussolini und Hitler 1936 den **Gegenstoss in Spanien** angesetzt. Die ideologisch, politisch und militärisch schwächste Stelle Westeuropas und einer künftigen franco-ibero-britischen Koalition im Präventiv-Verfahren zu besetzen und ein politisches wie militärisches Glacis für den **Stoss in den Rücken Frankreichs**, für eine **atlantische Schlacht gegen Albion** zu schaffen, war der Sinn des Unternehmens vom Juli 1936, das die Generäle Sanjurjo und Franco ohne Einvernehmen mit Berlin und Rom zu jenem Zeitpunkt niemals gewagt hätten. — Tatsächlich schien das Unternehmen auch zunächst mit einem Erfolge der Interventionisten zu enden. England, gebunden durch privatkapitalistisch bedingte Abneigung gegen die Sozialisierung der spanischen Gruben, auch einem Vordringen der USSR ins westliche Mittelmeer nicht sonderlich geneigt, endlich noch mitten in der Aufrüstung steckend, stellte sich auch im Fall Spanien wieder blind und taub und liess die Zügel schleifen. **Frankreich**, von der wenig stabilen Volksfront regiert, wagte ohne England keinen Schritt zu tun. **Russland** blieb fürs erste ebenso neutral wie die Westmächte. So konnten die von Italien und Deutschland bewaffneten Generäle die schlecht bewaffneten und schlecht ausgebildeten Milizen der Regierung vor sich hertreiben. Ein Triumph der Berliner und der italienischen Revisionspolitik schien sicher. Da beginnt nach drei Monaten endlich auch Russland zu intervenieren. Ob Moskau nun aus ideellen Gründen, unter dem Druck des innerpolitisch noch nicht völlig liquidierten Kommunismus und Trotzkismus, den vollen Sieg der spanischen Generäle verhindern will, ob es die politische und militärische Aufrollung der westeuropäischen Antihitlerfront fürchtet, es hat jedenfalls den Entschluss gefasst, in Spanien mindestens so weit einzugreifen, dass der Brand des Bürgerkrieges den Winter über genährt, die Möglichkeit einer grossen Gegenaktion in Spanien gewahrt bleibt. Was sich heute in Spanien abspielt, wird von der Militärkritik bereits als ein **„Probekrieg"** bezeichnet, in dem faktisch die Heere der Grossmächte gegeneinander kämpfen und ihre modernen Waffen aneinander erproben. **Aus diesem merkwürdigen Bürgerkrieg**, der auf spanischem Boden, aber von Europäern verschiedenster Nationalität, unter dem Kommando russischer, deutscher und ital. Offiziere, mit russischen, deutschen und italien. Waffen ausgefochten wird, **kann in jedem beliebigen Augenblick des kommenden Jahres der europäische Krieg entstehen.**

Noch meint Hitler, der seit 1934 der Gefangene seines eigenen Wahns ist, dass er Europa vor dem Bolschewismus gerettet hat und dass die europäischen Völker darauf warten, von ihm in den Kreuzzug gegen Russland geführt zu werden, dass er keinen besseren Anlass zum Kriege finden könnte, als das spanische Abenteuer. Er übersieht in seinem manischen Wahn, dass zwischen den antibolschwistischen Stimmungen des Kleinbürgertums, das in allen Ländern mit den spanischen Rebellen sympathisiert, und zwischen den Motiven, von denen sich die französische, die britische und nicht zuletzt die italienische Regierung in einem entscheidenden Konflikt werden leiten lassen, all das liegt, was eben er, der „Kork" der Revolution, das Barometer der deutschen Kleinbürger, der Abgott der Masse, der getriebene, nicht treibende, der gefühlsmässig und traumwandlerisch entscheidende Pseudo-Führer, nicht begreift. **Die deutsche Generalität weiss es und kämpft seit Wochen in Berchtesgaden einen verzweifelten Kampf gegen das spanische Abenteuer.**

Während Mussolini sich noch immer Auswege offenhält und im Ernstfall wahrscheinlich versuchen wird, das Schicksal Italiens von dem Schicksal Deutschlands zu trennen, hat Hitler in einer wieder einmal echt wilhelminischen, Nibelungentreue mimenden Geste dem General Franco vor aller Welt durch den Mund von Ward Price das Versprechen gegeben, Francos Sache zu der seinen zu machen und keine Niederlage der Burgos-Regierung zu dulden. Hitler glaubt tatsächlich, dass es sich um einen Kampf gegen die Volksfront und den Bolschewismus handelt, dass der mögliche Sturz Blums vielleicht auch Frankreich auf die Seite Francos treiben würde. Aber das Gegenteil ist richtig, ist unumstössliche Gewissheit: Wenn Blum von Mandel, von Chautemps, von Pétain, von welchem Mann der Mitte oder der Rechten immer, abgelöst wird, so wird Frankreichs Stellung sich nur versteifen, wird es für Russland nur leichter werden, den Mechanismus der Allianzen von Westen her einzuschalten.

Hitlers innere Schwierigkeiten werden in diesem Winter ein Mass erreichen, das keinen Vergleich mit den letzten Jahren mehr erlaubt, sondern nur noch die Parallele mit den Kriegswintern von 1916 bis 1918 verträgt. Während sich aber 1935 und 1936 nach drückendem Winter die aussenpolitischen Ventile ohne grosse Gefahr öffnen liessen, wird im März 1937 das aussenpolitische Ventil, das Hitler öffnen muss, **der Krieg** sein.

Es ist nicht nur Hitlers politische Option, die den Krieg erzwingt, auch die militärischen Erwägungen werden, so übel die Prognose für Deutschland ist, schließlich für den Präventivkrieg im letzten Augenblick sprechen, einfach deshalb, weil Deutschland in der neuen Rüstungswelle von 1937, die in Frankreich, in Russland, in England einsetzt, die Konkurrenz nicht mehr halten kann. Es kann aus vielen, hier oft dargelegten Gründen nicht mehr mit, wenn Stalin sein stehendes Heer um eine weitere Drittelmillion erhöht, wenn er weitere hunderttausend Arbeiter in die Rüstungsindustrie abkommandiert, weitere Rohstoffe für die Rote Armee zur Verfügung stellt. Deutschland kann nicht mit, wenn Frankreich seine noch immer gewaltigen Goldreserven für eine weitere technische Ausgestaltung der Armee, für den Bau der Daladier-Linie mobilisiert. Deutschland kann nicht mit, wenn das British Empire Tausende Flugzeuge, riesige Schlachtschiffe, ganze Flotten von Zerstörern und Rapidkreuzern, gewaltige Tankgeschwader aus dem Boden stampft. Immer riskanter wird Görings „Blitzkrieg" angesichts der Rüstungen in dem ungeheuren Heerlager, das rings um Deutschland mit unerschöpflichen Arsenalen und Hilfsquellen aufgetan ist. Die Generalität, die dem Abenteuer bis in die jüngste Zeit widerraten hat, wird vor der Wahl stehen, Hitler zu stürzen oder mit Hitler den Absprung ins Dunkel, in die ungewisse Tiefe des Präventivkrieges zu wagen.

Hitler stürzen heisst aber, der zweiten Revolution die Tore zu öffnen. Das wird die Generalität nicht tun, solange Blomberg das Kommando führt. In der Person Blombergs, in der schicksalsschweren Verkettung auf Leben und Tod, die unter Hitlers Patronanz die drei Diktatoren Göring, Schacht und Blomberg eingegangen sind, liegt heute das schwerste Verhängnis für Deutschland beschlossen. Die Machtfülle, die Hitler seinem Vasallen Blomberg überantwortet hat, ist das Bleigewicht, das die Reichswehr von einst lähmt. Sie kann heute nicht mehr gegen Hitler und für Deutschland optieren, das heisst sie könnte es nur nach Blombergs Sturz. So ist es höchst unwahrscheinlich geworden, dass sich noch eine evolutionäre Möglichkeit findet, so droht die kriegerische Entscheidung als bittere Notwendigkeit.

In diesem Krieg werden sich freilich sehr bald die neuen innerpolitischen Fronten bilden. Die erdrückende Übermacht, die gegen Deutschland in den Kampf treten wird, der sichere Abfall der sogenannten Bundesgenossen, der sichere „Verrat" jener Freunde, mit denen Hitler und das von Goebbels belogene Volk rechnen, die schweren Niederlagen, die dem deutschen Heer nach den effektvollen Einleitungsmanövern gewiss sind, werden deutlicher, als es 1914 nach der Katastrophe an der Marne zu erkennen war, und drängender — da Deutschland diesmal keinerlei materielle und menschliche Reserven für einen jahrelangen Krieg hat — die wahre Lage des deutschen Volkes zeigen und die klare Entscheidung der Nation fordern. Im Angesicht der Millionenheere, die von Ost und West und Süd gegen Deutschland andringen werden, im Schatten der Bombengeschwader, die Tod und Vernichtung über unsere Städte und Fabriken aussäen werden, erstickend in der würgenden Umklammerung der Blockade durch drei Viertel der Welt, abgeschnitten von den kriegswichtigen Rohstoffen, wird das deutsche Volk die Wahl haben, unterzugehen oder das System zu stürzen und im Zeichen sozialistischer Wiedergeburt den Weg in die Gemeinschaft der abendländischen Nationen zu suchen.

Darum ist Hitlers Mobilmachung auch die unsere. Darum rufen auch wir das Volk ins Gewehr, wenn Hitler es ruft. Wir rufen es gegen Hitler, gegen den würgenden Todesengel, dem Hitler Deutschlands junge Mannschaft opfern, gegen Pest und Feuer, denen er Deutschlands Städte und Fluren ausliefern will. Wir rufen das Volk für Deutschland, für den Sozialismus, für die Rettung Europas. Wir wollen an der Schicksalswende dieser Jahre keine Illusionen nähren, wir künden an, was unausweichlich naht: mit Hitlers Krieg den Krieg gegen Hitler, und wir rufen unseren Kampfgenossen, die in wenigen Monaten ins Gewehr treten werden, heute nur das eine zu: In Bereitschaft sein ist alles!

(„Deutsche Revolution", Januar 1937)

Aufruf

Kämpfer der Schwarzen Front!

15 Jahre lang haben wir den Kampf gegen Hitler und sein System geführt — Tausende unserer Besten sind in diesem Kampf gefallen, andere Tausende haben Freiheit und Eigentum, Familie und Beruf verloren.

15 Jahre lang haben wir dem deutschen Volk — erst offen, dann unter den schwierigsten Umständen der Verfolgung — im Reich und vom Exil aus die furchtbaren Gefahren klargemacht, die eine Herrschaft Hitlers unweigerlich für Deutschland und das deutsche Volk heraufbeschwören würde.

„Hitlers Verrat an der Deutschen Revolution" — das war die Losung, unter der wir 1930 den Kampf gegen Hitler führten.

„Gegen Hitlers Interventions-Krieg in Rußland" — das war 1931 unser Kampfruf.

„Schleicher-Leipart-Gregor Strasser, nicht: Papen-Hugenberg-Hitler!" — das war 1932 unser Rat.

„Sozialistische Revolution oder faschistischer Krieg" — das war die Alternative, die wir 1933 dem deutschen Volk wiesen.

„Hitler — das ist der Krieg!" — mit diesem Warnruf schlossen wir 1934 die Anklage gegen Hitlers Massenmord der Deutschen Bartholomäusnacht.

„Wer für Deutschland ist — muß gegen Hitler sein!" — das war 1935 das Leitmotiv unserer Aufklärung durch Presse und Geheimsender, wofür die Hitler-Himmler den genialen Erfinder des ersten politischen Schwarz-Senders, Kg. Rudolf Formis, ermorden ließen.

„Kein deutsches Blut für Spanien!" — so warnten wir 1936 gegen Hitlers erstes kriegerisches Abenteuer.

„die Gefahr der Aufteilung Deutschlands" — das war 1937 unsere Warnung an das deutsche Volk angesichts der von Hitler immer offener betriebenen Kriegspolitik.

„Hitler muß sterben, auf daß Deutschland lebe!" — das riefen wir 1938 in Hunderttausenden von Flugblättern dem deutschen Volke zu, weil wir voraussahen, was kommen würde.

Unsere Warnungen erwiesen sich in jedem Punkte richtig, aber unsre Stimme wurde nicht gehört.

Das Verhängnis, das Adolf Hitler über Deutschland brachte, nahm seinen Verlauf.

Heute ist die Schwarze Front gerechtfertigt — mehr als gerechtfertigt: sie hat sich als die prophetische Kraft erwiesen, die in einer Zeit allgemeiner Erfolgs-Anbetung und weltweiter Verwirrung den rechten Kurs erkannt hatte und einhielt — allen Verfolgungen zum Trotz, Not und Tod überwindend.

Wir sind stolz auf unsere Haltung, stolz auf unseren Kampf — aber nicht froh und nicht stolz, daß wir recht behielten.

Millionenmal lieber würden wir Unrecht behalten haben — auf daß Deutschland das Elend erspart geblieben wäre, das Hitler und sein System des blutigen Terrors und der teuflischen Propaganda über das deutsche Volk gebracht haben.

Die Schwarze Front hat an diesem Elend keine Schuld! — ihr einziges Bestreben war: es zu verhindern. — Ihr einziges Bestreben ist es heute: es zu heilen!

Nach der Beil-Zeit, die Heil-Zeit! — das ist das heutige Motto der Schwarzen Front, deren alte und neue Kämpfer ich zusammenrufe, um das Werk der Erneuerung Deutschlands — der wirtschaftlichen, der politischen, der kulturellen Erneuerung — zu unternehmen, dem jeder Tag unseres Lebens künftig gewidmet sei.

Nicht Rache, nicht Vergeltung, selbst nicht die so naheliegende Genugtuung des Recht-Behalten-Habens darf unsere Arbeit bestimmen — sondern Heilung, Erneuerung, Aufbau ist unser Ziel!

Kampfgenossen, Freunde, ich rufe Euch nach 15-jährigem Kampf nun zur Arbeit auf! — Sammelt Euch um Eure alten und erprobten Vorkämpfer, soweit sie noch leben! — Sammelt Euch um neue Kämpfer, Männer und Frauen, die an Deutschland glauben und für Deutschland so arbeiten wollen, wie unsere toten Helden dafür kämpften und starben!

Das Ziel unserer Arbeit aber heißt:

Deutschlands Erneuerung.

Reichsleitung der Schwarzen Front.
gez.: Dr. Otto Strasser.
1. Vorsitzender.

(1945)

Manifest des Solidarismus

I. Der Egoismus der Klassen und Nationen hat die Völker Europas in die größte Not ihrer Geschichte gestürzt —

der Solidarismus, die Solidarität der Klassen und Nationen Europas allein ist ihre Rettung!

II. Der Kapitalismus, die „Klassenherrschaft von oben", gewährt den Menschen zwar ein hohes Maß von persönlicher Freiheit — vorenthält ihnen aber die wirtschaftliche Sicherheit, ohne die die persönliche Freiheit keine Grundlage hat;

der Kommunismus, die „Klassenherrschaft von unten", gewährt den Menschen zwar ein hohes Maß von wirtschaftlicher Sicherheit — vorenthält ihnen aber die persönliche Freiheit, ohne die wirtschaftliche Sicherheit kein Lebensziel hat —

der Solidarismus allein gewährt den Menschen persönliche Freiheit und wirtschaftliche Sicherheit, die beiden lebenswichtigen Voraussetzungen für innere Ordnung und äußeren Frieden.

III. Nur bei der Überwindung der Klassen-Wirtschaft des Kapitalismus und der Klassen-Wirtschaft des Kommunismus durch die Volks-Wirtschaft des Solidarismus wird das Allgemeinwohl gesichert — nicht durch die Diktatur des Geldes, nicht durch die Diktatur des Proletariats, sondern durch die solidarische Aktion aller Individuen und Stände.

IV. Der Solidarismus befreit den Bauern, diese Grundlage jedes gesunden Volkstums, von der Zins-Sklaverei des Kapitalismus — ohne ihn andererseits in die Staats-Sklaverei des Kommunismus zu führen.

Der Solidarismus macht den Bauern zum erblichen Besitzer im Lehen der Nation, unter Befreiung von jeglicher Hypothekenlast und Zins-Zahlung, gegen eine jährliche Pachtleistung an die Nation, die ihm seinen Besitz zu treuen Händen gibt und sichert.

V. Der Solidarismus befreit den Arbeiter von der Lohn-Sklaverei des Kapitalismus — ohne ihn andererseits in die Staats-Sklaverei des Kommunismus zu führen.

Der Solidarismus macht den Arbeiter zum gleichberechtigten Mit-Besitzer seiner Fabrik, mit gleichen Rechten an der Leitung und am Gewinn.

Diese Ent-Proletarisierung der Arbeiterschaft entspricht in ihrer Bedeutung und Auswirkung der einstigen Aufhebung der Leibeigenschaft — beide ausgehend von der Erkenntnis: „Besitz macht frei!'

VI. Der Solidarismus sichert dem Mittelstand die freie und unabhängige Existenz, die der Kapitalismus mehr und mehr bedroht, der Kommunismus völlig vernichtet.

Der Solidarismus hat als Ziel die größtmögliche Zahl selbständiger Existenzen, und er erreicht dieses Ziel im Mittelstand durch eine Zunft-Ordnung, die die Garantierung eines genügenden Kundenstammes mit gleichmäßig hoher Gewerbeleistung verbindet.

VII. Der Solidarismus befreit den Unternehmer vom Druck des Finanz-

Kapitals — ohne ihn in seiner Stellung als Wirtschaftsführer zu beeinträchtigen.

Gleichberechtigt neben Belegschaft und Staat ist der Unternehmer vom Solidarismus als lebenswichtiger Faktor der Volkswirtschaft anerkannt, und seine Initiative und sein Gewinnstreben sind so notwendige Antriebskräfte der Wirtschaft, wie die Leistung der Belegschaft und die Planung des Staates.

VIII. Der Solidarismus verwirft ebenso die Schwäche des liberalistischen Parteien-Staates, wie den Terror des totalitären Diktatur-Staates — sei es einer Person, einer Klasse oder einer Partei.

Der Solidarismus proklamiert demgegenüber die moderne Demokratie der ständischen Selbstverwaltung, die — verbunden mit föderalistischer Verfassung und dezentralisierter Verwaltung — die beste Garantie für den Aufbau eines wirklichen Volksstaates ist.

IX. Der Solidarismus verwirft jeden Herrschafts-Anspruch eines Volkes über ein anderes und proklamiert die nationale Freiheit und Gleichberechtigung aller Völker, unabhängig von Größe und Stärke.

Der Solidarismus erstrebt insbesondere für die Völker Europas jene solidarische Zusammenarbeit in einer Europäischen Föderation, die allein die Existenz und Zukunft Europas in seiner nationalen Mannigfaltigkeit und kulturellen Größe sichern kann.

X. Der Solidarismus ist davon durchdrungen, daß alle wirtschaftlichen und politischen Reformen unfruchtbar bleiben müssen, wenn sie nicht beseelt sind von einem neuen Geist.

Der Solidarismus verbindet daher die Absage an den Un-Geist des Materialismus mit dem Bekenntnis zum Geist des Christentums, das wirksam gemacht und gelebt werden muß.

Volkstum — in all seinen nationalen Ausprägungen — und Christentum in seiner umfassenden Einheit — das sind die Quellen, aus denen heraus der Solidarismus entwickelt:

die Rettung und Wiedergeburt des Abendlandes.

(1945)

[Vertraulicher Rundbrief der Kölner SF-Gruppe]

Köln-Ehrenfeld, den 30. Nov. 48
Kreutzerstr. 12
Vertraulich

Liebe Kameraden!

Ein Zwerg bleibt ein Zwerg, auch wenn er auf den Schultern eines Riesen hockt. In seiner Begriffswelt sind normale Menschen und ihre Gepflogenheiten merkwürdige Erscheinungen. Wenn er sie ankeift, wirkt er boshaft, und wenn er sie zu kommandieren und reglementieren versucht, lächerlich. Die Heimat des Zwerges ist das Märchen. Von dort sind unsere Kameraden durch einen Orga-Brief über die „hinterhältigen Verleumdungen eines Kölner Grüppchens gegen Otto" und über „entrüstete Schreiben gegen diese Clique der Egoisten, von der sich ein Teil schon wieder losgesagt hat" unterrichtet worden. Diese Neuigkeiten sind zwar böse Märchen, aber schon die prächtigen Gebrüder Grimm haben uns erzählt, dass der Zwerg sein Garn spinnen muss. Er scheint giftgrüne Fädchen als Spinnmaterial und das Hakenkreuz als Muster zu lieben, denn sonst könnte sein **erster** Orga-Brief unmöglich folgende Formulierungen enthalten.

> „... und so gibt es für eine Mitarbeit bei uns auch nur eine Vorbedingung, die Verpflichtung auf Otto Strassers Buch ‚Deutschlands Erneuerung'. Wer glaubt, diese Verpflichtung vor seinem Gewissen nicht vereinbaren zu können, weil er bei diesem oder jenem Punkt seine Bedenken hat, der muss seine Konsequenzen ziehen und auf die Zugehörigkeit zum BDE verzichten. Auch für etwaige Quertreiber ist heute kein Platz mehr in unseren Reihen."
>
> „Es gibt nur eine Bewegung in Deutschland, die sich in ihrer Arbeit auf Otto Strasser berufen darf und die allein von Otto Strasser anerkannt wird, das ist der BDE, und es gibt nur einen von Otto Strasser bevollmächtigten Vertreter, das bin ich und kein anderer."
>
> „Deshalb ergeht Orga-Anweisung 2: Jegliche etwa mit diesem Kölner Grüppchen bestehende Bindungen sind zu lösen. Zuschriften sind nicht mehr zu beantworten. Gegen die Aufnahme einzelner Leute dieses Kölner Grüppchens bestehen keine Bedenken, wenn sie sich von den Schriftsätzen und Handlungen ihrer sogenannten Führung ausdrücklich distanzieren und die Entgleisungen bedauern."
>
> „Das Amt der ZV in der Amerikan. u. Britischen Zone ist mit sofortiger Wirkung aufgehoben. Die einzelnen Landesverbände unterstehen somit nur noch mir (und damit Otto Strasser) direkt."
>
> „Sie — die Gründungsausschüsse — bekommen einzig und allein die Satzungen **usw.** (mit dem ‚usw.' ist das Programm gemeint) von hier zugestellt."

Die Anmassung früheren Amtswaltertums nistet in diesen Zeilen. Die „kollektive Diffamierung" der Kölner Kameraden als „Egoisten-Grüppchen" und deren „gesellschaftliche Ächtung" dadurch, dass man jegliche Verbindung zu ihnen verbietet, ist eine äffische Nachahmung gestriger Methoden. Wer sich dieser typischen Nazimittel gegen alte SF-Kameraden bedient, die als Strasser-Freunde vieljährige KZ- und Zuchthaushaft erduldet haben, sollte aus unseren Reihen zu irgendeinem „Ringverein" überwechseln. Wer Maulhalten und Gehorchen als Voraussetzung für die Mitgliedschaft zum BDE fordert, sollte offen eingestehen, dass er denkende Menschen nicht führen kann. Wer eigenmächtig die Programmziele und Satzungen einer politischen Organisation bestimmt, muss — wie ein echter, rechter Dünkelbold — von seiner eigenen Vorzüglichkeit überzeugt sein. Wer die Mitglieder der Gründungsausschüsse ernennt, um sie lediglich mit der Einreichung des Programms und der Satzungen bei den Militärregierungen zu beauftragen, sollte statt der Worte „aktive Mitarbeiter" solche wie „deppende Briefträger" verwenden. Nach den Orga-Anweisungen dürfen wir allerdings in den vorläufig noch geduldeten Arbeitsgemeinschaften diskutieren. Doch können diese Diskussionen das fertige „Sprengel-Programm" weder ändern noch ergänzen. Uns wird also Narrenfreiheit unter der Bedingung jederzeitigen Gehorchens gewährt.

Unsere Erinnerung wurde durch das holprige Sätzchen wachgerüttelt:

> „Wir zwingen ja niemanden, zu uns zu kommen, dass ihr kleines Ich aber enttäuscht ist, dass wir schon eher an der Arbeit waren, als sie daran dachten, dafür können wir ja nicht."

Die Arbeit, die da eher getan wurde, war ein toller Schwabenstreich. Aus einem ungeheuren Schalltrichter sprudelte nämlich blechern und dröhnend nazistisch-braune Rederitis und zuweilen ein vernünftiges Wörtchen über den Solidarismus hervor. Die versammelten Bonner Studenten stoben angstgepeinigt davon. Die Teilnehmer einer öffentlichen Versammlung in Hamburg hielten etwas länger vor dem Schalltrichter aus. Das Funkmikrophon liess uns hören, wie widerwillig sie ihre geistige Züchtigung hinnahmen. Schliesslich stellte man uns den Schalltrichter doch durch das Mikrophon des NWDR als politische Neuheit unter dem Namen „Joachim von Ostau" vor. Der monokeltragende Stutzer, der zuerst der Deutschen Rechts- und dann der Nationalen Einheits-Partei angehört hatte, empfing wenig später die Presse. Statt der angekündigten politischen Erklärung bot er ihr ein Gemisch verwester Gedanken in brauner Sauce und, gleichsam als Nachtisch, den Solidarismus und Ständestaat. Die Presse bezeichnete Otto Strasser als Koch und Ostau als Servierjungen dieser Mahlzeit. Sie wusste zu berichten, dass Ostau in etwa 40 Kreisen der britischen Zone einen „Bund Deutscher Erneuerung" gegründet und, kurze Zeit später, dass die Militärregierung den BDE als militaristisch-nazistische Organisation verboten habe.

Die Verwirrung in unseren Reihen war nicht gering. Über die Ostau-Komödie schickten wir an Sprengel ausführliche Berichte, die den Verdacht aussprachen, dass Ostau wohl im Auftrage einer Besatzungsmacht oder gegnerischen Partei vorsorglich die politischen Gedanken und organisatorischen Absichten Strassers diskreditiert habe. Sprengel gab keine Antwort. Wohl schickte er uns Briefe und Rundschreiben voll persönlicher Angriffe gegen süddeutsche Kameraden. Sogar mit psychoanalytischen Gutachten über seine „Widersacher" bedachte er uns. Sein persönlicher Hader mit anderen interessierte uns nicht. Wir und die übrigen Kameraden von Nordrhein-Westfalen trafen in Köln, später in Duisburg und Velbert zusammen, wo wir Sprengel kennenzulernen hofften. Von ihm wollten wir über den Inhalt des Strasser-Buches „Deutschlands Erneuerung", das damals viele Kameraden bestellt hatten, jedoch keiner erhielt, und über die Organisationsstruktur des später zu gründenden BDE unterrichtet werden. Trotz der an Sprengel gerichteten Einladungen blieben wir unter uns. Erst nach den Konferenzen begründete er sein Fernbleiben mit seiner „Erkrankung".

Wir haben Zuschriften, die uns aus Norddeutschland von Interessenten zugingen, an ihn weitergeleitet. Er liess sie unbeachtet; uns aber schrieb er, dass er weder Zeit noch Lust für die Beantwortung von Zuschriften hätte. Einer unserer Mittelsmänner war indes in der Angelegenheit Ostau tätig. Seine Ermittlungen erbrachten den einwandfreien Beweis für die enge Zusammenarbeit Sprengels mit Ostau. In einem Rundbrief an die Kameraden in Nordrhein-Westfalen beschrieben wir Einzelheiten dieser Zusammenarbeit. Hierauf ging uns am 13. Juni 48 die folgende Stellungnahme Sprengels zu:

> „Ihr dürft schon das Vertrauen in mich setzen, dass ich noch genau derselbe SF-Mann bin, der ich immer war, sonst hätte ich die Arbeitslast schon nicht auf mich genommen. Wenn Ihr dann zum anderen noch bedenkt, dass ich mit vielen Leuten wie von Ostau zu verhandeln habe, teils, weil sie von selbst zu mir kommen, teils weil Otto es wünscht, und dass solche Verhandlungen schärfste Konzentration erfordern, will man nicht der politischen Geriebenheit oder gar wie bei Ostau dazu dem persönlichen Charme verfallen, so werdet Ihr es wohl verstehen, dass es mir nicht immer möglich ist, eingehende Briefe umgehend zu beantworten.
> Ostau wählte übrigens nicht den Namen wie wir ‚Bund für Deutschlands Erneuerung', sondern ‚Bund Deutscher Erneuerung'. Ich glaube allerdings, dass uns diese Ähnlichkeit der Bezeichnung nicht zu beirren braucht."

Mehr als über die heimlichen Flüstereien zwischen Sprengel und von Ostau waren wir darüber empört, dass Sprengel das Buch „Deutschlands Erneuerung" bereits 1947 Herrn von Ostau aushändigte, hingegen unsere Buchbestellung wegen „Lieferschwierigkeiten" nicht berücksichtigen konnte, dass er statt zu den Konferenzen unserer Kameraden an solchen Ostaus teilgenommen und sogar die politischen Gespräche selbst dann noch mit ihm fortgesetzt hat, als durch dessen Tätigkeit das Gedankengut und der Name unserer Organisation schändlich missbraucht wurde. Die letzten Auswirkungen dieser „Arbeit, die da eher getan worden ist", wird vielleicht die Ablehnung aller Lizenzanträge für unseren BDE sein, denn die britische Militärregierung erinnert sich vermutlich des Verbotes, das sie gegen eine Organisation des gleichen Namens bereits erlassen hat.

Kürzlich wurde ein im Ostsektor Berlins wohnender Kamerad von der sowjetischen Geheimpolizei festgenommen. Bei seiner Vernehmung zeigte sich der NKWD über das, was in westdeutschen Strasser-Kreisen geschieht, erstaunlich gut unterrichtet. Der Kamerad wurde von „Zeugen als höherer SS-Führer wiedererkannt und der Misshandlung antinazistischer Häftlinge" beschuldigt. Er konnte aber den Ausweis „Widerstandskämpfer gegen den Nazismus" und den Entlassungsschein des Zuchthauses vorlegen. Die sowjetische Geheimpolizei stellte ihn vor die Frage, ob er ehemalige SF-Freunde in der Ostzone ausspitzeln oder selbst verhaftet werden wolle. Mit Frau und Kind wagte er den Weg nach Westdeutschland. Ohne Geld, gehetzt, abgerissen, erschöpft, durch Entbehrungen erkrankt, so kamen sie zu uns. Sprengel hatte dem Berliner Kameraden regelmässig seine Rundschreiben und die Aufsätze Strassers zugeschickt. Verschiedentlich hatte der Kamerad sie als offene Drucksachensendung erhalten. Dadurch war gewollt oder ungewollt, jedenfalls in unverantwortlicher Weise, auf ihn und seine Verbindung zur Strasserbewegung hingewiesen worden. Sprengel konnte dem Kameraden weder eine nennenswerte finanzielle Unterstützung noch Wohnung und Arbeit geben. Doch die „Clique der Egoisten" und ihre engsten Freunde konnten es.

Die „hinterhältigen, versteckten Verleumdungen der Kölner Gruppe und ihre talmudistischen Spitzfindigkeiten gegen Otto" können bei objektiver Betrachtung nur als positive und somit klärende, aufbauende Kritik gewertet werden. Wir wiederholen die „talmudistischen" Absätze unseres „hinterhältigen" Briefes an Otto Strasser, der — was uns nicht überraschte, aber sehr freute — für unsere Einwände dankte, sie zu prüfen und eventuell zu berücksichtigen versprach.

> „... Bedenklicher jedoch" — so schrieben wir an Strasser — „als diese propagandistisch nachteiligen Formulierungen scheint uns die Wahl eines Präsidenten auf **Lebenszeit** und insbesondere dessen Befugnis zu sein, dass er ‚verdienstvolle Männer' in den Reichsrat berufen kann. Präsident, Reichsrat und Reichsständekammer sollen gesetzgeberische Macht erhalten und ihre Gesetze rechtswirksam sein, wenn zwei von den drei gesetzgebenden Körperschaften sie beschliessen. Der auf Lebenszeit gewählte Präsident könnte also gemeinsam mit den Männern, die er in den Reichsrat beruft, jedes Gesetz beschliessen. Ein wirksames Recht des Einspruches steht dem nicht gegenüber. Nur die Beschränkung der Staats- [...]
>
> „Ehemalige Angehörige der Volks- und Sondergerichtshöfe, der Gestapo, des SD, der Reichsleitung sowie der Gau- und Kreisleitungen der NSDAP können die Mitgliedschaft im BDE nicht erwerben, ausgenommen solche, die den Nachweis führen, dass sie
>
> 1.) vor dem 31. Dezember 1944 aus den vorgenannten Körperschaften und Organisationen ausgetreten sind,
> 2.) sich nicht an verbrecherischen Handlungen beteiligt, wohl aber
> 3.) an Widerstandsaktionen gegen den Nazistaat teilgenommen haben.

Diese Satzungsergänzung richtet sich gegen einen **kleinen**, allgemein verhassten Personenkreis.

Nach der Zonenkonferenz werden wir auf das Gekläff der Gegner antworten können:

Im Gegensatz zu allen Parteien und Organisationen gibt allein der BDE den Führern und Verbrechern des Hitlerfaschismus kein Asyl. Der BDE hat sein Programm von keiner Kommission besoldeter Bonzen erhalten. Es ist von Otto Strasser und uns, von allen Kameraden, geschaffen worden. Als Ergebnis gemeinschaftlicher Zusammenarbeit bezeugt es, dass wir die Führerdiktatur, aber auch die Scheindemokratie verachten.

Mit kameradschaftlichen Grüßen
i.A. der Kölner Gruppe

Schwarze Front und Nationale Opposition

Mitteilungen
der Kölner Gruppe
der ehem. SF.

Köln-Ehrenfeld, Anfang November 1949.
Kreutzerstr. 12

Das Wesentliche an der deutschen Situation ist, daß es keine Parteien mehr gibt, die den Sozialismus als primäre Forderung auf ihre Fahne geschrieben haben. Gewiß, noch wird er von zwei Linksparteien als Ziel erwähnt, zur Zeit aber überdecken ihn nationale Forderungen. Wir müssen uns hier den Platz versagen, eine tiefgehende Untersuchung des sozialistischen Gehaltes dieser beiden Parteien vorzunehmen, dies bleibt aber einer besonderen Betrachtung vorbehalten.

Das revolutionäre Pathos der KPD und linken SPD von früher ist zerbrochen. Sie sind in ihrer augenblicklichen Auswirkung nationale Parteien im Chor der anwachsenden rechten Organisationen, freilich sehr verschieden in Ausgangsstellung und Erfolg. Wer ist nationaler als die KPD bezgl. der Westgrenze und „Deutschlands Einheit", allerdings nur bis zur Oder-Neisse-Linie, an der sie (nicht aber unbedingt die Russen) scheitern wird. Wer entwickelt sich mehr zu einer „vaterländischen Sammelpartei" als die SPD, deren Forderungen auf Verstaatlichung keinesfalls damit kontrastieren. Sie ist die freisinnige Schwester der religiös-kapitalistischen CDU, mit der sie sich letzten Endes immer versteht, wenn es gilt, die Regierungsstellen auszuhandeln. Die augenblickliche CDU-Ehe mit der weit rechts von der früheren Staatspartei stehenden FDP ist vorübergehend. Was sich dann aber weiter rechts anschließt, ist noch in der Entwicklung, jedoch einer Betrachtung wert. In zunehmendem Maße äussern sich Beobachter des In- und Auslandes dazu, meist skeptisch. Indessen gehen sie alle u.E. an einem wesentlichen Merkmal vorbei, auf das wir im nachfolgenden aufmerksam machen wollen.

Zuvor möchten wir bemerken, daß die Besatzungsmächte an der deutschen Rechtsentwicklung nicht unschuldig sind. Eine verfehlte Entnazisierung und Entmilitarisierung sowie die im Kolonialstil vorgenommene Verwaltung stiessen die Deutschen systematisch in eine Verkrampfung ihrer verletzten nationalen Ehre. Die Besatzungsmächte sollen nicht sagen, die Entnazisierung beispielsweise sei eine „rein deutsche Angelegenheit", denn in letzter Instanz war die Militärregierung für alles zuständig, was in Deutschland geschah. Sie bewies das sehr deutlich bei der Demontage, beim Beamtenrecht usw. Wenn ihr also etwas nicht paßte, schritt sie sofort ein. Man kann daher annehmen, dass ihr **„diese"** Entnazisierung gepasst hat.

Einer der ersten, der Gehversuche auf der nationalen Rechten gemacht hat, war Herr von Ostau. Er hat auch heute noch nicht damit aufgehört und macht jährlich durchschnittlich zwei Organisationsversuche. So löste er seit 1945 eine Kettenreaktion von Gründungen aus.

1.) Deutsche Aufbaupartei,
2.) Deutsche Rechtspartei
3.) Nationale Einheitspartei
4.) Bund Deutscher Erneuerung
5.) Deutsche Notgemeinschaft
6.) Gemeinschaft unabhängiger Deutscher
7.) Nationale Union

folgten lustig aufeinander. Gründung Nummer 2.) schloß ihn aus. Für Gründung

Nummer 4.) holte er sich eine geistige Anleihe bei Otto Strassers Buch „Deutschlands Erneuerung", dem Verfasser damit einen schlechten Dienst erweisend. Kurz vor Gründung Nummer 6.) hatte er das Pech, daß sein Reisebericht von einer Gruppe Aktivisten, deren Ehrgeiz nicht in einer parlamentarischen Betätigung besteht, veröffentlicht wurde. Das Bekanntwerden seines geistigen Elaborats verursachte bei Ostaus Freunden peinliches Aufsehen, ansonsten aber Gelächter. Augenblicklich ist er bei Gründung Nummer 7.) „Nationale Union" angelangt. Auch **die** Idee dazu hat er sich von Otto Strasser geben lassen, der sie seit Jahren von Kanada aus predigt. Ob er allerdings das damit meint, was Herr von Ostau daraus macht, kann man bezweifeln.

Mittlerweile hat die aus der Welfenpartei hervorgegangene deutsche Rechtspartei das gelb-weisse Banner mit schwarz-weiss-rot vertauscht und in Bonn 5 Sitze errungen. Sie war kaum damit fertig, als ihr „freier Mitarbeiter" Dr. Dorls sich selbständig machte. Schon in der „Deutschen Union" eigene Ziele verfolgend, hatte er den Wahlkampf mit der DRP geführt, dann machte er sich mit einer Reihe von Kreisverbänden aus dem Staube und gründete die „Deutsche Sozialistische Reichspartei". Den SPD-Redakteuren zitterte der Federhalter, sie schrieben meist nur „Soziale Reichspartei". Dorls selber schert das wenig, er kann es auch auf proletarisch, gewissermaßen reaktionär-proletarisch. Skrupellos hat er Verbindung nach allen Seiten, er war der Remer-Manager und kann als Strassers rechter reaktionärer Flügelmann betrachtet werden, ohne daß er sich aber auf diesen festlegt. Er kam als einer der beiden „Unabhängigen Kandidaten" in das Bonner Parlament, was ihm nach aussen hin Bewegungsfreiheit sichert. Parlamentarisch nicht zum Zuge gekommen sind ferner die immerhin relativ starken Vereinigungen der Unabhängigen, Ostvertriebenen usw. Das der Militärregierung und den beiden Monopolparteien SPD und CDU angenehme Wahlsystem benachteiligt sie offensichtlich. Ihr Schicksal teilen einige andere Gründungen wie die „Deutsche Union" usw.

Alle diese Gruppen sind in Deutschland existent, im Gegensatz zu einigen Leuten, die nicht zur Organisation einer eigenen Formation kommen, weil ihr Mentor in Kanada sitzt und sie ohne diesen nicht mehr können und nicht mehr wollen. Dieser Mann, dessen Chancen noch vor einem Jahr grösser waren, als sie es heute sind, ist Otto Strasser. Die M.Reg. und die Monopolparteien haben ihn sich gegenseitig als Kinderschreck vorgehalten und damit für ihn Propaganda gemacht, ihn aber auch dem deutschen Boden ferngehalten. Es ist müssig, Betrachtungen darüber anzustellen, welche Chancen er vor einigen Jahren in Deutschland gehabt hätte, wenn er persönlich hätte wirken können. Man kann allerdings sagen, daß sie um ein Vielfaches grösser gewesen wären, als sie es heute sind. Wer ist daran schuld, und was ergibt sich daraus? Otto Strasser schiebt die Schuld restlos auf die Besatzungsmächte und auf die Regierung von Kanada. Kanada verweigert ihm die Ausreise, die Besatzungsmächte verweigern ihm die Einreise nach Deutschland. Das stimmt. Aber ist es nicht die Aufgabe eines Politikers, derartig leicht vorauszusehende Entwicklungen richtig einzuschätzen und unwirksam zu machen? Ist es nicht erforderlich, daß ein Politiker, und ein solcher von Format will Otto Strasser doch sein, wendig ist und derartige, für ihn gefährliche Entwicklungen erkennt und abbiegt?

Dieser echte Sohn seiner herulischen Ahnen hat aber fortgesetzt zu seinem

Schaden alles erreichbare politische Porzellan zerschlagen. Da er hemmungslos auf Dewey gesetzt hatte, braucht er sich jetzt nicht zu wundern, wenn die derzeitige USA-Regierung ihm nicht freundlich gesinnt ist. Auch die Art seiner immer wieder empfohlenen deutschen bedingten Neutralität war keineswegs für ihn erfolgreich, unserer Meinung nach wäre ihre Annahme durch die Westmächte es für Deutschland noch viel weniger gewesen.

Er hat also eine Menge Fehldispositionen getroffen. Nun macht jeder Mensch Fehler, und auch die Politiker sind bekanntlich nicht frei davon. Besonders die Politiker der Westmächte sind dafür leuchtende Beispiele. Aber seine Fehler hatten für ihn die Folge, daß er in Kanada festgehalten wurde, und daß sich inzwischen in Deutschland eine Menge Rechtsparteien und Bünde entwickelten, die ihm viel von dem Rahm abschöpften, den er evtl. allein erhalten hätte, wäre er rechtzeitig auf der politischen Bühne erschienen. Man kann heute daran zweifeln, ob er besser gewesen wäre als das, was sich jetzt tut. Aber einen Punkt darf man gerechterweise nicht übersehen: Sein sogenannter „Solidarismus“ enthält in wirtschaftlichen Dingen einige Forderungen, die den bürgerlichen Parteien und einschl. der SPD den kapitalistischen Westmächten einen kalten Schauer über den Rücken jagen müssen. Der Verdacht liegt daher nahe, daß sie ihn auch deswegen vorläufig festhalten; sie begründen das geschickt mit seiner zweifellos vorhandenen autoritären Einstellung, die schon verschiedentlich eine neofaschistische Explosion seiner „offiziellen“ Vertreter in Deutschland auslöste. Deren sture Gefolgschaftstreue ist indes kein Verdienst, sie haben keine Persönlichkeit einzusetzen und suchen nur eine Stütze für ihren schwachen Geist.

So betrachtet, trägt also Otto Strasser die Folgen seiner Fehler in erster Linie alleine. Jedoch schlägt die Militärregierung dabei zwei Fliegen mit einer Klappe, deren Art und Weise uns Unbehagen bereitet. Wohl mögen die entstehenden Parteien den politischen Boden in beabsichtigter Weise erschöpfen, ihr (gewolltes?) chauvinistisches Gesicht wird aber von den Westmächten als Beweis einer noch nicht verschwundenen deutschen Böswilligkeit geführt, was natürlich dem deutschen Volk sehr schadet. So verquickt sich hier die Schuld von beiden, zum Unheil des deutschen Volkes.

In dem westdeutschen Hexenkessel gibt es nun eine Menge Menschen, die sich während der Hitlerzeit mit allen ihren Kräften gegen das sich entwickelnde Unglück gestemmt haben. Ein Teil davon sind Angehörige der ehemaligen „Schwarzen Front“. Sie sind in der letzten Zeit infolge neofaschistischer Mißgriffe verschiedener Einzelpersonen neuen Belastungen ausgesetzt. Und in ihrem Namen sprechen wir hier. Im Namen der antifaschistischen Gruppen der ehem. „Schwarzen Front“ und der mit ihnen verbundenen antifaschistischen Einzelkämpfer aus dem rechten und dem religiösen Lager erklären wir ausdrücklich, daß wir uns auf das Schärfste verbitten, mit den neofaschistischen Umtrieben und Erklärungen identifiziert zu werden, die sich kürzlich in Düsseldorf und anderswo gezeigt haben. Wir haben nicht unser Leben gegen eine braune Diktatur eingesetzt, um eine ähnliche heute zu bejahen. Wir sind gewiß, daß nur sehr wenige Kameraden mit diesen Machenschaften zu tun haben. Wir wissen vielmehr, daß sie auf unserer Seite stehen und diese Provokationen schärfstens ablehnen. Es hat sich mittlerweile herumgesprochen, daß sich zwischen uns, d.h. antifaschistischen Gruppen der ehem. „Schwarzen Front“ und Otto Strasser in Kanada einige Differenzen ergeben haben, die grundsätzlicher Natur sind. Nur manche haben noch nicht gemerkt, weil sie es wahrscheinlich nicht merken wollen. Der rechte Flügel der SPD zeichnet sich durch eine solche Geisteshaltung aus und bedauerlicherweise auch ein Herr Rudolf Pechel in der „Welt am Sonntag" vom 23.10.49. Er bezeichnet dort Strassers „Reichsbeauftragten" Sprengel und unseren Kameraden Bauer in einem Atemzug als Strassers Lautsprecher. In der demokratischen Presse ist es keinesfalls so, daß jeder Artikel die Meinung der Redaktion wiedergibt. Aber eine Zeitung wie die „Welt am Sonntag", die einer Besatzungsmacht so nahe steht, sollte doch Artikel mit solch groben Irreführungen vermeiden. Es ist jedenfalls frappierend, sie mit der rechten SPD-Presse in das gleiche Horn stossen zu hören, anstatt vorbildlich in einer objektiven Berichterstattung zu wirken. Herr Pechel scheint die Geschichte der „Schwarzen Front" schlecht zu kennen.

Er scheint nicht zu wissen, dass es sich bei der SF um schon vor 1932 bestehende Gruppen handelte, die sich immer mehr einem einheitlichen Ziel und Wollen näherten und die in allen Parteien von rechts bis links vorhanden waren. Otto Strasser formulierte ihre Benennung, sass aber keinesfalls gewissermassen als Papst über ihnen allen. Im Gegenteil, einige von ihnen, wie beispielsweise der „Widerstandskreis" von Ernst Niekisch, wurden sehr wider ihren Willen von ihm zur „Schwarzen Front" gerechnet.

Und so ist es auch heute noch. Die wenigsten der alten SF-Leute sind Otto Strassers Lautsprecher. Diese lassen sich beinahe an den fünf Fingern einer Hand abzählen. Die andern aber durchlaufen alle Schattierungen, von den vorsichtig Wartenden angefangen bis zu uns, die wir wissen, was wir an einer in einer 13-jährigen Terrorherrschaft geistig errungenen demokratischen Einstellung haben.

Weil wir aber diese demokratische Einstellung haben, machen wir uns über einige weitere Ausführungen des Herrn Pechel unsere Gedanken. Er spricht vom „muffigen Stroh von vorgestern", das Otto Strasser anbietet. Schön, auch wir halten manches davon für muffig. Aber weiß Herr Pechel nicht, daß von Bonn ein Geruch aufzusteigen droht, der noch muffiger sein könnte? Dann meint er, die heutige Demokratie müsse besser geschützt werden als die von Weimar. Er empfiehlt eine lückenlose Gesetzgebung und meint, kluge Juristen müssten es schaffen.

Wir aber sagen: Arme Demokratie, die glaubt, sich nur so behaupten zu können. Wir glauben vielmehr, daß z.B. eine vorbildliche Haltung und Sparsamkeit der Bonner Regierung ihr ein Vielfaches mehr an Schutz einbringen würde, als ein aufgemöbeltes Republikschutzgesetz „von vorgestern". Weiterhin lobt er „die deutsche Jugend mit ihrer prachtvollen Skepsis". Nun, uns scheint, diese „prachtvolle Skepsis" gilt mehr der Bonner Republik und ihren westlichen Schutzpatronen als den neuen Parteien. Wir konnten dies jedenfalls in unseren Reihen oft genug feststellen. Wir konnten ferner feststellen, daß nicht nur die Skepsis der Jugend den hochtönenden Worten der bejahrten Herren in Bonn gilt, daß diese Skepsis auch den christlichen Worten gilt, die so viel zu hören sind. „Rettung des Abendlandes aus christlichem Geist", ruft man. Fürwahr, uns scheint, das Christentum hat kaum den vergehenden Kapitalismus und das in Hochform kommende Maschinenzeitalter verdauen können. Ist man sich darüber klar, daß, wenn nicht die christliche Idee, so doch zumindest deren Träger persönlich versagt haben? Müsste nicht sonst beispielsweise die Flüchtlingsfrage und die heutige Not anders gelöst worden sein? Es ist schon ein gefährliches Wort, das Wort von der „prachtvollen Skepsis".

Denn auch wir sind skeptisch. Wir sind skeptisch gegenüber den um öffentlichen Erfolg und um Bundesposten raufenden Parteien. Wir sind skeptisch gegenüber den Westmächten, die im Notfall unser Vaterland zum Kriegsschauplatz werden lassen und von uns erwarten, daß wir mit unsern Leibern ihren Rückzug decken.

Wir sind äusserst skeptisch in Bezug auf die Möglichkeiten einer wahrhaft demokratischen und neuzeitlichen politischen Organisation, die nicht gewillt ist, sich mit dem Bestehenden zu korrumpieren. Deshalb sind wir selber bisher noch nicht herausgetreten und machen nur kleine Schritte. Nicht ohne Grund sind manche Treffen ehemaliger Frontsoldaten so schwach besucht gewesen. Unsere Kameraden verstehen uns besser, als wir anfangs zu hoffen wagten. Wir glauben damit dem deutschen Volk einen wirklich guten Dienst zu erweisen, es sind in der deutschen Geschichte zu viel Kräfte sinnlos vergeudet worden. „Besser einen falschen Befehl geben als keinen", hieß es bei Hitlers Wehrmacht. Wir sind anderer Ansicht. In der Vergangenheit hielten wir es für besser, uns und den anderen keinen falschen Befehl zu geben, lieber gaben wir keinen und blieben in Reserve.

Jetzt nehmen wir Tuchfühlung, weil wir die Stunde unseres Auftretens für gekommen halten.

Was sich heute in den Parteien und ausserhalb der Parteien als Aufbruch einer neuen Generation noch unbewusst formiert und von einer zunehmenden Anzahl von Aktivisten erfasst wird, hat nichts zu verschwenden.

Kameraden, wir wissen, daß die bisherige Zurückhaltung vielen schwerfiel. Aber bedenkt, Freunde:

> „Die Tugend eines besiegten Volkes ist die Geduld,
> nicht aber die Resignation oder die Hysterie."

Carolus.

Ein Wort an die alten Pg's

Von Dr. Otto Strasser

Am 30. Januar 1958 jährt sich zum 25. Mal der Tag, da Adolf Hitler und die von ihm geführte Bewegung die politische Macht in Deutschland übernahm. — Ein Vierteljahrhundert sollte eigentlich Zeit genug sein, um zu einem einigermaßen klaren Urteil über das Plus und Minus einer Epoche zu kommen — ganz besonders, wenn die Ergebnisse dieser Epoche so sichtbar, so fühlbar, so bedrückend zu Tage treten wie dies mit der Hitler-Epoche von 1933 bis 1945 der Fall ist. —

Das Seltsame aber ist, daß sich das deutsche Volk als Ganzes bis zur Stunde geweigert hat, eine klare Bilanz dieser Zeit zu ziehen! — Nichts hat mich nach meiner Rückkehr aus einem fast 22jährigen Exil (vor fast drei Jahren) mehr überrascht, als diese Unwilligkeit oder Unmöglichkeit: zu einem einigermaßen klaren Urteil über die „1000 Jahre Hitler" zu kommen. —

Ich habe mir das nach längerer Beobachtung damit erklärt, daß die sinn- und rechtlose Rachepolitik der Sieger und ihrer deutschen Zutreiber, wie sie in der sog. „Ent-Nazifizierung" zum Ausdruck kam, den beginnenden Prozeß der Selbstbesinnung unterbrach u. schließlich sogar in sein Gegenteil verkehrte: es ist psychologisch verständlich, daß die eigene Gewissenserforschung sich verlangsamt, ins Wanken gekommene Urteile sich wieder verhärten, wenn offenbar wird, daß es nicht um Recht oder Unrecht geht, nicht um Wahrheit und Erkenntnis, sondern nur um Ausübung einer Rache, deren Grundlage ganz genau der gleichen Haltung entspringt, die man beim „Hitlerismus" angegriffen hat — nur natürlich umgekehrt: was oben war, soll jetzt unten sein — was unten war, soll nach oben kommen!!

Das ist aber nichts Neues, nichts Besseres, nichts Edleres — sondern eben das Gleiche, nur „auf den Kopf gestellt"! —

So wurden aus den Hitlerischen KZ's die amerikanischen Anhaltelager — aus der Verfolgung der Juden die Verfolgung der Nazis — aus dem Unrecht von gestern das Unrecht von heute — und die Herzen verhärten sich neuerdings, und der Geist höhnte mit Recht: „Das ist Jacke wie Hose — und ‚die Andern' sind nicht besser als wir!" —

*

So kam es wohl (wobei natürlich noch viele Gründe mitspielen, die im Rahmen einer solch kurzen Betrachtung nicht ausgeführt werden können), daß die objektive Untersuchung der Hitlerzeit von hüben und drüben unmöglich wurde — beidemale aus einem schlechten Gewissen heraus, und weil Beiden der neutrale Standpunkt fehlte, von dem allein aus eine solche Untersuchung sinn- und zweckvoll ist.

Als Folge davon hat sich im deutschen Volk ein „verdrängter Komplex" gebildet, den man stillschweigend nicht berührt — der aber gerade deshalb das ganze Innenleben vergiftet: solange das deutsche Volk nicht willens und in der Lage ist, sich über die 25 Jahre seiner Geschichte klar zu werden, die am 30. Januar 1933 begannen — solange es insbesondere nicht das gesamte Phänomen Hitler und des Nationalsozialismus historisch zu begreifen und zu werten versucht — so lange wird die politische Gegenwart Deutschlands vergiftet und die politische Zukunft Deutschlands gefährdet sein! —

Es gibt keinen größeren Vorwurf gegen die Blindheit und Dummheit der Siegermächte in Ost und West — keine größere Verdammung ihrer Zutreiber in Pankow und Bonn — als den Vorwurf dieser Unterlassung — es gibt aber auch keine stärkere Anklage gegen die ehemaligen Mitglieder und Funktionäre der Hitlerpartei, als die Feststellung: wie hoffnungsvoll steril und unbelehrbar sie dem Verdikt der Geschichte gegenüberstehen! —

*

An diese ehemaligen Mitglieder und Funktionäre der NSDAP, an die „alten Pg's" wende ich mich heute — der ich selber ein „alter Pg" war mit der Mitgliedsnummer unter 25000, Mitglied von 1925 bis 1930 und — im Gegensatz z.B. zu Figuren wie Bundesminister Schröder, Oberländer, Kraft usw. — keineswegs bestrebt bin, dies jemals zu leugnen oder vergessen zu machen! —

Ich wende mich an diese alten Pg's nicht in der Eigenschaft als „Führer der Schwarzen Front", nicht als „Hitlers Feind Nr. 1", nicht als der Mann, der von Hitler-Himmler-Heydrich ins Exil getrieben und über Länder und Kontinente gejagt wurde — sondern als Deutscher, als deutscher Nationalsozialist und als deutscher Sozialist, als „alter Pg". —

Ich wende mich an sie zunächst mit der Feststellung, daß ich auch heute unverändert davon überzeugt bin, daß der Deutsche Sozialismus Teil jener großen „Deutschen Revolution" war u. ist, die das Weltbild und die Formen der liberalen Idee, wie sie in der Französischen Revolution zum Durchbruch kamen, abgelöst durch das Weltbild und die Formen der konservativen Idee — wie dies der Schweizer Armin Mohler in seinem Buch „Die Konservative Revolution in Deutschland" so überzeugend dargestellt hat. —

Wer diese große historische Umwälzung, diesen Gestalten- und Formenwandel im Abendland nicht sieht, der wird nun und nimmer die gewaltigen Erschütterungen des 1. u. 2. Weltkriegs und der dazwischen liegenden wirtschaftlichen, gesellschaftlichen und politischen Umwälzungen verstehen — noch wird er verstehen, wohin die in Gang gekommene Entwicklung drängt, die nach dem nunmehr zu Ende gehenden Zwischenakt des Bonner Restaurationsversuchs ihrer endgültigen Lösung zueilt. —

*

In meiner Anfang 1934 erschienenen Schrift **„Sozialistische Revolution oder faschistischer Krieg?"** habe ich eine Analyse und Vorhersage der Lage und Entwicklung des Hitlersystems gegeben, die gerade im Lichte der eingetretenen Ereignisse so eindringlich bestätigt wurde, daß ich sie — ebenso wie meine kurz danach veröffentlichten Bücher „Die Deutsche Bartholomäusnacht" und „Wohin treibt Hitler?" — jedem Deutschen, der sich über die zurückliegende Epoche deutscher Geschichte klar werden will, nur dringend empfehlen kann. —

Ich fordere gerade die alten Pg's auf, diese Monate vor dem 30. Juni 1934, Jahre vor dem Krieg, erschienenen Schriften zu lesen, um zu erkennen, daß und warum Hitler scheitern mußte — um vor allem zu erkennen, was wir tun müssen, um jene innere und äußere Erneuerung Deutschlands (und Europas!) herbeizuführen, die für die meisten von ihnen doch die Ursache ihres Bekenntnisses zum

Nationalsozialismus war! —

Gerade wer — wie ich — unverändert ein deutscher Nationalist, ein deutscher Sozialist ist und bleibt, gerade der muß mit aller Klarheit und aller Entschiedenheit jene

Absage an die Hitlerei

durchführen, die meine Freunde und ich schon im Jahre 1930, also 3 Jahre vor der „Machtergreifung" durchgeführt haben:

die Absage nämlich an jede Gewaltherrschaft —
die Absage an jede Diktatur, sei es die Diktatur einer Person, einer Partei oder einer Klasse —
die Absage an jede Verfolgung politisch Andersdenkender —
die Absage an jede Judenverfolgung und jeden nationalen oder rassischen Größenwahn —
die Absage an jede Form von KZ, von Gestapo, von Polizeiherrschaft und Rechtsunsicherheit!

Die innere und äußere Erneuerung Deutschlands (und Europas!) kann nur auf der Grundlage des Rechts, der Humanität, der Ritterlichkeit, der unbedingten Gerechtigkeit und der Gleichberechtigung aller Staatsbürger, aller Völker, aller Rassen, aller Religionen erfolgen — gerade weil damit verbunden ist und verbunden sein soll die Anerkennung des Rechts jedes Menschen auf seine Persönlichkeitswerdung, jedes Volkes auf seine nationale Freiheit und völkische Eigenart! —

Ich rufe alle alten Pg's, die gerade aus dem Willen zur Erfüllung der deutschen Revolution zu einer Ablehnung des Hitler-Himmler-Heydrich-Systems gekommen sind, auf: sich nicht aus falscher Solidarität oder irregeführter Treueauffassung heraus verführen zu lassen, jenen Unbelehrbaren Gehör zu schenken, die nach jahrelanger Tarnung sich nunmehr anschicken, eine „Epoche Napoleon III" in die Wege zu leiten, die nur zu einem noch viel entsetzlicheren Ende führen kann, als die „Epoche Napoleon I" — sondern gerade aus Treue zur Idee des Deutschen Sozialismus, zur Idee der Deutschen Einheit und Freiheit, den Kampf weiterzuführen — gemeinsam mit allen, die guten Willens sind —

zur inneren und äußeren Erneuerung Deutschlands und Europas!

(„Deutsche Freiheit", 26.1.1958)

[Zwei Briefe Otto Strassers an Karl E. Naske]

Lieber Carolus, 28. Okt. 1962

besten Dank für Deine lieben Zeilen vom 14. ds, in deren Erledigung ich vor allem **Bogatzky, Osterode/Harz, Am Kalkberge 4** bat, Dir ab sofort den von ihm herausgegebenen DS einzuweisen. — Du kennst mE Bogatzky **(Erich)** noch von früher: er ist einer der wenigen noch lebenden Mitunterzeichner des Aufrufs „Die Sozialisten verlassen die NSDAP", also ein alter Hase. —

Ich bin **vom 1. Nov. bis 10.11.** wieder in Bad Homburg, Reinerzerweg 13; solltest Du Gelegenheit haben, in die dortige Gegend zu kommen, schreibst Du mir; sollte ich in Deine Gegend kommen, schreibe ich Dir. — Ursprünglich hatte ich ja die Absicht, am Parteitag der DFP vom 2—4. Nov. in **Düsseldorf** teilzunehmen und hätte mich dann selbstverständlich bei Dir und Gattin gemeldet; aber nach monatelanger Überlegung kam ich davon ab; ich werde nie mehr in eine Partei eintreten, weil ich mich dort Mehrheitsbeschlüssen unterwerfen muß, was ich in **programmatischen** Dingen nicht kann. (In taktischen gern — in grundsätzlichen nie!) — So gehe ich entweder gar nicht hin — oder nur, um meine Ablehnung persönlich zu vertreten! —

Ansonsten gäbe es ja genügend Dinge, die eine Besprechung reizvoll machen —— weswegen ich mich sehr freuen würde, wenn sie so oder so bald zustande käme. — Einstweilen, wie stets, Dir und Gattin (sowie Schwager und dessen Familie) beste Wünsche & Grüße! —

In alter Verbundenheit! Dein

Lieber Karolus, 20. Nov. 1962

besten Dank für Deine lieben Zeilen vom 18. ds mit der Kopie Deines **Briefes an den REICHSRUF**, für den ich Dir besonders danke! —

Ehrlich gesagt, ist mein Bedarf an solcher Art von „Nationaler Opposition" für immer gedeckt! — Diese Leutchen haben „nichts gelernt und nichts vergessen" und werden **daher** für die Gestaltung der deutschen Zukunft ohne Belang sein ———

was leider nicht ausschließt, daß sie unter gegebenen Umständen sehr wohl eine **„Epoche Napoleons III."** ins Leben rufen können, zwecks endgültiger Vernichtung Deutschlands. — Offen gestanden, halte ich eine **solche Gefahr für sehr groß** ——— werde aber dann **wieder** auf der anderen Seite der Barrikade stehen und gegen die kleinen Hitlers nicht weniger unbeirrt kämpfen, wie einst gegen den großen Hitler! —

Auf jeden Fall hat sich meine Hoffnung: daß **diese** Deutschen etwas aus der Niederlage gelernt hätten, als Illusion erwiesen, und ich bin klug genug, daraus meinerseits die Konsequenzen zu ziehen! —

Da ich anderseits in meiner „Aufgabe" nie erlahmen werde, drängt sich **der schriftstellerische Weg doppelt** auf: neben einem mir eben aus der Schweiz übertragenen Buch DER FASCHISMUS soll dabei 1) die Reihe „Schriften für Deutschlands Erneuerung" und 2) die geplante Monatszeitschrift DIE ELITE eine Hauptrolle spielen. — Ich ließ Dir Heft 1 der Schriftenreihe zugehen, das für die **Aufmachung** der ganzen Reihe den Weg zeigt. — Als Heft 2 kommt „Männer der deutschen Geschichte" von Oberst Kemmerich; weiter ein Bauernheft von Herrn Max von Kienlin, einem erstklassigen Sachkenner, und ich dachte eben, ob Du nicht ebenfalls mit einem Heft vertreten sein willst ——— vielleicht, wie du es (etwas länger) für Euren Verlag damals geplant hast, wovon Du mir erzähltest. — Überleg Dir das mal — und schreib mir dann. (Bin die erste Dezemberwoche wieder in Bad Homburg). — Dir und Deinen Lieben beste Wünsche & Grüße!

Dein alter

[Brief Otto Strassers an die „Süddeutsche Zeitung" wegen des ihm zu Last gelegten „Bürgerbräu-Attentats auf Hitler]

Redaktion SÜDDEUTSCHE ZEITUNG 10. November 1969
Abtl. „Leserbriefe"
München, Sendlingerstraße

Sehr geehrte Herren,
in Ihrer Nummer 269 bringen Sie auf Seite drei einen ganzseitigen Artikel Ihres Redaktions-Mitglieds Leo Sillner über das „Bürgerbräu-Attentat" vom 9. November 1938, der nicht unwidersprochen bleiben darf.

Meine Berechtigung, ja Verpflichtung zu diesem Widerspruch schöpfe ich aus der Tatsache, daß ich damals, seitens des Hitler-Regimes, als der eigentliche Täter bezeichnet wurde, wobei Zahn —— dieser Darstellung gemäß —— nur mein Gehilfe gewesen sei, der sich nach der Tat auch „verabredungsgemäß" zu mir in die Schweiz begeben sollte.

Sie haben sicher in ihrem Archiv die Nummer des VÖLKISCHEN BEOBACHTER parat, wo auf der Titelseite diese Geschichte mit vielen Einzelheiten dargelegt wurde. Basierend darauf hat die Hitler-Regierung von der Schweizer Regierung meine Auslieferung verlangt —— und es sind erst einige Monate her, daß die Züricher „WELTWOCHE" über diesen Telegrammwechsel und seine innenpolitischen Auswirkungen berichtet hat. (Auch diese Unterlagen befinden sich sicher in Ihrem Archiv.)

Als ich daraufhin nach Paris fliehen mußte und die internationale Presse von mir eine Stellungnahme zu den Anschuldigungen des Hitler-Regimes erbat, mußte ich sie insofern enttäuschen, als ich auf Grund der mir zugänglichen Berichte alle Nachrichten und Indizien aufführte, die dafür sprechen, daß dieses „Bürgerbräu-Attentat" **vom Hitler-Regime selbst insceniert** worden ist. —— (Ich konnte ein zusammenfassendes Exposé darüber noch in die amerikanische Ausgabe meines Buches „Hitler and I" als Nachdruck unterbringen, das damals gerade bei Houghton Mifflin, Boston, herauskam.)

Die dringenden Fragen nach dem **Sinn** einer solchen Tat beantwortete ich mit dem Hinweis, daß es sich dabei um einen **„außenpolitischen Reichstags-Brand"** handle; so wie der vom Hitler-Regime durchgeführte Reichstags-Brand das Signal für den inneren politischen Terror Hitlers war, so sei jetzt das Bürgerbräu-Attentat das Signal zur außenpolitischen Kriegsausweitung.

Diese Erklärung von mir unterstrich ich durch den Hinweis auf den am gleichen Tag durch die SS stattgefundenen **Überfall auf Venlo**, wobei ein holländischer Offizier erschossen und zwei britische Nachrichten-Offiziere gekidnappt wurden.

Von alldem steht in Ihrer Betrachtung zum 30. Jahrestag des Bürgerbräu-Attentates kein Wort. —— Kein Wort auch von der in meinem Buch „Mein Kampf" erstmals veröffentlichten Eidesstattlichen Erklärung (S. 146/47), daß **Georg Elsner SS-Unterscharführer** war, der im Auftrag seiner vorgesetzten Dienststelle das Attentat in aller Ruhe (der SPIEGEL-Bericht meldet 30—35 Arbeitsnäche für die ungestörte Vorbereitung) vorbereiten und durchführen konnte.

Ich hoffe sehr, daß sie diese Ausführungen, die ein wesentlich anderes Bild über das Bürgerbräu-Attentat und seinen Zweck ergeben, Ihren Lesern ungekürzt zur Kenntnis bringen.

Mit Gruß